To. _____

미래 유망 직업

블록체인 관리사 3급

CERTIFIED BLOCKCHAIN MANAGER™

한권으로 끝내기!

From. _____

\ 특금법 시행 이후 /
유망 직업 CBM® 성장 소설

우리는 블록체인 전문 CBM® 자격자이다!

신 쩐(錢)의 전쟁

평생교육의 살아있는 레전드

연삼흠 박사

스마일스토리

아무것도 아니라고 생각했던 사람이 아무도 생각할 수 없는 일을 해낸다.
- 영화 이미테이션 게임 중에서-

Before the Story

천명(天命)

아무도 가지 않은 길을 걸어가는 데에는 약간의 두려움과 용기가 필요하다는 것을 알아 가는 데 오랜 시간이 걸린 것 같다.

2017년 당시 운영하는 회사의 블록체인 관련 신사업 도입을 위해 고민을 하던 중 도움을 받을 수 있는 블록체인 협회가 존재하지 않아 결국 '누군가가 해야 한다면 내가 해야지!'의 좌우명의 결과로 지금의 (사)한국블록체인산업협회는 탄생하였다.

내가 살아온 길을 모르는 사람들의 불안한 목소리와 검증되지 않은 가십(GOSSIP)의 글들은 어느새 기우(杞憂)가 되었다. 나의 움직임은 계산적이지 않았고, 협회의 회원사들과 나름의 소통 방식으로 어제보다 더 나은 미래를 우리는 준비하고 있다.

제3회 블록체인관리사(CBM) 시험일인 12.26일은 3년 전 현재 협회의 전신(身分)인 한국블록체인산업협회의 고유번호증이 나온 날이다.

협회의 주요 사업 중 하나인 블록체인 전문 인력 육성을 위하여 탄생한 민간자격증 블록체인관리사(CBM)는 다양한 형태로 진화하고 있었다.

블록체인 자격증의 기준이 되는 블록체인관리사(CBM)를 전 세계에서 응시할 수 있도록 국제 블록체인관리사(CBM)의 자격증의 준비가 대표적인 예이다.

모두가 힘들어하고 있는 이때 이번에는 숫눈을 걷는 설렘으로 나는 국제 블록체인관리사(CBM)를 전 세계에 알리기 위해 미래의 블록체인관리사(CBM)들과 지금까지 그리고 앞으로도 함께할 협회 임직원들과 블록체인관리사(CBM)들의 지속적인 관심과 응원으로 블록체인으로 더 나은 세상을 만들라는 천명(天命)을 나는 받들을 것이다.

저자 *(서명)* 올림

CBM 공동 시행기관 소개 Introduction

에스토니아에 본사를 둔 WBCIA는 블록체인 전문 협회로 4차 산업을 위한 글로벌 커뮤니티 역할을 하며 각국의 회원사들이 상당한 경쟁 우위를 확보하고 유지할 수 있도록 하는 것이 주된 목적이다. 2018년 출범되었으며 주요업무로는 블록체인 전문인력 양성, 글로벌 블록체인 전문기업 육성, 블록체인 국제 표준화 수립 등이다.
블록체인 전문인력 양성의 일환으로 한국에서 시작된 블록체인관리사(CBM) 자격증을 2021년부터 전 세계 사람들이 응시할 수 있도록 준비하고 있다. 현재 회장은 대한민국의 (사)한국블록체인산업협회 회장 연삼흠이다.

블록체인 기술과 산업의 발전, 지식의 확산과 융합에 기여하여 건강한 블록체인 생태계를 만들고 성장시키는 것을 목적으로 하는 비영리 단체. 한국블록체인산업협회는 2017년 12월 출범 되었으며 2018년 3월 28일 '제1회 대한민국 블록체인 산업대상'을 시작으로 해마다 블록체인 산업 발전에 기여한 우수 기업 및 유공자 등을 발굴·포상하고 있으며 2020년 3월 11일 2년여간 활동을 인정받아 비영리법인 사단법인 한국블록체인산업협회를 주무부처인 과학기술정보통신부로 설립 인가(제2020-31-0002호)를 받았다. 협회의 목적사업으로는 크게 블록체인과 관련 산업 분야 교육과 기술 전문가 양성 사업, 블록체인과 관련 산업 분야 기술 표준화 연구 및 인증사업, 블록체인과 관련 산업 분야 창업보육센터 설립 및 운영 사업 등으로 왕성한 활동을 하고 있다. 또한, 국제자격시험 블록체인관리사(CBM)을 통해 블록체인 전문인력 양성 배출로 블록체인 관련 취업과 창업에 협회의 역량을 집중하고 있다.

스마일스토리

- 회사명   (주)스마일스토리
- 영문명   Smilestory Corp.
- 대표이사   연삼흠
- 설립일   2009년 04월 08일
- 사업자등록번호 109-86-17229

- 사업분야   응용소프트웨어 개발 및 공급, 경영컨설팅, 평생교육원, 언론홍보 및 출판
- 서비스   웹/앱 SW개발, 창업/경영컨설팅, 4차산업 전문인력 양성, 홍보마케팅
- 주소   서울특별시 강서구 마곡중앙6로 21, 5층 511호 디01
              (마곡동, 이너매스마곡1차)

(주)스마일스토리는 차별화된 소프트웨어 서비스와 품질 [컨설팅, 관리] 솔루션으로 고객의 니즈를 만족시키며 4차산업[전문인력양성] 및 [창업육성]에 힘쓰는 [응용소프트웨어 공급] 및 [IT 교육 프로그램 개발]회사입니다. [벤처기업 : 제20190109414호]

국제블록체인관리사(CBM) 공식교재

모든 도서는 <u>글로벌사이버평생교육원 쇼핑몰</u>에서
<u>CBM 가상자산으로 구매 가능</u>합니다.

프리미엄 No.1 암호화폐 거래소

[코어닥스 사용설명 영상보기]

CBM 가상자산은 대한민국 프리미엄 <u>디지털 자산 거래소 코어닥스</u>에서 <u>구매 가능</u>합니다.

Guide

시험안내 Information
세계블록체인산업협회 www.wbcia.io
(사)한국블록체인산업협회 www.kbcia.io
(주)스마일스토리 www.smilestory.io

2021년도 블록체인관리사(CBM) 자격시험 시행계획 변경 공고

[블록체인관리사(CBM) 민간자격의 관리·운영에 관한 규정] 제22조(수험사항 공고 및 통지)에 따라 블록체인관리사(CBM) 시행계획을 아래와 같이 변경 공고합니다.
지속적인 응시 수험생의 확산에 부흥하고 공정성을 더욱 기하기 위하여
코로나19로 온라인으로 치러졌던 CBM 자격시험을 온라인과 오프라인을 병행하여
제8회 블록체인관리사(CBM) 정기시험부터 시행됩니다.
또한, 계속되는 수험생 증가와 코로나19로 글로벌 경기침체를 고려하여
블록체인관리사(CBM) 자격시험 응시수수료를 일부 결제 수단에 한해 대폭 할인합니다.
멋진 합격의 영광을 누리시기 바랍니다.

2021. 4. 27.

(사)한국블록체인산업협회 회장
㈜스마일스토리 대표이사

1. 정기시험 일정

회 차	접수기간	온라인 시험일	오프라인 시험일	합격발표 예정일시	응시급수
제8회	5.1.(토) ~ 5.21.(금)	21.5.22.(토)	-	21.5.22.(토)	2, 3
제9회	5.1.(토) ~ 5.25.(화)	-	21.5.29.(토)	21.6.02.(수)	
제10회	6.1.(화) ~ 6.18.(금)	21.6.19.(토)	-	21.6.19.(토)	1, 2, 3
제11회	6.1.(화) ~ 6.22.(화)	-	21.6.26.(토)	21.6.30.(수)	
제12회	7.1.(목) ~ 7.23.(금)	21.7.24.(토)	-	21.7.24.(토)	3
제13회	7.1.(목) ~ 7.27.(화)	-	21.7.31.(토)	21.8.4.(수)	
제14회	8.1.(일) ~ 8.20.(금)	21.8.21.(토)	-	21.8.21.(토)	2, 3
제15회	8.1.(일) ~ 8.24.(화)	-	21.8.28.(토)	21.9.1.(수)	
제16회	9.1.(수) ~ 9.17.(금)	21.9.18.(토)	-	21.9.18.(토)	1, 3
제17회	9.1.(수) ~ 9.21.(화)	-	21.9.25.(토)	21.9.29.(수)	
제18회	10.1.(금) ~ 10.22.(금)	21.10.23.(토)	-	21.10.23.(토)	2, 3
제19회	10.1.(금) ~ 10.26.(화)	-	21.10.30.(토)	21.11.3.(수)	
제20회	11.1.(월) ~ 11.19.(금)	21.11.20.(토)	-	21.11.20.(토)	3
제21회	11.1.(월) ~ 11.23.(화)	-	21.11.27.(토)	21.12.1.(수)	
제22회	12.1.(수) ~ 12.17.(금)	21.12.18.(토)	-	21.12.18.(토)	1, 2, 3
제23회	12.1.(수) ~ 12.21.(화)	-	21.12.25.(토)	21.12.29.(수)	

※ 온라인 시험은 기존 온라인 응시 방법 공고 방법에 따라 시행됩니다.
※ 오프라인 시험은 정부의 시험 방역관리 지침을 준수하여 시행됩니다.

2. 응시자격

시험직종	응시자격
블록체인관리사(CBM) 1급	[연령] 해당없음, [학력] 해당없음, [국적] 해당없음, [기타] 블록체인관리사(CBM) 2급 자격증의 유효기간에 있는 자
블록체인관리사(CBM) 2급	[연령] 해당없음, [학력] 해당없음, [국적] 해당없음, [기타] 블록체인관리사(CBM) 3급 자격증의 유효기간에 있는 자
블록체인관리사(CBM) 3급	[연령] 해당없음, [학력] 해당없음, [국적] 해당없음

3. 온라인 검정장(응시료 결제 시 확정)

글로벌사이버 평생교육원[1]
www.globalcyberedu.com

4. 오프라인 검정장(온라인 시험일에 개별 통지 및 공지)

정기시험 장소 및 검정장 주소
서울 확정, 전국 협약된 교육기관(추가 모집 중)

5. 오프라인 수험표 출력

출력 장소
글로벌사이버 평생교육원 > 정보수정 > 증명서 출력 > 수험표 출력

※ 1급, 2급 응시자중 오프라인 실기시험 2교시(프로그램 작성) 응시의 경우 개인별 노트북(사양: CPU i5 이상, RAM 4G 이상)을 지참하시고 오프라인 실기시험 검정에 응시하셔야 원활한 프로그램 작성이 가능합니다.

6. 응시수수료 및 자격증 발급비

구분	필기시험		응시자격		가상자산 입금 주소
	가상자산[2]	기존 결제방식[3]	필기시험	실기시험	
1급	5만원	10만원	5만원	10만원	
2급	5만원	10만원	5만원	10만원	
3급	5만원	10만원	N/A		

※ CBM 입금 주소(합격보상 없음): 0x629e4b140bdd1c24892d1d5b32e02d8f9760744c
※ CBM 상장형 자격증 발급비는 없습니다. (별도 공고가 있을 때까지 무료 배송)
※ 또한, CBM 상장형 자격증은 무료 다운로드가 가능합니다. (카드형 희망시 1만원 발생)

---

1) 글로벌사이버 평생교육원(www.globalcyberedu.com)은 CBM 공동시행기관인 ㈜스마일스토리 부설 평생교육원입니다.
2) 에스토니아에 소재한 세계블록체인산업협회(WBCIA)에서 발행한 CBM 가상자산을 말합니다.
3) 신용/체크카드, 가상계좌, 실시간계좌이체, 무통장 입금 등을 말합니다.

7. 가상자산 응시수수료 결제 절차

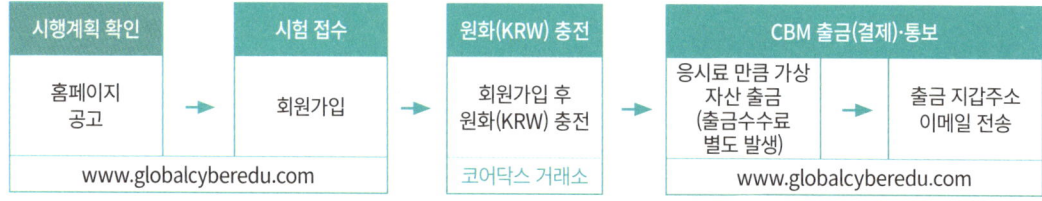

※ 지정 가상자산은 프리미엄 디지털 자산 거래소 코어닥스(www.coredax.com)에 [**한글명 : 블록체인관리사, 심벌: CBM**]으로 상장 되어 있습니다.
※ 가상자산의 가격 변동성에 상관없이 응시료와 출금수수료에 해당하는 가상자산 금액을 원화(KRW)로 충전하여 응시료를 결제하시 면 됩니다.
※ 응시료 결제 내역은 글로벌사이버평생교육원(www.globalcyberedu.com) > 학습커뮤니티 > CBM 결제 내역에 출금 지갑주소와 내역을 남겨주시면 됩니다.

8. 블록체인관리사(CBM) 정기시험 시간표

급수		시험과목 [문제수]	시험시작 시간	시험시간 [60분]	배점	시험방법
1, 2, 3		• 블록체인 분석·설계 [20문제] • 블록체인 구축·운영 [20문제] • 블록체인 서비스 기획 [20문제]	09:00	09:00 ~ 10:00	100점	객관식 (4지 선다형)
1, 2	1교시	블록체인 정보보호[5문제]	10:10	10:10 ~ 11:10	100점	주관식 (논술형 및 약술형)
	2교시	프로그램 작성[1문제]	11:30	11:30 ~ 12:30	100점	컴퓨터 작업형

※ 온라인 정기시험은 1회만 제출 할 수 있습니다. (중복 제출 불가)
※ PC로 응시하기를 권장하며, 스마트폰은 온라인 검정장 입실용.

9. 합격기준

합격기준
블록체인관리사(CBM) 1급, 2급, 3급 시험의 경우 매과목 100점을 만점으로 하여 매과목 40점 이상, **전과목 평균 60점 이상** 득점한 사람을 합격자로 한다. (과락은 40점 미만)

※ 블록체인관리사(CBM) 2급, 3급 합격자가 승급 시험을 응시할 경우에는 승급 시험 등급에 맞는 **응시수수료**를 **별도**로 **결제** 후 해당 승 급 시험을 응시해야 한다.

10. 접수방법 및 제출서류 등

구 분	인터넷 접수	비 고
응시원서 접수	• 응시원서 접수 시작일 00:00부터 접수 마감일 24:00까지	• 응시원서 접수 기간 중 00:00부터 24:00까지
온라인 접수장소	• 글로벌사이버평생교육원 • www.globalcyberedu.com	• 대한민국 외 거주자 • www.wbcia.io

결제방법	• CBM 코인
	• 무통장 입금
	• 실시간 계좌이체
	• 신용카드/체크카드 결제
		• 공식지정 교육기관
		  글로벌사이버 평생교육원
		  (www.globalcyberedu.com)
		  응시수수료 결제

응시료 결제기한	• 온라인 시험 결제는 시험 접수 마감일까지 • 오프라인 시험 결제는 오프라인 시험 4일 전 화요일 24:00까지	예) 5월 21일(금) 접수마감 • 온라인 시험 결제 기한은 5월 21일(금)까지 • 오프라인 시험 결제 기한은 5월 25일(화) 24:00까지
수험표 출력	• 온라인 시험 결제는 시험 접수 마감일까지 • 오프라인 시험 결제는 오프라인 시험 4일 전 화요일 24:00까지	• 로그인 > 나의강의실 • 증명서 출력 > 수험표 출력

온라인 제출서류	• 사진파일 : 276×354픽셀 이상 크기
	  ※ 3cm×4cm, 200dpi 이상 크기
	  ※ 증명사진을 스캔하실 때는
	     해상도 최소 200dpi설정(600dpi 이상 권장)
	• 여권사본파일(대한민국 외 거주자의 경우)
		• 응시원서 : 1매
		  (사진 3×4cm 1매 업로드)
		• 개인정보 수집·이용 목적에 대한 동의
		• 민감정보의 수집 및 이용 목적에 대한 동의

11. 응시원서 접수 시 유의사항

가. 대한민국 거주자 또는 국적이 대한민국인 수험생은 CBM 한글시험을 대한민국 외 거주자는 CBM 영어시험을 실시합니다. (단, 협약 국가에 따라 자국어 응시 가능)
나. 별도의 공고가 있을 때까지 온라인과 오프라인으로 실시되며, 오프라인은 정기시험은 정부의 시험 방역관리 지침을 철저히 따라 시행됩니다.
다. 응시원서 접수 마감 후에는 **추가접수를 받지 않으니** 반드시 접수기간 내에 접수하시기 바랍니다.
라. 응시원서의 기재내용이 사실과 다르거나, 기재사항의 착오·누락 또는 연락불능 및 응시자격 미달자의 응시 등으로 인한 불이익은 응시자의 책임으로 합니다.
마. 응시서류는 반환하지 않으며, 응시원서 접수를 취소하는 경우 '응시취소 및 응시수수료(교육비 환불 포함)신청서'를 작성하여 등록하시면 응시수수료 환불기준에 의거 응시수수료를 환불합니다.
바. 일부 결제 수단의 응시료 할인기간은 대한민국 기준 코로나19의 집단면역이 생성되는 날까지입니다.

CBM 최종 합격수기

2020년 CBM 3급 제1회 합격수기!

5년...
짧다면 짧고 길다면 긴 시간이지만...
앞으로 걸어가야 할 시간들에 비하면 그리 길지는 않았던 시간인거 같습니다.
모자라고... 부족하고... 아쉬운 시간들 앞에 저에게 다가온 "한국블록체인산업협회"
기회인지...또 다른 시련인지...무척이나 망설이고 무척이나 두려웠지만, 시험준비를 하고 시험을 치르는
과정을 거치면서 한가지 분명한 사실은...
"아..이런 시스템과 프로그램이라면...믿고 따를수 있겠구나"
한문제... 한문제... 교육과정... 합격 CBM 자격증... 등등... 하나하나에서 느껴집니다...
준비하는 사람과...앞으로 이 시장을 준비해 나가야 할 사람에 대한 모든 것들을...
다시 한번 겸손해집니다... 다시 한번 감사 드립니다...
다가올 미래에 대해 조금이나마 밀알이 될수 있다면 함께 하도록 노력 하겠습니다...
이번 "합격"은 끝이 아니라... 지금부터 시작하라는 "운명"으로 받아들이고...
한걸음... 한걸음 또 걸어나가겠습니다.

"미래의 기술은 현재의 우리를 기다려 주지 않는다..."
"DON'T WASTE MY TIME!"

늘...
항상...
언제나...

- (주)미래비앤비 컴퍼니 대표 김영민, CBM® -

CERTIFIED BLOCKCHAIN MANAGER™

Verified Certification

CORE

Surname : GENESIS
Given name : BLOCK
Nationality : Republic of Korea
Grade : CBM 3rd Level
Date of Acceptance : Jun 03rd, 2021

Has satisfactorily completed the mandatory requirements prescribed by the department of World Blockchain Industry Association(WBCIA) and is hereby certified to become a qualified member of World Blockchain Industry Association(WBCIA)

Duly Signed by
Yeon Sam-Heun / President of
World Blockchain Industry Association

WBCIA | WORLD BLOCKCHAIN INDUSTRY ASSOC.

CBM®

Check Original
License Number
21-CBM-3000-KOR
Effective : 2021. 06   Expiry : 2023. 06
© 2018 - 2021 World Blockchain Industry Association. All rights reserved.

나의 블록체인 점수는?
O, X 퀴즈

01 신뢰의 도약을 위해 플랫폼의 참여자들에 대한 정보도 필요하다.

☐ O ☐ X

해설 사람의 성향이나 평가 정보 등 플랫폼 참여자들에 대한 정보는 그 플랫폼 자체에 대한 믿음, 기본적인 아이디어에 대한 믿음 등과 더불어 신뢰의 도약을 일으키는 중요한 요소이다.

02 중앙화 시스템은 중간자 체계의 모든 문제점을 해결한다.

☐ O ☐ X

해설 중앙화 시스템은 중간자 업무의 효율적 처리를 위한 IT 시스템으로, 중간자 체계의 권력 집중 문제 등 다양한 문제를 해결하지 못하며, 오히려 정보의 집중 현상과 권력의 자본화를 야기한다.

03 중간자를 대체하고자 할 때 풀어야 하는 '비잔틴 장군 문제'는 신뢰할 수 있는 시스템을 가정한다.

☐ O ☐ X

해설 '비잔틴 장군 문제'는 P2P 네트워크에서 각 노드가 오류를 일으키거나 조작에 의해 정보가 왜곡될 수 있다는 가정하에 무결성을 유지하는 방법을 찾는 문제이다.

04 블록체인에서 블록의 참조 값은 생성할 때마다 증가한다.

☐ O ☐ X

해설 블록체인에서 블록의 참조 값은 그 블록에 포함된 트랜잭션의 해시 값과 이전 블록의 참조 값을 결합하여 해시값을 구한 것입니다. 따라서 이 값은 체인을 따라 증가하지 않는다.

05 블록체인 중간의 블록에 포함된 트랜잭션의 내용을 변경하기 위해 그 블록만 변경하는 것은 불가능하다.

☐ O ☐ X

해설 하나의 블록에 포함된 트랜잭션의 내용을 변경하면 머클 트리 루트의 해시값이 바뀐다. 이는 블록의 참조 값을 변경하고, 그 블록 다음에 연결된 블록의 이전 블록 참조 값과 일치하지 않게 됩니다. 따라서 하나의 트랜잭션 내용을 바꾸려면 이를 포함하는 블록은 물론이고 그 이후의 모든 블록을 수정해야 한다.

06 블록체인은 무결성을 유지하기 위해 암호 기술을 사용한다.

☐ O ☐ X

해설 블록체인은 무결성을 확보하고 유지하기 위해 순서에 따라 연결된 블록들의 내용을 암호화 기법과 보안기술을 이용해 합의하는 알고리즘을 사용한다.

07 분산 시스템은 사용자 login 기능이 따로 존재한다.

☐ O ☐ X

해설 사용자 login 기능은 중앙 통제 장치 중 하나입니다. 따라서 이러한 시스템은 분산 시스템이 아니다.

08 각 node의 기술적 결함은 P2P 시스템의 무결성을 위협하는 요소이다.

☐ O ☐ X

해설 P2P 시스템의 무결성을 위협하는 요소에는 기술적 결함과 악의적 Peer 등이 있다.

09 블록체인에서 과거에 추가된 거래 정보의 변경은 허용되지 않는다.

☐ O ☐ X

해설 블록체인은 내용 수정이 불가능한 분산형 공공 거래 원장인 블록들을 묶어 놓은 것이다. 가장 마지막에 발생한 거래 내역을 블록에 기입해 계속 이어지도록 체인을 만드는 기술이다.

10 블록체인의 합의 과정에서 원장이 일치하지 않는 node는 격리된다.

☐ O ☐ X

해설 합의 과정에서 원장이 일치하지 않는 node는 그 내용을 수정한다. 다만 악의적인 node는 더 이상 악의적인 행위로 전체 시스템에 영향을 미치지 못하도록 격리된다.

※ 나의 블록체인 점수 결과
1~3 Oops!   4~6 Good!   7~10 Incredible!

정답 1 O 2 X 3 X 4 X 5 O 6 O 7 X 8 O 9 O 10 X

Storyboard

Before the Story

천명(天命)	005
CBM 공동 시행기관 소개	006
2021 CBM 시행계획	008
CBM 최종 합격수기	012
CBM 3급 자격증 이미지	013
나의 블록체인 점수는?	014
CBM 생태계 로드맵	017
세계 블록체인의 날	018

STORY 1
블록체인 분석·설계

1. 블록체인의 이해	021
2. 블록체인의 작동원리	026
3. 블록체인의 분류	030
4. 블록체인과 암호화폐	032
5. 블록체인 기술의 구성요소	038
6. 분산 원장 기술	043
7. 분산 처리 시스템의 이해	048
8. 분산 처리 구조	050
9. 분산 처리 운영체제	054
10. 분산 데이터 베이스	060
적중 예상 문제	075

STORY 2
블록체인 구축·운영

1. 트랜잭션	101
2. 타임스탬프	104
3. 마이닝 및 아키텍처	116
4. 클라우드	120
5. 플랫폼 및 SNS	126
6. P2P 네트워크	141
7. 작업증명방식(PoW)	150
8. 지분증명방식(PoS)	160
9. PBFT	171
적중 예상 문제	178

STORY 3
블록체인 서비스 기획

1. 블록체인 서비스	201
2. 블록체인 분석 기법	205
3. 블록체인 분석 및 전망	212
4. 블록체인 비즈니스 모델(BM) 개발	218
5. 공공(Public)	236
6. 의료(Medical treatment)	244
7. 유통(Distribution)	251
8. 행정(Administration)	263
9. 금융(Finance)	272
적중 예상 문제	278

After the Story

참고문헌	301
CBM 결제 방법	302
유망 직업 CBM	314
온라인 시험 방법	318
OMR 답안지	320
논술형 답안지	321
CBM 자격표장 가이드	323
CBM SNS 스텝 모집	338
여명(黎明)	339

[블록체인관리사(CBM) 3급 한 권으로 끝내기] 수험서에 나오는 특정한 암호화폐 및 가상자산은 교육적 이해를 돕기 위해 구성되었음을 수험생 분들은 양지(諒知)하시길 바랍니다.

CBM 생태계 로드맵

2020 — **12월**
- 한국에서 CBM 제1~3회 시험이 진행되고 있다.
- 2021년 국제 CBM 자격시험 발표

2021 — **2월**
- 대한민국에 있는 코어닥스(www.coredax.com)에 2월 5일(금) 상장
- 제5회 국제자격시험 'CBM' 시행
- 지금까지 우수 CBM 합격자 25명, CBM 코인 1,000개씩, 에어드롭

4월
- 4월 1일 '세계 블록체인의 날' 선포
- 전자책 'CBM 마스터 되기'를 아마존에 발행
- 제7회 국제자격시험 'CBM' 시행
- 지금까지 우수 CBM 합격자 25명, CBM 코인 750개씩, 에어드롭

5월
- 국가별 CBM 실기시험을 위한 교육기관 협약
- 제10차 국제자격시험 'CBM' 시행
- 지금까지 우수 CBM 합격자 50명, CBM 코인 500개씩, 에어드롭

10월
- 국가별 CBM 실기시험을 위한 교육기관 협약
- 전자책 'CBM D-30일 합격 완성 스토리'를 아마존에 발행
- 제13회 국제자격시험 'CBM' 시행
- 지금까지 우수 CBM 합격자 75명, CBM 코인 250개씩, 에어드롭

12월
- 국가별 CBM 실기시험을 위한 교육기관 협약
- [출시] 분산형 교육 플랫폼 시험 버전
- 제15회 국제자격시험 'CBM' 시행
- 지금까지 우수 CBM 합격자 100명, CBM 코인 100개씩, 에어드롭

2021
- [출시] 분산형 교육 플랫폼 정식 버전
- 각국 회원사를 통한 10개국 'CBM 교육기관' 설립

2022
- '글로벌 블록체인 산업대상' 개최
- CBM 기반 구인/구직 사이트 오픈
- CBM 기반 교육 플랫폼 보급
- 회원사를 통한 20개국 'CBM 교육기관' 설립

2023
- '글로벌 블록체인 산업대상' 개최
- 국제블록체인관리사(CBM) 1,000만 명 양성
- 각국 회원사를 통한 50개국 'CBM 교육기관' 설립

세계 블록체인의 날
(WORLD BLOCKCHAIN DAY)

"지금으로부터 13년 전 우리는 기존 금융 시스템의 한계를 뛰어넘고, 조금 더 투명한 세상으로 모든 사람이 금융 시스템을 자유롭게 활용하기를 바라는 마음에서 블록체인이 우리 곁에 다가왔습니다.

오늘날 우리는 이렇게 탄생한 블록체인이 얼마나 우리 곁에서 지속
가능한지를 다시금 고민하고 있습니다. 그리고 다음 세대에도 블록체인의 가치를 남겨줘야 할 그 의무를 지고 있습니다.

블록체인 기술로 파생된 수많은 프로젝트는 우리의 상상력을 자극하기에 충분했습니다. 가상자산, 스마트컨트랙트, ICO, IEO, DEFI, 최근의 NFT까지 앞으로도 생길 도전 의식을 가진 비즈니스 모델은 시대적 요구입니다. 다음 세대에는 이러한 비즈니스 모델들을 블록체인이 추구하는 가치 중 하나인 투명성에서 시작된 것을 어렵지 않게 알 수 있을 것입니다.

오늘 세계 블록체인의 날은 매년 4월 1일을 제정하여 블록체인으로 또 다른 희망과 행복을 추구하는 모든 이들을 위한 날이 될 것이며, 그 시발점이 되는 날이 될 것입니다. 지금보다 더 전문적으로 우리는 시대적 과업을 수행하여야 합니다. 지금까지의 블록체인이 전문가 없이 우리 곁에 다가왔다면, 오늘을 시작으로 블록체인 전문가인 블록체인관리사 CBM이 블록체인 세상을 조금 더 투명하게 안내할 것입니다.

전 세계는 지금 너무나 힘든 시기를 보내고 있습니다. 그럼에도 불구하고 우리 선조들이 그러했듯이 이 어려움을 지혜롭게 극복할 것입니다. 세상은 우리가 무엇과 싸우고 있는지를 기억하지 못하겠지만, 우리가 바라는 세상 속에서 살고 있을 것입니다. 전 세계가 '블록체인으로 거짓 없는 투명한 세상을 만들자!'를 위해 다 함께 참여하여 블록체인이 다음 세대에 물려주어야 할 훌륭한 자산이 되도록 노력해야 합니다."

2021. 4. 1.

WBCIA

회장 연 삼 흠

STORY 1

블록체인 분석·설계

1. 블록체인의 이해
2. 블록체인의 작동원리
3. 블록체인의 분류
4. 블록체인과 암호화폐
5. 블록체인 기술의 구성요소
6. 분산 원장 기술
7. 분산 처리 시스템의 이해
8. 분산 처리 구조
9. 분산 처리 운영체제
10. 분산 데이터 베이스

적중 예상 문제

블록체인관리사(CBM) 3급
한 권으로 끝내기

당신이 상상하는 모든 것은 혁신이 된다.

STORY 1. 블록체인 분석·설계

STORY 1 블록체인 분석·설계

❶ 블록체인의 이해

(1) 블록체인의 정의

블록체인(Blockchain)의 정의는 관점과 주체에 따라 다양하나 종합하면, '공인된 제3자(Trusted Third Party, TTP)의 거래 승인 없이도, 네트워크상의 모든 참여자가 공동으로 거래정보를 검증·기록·보관함으로써 신뢰할 수 없는 당사자 간 거래에 신뢰를 확보해주는 디지털 분산 원장(Distributed Ledger) 기술'로 정의할 수 있다. 다시 말해 데이터 분산 처리 기술이다. 즉, 네트워크에 참여하는 모든 사용자가 모든 거래 내역 등의 데이터를 분산, 저장하는 기술을 지칭하는 말이다. 블록들을 체인 형태로 묶은 형태이기 때문에 블록체인이라는 이름이 붙었다. 블록체인에서 '블록'은 개인과 개인의 거래(P2P)의 데이터가 기록되는 장부가 되고, 이런 블록들은 형성된 수 시간의 흐름에 따라 순차적으로 연결된 '사슬(체인)'의 구조를 가지게 된다. 모든 사용자가 거래내역을 보유하고 있는 거래 내역을 확인할 때는 모든 사용자가 보유한 장부를 대조하고 확인해야 한다. 이 때문에 블록체인은 '공공 거래장부' 또는 '분산 거래장부'로도 불리기도 한다.

기존거래와 블록체인의 차이점은?

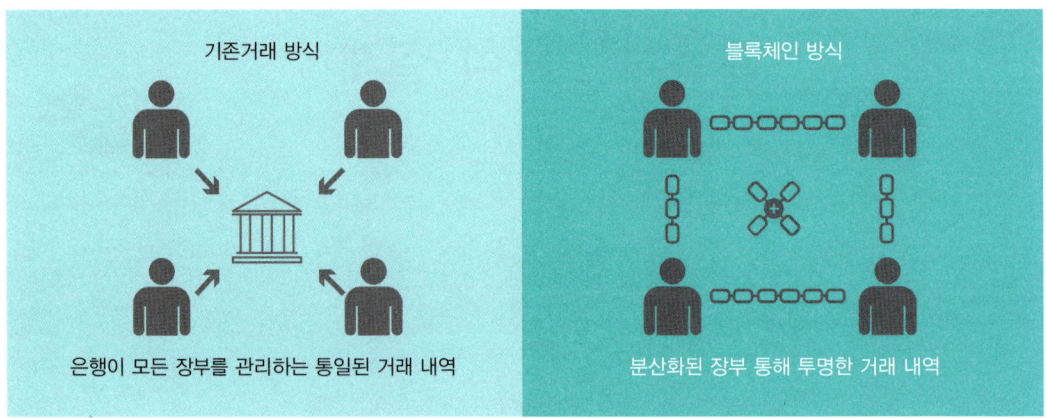

〈 그림 1-1 중앙집중형 시스템과 블록체인 시스템 비교 〉

기존 거래 방식은 은행이 모든 거래 내역을 가지고 있었다. 만약 A가 B에게 100만 원을 송금한다고 하면 현재 금융 시스템에서는 은행이 중간 역할을 한다. 왜냐하면 A가 B에게 100만 원을 줬다는 사실을 '증명'해줘야 하기 때문이다. 따라서 두 사람 사이에 안전하게 거래할 수 있도록 은행이 중간 역할을 해주는 것이다.

블록체인도 거래 내역을 저장하고 증명한다. 그러나 거래 내역을 은행이 아닌 여러 명이 나눠서 저장한다. 만약 한 네트워크에 100명이 참여하고 있다면 A와 B의 거래 내역을 100개의 블록을 생성해 100명 모두에게 전송, 저장한다. 나중에 거래 내역을 확인할 때는 블록으로 나눠 저장한 데이터들을 연결해 확인한다.

(2) 블록체인의 다양한 정의

블록체인은 2008년 10월 31일 사토시 나카모토(Satoshi Nakamoto)가 암호화 기술 메일링 리스트에 투고한 기념비적인 논문, '비트코인: P2P 전자화폐 시스템(Bitcoin: A Peer-to-Peer Electronic Cash System)'에서 P2P(Peer-to-Peer) 네트워크상에 구현된 암호화폐의 이중지불(double spending)문제를 해결하기 위해 제시한 개념 모델이다.

가. 2009년 1월 사토시 나카모토는 이 개념 모델을 응용하며 비트코인(Bitcoin)이라는 암호화폐를 실제로 구현하였다.

나. 비트코인 이전에도 P2P 네트워크상에서 암호화폐를 구현한다는 개념적인 시도는 꾸준히 있었으나, 실용 단계까지 도달한 것은 비트코인이 최초이다.

다. 블록체인이란 용어는 사토시 나카모토의 해당 논문에서, 비트코인의 합의 알고리즘인 작업증명(Proof of work) 방식을 설명하기 위해 "chain of blocks"라는 표현으로 처음 등장하였고, 비트코인의 오리지널 소스 코드 안에 있었다. 이후 사용자들에 의해 'blockchain'이라는 한 단어로 굳어지게 되었다.

〈 표 1-1 블록체인에 대한 다양한 정의 〉

기관	블록체인 정의
한국은행	·거래정보를 기록한 원장을 특정 기관의 중앙서버가 아닌 P2P(Peer-to-Peer) 네트워크에 분산하여 참가자가 공동으로 기록하고 관리하는 기술
금융위원회/금융감독원	·거래 데이터를 중앙집중형 서버에 기록, 보관하는 기존 방식과 달리 거래 참가자 모두에게 내용을 공유하는 분산형 디지털 장부
금융결제원	·분산된 네트워크의 컴퓨팅 자원을 모아 거대한 연산능력을 확보하고, 이를 기반으로 중앙서버 없이 모든 작업을 처리하고 검증하는 기술
과학기술정보통신부	·네트워크 내의 참여자가 공동으로 정보 및 가치의 이동을 기록·검증·보관·실행함으로써 중개자 없이도 데이터의 신뢰성을 확보하는 기반 기술
미국 증권거래위원회	·컴퓨터들의 네트워크 참여자들에 의해 유지되는 전자 분산원장 또는 계정목록(list of entries)
미국 의회조사국	·신뢰할 수 있는 중개자 역할을 하는 중앙 감독기관 없이 당사자들이 직접 거래할 수 있도록 해주는 일종의 디지털 원장(list of ledger) 기술
미국 국립표준기술연구소	·중앙의 신뢰 기관 없이 분산 방식으로 실행되는 영구불변의 디지털 원장 시스템(immutable digital ledger system)
미국 애리조나 주법	·분산, 탈중앙화, 공유, 복제의 성질을 가진 분산원장
딜로이트	·서로 알지 못하는 사람들 사이에 공유된 데이터 또는 디지털 거래 기록을 제3자의 개입 없이도 상호 신뢰할 수 있도록 해주는 네트워크 기술
이코노미스트	·서로 신뢰할 수 없는 환경에서 사람들이 중립적이고 중앙화된 인증 기관 없이 신뢰를 보장하는 기술, 신뢰를 만드는 기계(The Trust Machine)

① P2P(Peer-to-Peer) 네트워크

기존의 중앙집중형 시스템에서는 공인된 제3자가 신뢰를 보장했다면, 블록체인은 신뢰할 수 없는 노드(node)들이 모인 P2P 네트워크상에서 거래의 신뢰를 확보하는 기술이다. 전체 네트워크에 중복 작업이 내재하여, 노드 하나가 전원이 꺼졌거나 응답하지 않아도 또 노드의 작업으로 보완할 수 있다.

〈 표 1-2 중앙집중형 시스템과 P2P 네트워크 비교 〉

중앙집중형 시스템	P2P 네트워크
· 기록관리 권한과 책임이 특정 기관에 집중 · 인프라 및 보안 관련 대규모 인력, 설비투자 필요 · 해당 기관의 신뢰 확보를 위한 규제, 감독 강화 · 혁신적인 서비스 및 신규 사업자 진출이 제한적	· 중앙집중적 생태계 및 서버 구축 불필요 · 거래기록 및 증명 방식의 근원적 변화 · 제3의 기관 없이 신뢰성 및 보안성 확보 가능 · 거래 수수료 절감 등 사회, 경제적 비용 절감 기능

② 합의 알고리즘

합의 알고리즘은 블록체인의 중추로서, 유일무이한 블록체인을 생성하기 위한 노드들의 거래 검증·승인 방식 또는 블록을 추가하는 방식에 관한 프로토콜을 의미한다. 이에 따라 채굴(mining) 과정이 포함될 수 있고, 안될 수도 있다. 수십 가지 다양한 합의 알고리즘이 있으나, 대표적으로 비트코인의 작업증명방식 (Proof of Work, PoW)과 이더리움(Ethereum)의 지분증명방식(Proof of Stake, PoS)이 있다. P2P 네트워크상에 노드 간의 거래를 일정한 합의 알고리즘에 의해 검증하는 공공거래장부로서의 블록체인 속성으로부터, 탈중개성, 투명성, 신뢰성 등의 다음과 같은 특징이 도출된다.

(3) 블록체인의 특징

블록체인은 분산저장을 한다는 점이 특징이다. 기존 거래 방식에서 데이터를 위·변조하기 위해선 은행의 중앙서버를 공격하면 가능했다. 은행 전산망 해킹 사건은 매스컴에 쉽게 확인할 수 있다. 그러나 블록체인은 여러 명이 데이터를 저장하기 때문에 위·변조가 어렵다. 블록체인 네트워크를 위·변조하기 위해서는 참여자의 거래 데이터를 모두 공격해야 하므로 사실상 해킹은 불가능하다고 여겨진다. 또한 블록체인은 중앙관리자가 필요 없다는 점도 특징이다. 은행이나 정부 등 중앙기관이나 중앙관리자가 필요했던 것은 공식적인 증명, 등기, 인증 등이 필요했기 때문이다. 그러나 블록체인은 다수가 데이터를 저장, 증명하기 때문에 중앙관리자가 존재하지 않게 된다.

〈 표 1-3 블록체인의 특징 〉

특 징	내 용
탈중개성	· 블록체인에 거래 블록이 추가될 때마다 참여자들에 의해 확인 과정을 거치므로, 중앙집중형 공인된 제3자가 아닌 블록체인 네트워크 자체가 각 블록안에 담긴 기록의 무결성을 증명, 보증함으로써 진정한 의미의 P2P 네트워크 구현이 가능해짐 · 모든 노드가 거래 장부를 갖고 있기 때문에 네트워크 일부에 문제가 생겨도 전체 블록체인에 영향이 없음
보안성	· 정보를 다수가 공동으로 소유하여 해킹이 어려움 · 비트코인은 지금까지 한 번도 그 자체의 원인으로 누군가의 잔고가 도난당한 적이 없음
신속성	· 거래의 승인, 기록은 다수의 참여에 의해 자동 실행
확장성	· 공개된 소스에 의해 쉽게 구축, 연결, 확장 기능·스마트 계약과 연결이 용이
투명성	· 모든 거래 기록에 공개적 접근 가능·공개된 소스에 의해 구동
경제성	· 시스템 구축 및 유지보수 비용 등의 거래 비용 절감·유사시 백업 비용 등 보안관련 비용 절감 · 거래 양성화로 인한 규제비용 절감 · 비즈니스 관습의 패러다임이 실시간 청산으로 옮겨감에 따라, 상대방 리스크를 최소화 하고 신속성이 극대화됨
효율성	· 내장된 체크리스트 및 기타 프로토콜을 통한 자동화로, 사람의 실수를 상쇄할 수 있음

(4) 블록체인의 장단점

① 장점

가. 모든 사용자가 장부를 가지고 있기 때문에 신뢰성을 보장할 제3자가 필요 없다.

나. 해킹을 쉽게 차단할 수 있다. 일부 네트워크가 해킹당해도 타격이 없으며 분산 구조이므로 DoS/DDoS 공격에도 문제가 없다.

다. 모든 거래내역을 공개하기 때문에 기존 금융 서비스보다 확실하고 거래내역이 투명하게 보관된다.

라. 블록체인은 중앙 관리자가 따로 필요가 없기 때문에 유지 보수, 보안 유지, 거래 중계자 등에 필요한 비용이 절감되어 매우 경제적이다.

② 단점

가. 중앙으로만 보내면 되던 정보가 블록체인은 개인과 개인이 진행하고 정보교류가 필요하기에 속도에서 느리다.

나. 기술적 오류나 업그레이드 진행 시 사용자의 과반수가 동의해야 하고 의사결정을 지연할 수 있기 때문에 신속한 업데이트가 어렵다.

② 블록체인의 작동원리

(1) 블록체인 네트워크 단계

사토시 나카모토(2008)는 블록체인 네트워크가 구동되는 단계를 다음과 같이 설명하였다.

가. 새로운 거래가 모든 노드에 전파된다(broadcasted).
나. 각각의 노드가 새로운 거래를 블록 안으로 수집한다.
다. 각각의 노드가 블록에 맞는 난이도의 작업증명(PoW)을 찾는다.
라. 하나의 노드가 작업증명을 찾으면 모든 노드에 해당 블록이 알려진다.
마. 블록 안에 있는 모든 거래가 유효하고 사용된 적이 없었을 때만 다른 노드들이 해당 블록을 승인한다.
바. 노드는 승인한 블록의 해시를 체인에서 다음 블록을 생성할 때 이전 블록의 해시로 사용함으로써 해당 블록을 승인했음을 밝힌다.

블록체인 네트워크의 각 노드는 동일한 원본 데이터를 저장하면서 일정 시간(비트코인은 10분)마다 거래 내역을 동기화하는데, 51%의 노드가 검증을 마치면 해당 데이터를 진본으로 저장하는 방식으로 작동한다. 이때, 비트코인은 P2P 네트워크상에서 무결성을 확보하기 위한 핵심기술로, 해시 암호화(cryptographic hash function), 비대칭 키 암호화(asymmetric key encryption), 머클 트리(Merkle tree), 불가역적 타임스탬프(immutable timestamp) 등의 기술을 조합·응용함으로써, 비잔틴 장군의 문제(Byzantine Generals' Problem)를 최초로 해결했다는 평가를 받았다.

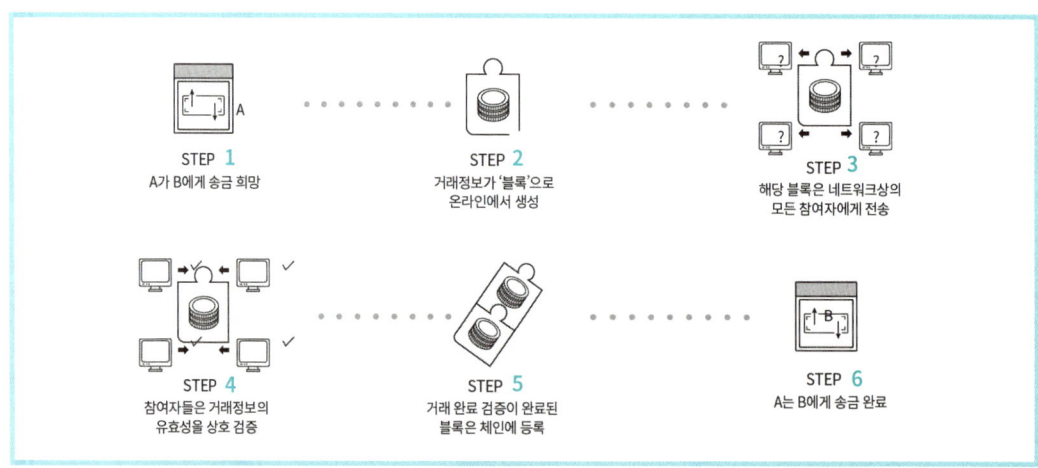

〈 그림 1-2 블록체인을 통한 거래 프로세스 〉

(2) 해시 암호화

블록체인은 이전 블록의 해시값이 다음 블록의 헤더에 저장되므로, 한 블록의 내용이 변경되면 해시 함수의 특성상 이후 모든 블록에 포함된 해시 값이 변한다. 위·변조에 성공하려면 이런 모든 해시를 다시 계산하지 않으면 안 되기 때문에 현실적으로 거의 불가능하다. 블록체인에서 해시값은 거래 데이터의 디지털 지문으로 사용되거나, 거래 데이터의 변경을 감지하거나, 블록체인-데이터-구조를 바꾸려 할 때 계산 자원이 많이 소모되게 하는 데 사용된다.

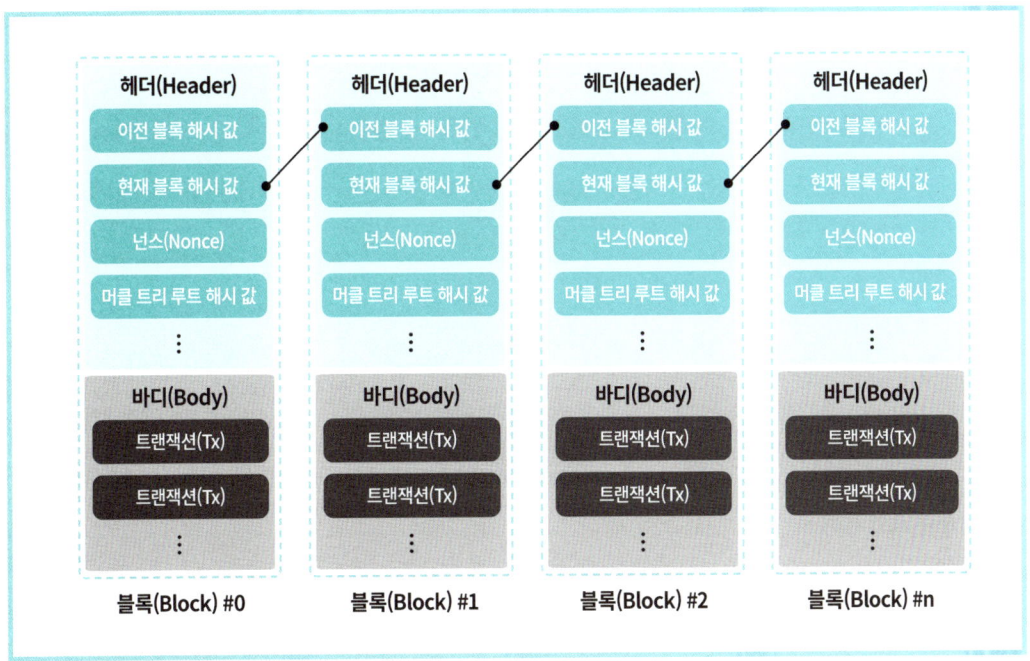

〈 그림 1-3 블록체인 연결구조 〉

(3) 비대칭 키 암호화

진행 또는 승인을 위해 두 개 이상의 서명을 해야하는 하는 점에서 다중서명(multi signature) 또는 멀티시그(multisig)라고도 부른다. 소유권을 이전하는 계정을 식별하고 전자서명을 검증할 때는 공개 키(public key)를 사용하고, 거래의 승인은 전자서명을 생성하는 데 사용한 개인 키(private key)를 가진 사람에게만 허용되는 방식이다.

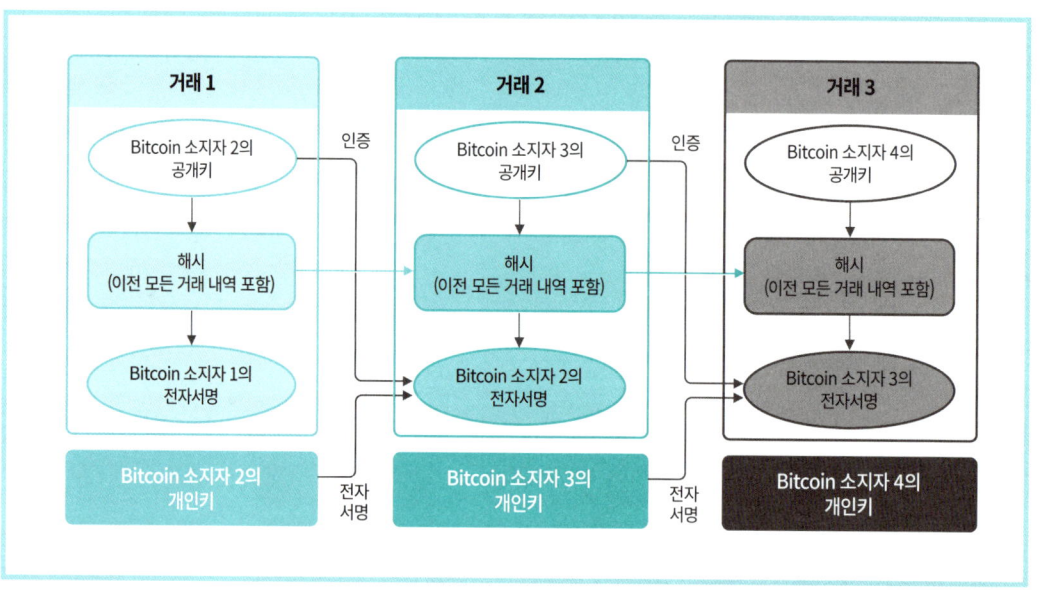

〈 그림 1-4 비트코인 블록체인의 비대칭 키 암호화 〉

(4) 머클 트리

1980년 랠프 머클(Ralph Merkle)이 도입한 암호화 개념으로, 하나의 데이터베이스를 데이터 블록으로 세분하고, 이전 블록/부모(parent) 블록의 해시 값을 입력 값으로, 후속 블록/자식(child)블 록의 해시값을 생성하여 암호로 연결한 역(逆) 트리 구조이다. 이전 데이터의 변조를 막는 동시에, 데이터가 편집될 때마다 전체 데이터 집합의 해시값을 다시 계산하는 것보다 컴퓨터 자원 사용량을 줄일 수 있어, 규모가 큰 데이터 집합의 완전성을 효율적으로 요약, 검증하는 데 적합한 데이터 구조이다.

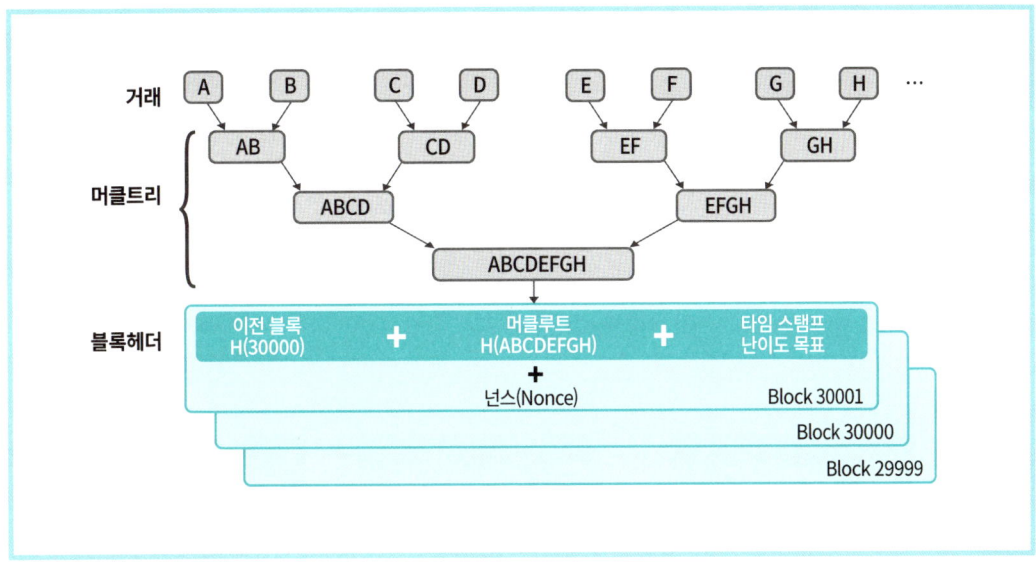

〈 그림 1-5 머클트리 구조와 블록헤더의 구성 〉

(5) 불가역적 타임 스탬프

블록체인은 이벤트 발생 순서대로 추가하는(add-on) 방식으로만 거래를 기록하므로, 한 번 기록된 데이터는 변경할 수 없다. 여러 채굴자가 동시에 다른 블록을 추가할 경우 '분기(fork)' 위험에 노출되는데, 일반적으로 가장 긴 체인이 정당한 체인으로 인정되므로, 블록체인은 채굴자들의 '가장 긴 체인을 만드는 경쟁(The longest chain wins)' 에 의해 유지된다. 타임스탬핑 기능은 차후 거래가 실제 발생했음을 입증할 때 유용하여, 사실 여부를 가릴 때 도움이 된다.

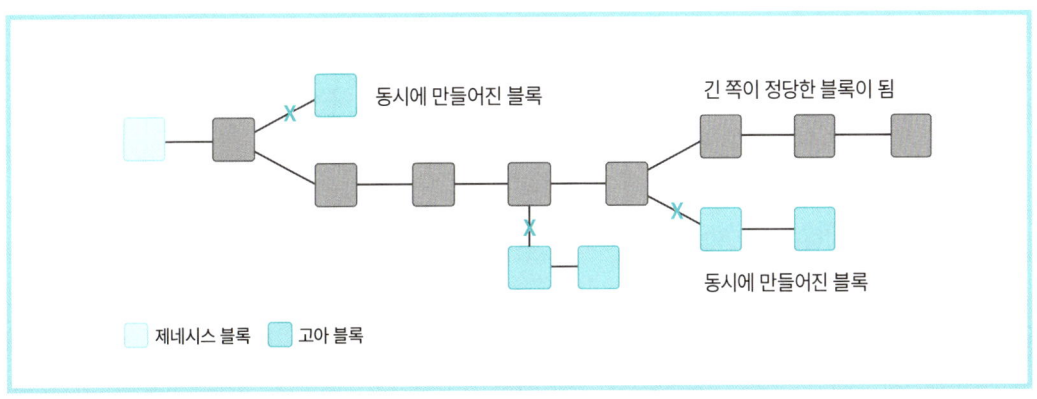

〈 그림 1-6 Longest-Chain Rule 〉

③ 블록체인의 분류

블록체인은 분산된 네트워크에의 참여 제한 정도에 따라, 퍼블릭(public)·프라이빗(private)·컨소시엄(consortium) 블록체인으로 나뉘고, 사용자의 해당 블록체인에의 접근 방식에 따라, 허가형(permissioned)·무허가형(permissionless) 블록체인으로 나뉜다.

이에 따라, 무결성 유지를 위한 인센티브인 암호화폐 유무나 채굴 여부에 차이가 있다.

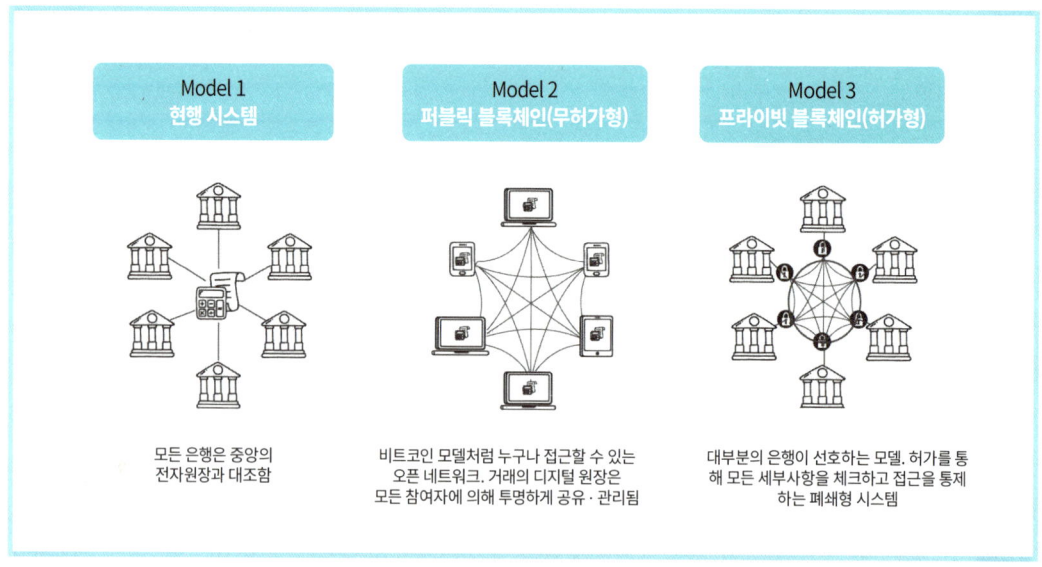

〈 그림 1-7 현행 시스템 vs 퍼블릭 블록체인 vs 프라이빗 블록체인 〉

가. 퍼블릭 블록체인은 참여에 제한이 없는 무허가형 블록체인으로, 누구나 공개-개인 키(public-private key) 쌍을 생성하고 블록체인 사본을 다운로드할 수 있으며, 주로 거래를 관할하는 소프트웨어 패키지를 통해 수행된다.

비트코인, 이더리움, CBM 등 대부분의 암호화폐 프로젝트가 이에 해당한다.

나. 프라이빗 블록체인은 블록체인 참여자의 회원 자격이 제한되는 허가형 블록체인으로, 퍼블릭 블록체인보다는 자격이 검증된 참여자 간에 서로를 더 신뢰할 수 있다. 블록체인에 참여하기 위해 참여 허가를 받은 사용자끼리 계약을 맺거나, 해당 블록체인에 속한 다른 회원들의 동의

가 필요할 수도 있다. 은행, 공공기관 등 블록체인 네트워크의 소유 주체가 명확하고, 허가를 받아야만 블록체인 네트워크에 참여할 수 있는 사설 블록체인이 이에 해당한다.

다. 컨소시엄 블록체인은 2개 이상의 기관이 노드 운영 권한을 가지고 참여하는 허가형 블록체인으로, 여러 기관이 노드 운영에 참여하기에 권한이 분산되어 일방적인 데이터 위·변조 가능성이 확연히 줄어든다.

〈 표 1-4 퍼블릭 / 프라이빗 / 컨소시엄 블록체인 비교 〉

구 분	퍼블릭 블록체인	프라이빗 블록체인	컨소시엄 블록체인
소유권	블록체인 네트워크 자체가 소유권 보유(분산소유권)	한 기관, 단체, 개인이 모든 권한을 소유함	소유권을 네트워크에 참여한 기관
멤버십	·완전 개방형 ·부분 개방형(자격 요건)	허가된 멤버만 참여	허가된 멤버만 참여
권한관리	누구나 모두가 모든 일을 할 수 있음	Private Channel, Tiered System 등을 통해 읽기·쓰기 권한 관리가 가능	좌동
읽기권한	누구나 열람 가능	허가된 기관만 열람 가능	좌동
트랜잭션 생성자	누구나 트랜잭션을 생성	법적 책임을 지는 기관만 참여	좌동
거래검증 및 승인	누구나 네트워크에 참여하면 거래 검증 및 승인을 수행	승인된 기관과 감독 기관	좌동
합의 알고리즘	부분 분기를 허용하는 PoW이나 PoS 알고리즘	부분 분기를 허용하지 않는 BFT 계열의 합의 알고리즘 또는 이더리움을 하드포킹한 PoW	좌동
최종신뢰보장	블록체인 네트워크 그 자체	해당 네트워크를 소유한 기관/단체/개인	컨소시엄에 참여한 기관들
암호화폐	거의 필수적으로 필요함	필요 없음(서비스 필요에 따라 사용할 수 있음)	필요 없음(서비스 필요에 따라 사용할 수 있음)
속도	프라이빗 블록체인보다 느림	1,000 TPS 이상의 고기능	좌동
장점	·안전성 ·신뢰성 ·익명성 ·투명성 보장	·높은 효율성과 확장성 ·높은 처리속도 ·기업별 특징에 따라 특화 가능	·높은 효율성과 확장성 ·높은 처리속도 ·민감 정보를 처리하는 역할 부여 가능
단점	·확장성이 낮음 ·거래 속도가 느림	·보안성이 낮음	·개입이 필요할 수 있음 ·투명성과 보안성이 낮음
예시	·비트코인 ·이더리움 ·블록체인관리사	·나스닥 Linq	·하이퍼레저 Fabric ·R3 Corda ·LoopChain

❹ 블록체인과 암호화폐

(1) 암호화폐의 개념

암호화폐(Cryptocurrency)는 '암호화'라는 뜻을 가진 'crypto' 와 통화, 화폐란 뜻을 가진 'currency' 의 합성어로, 분산 장부(Distributed Ledger)에서 공개키 암호화를 통해 안전하게 전송하고, 해시 함수를 이용해 쉽게 소유권을 증명해 낼 수 있는 디지털 자산이다. 일반적으로 암호화폐는 블록체인이나 DAG (Directed Acyclic Graph)를 기반으로 한 분산 원장(Distributed Ledger) 위에서 동작한다. 1982년 미국의 암호학자 데이비드 차움(David Chaum, 1955년 ~) 박사가 1982년 프라이버시 지향 전자화폐 'e 캐시'를 개발하고, 익명성과 암호화 개념의 전자화폐를 최초로 도입하였다. '암호화폐 분야의 개척자', '암호학의 아버지'라고 불리기도 한다. 대중들에게 알려진 최초의 암호화폐는 비트코인으로, 2008년 10월 31일에 공개된 논문 'Bitcoin: A Peer-to-Peer Electronic Cash System'을 바탕으로 2009년 1월 3일에 첫 블록이 만들어졌다.

비트코인이 처음으로 대중에게 알려진 2013년을 기점으로 다양한 매체에서 비트코인을 Virtual currency (가상 화폐, 가상 통화)라고 부르기 시작하였는데, 비트코인의 특성이 이 Virtual currency 에 부합하지 않는다는 지적에 탄생한 단어이다.

2011년 10월 7일에 첫 배포된 라이트코인을 시작으로 비트코인 코드 베이스에서 몇 가지 수정을 거친 암호화폐들부터 비트코인에서 영감을 받은 많은 디지털 자산들이 탄생하게 되었는데, 이들이 비트코인의 대안/보조적 성격을 지닌다고 하여 알트코인(Alt coin)이라고 불렸다.

비탈릭 부테린은 닉 사보(Nick Szabo)가 1994년에 고안한 스마트 컨트랙(디지털 형식으로 표현된 약속의 집합)을 블록체인 필드에 적용하여 이더리움을 발명하였으며, 이전까지 화폐적 기능에 초점을 맞추었던 암호화폐의 사용성을 확장하였다.

전자 지급수단과 관련하여 폭넓은 개념으로 디지털화폐(digital money; digital currency)라는 용어가 사용된다. 디지털화폐는 은행권·동전과 같이 물질인 방식 아니라 디지털 방식으로만 사용될 수 있는 유형의 화폐를 가리킨다. 디지털화폐는 금전적 가치를 디지털정보로 바꾸고 암호화하여 IC 카드에 저장하고 휴대하여 사용하거나 컴퓨터에 보관하고 네트워크상으로 사용하는 것을 모두 포함한다. 가상화폐와 암호화폐는 디지털화폐에 속한다. 디지털화폐는 전자화폐(electronic money; electronic currency)와 같은 뜻으로 사용되기도 하지만, 대한민국의 경우 전자화폐가 되기 위해서는 범용성 요건을 갖추어야 하므로(전자금융거래법 제2조 제15호) 전자화폐는 디지털화폐보다 좁은 개념이 된다. 가상화폐와 암호화폐는 모두 디지털화폐에 속하지만 같은 개념은 아니다.

(2) 해외 각국의 가상화폐와 암호화폐 정의

가상화폐(virtual currency)에 관한 정의를 살펴보면 다음과 같다. 유럽중앙은행(ECB)은 2012년에 가상화폐를 "개발자에 의하여 발행되고 통상 관리되며, 특정한 가상커뮤니티의 회원들 간에 사용되고 수령되는 규제되지 않은 디지털화폐의 한 유형"이라고 정의하였다.

2012년 유럽중앙은행(European Central Bank)은 가상화폐란 "중앙은행에 의하여 발행되거나 보장되지 않고 지급수단으로 기능하는 규제되지 않은 디지털화폐의 한 유형"이라고 하였다.

또 2014년 "중앙은행이나 공적 기관이 발행하지 않고 반드시 법령에 의한 화폐(fiat currency)에 속하지도 않지만, 자연인 또는 법인에 의하여 지급수단으로 수령되고 전자적으로 양도·저장 또는 거래될 수 있는 가치의 전자적 표시"라고 하였다. 2013년 미국 재무부 금융범죄규제망(FinCEN)은 화폐(currency)를 "법화(法貨, legal tender)로 지정되어 발행국가의 교환수단으로 유통되고 통상 사용·수령되는 동전과 지폐"라고 정의하고, 이러한 진정한 화폐에 대하여 교재에는 "어떤 환경에서는 법화인 화폐처럼 작동하지만 진정한 화폐의 속성을 가지고 있지 않은 교환수단"으로서, 어떠한 관할권에서도 법화의 지위를 가지지 않는다고 한다.

유럽중앙은행(ECB), 유럽은행 감독청(EBA), 미국 재무부에서 내린 정의에 따르면, 가상화폐란 정부에 의해 통제받지 않는 디지털화폐의 일종으로 개발자가 발행·관리하며 특정한 가상 커뮤니티에서만 통용되는 결제수단이다.

미국 재무부 금융범죄규제망(FinCEN)은 전자상품권 등을 제외하고 비트코인·이더리움·리플 등 암호화폐를 가리킬 때는 가상화폐라는 단어를 쓰지 않는다.

암호화폐(cryptocurrency)는 블록체인(blockchain) 기술로 암호화되어 분산 발행되고 일정한 네트워크에서 화폐로 사용할 수 있는 전자정보이다. 암호화폐는 중앙은행이 발행하지 않고 블록체인 기술에 기초하여 금전적 가치가 디지털 방식으로 표시된 전자정보로서 인터넷상 P2P 방식으로 분산 저장되어 운영·관리된다. 각 암호화폐의 분산형 통제는 블록체인 기술을 통하여 운용하는데, 블록체인은 분산 거래장부(distributed ledger)로 기능하는 공적 데이터베이스이다. 암호화폐는 원래 재화 교환의 매체, 즉 지급수단으로 고안된 것이지만, 액면가가 없고 투자의 목적이 되어 거래소를 통하여 시장의 수급에 따라 형성되는 가격으로 거래되어 소득 또는 손실이 발생한다. 이러한 점에서 볼 때 암호화폐는 재화성을 함께 가지는 특수한 지급수단이라 할 수 있다.

암호화폐는 외관상의 유사한 모습으로만 파악하면 가상화폐의 일종이라고 볼 수도 있다. 하지만 유럽중앙은행이나 미국 재무부의 가상화폐 정의를 엄격하게 적용하면 가상화폐라고 부를 수 있는 암호화폐는 거의 없게 된다. 특히 대부분의 암호화폐는 개발자가 발행하지는 않기 때문에 발행 측면에서 보자면 가상화폐가 아니게 된다. 이러한 암호화폐의 정의로 볼 때 현재 상당수 온라인과 오프라인 매장에서 결제수단으로 받는 비트코인은 암호화폐로서 디지털화폐이기는 하나, 가상화폐는 아니게 된다.

(3) 블록체인과 암호화폐

암호화폐는 달러($)나 원화(W)와 같은 실물화폐와 달리 화폐를 발행하는 중앙은행이 없이 전 세계 인터넷 네트워크에 P2P 방식으로 분산 저장되어 운영된다. 암호화폐를 발행하고 관리하는 핵심 기법은 블록체인(blockchain) 기술이다. 블록체인이란 블록(block)을 잇따라 연결(chain)한 모음을 가리킨다. 각 암호화폐 코인의 유효성은 블록체인에 의하여 부여된다. 블록체인은 지속적으로 늘어나는 기록(블록)의 일람표로서 블록은 암호화 방법을 사용하여 연결되어 보안이 확보된다. 각 블록은 전형적으로는 이전 블록의 암호 해쉬, 타임 스탬프와 거래 데이터를 포함한다. 고안에 의하여 블록체인은 처음부터 데이터의 수정에 대하여 저항력을 가지고 있다. 이것은 양 당사자 간의 거래를 유효하게 영구적으로 증명할 수 있도록 기록할 수 있는 공개된 분산 장부이다. 일단 기록이 이루어지면 그 블록의 데이터는 모든 후속 블록의 변경 없이는 소급하여 변경될 수 없다.

(4) 암호화폐의 종류

① 1세대 암호화폐

2009년 비트코인으로 대변되는 라이트코인, 피어코인 등이 있다. 특징으로는 법정화폐와 같이 투자 및 결제, 가치 저장 수단 등으로 이용할 수 있도록 개발되었다는 점이 있다. 다만, 법적인 규제 및 감독 등이 미비한 점이 여전한 약점으로 남아있으며 실제 트랜젝션 구성 시간이 10분이라는 점 또한 화폐의 기능에 여전한 의문 부호로 남아 이 시간을 줄이기 위한 다채로운 방법들이 모색되었다.

② 2세대 암호화폐

흔히 비트코인 2.0으로 불리는 암호화폐들이 이 영역에 포함된다. 마스터코인, 컬러드코인 등이 대표적이며 주로 자산의 취급 및 등록 등에 사용할 수 있도록 개발되었다는 점이 특징이다. 이 방식은 자산의 관리 주체를 분산화하여 블록체인 네트워크상에 구현함으로써 관리비용을 절감하기 위한 시도를 하고 있다.

③ 3세대 암호화폐

이더리움, 리플, 퀀텀, CBM 등 응용플랫폼 위주 암호화폐 세대이다. 이더리움은 기존 비트코인이 가지고 있던 트랜젝션 구성 소요 시간을 획기적으로 단축하였고, 현재 많은 ICO 진행 시, 기준 암호화폐로서 작동되고 있다. 혹자는 이러한 측면에서 이더리움을 암호화폐 기준 통화로 보는 견해도 있다.

④ 4세대 암호화폐

프라이빗 블록체인 기술로 대표되는 4세대 암호화폐는 주로 금융권에서 도입을 검토 중이다. 금융정보의 경우에는 공개되면 안 되는 기밀사항 등이 많기 때문에, 블록체인 기술이 가지는 보안성을 취하고 정보 접근성을 차단하기 위한 용도로 개발되고 있다.

세대별 암호화폐와 블록체인의 진화 단계를 비교해 보는 것도 유익할 것이다. 물론 이런 비교를 다음 세대에게 양보하는 것도 또 하나의 미덕(美德)으로 보인다.

블록체인 1.0이 비트코인이라면, 블록체인 2.0은 이더리움과 스마트 계약(Smart Contract)이라고 할 수 있다. 이더리움이 블록체인 2.0을 열었다고 평가받는 이유는 스마트 계약 기능 때문이다. 이더리움 플랫폼은 이더리움 가상 머신(Ethereum Virtual Machine, EVM)과, 솔리디티(Solidity)·Serpent·LLL·Mutan과 같은 튜링-완전 프로그래밍 언어(Turing-CompleProgramming Language)를 사용해 모든 형태의 거래를 프로그래밍함으로써 스마트 계약을 구현하였고, 분산형 애플리케이션(Decentralized Application, DApp)도 개발할 수 있게 되었다. 이더리움의 한계를 극복하려는 블록체인 3.0은 상호운용성(Interoperability), 지속가능성(sustainability), 확장성(scalability)을 획득한 '쉬운 스마트 계약(easy smart contract)'으로 요약할 수 있다.

블록체인 4.0은 블록체인 활용이 정착하기에 접어들어 기존 정부서비스의 제공·관리방식, 조직구조 등에 영향을 미칠 새로운 인프가 될 것으로 예측된다.

한편, 블록체인을 2009년 최초 응용 사례인 비트코인 이후 기술 진화 단계별로 분류하면 아래 〈표1-5〉과 같다.

〈 표 1-5 블록체인의 진화 〉

버전	블록체인 1.0	블록체인 2.0	블록체인 3.0	블록체인 4.0
단계	도입기 (암호화폐)	발전기 (스마트 계약과 DApp)	확산기 (확장성과 상호운용성)	정착기
시기	2009~2013년	2014~2017년	2018~2022년	2023~2030년
활용 영역	· 퍼블릭 블록체인	· 프라이빗 블록체인 · 스마트 계약	· 산업과 융합	· 국가 인프라
활용 예	· 비트코인	· 나스닥 장외주식거래 · 이더리움 외	· 공급망 관리, 에너지, 물류 등 · CBM 외	· 예산관리, 투표 등 · 정부 공공서비스

(5) 암호화폐의 기능

암호화폐가 화폐의 기능을 수행하기 위해서는 아래의 사항을 충족할 필요가 있다. 이는 화폐가 가지는 기본 속성과 맞닿아있다.

① 교환 수단
화폐를 통해 실물과 교환할 수 있는 수단. 주로 결제 등의 기능과 같다.
재화 및 용역을 화폐로 교환하는 기능이라 정의할 수 있다.

② 지불 수단
화폐를 통해 가치를 지불할 수 있는 수단. 임금이나 세금 등의 가치를 의미한다.
화폐를 인도함에 있어서 채무를 변제할 수 있는 기능이라 정의할 수 있다.

③ 자산 축적 수단
화폐를 통해 자산 축적이 가능한 수단. 주로 예금이나 유가증권 등의 개념을 포함한다.
화폐를 보유함으로써 일반적인 구매력을 보장할 수 있는 기능이라 정의할 수 있다.

④ 가치 척도 수단
유·무형 자산에 대한 가치 척도 수단. 동일한 상품은 동일한 가치를 지닌다는 개념에서 출발한다.
재화 및 용역의 상대가치관계를 표시하는 기준이 되는 기능이라 정의할 수 있다.

(6) 암호화폐의 현재 상황

현재 암호화폐는 과세 대상이 아니다. 화폐로 인정될 경우, 현재 개인이 환차익을 통해 얻은 이익은 비과세 대상이며 법인의 환차익은 기업 이익으로 보아 법인세를 부과하고 있다. 화폐로 인정되지 않을 경우는 논외의 대상이다. 또한 비트코인이 재산이나 투자재와 같은 것으로 간주할 경우에도 양도소득세 과세 대상이 되지 못한다. 소득세는 열거주의에 의하는데 현재 소득세 부과 항목에 비트코인이 포함되어 있지 않기 때문이다. 일본, 노르웨이, 독일, 미국 등 여러 선진국에서 비트코인을 법인세로 과세하는 것을 봐서는 당분간 비트코인이 각국 정부로부터 화폐로 인정받기는 어려워 보인다. 반면 영국은 비트코인을 디지털 화폐로 인정해 제도권으로 끌어들임과 동시에 런던을 디지털 금융의 중심지로 키우는 정책을 채택했다. 다만 정부의 인위적 조정 행위가 불가 하므로 비트코인의 일부를 정부가 발행하는 유사화폐로 대체 또는 제한하여 유통과 동시에 화폐가치를 조절 할 수 있는 수단을 만들 거라 추측된다.

비트코인은 기존 화폐와는 달리 익명성을 갖고 있어서, 상속세, 증여세 등의 과세가 불가능하다. 익명성 때문에, 비트코인을 누구에게 얼마를 줬는지, 준 사람과 받은 사람 이외에, 제3자는 일체 알 수 없기 때문이다. 송금기록, 수금기록 등 모든 기록은 모두 공개되어 있으나, 그것이 누구인지를 알 수가 없다.

전 세계 각국 정부는 부가가치세(VAT) 등 간접세를 1회의 매매 마다 소비자에게 부과하는 게 통례인

데, 비트코인은 계좌의 익명성 때문에 그 매매 거래를 추적하기가 쉽지 않다. 판매자인 개인사업자는 소득세를, 법인은 법인세를 낸다. 물건을 1회 판매할 때마다 합산하여 1년에 한두 번 낸다. 그러나 비트코인으로 동산이나 부동산 등 물건을 판매할 경우, 거래 내역을 추적하기가 거의 불가능하다.

(7) ICO (Initial Cryptocurrency Offering) 정의 (참조 : ICO 국제표준 가이드라인_KBCIA.2018.4.28. 발표)

기존에는 ICO를 Initial Coin Offering의 줄임말로, 가상화폐 공개라고 불려졌다. 다만, 여기에서의 가상화폐의 개념은 암호화폐를 포함하는 개념이므로 실제로는 Initial Cryptocurrency Offering, 즉 암호화폐공개로 정리하여야 맞는다. 이 개념이 현재의 ICO 성장을 지원하고 투자자를 위한 올바른 정의라 할 수 있겠다. 현재 블록체인 기술을 기반으로 하는 암호화폐가 대다수 ICO를 진행하고 있기 때문이다. ICO는 주체가 되는 사업자(개발자, 팀 등)가 블록체인 기술 기반의 암호화폐를 발행하고 이를 투자자에게 공개 후 판매해 자금을 확보하는 방식이다. 다만 투자금을 현금이 아닌 암호화폐로 유치하기 때문에 국경에 상관없이 전 세계 누구나 투자할 수 있다. 비슷한 개념으로 IPO(Initial Public Offering : 기업공개)를 들 수 있다. 아래는 전 세계에서 ICO에서의 투자자 보호 및 건전한 ICO 진행을 위해 관련 법률 및 암호화폐 관련 법률을 정리하였다.

〈 표 1-6 ICO 및 암호화폐 관련 법률안 〉

법률안	내용
은행법	암호화폐의 지불, 결제 기능 관련
금융거래법	암호화폐의 지불, 결제 기능 관련
외환거래법	암호화폐의 지불, 송금 기능 관련
증권거래법	암호화폐의 지불, 자산 기능 관련
자금이탈방지법	암호화폐의 송금, 자산 기능 관련
자금세탁방지법	암호화폐의 송금, 자산 기능 및 익명성 관련
테러자금제공금지법	암호화폐의 송금, 자산 기능 및 익명성 관련
개인정보보호법	암호화폐의 익명성, 거래소 보안 관련
예금자보호법	암호화폐의 자산 기능 관련
유사수신행위	스캠 등의 사기행위 방지
내부자 거래	비합법적인 내부자 암호화폐 거래 규제

※ 국가별로 법률명이 상이할 수 있음

ICO를 통하거나 암호화폐 거래소를 통하거나 암호화폐는 KYC(Know-Your-Customer: 고객 신원 확인)와 AML(Anti-Money Laundering System: 자금세탁방지제도)은 암호화폐가 테러 자금이나 범죄자 집단의 자금 확보 수단이 될 수 있기 때문에 관계 당국이 관련 법률을 재정비할 필요가 있다.

5 블록체인 기술의 구성 요소

(1) 블록체인 기술의 구성 요소와 분류

1) 블록체인 기술 구성 요소

앞에서 소개한 블록체인의 작동원리는 각각 어떤 차이가 있을까? 각 작동원리의 차이점을 알기 위해서 '블록체인 기술이란 무엇인가'를 생각해 볼 필요가 있다. 블록체인을 구성하는 다음과 같은 요소 기술을 살펴보자.

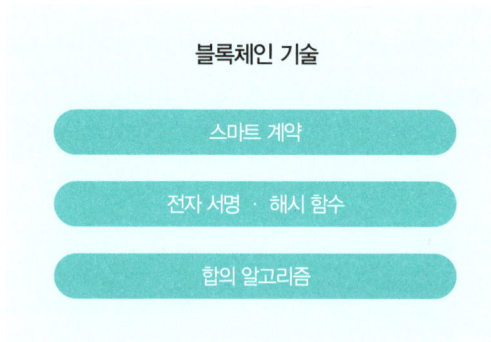 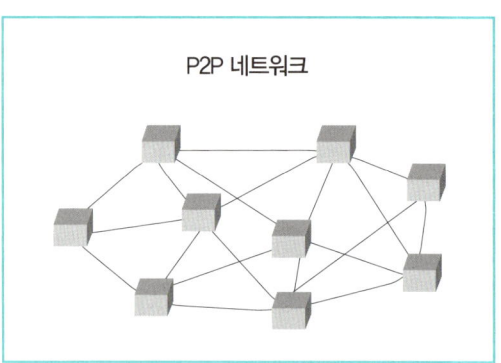

〈 그림 1-8 블록체인 기술의 구성 요소 〉

① P2P(Peer-to-Peer)

컴퓨터끼리 같은 목적으로 연결해 네트워크를 형성하는 방식이다. 어떤 컴퓨터도 같은 처리를 할 수 있기 때문에 1대가 정지해도 시스템 전체에는 영향을 주지 않는 특징을 가진다.

② 합의 알고리즘(Consensus Algorithm)

P2P 네트워크와 같은 분산 네트워크에서 '유일무이한' 블록체인을 생성하기 위한 노드들의 거래·승인 방식 또는 블록을 추가하는 방식에 관한 프로토콜을 의미한다. 이에 따라 채굴(mining) 과정이 포함될 수도 있고, 안될 수도 있다. 블록체인을 여러 노드에서 공유하기 위한 가장 중요한 구조라고 할 수 있다.

③ 전자 서명·해시 함수

트랜잭션(거래)을 발생시킨 사람의 정당성을 보증하거나 거래·블록체인 변조 방지, 암호화 등 보안과 관련된 기능이다.

④ 스마트 계약(Smart Contract)

분산 원장 기술(DLT: Distributed Ledger Technology)에서 거래의 일정 조건을 만족시키면 당사자 간에 자동으로 거래가 체결하는 기술이다. 블록체인 기반 기술 중에서 자유도가 높은 프로그램을 만들 수 있다.

기술적으로 보면 스마트 계약 외에는 모두 이미 알려진 기술로 구성돼 있으며 블록체인만의 혁신적인 기술 요소는 존재하지 않는 것을 알 수 있다.

2) 비트코인 이외의 블록체인 기반 기술

비트코인에서 사용되는 블록체인 기술은 실제로 통화 시스템에 특화된 구조가 아니라 '분산된 네트워크 환경에서 오직 하나의 정보를 공유하고 그 정보를 바탕으로 어떤 처리를 하는 지극히 일반적인 개념을 실용화한 것'이라고 할 수 있다. 현재 금융 분야 외에 다양한 분야에서 실증실험을 통해 블록체인을 검토하는 것은 바로 그렇기 때문이며 기존의 클라이언트/서버 형태 외에는 선택지가 없었던 영역에 새로운 선택지를 추가한 것이다.

하지만 비트코인은 전자 화폐 시스템으로 탄생했기 때문에 역시 데이터 구조나 프로토콜은 화폐 시스템에 특화돼 있다. 시스템 자체는 범용적이지만 그곳에 흐르는 데이터와 처리를 다른 방법으로 사용하는 데는 한계가 있다.

따라서 다른 영역에서도 적용할 수 있도록 다양한 종류의 블록체인 플랫폼이 탄생했다. 처음에는 비트코인을 개조해 특정 업무가 가능하게끔 하는 것이 많았지만, 점차 범용적인 사용자 맞춤 기능을 갖춘 것이 나오게 되었고, 그것이 '스마트 계약'이라는 개념이 되었다.

스마트 계약을 직역하면 '똑똑한 계약'이라는 뜻이 되며, '자동·자율적으로 계약을 집행한다'라는 것으로 블록체인과 별로 관계가 없어 보이지만, 기능 면으로 본다면 '블록체인에서 동작하는 프로그램'이라고 봐도 무방하다.

대표적인 블록체인 기반 기술로는 다음과 같은 것이 있다.

〈 표 1-7 대표적인 블록체인 기반 〉

명칭	개발처	내용
Bitcoin Core	Bitcoin Foundation	비트코인 레퍼런스 구현
이더리움	Ethereum Foundation	분산형 응용프로그램(Dapps) 구축 플랫폼, 전용 프로그래밍 언어로 계약을 기술할 수 있는 것이 특징
Hyperledger Fabric	Hyperledger Project	리눅스 재단이 주도하는 블록체인 기술, P2P, 분산 원장 기술 기반, 성능과 신뢰성 향상을 위해 고유의 합의 알고리즘과 멤버십 관리 기능을 가짐
Corda	R3 CEV	R3 컨소시엄 주도로 개발된 금융 분산 원장 기반 기술, 합의 형성에 초점을 맞추고 있으며, 네트워크 참가자 전원이 모든 데이터를 공유하지 않는 것이 특징
Chain Open Standard1	Chainjnc	단시간에 거래 완료 상태를 실현하는 새로운 합의 모델과 블록체인 암호화와 같은 기업 사용을 전제로 한 기능을 가짐
Mijin	Tech Bureau	특정 노드만이 참여할 수 있는 '비공개' 블록체인(Private Blockchain)을 구축하는 플랫폼으로 트랜잭션 처리의 고속화를 지향함. 합의 알고리즘으로는 'Proof of Stake'를 채택하고 있음
Orb1	Orb	정기적으로 거래를 확정시켜 결제 완료성을 확보하고, 운영 주체가 '수퍼 피어'라는 권한을 부여할 수 있어 중앙 집중 형태와 분산형 모델의 장점을 융합할 수 있음
Eris	Eris Industries	이더리움에서 파생된 권한(Permission)형 블록체인을 교환할 수 있는 것이 특징

3) 블록체인 기반 기술의 분류

블록체인은 용도와 적용되는 네트워크 종류에 따라 몇 개의 패턴이 존재한다. 또한 블록체인 기반은 각각 어떤 패턴을 지향하고 있느냐에 따라 대략적인 분류가 가능하다. 우선 크게 나누면 누구나 참여 가능한가, 신뢰하는 참가자로만 제한하느냐로 나눌 수 있다. 후자는 블록의 생성(마이닝)이나 블록체인의 참조를 제한할 수 있다.

〈 표 1-8 블록체인의 분류 〉

	공용 (Public)	컨소시엄형 (여러 조직에서 운영)	개인(Private)형 (단일 조직에서 운영)
(마이닝) 노드형	제한 없음	제한 가능	제한 가능
블록체인 검색	제한 없음	제한 가능	제한 가능
블록 생성시	높은 난이도 필요	임의	임의
마이닝 보수	필요	임의	임의

비트코인은 퍼블릭형

엔터프라이즈 이용은 컨소시엄형이 유력시됨

(2) 블록체인 기반 기술 비교

이번에는 각 블록체인 기반 기술의 차이를 살펴보자. 다 같은 블록체인 기반 기술이지만 데이터 구조 및 처리 흐름은 크게 다르다. 각 블록체인 기반 기술은 대상으로 하는 비즈니스나 마켓에 따라 설계 콘셉트가 다르기 때문이다. 여기서는 대표적인 블록체인 기반 기술 중에서 개발 자유도가 높은 이더리움과 Hyperledger Fabric을 다룬다.

〈 표 1-9 대표적인 블록체인 기반 기술 비교 〉

	Bitcoin Core	Ethereum	Hyperledger Fabric
블록체인 분류	공용, 컨소시엄, 개인	공용, 컨소시엄, 개인	컨소시엄, 개인
합의 알고리즘	Proof of Work(PoW)	Proof of Work(PoW) 이후 Proof of Stake(PoS)로 변경 예정	Practical Byzantine Fault Tolerance(PBFT)
결제 완료성	없음. 각 노드가 각각의 블록을 만들기 때문에 블록체인이 분기되는 경우 확장된 트랜잭션이 번복될 수 있음	없음. 각 노드가 각각의 블록을 만들기 때문에 블록체인이 분기되는 경우 확정된 트랜잭션이 번복될 수 있음	있음. 갱신시 합의를 확정하기 때문에 결제 완료성 있음
성능	블록 생성 간격은 10분 단위지만, '확정됐다'고 판단하기 위해서는 어느 정도 블록을 이어나가야 하기 때문에 1시간 정도 소요	블록 생성 간격은 12초 단위지만 '확장됐다'고 판단하기 위해서는 어느정도 블록을 이어나가야 하기 때문에 몇 분 정도 소요	갱신시 합의를 확정하기 때문에 성능이 좋으며, CPU 자원도 효율적으로 사용함. 15 노드로 10만 TPS를 목표로 함
계정관리	참가자(계정)는 각 노드에서 관리되고 공유되지 않음. 따라서 참가자 유입을 제한하는 기능은 존재하지 않음	참가자(계정)는 각 노드에서 관리되고 공유되지 않음. 따라서 참가자 유입을 제한하는 기능은 존재하지 않음	멤버십 서비스가 사용자와 노드를 등록. PKI 기반 증명서를 발행
최소 구성 대수	1대부터 작동. 장애 복구를 위해서는 최소 2대 필요	1대부터 작동. 장애 복구를 위해서는 최소 2대 필요	PBFT에서 1대의 장애 복구를 위해서는 최소 4대 필요
데이터 모델	블록체인에 포함돼 전파됨. 정보는 UTXO(Unspent Transaction Output) 방식으로 유지되므로 집계하기 위해서는 모든 블록을 참조해야 함	계약 자체도 블록체인에 포함돼 전파됨. 정보는 UTXO(Unspent Transaction Output) 방식으로 유지되므로 집계하기 위해서는 모든 블록을 참조해야 함	블록체인과 월드 스테이트로 구성됨. 월드 스테이트는 키 벨류 스토어이며, 트랜잭션 완료시 상태를 보존할 수 있음
정보 은닉화	트랜잭션의 내용은 공개 정보가 됨	트랜잭션의 내용은 공개 정보가 됨	트랜잭션은 암호로 은닉할 수 있음. 각 트랜잭션은 트랜잭션 증명서로 서명 되므로 요청자를 추적할 수 없음
스마트 계약 개발	비트코인 트랜잭션은 스크립트 언어로 실행됨. 매우 간단한 언어로 루프 처리나 분기 구문에 제한이 있음(튜링 불완전성). 따라서 확장성이 부족함. 하지만 안전성과 유효성, 용이성의 관점에서 의도적으로 제한하고 있는 부분도 있음	계약이라고 불리는 프로그램을 개발함. 개발언어는 Solidity라는 전용 언어를 주로 사용. 소스 코드는 Ethereum Virtual Machine(EVM)이라는 가상 머신에서 동작하기 때문에 플랫폼에 의존하지 않음. Gas라는 일종의 연료 개념이 있어 일정 처리 비용 안에서 동작시켜야함	체인 코드라는 프로그램을 개발함. 개발언어는 Go와 자바, 향후 자바스크립트가 추가될 예정. 소스로부터 네이티브 코드를 생성해 직접 실행함. 도커 컨테이너 안에서 실행됨

(3) 데이터 모델 비교

여기서는 블록 데이터 구조를 비교해본다.

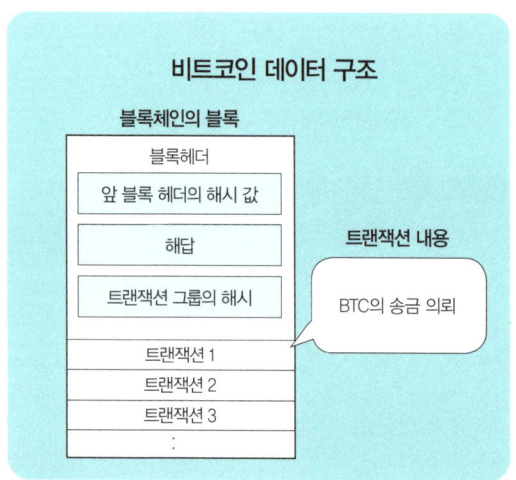
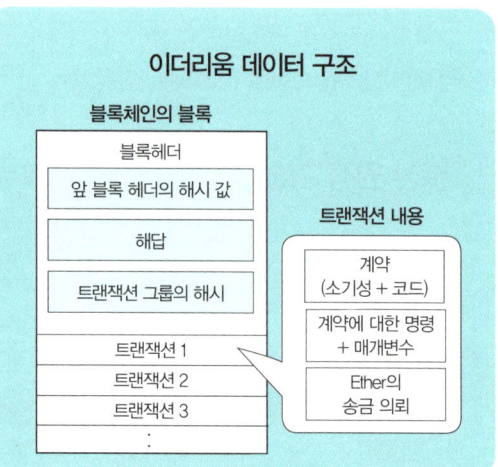
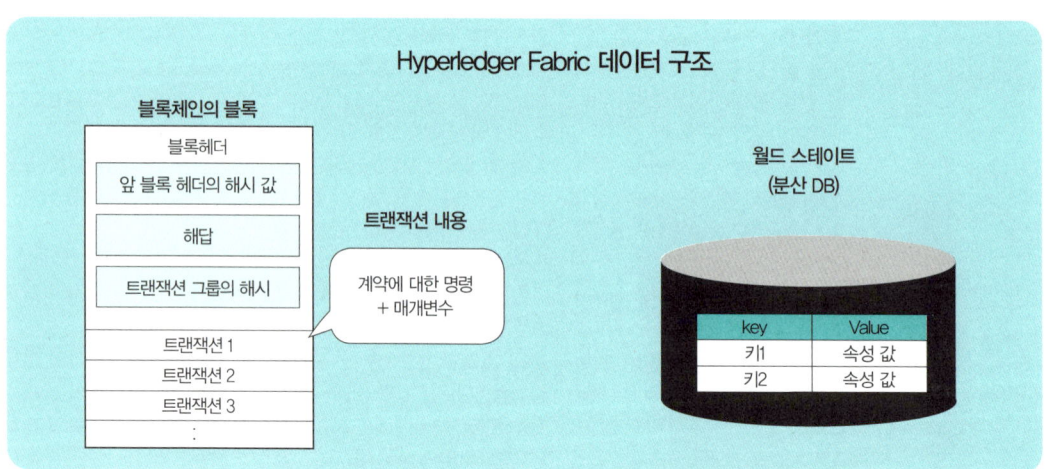

〈 그림 1-9 블록체인 기반 데이터 구조 비교〉

이더리움 데이터 모델은 비트코인의 데이터 모델을 많이 답습하였다. 스마트 계약에 해당하는 프로그램은 트랜잭션에 포함되는 형태로 처리되어 프로그램 전파나 실행도 블록체인을 통해 이루어진다.
반대로 Hyperledger Fabric은 블록체인과 스마트 계약에서 관리되는 데이터를 명확히 분리하고 있다. Hyperledger Fabric은 스마트 계약에 해당하는 체인 코드에서 관리하는 정보를 '월드 스테이트'라는 분산 DB에 저장하고 P2P 네트워크에서 공유한다.

블록체인 네트워크의 각 노드는 동일한 원본 데이터를 저장하면서 일정 시간(비트코인은 10분)마다 거래 내역을 동기화하는데, 51%의 노드가 검증을 마치면 해당 데이터를 진본으로 저장하는 방식으로 작동한다.

❻ 분산 원장 기술

(1) 분산 원장의 정의

'분산 원장'이라는 단어는 대부분 생소하게 느껴질 것이다. 알기 쉽게 설명하기 위해 마이크로소프트 엑셀의 '공유 통합 문서'기능을 예로 설명하겠다. 공유 통합 문서는 여러 사람이 같은 엑셀 문서 파일을 편집할 수 있는 기능이다.

공유된 엑셀 파일을 한 사람이 열어 편집하는 것은 아무런 문제가 없다. 하지만 여러 사람이 동일한 파일을 편집할 때는 문제가 생긴다. 이를 방지하기 위해 한 명에게만 편집을 허용하고 다른 사람에게는 참조 권한만 부여하거나, 같은 부분을 편집하는 것이 아니라면 여러 사람에게 동시에 편집할 수 있는 권한을 부여하는 등의 권한 관리를 해주는 것이 공유 통합 문서 기능이다.

마찬가지로 시스템에서는 데이터베이스에 저장된 데이터에 대한 권한 관리를 '데이터베이스 서버'가 수행한다. 여러 사용자로부터 동시에 같은 데이터에 대해 쓰기 요청이 오더라도 한 사람이 쓰기를 하고 있을 때 다른 사용자가 쓸 수 없도록 데이터를 잠근다.

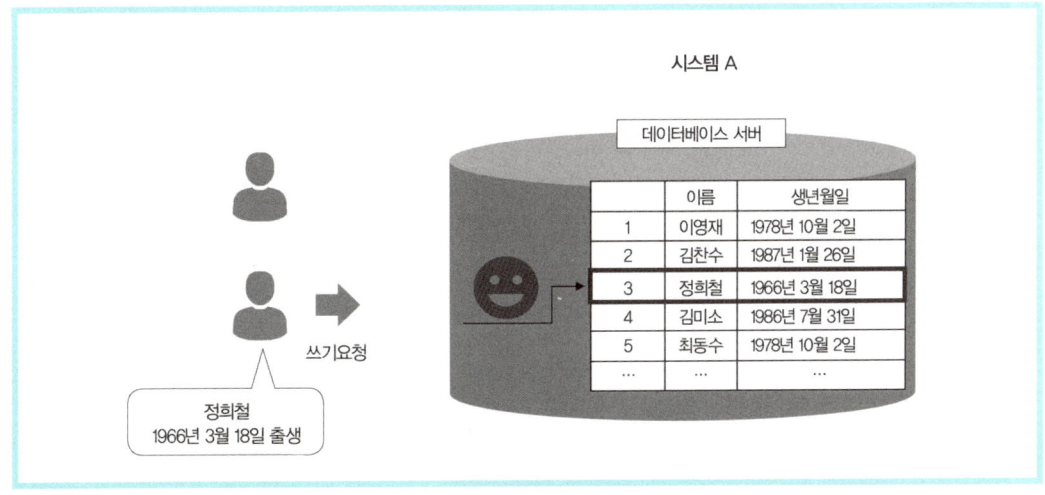

〈 그림 1-10 데이터베이스 서버 구조 〉

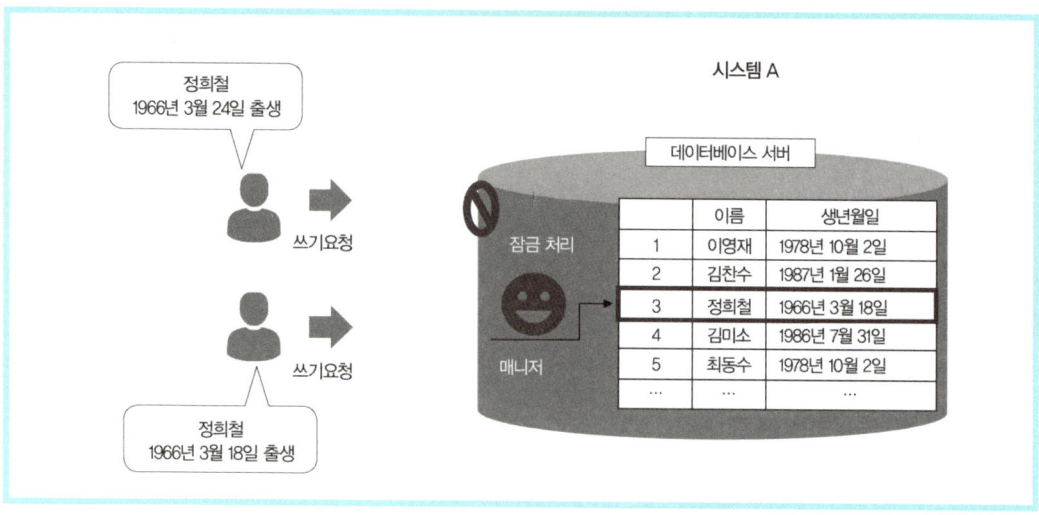

〈 그림 1-11 데이터베이스 서버의 사용자 쓰기 제어 〉

분산 원장의 경우 동일한 원장 데이터가 여러 시스템에 배치돼 있다. 사용자로부터 쓰기 요청이 있는 경우 그 상태를 모든 시스템에 공유해 각 시스템이 그 상태를 저장하도록 만들어 동기화한다.
체인 안에서 일어나고 있는 것을 볼 수 없기 때문에 마치 하나의 원장에 각 시스템이 접근하고 있는 것처럼 생각할 수 있다.

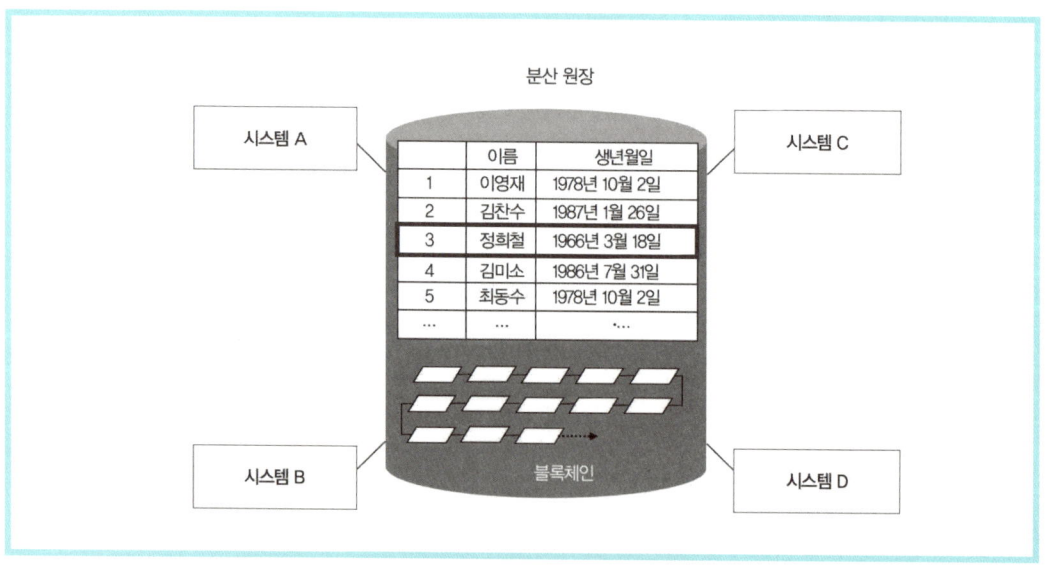

〈 그림 1-12 분산 원장을 실현하는 블록체인 기술 〉

(2) 분산 원장의 이점

그러면 4차 산업혁명 시대에 블록체인 기술이 주목받는 이유는 무엇일까. 그것은 공급망 및 추적 등과 같이 여러 조직이 연계하는 영역에서 생성되는 빅데이터들에 필요한 보안성 기여이다.

분산 원장의 이점을 이해하기 위해 먼저 블록체인 기술의 응용 사례를 살펴볼 필요가 있다. 여기서는 무역 업무를 예로 설명하겠다.

무역 업무에서는 그림에서 표시하는 것처럼 수출자와 수입자 외에도 은행과 보험회사(금융 분야), 운송회사와 통관회사(유통 분야), 세관과 수출입 감독관청(공공 분야) 등 다양한 분야의 조직이 국가 간에 걸쳐 복잡한 정보를 연계하고 있다.

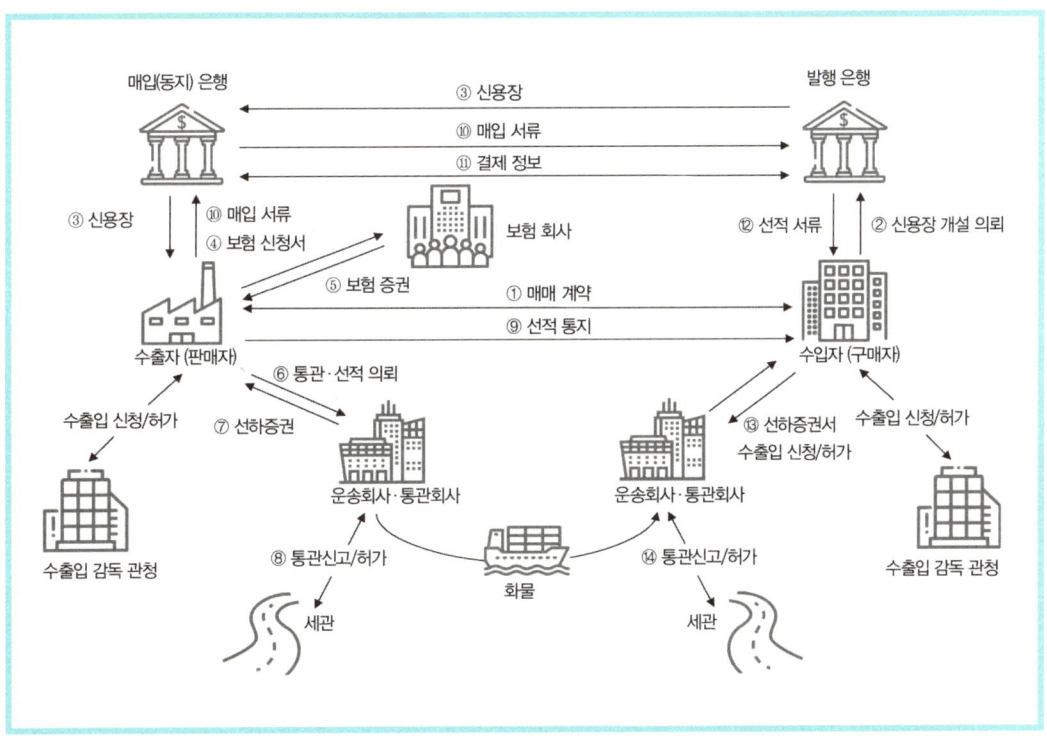

〈 그림 1-13 무역 업무 구조 〉

상대방이 서류를 기재할 때 실수했다면 은행 등 여러 조직을 왕복해야 하므로 정정 절차에 시간이 걸린다. 나라 또는 업자에 따라서는 시스템화돼 있지 않아 메일이나 FAX 등을 사용해야 하므로 더욱 시간이 걸린다. 이런 분야에서 추적성을 확보하기 위해 무역 금융 EDI와 같은 표준화를 추진하고 있지만 여러 조직의 시스템이 추가로 연계될 뿐이며 조직간 정보 전체를 서로 주고받아야 한다는 사실에는 변함이 없다.

블록체인을 사용하면 이러한 무역 거래에 필요한 다양한 정보를 분산 원장에 기록하고 공유함으로써 관계자에게 같은 정보가 전달되고, 중계자 없이도 직접 정보를 조회하거나 수정할 수 있다. 또한 수정이라는 행위에 대해서도 기록이 블록체인에 남아 있기 때문에 어떤 부정이 있어도 과거 이력을 통해 검증할 수 있게 된다.

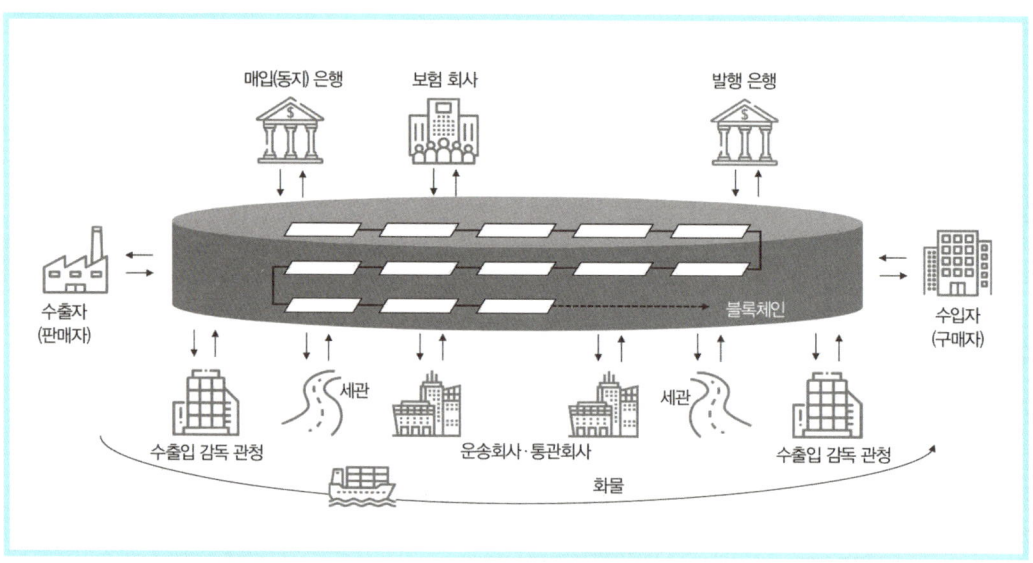

〈 그림 1-14 무역 업무와 분산 원장 〉

이처럼 지금까지 추적성의 실현이 어려웠거나 비용이 소요되던 영역을 간단하게 분산 원장 형태로 실현해줄 가능성을 가진 것이 블록체인이라는 기술이다. 그 외에도 권리 이전의 관리, 제품 수명 주기 관리, 워크플로우 관리 등 다양한 사례가 논의되고 있다.

(3) 분산 원장의 단점

원래 1개의 시스템에 있던 것을 분산 원장이라는 형태로 외부에 두게 되는 것이기 때문에 지연 등의 단점이 발생하게 된다. 이것은 네트워크를 통해 상태를 공유하거나 합의하는 과정이 필요하기 때문에 이를 줄일 수는 있어도 원칙적으로 제거할 수는 없다.

(4) 블록체인의 확장 가능성

블록체인은 분산 원장으로 사용될 가능성이 가장 높지만, 그 외 다른 사용 방법으로 사용할 수 있다. 비트코인이나 Ripple 같은 해외 송금 시스템에 사용하는 것도 좋고, 사물인터넷(IoT) 기기와 연계해 자동 계약 집행, 관리 인프라로 블록체인을 활용하는 것도 이미 검토되고 있다.

특히 IoT는 그 자체만으로도 엄청난 잠재력을 지녔기 때문에 더욱 저변을 넓힐 것으로 기대되고 있다. 예를 들어 차량에서 사용되는 IoT는 각 센서가 수집한 데이터를 모아 빅데이터로 활용할 뿐이었다. 하지만 IoT와 블록체인을 결합한다면 렌터카 업체에서 이를 사용할 수 있다. 전원 콘센트나 자동차 키와 같은 장치가 블록체인으로 연계돼 있다면 결제 정보나 계약 정보를 토대로 시동을 걸어주는 등 IoT 서비스를 활성화하기 위한 방안으로도 사용할 수 있고, 이를 지원하는 인프라를 블록체인 기술 세트로 구축할 수 있다.

이미 가동하고 있는 시스템에서도 모두 가능한 기능인데 단점밖에 없다면 도입하는 의미가 없다. '블록체인을 도입하면 시스템 비용이 극단적으로 낮아진다'라는 이야기도 일부 맞지만, 블록체인으로 모든 데이터를 공유하는 것은 아니기 때문에 데이터베이스 그 자체는 남아있어야 하고, 대부분의 업무용 프로그램은 분산 원장을 사용해도 일이 바뀌는 것은 없기 때문에 역시 그대로 유지된다. 한편, 일부 데이터를 분산 원장에 옮기기 위해 시스템 변경이나 데이터 마이그레이션을 해야 하며 그에 다른 시험 비용이 소요되기도 한다.

어떤 부분이 어느 정도 절감되는지, 반대로 시스템 도입을 위해 늘어나는 비용이 어느 정도인지 정확히 파악해야 한다.

❼ 분산 처리 시스템의 이해

⑴ 분산 처리 시스템의 개요
분산 처리 시스템(Distributed Processing System)은 역결합 시스템으로, 독립적인 처리 능력을 가진 컴퓨터 시스템을 통신망으로 연결한 시스템이다.
서로 다른 장소에 위치한 컴퓨터 시스템에 기능과 자원을 분산 시켜 상호 협력할 수 있는 시스템이다.

⑵ 분산 처리 시스템의 설계 목적
① 자원 공유
각 시스템이 통신망을 통해 연결되어 있으므로 유용한 자원을 공유하여 사용할 수 있다.
② 연산 속도 향상
하나의 일을 여러 시스템에 분산 시켜 처리함으로써 연산 속도가 향상된다.
③ 신뢰도 향상
여러 시스템 중 하나의 시스템에 오류가 발생하더라도 다른 시스템은 계속 일을 처리할 수 있으므로 신뢰도가 향상된다.
④ 컴퓨터 통신
지리적으로 멀리 떨어져 있더라도 통신망을 통해 정보를 교환할 수 있다.

⑶ 분산 처리 시스템의 장점과 단점
① 장점
가. 제한된 장치를 여러 지역의 사용자가 공유할 수 있다.
나. 중앙 컴퓨터의 과부하를 줄일 수 있다.
다. 사용자는 각 컴퓨터의 위치를 몰라도 자원을 사용할 수 있다.
라. 업무량의 증가에 따른 시스템의 점진적인 확장이 용이하다.
마. 하나의 일을 여러 시스템이 처리함으로써 연산 속도, 신뢰도, 사용 가능도가 향상되고, 결함 허용이 가능하다.
② 단점
가. 중앙 집중형 시스템에 비해 소프트웨어 개발이 어렵다.
나. 보안 문제가 발생한다.
다. 시스템 유지상 통일성을 잃기 쉽다.
라. 시스템의 설계가 복잡하고, 데이터 처리 서비스의 질이 떨어진다.

(4) 분산 처리 시스템의 투명성

가. 투명성(Transparency)은 분산 처리 운영체제에서 구체적인 시스템 환경을 사용자가 알 수 없도록 하며, 또한 사용자들로 하여금 이에 대한 정보가 없어도 원하는 작업을 수행할 수 있도록 지원하는 개념이다.

나. 여러 유형의 투명성을 통해 자원의 위치나 정보가 변경되더라도 사용자가 이를 인식하지 못하게 만든다.

다. 투명성의 종류

㉠ 위치(Location) 투명성 : 사용자가 하드웨어나 소프트웨어와 같은 자원(정보 객체)의 물리적 위치를 모르더라도 자원에 접근할 수 있도록 한다.

㉡ 이주(Migration) 투명성 : 사용자나 응용 프로그램의 동작에 영향을 받지 않고 시스템 내에 있는 자원을 이동할 수 있도록 한다.

㉢ 복제(Replication) 투명성 : 자원의 복제를 사용자에게 통지할 필요 없이 자유로이 수행할 수 있다.

㉣ 병행(Concurrency) 투명성 : 자원의 위치를 모르더라도 다중 사용자들이 자원을 병행하여 처리하고, 공유할 수 있도록 한다.

㉤ 접근(Access) 투명성 : 각 프로세서의 로그인 등과 같은 동작을 사용하여 지역이나 원격 자원에 접근할 수 있다.

㉥ 성능(Performance) 투명성 : 여러 부하에 대해 성능을 증가시키기 위하여 시스템을 재구성할 수 있도록 구성한다.

㉦ 규모(Scaling) 투명성 : 시스템이나 응용 프로그램들이 시스템 구조나 응용 알고리즘에 대한 변경 없이 규모에 맞추어 확장할 수 있도록 한다.

㉧ 고장(Failure) 투명성 : 사용자나 응용 프로그램이 하드웨어나 소프트웨어 구성 요소의 고장에도 불구하고 그들의 작업을 완료할 수 있도록 한다.

(5) 분산 처리 시스템의 계층 구조

가. 하드웨어 계층 : 컴퓨터 시스템의 기본 기능을 제공한다.

나. 기억장치 계층 : 기억장치 관리에 대한 기능을 제공한다.

다. 프로세스 계층 : 프로세스 생성, 종류 등 프로세스 관리에 대한 기능을 제공한다.

라. 파일 시스템 계층 : 파일의 저장, 액세스, 공유 등 파일 관리에 대한 기능을 제공한다.

마. 사용자 프로그램 계층 : 사용자 프로그램에 대한 관리 기능을 제공한다.

(6) 분산 파일 시스템
가. 분산 파일 시스템은 여러 사이트에 분산된 서버, 장치, 사용자들에 대한 파일 서비스를 제공하는 시스템이다.
나. 분산 시스템이 통신망으로 연결되어 있음으로 파일 서비스는 여러 개의 기억장치에서 네트워크를 통해 이루어진다.
다. 서로 다른 컴퓨터의 사용자 간에 정보를 쉽게 공유할 수 있다.
라. 사용자는 장소에 구애받지 않고 어디서나 자신의 파일을 사용할 수 있다.
마. 서로 다른 컴퓨터의 사용자 간에 같은 파일 시스템 구조를 사용하므로 효율적이다.

⑧ 분산 처리 구조

(1) 분산 처리 시스템의 분류
분산 처리 시스템은 위상, 분산 범위, 프로세서 모델, 운영체제 등에 따라 분류할 수 있다.

1) 위상(Topology)에 따른 분류

① 망형-완전 연결(Fully Connection)형
가. 각 사이트가 시스템 내의 다른 모든 사이트와 직접 연결된 구조이다.
나. 사이트의 수가 n개이면 링크(연결) 수는 n(n-1)/2개가 된다.
다. 모든 사이트를 직접 연결해야 하므로 기본 비용은 많이 들지만 각 사이트가 직접 연결되므로 통신 비용은 적게 든다.
라. 하나의 링크가 고장 나더라도 다른 링크를 이용할 수 있음으로 신뢰성이 높다.

② 망형-부분 연결(Partially Connection)형
가. 시스템 내의 일부 사이트 간에만 직접 연결하는 것으로, 직접 연결되지 않은 사이트는 연결된 다른 사이트를 통해 통신하는 구조이다.
나. 기본 비용은 완전 연결형보다 적게 들고, 통신 비용은 완전 연결형보다 많이 든다.
다. 완전 연결형보다 신뢰성이 낮다.

③ 트리(Tree) 또는 계층(Hierarchy)형
가. 분산 처리 시스템의 가장 대표적인 형태로, 각 사이트가 트리 형태로 연결된 구조이다.
나. 기본 비용은 부분 연결형보다 적게 들고, 통신 비용은 트리의 깊이에 비례한다.
다. 부모(상위) 사이트의 자식(하위) 사이트들은 그 부모 사이트를 통해 통신이 이루어진다.
라. 부모 사이트가 고장나면 그 자식 사이트들은 통신이 불가능하다.

④ 스타(Star)형 = 성형
가. 모든 사이트가 하나의 중앙 사이트에 직접 연결되어 있고, 그 외 다른 사이트와는 연결되어 있지 않은 구조이다.
나. 기본 비용은 사이트의 수에 비례하며 통신 비용은 적게 든다.
다. 구조가 간단하고, 보수 및 관리가 용이하다.
라. 중앙 사이트를 경유하여 통신하므로 응답이 빠르다.
마. 중앙 사이트를 제외한 사이트의 고장이 다른 사이트에 영향을 미치지는 않지만, 중앙 사이트가 고장 날 경우 모든 통신이 두절된다.
바. 중앙 사이트에 과부하가 발생할 수 있으며, 과부하가 발생할 경우 성능이 저하된다.
사. 사이트의 증가에 따라 통신 회선도 증가한다.
아. 데이터 전송이 없는 사이트가 접속된 통신회선은 휴지 상태(쉬는 상태)가 된다.

⑤ 링형(Ring) = 환형
가. 시스템 내의 각 사이트가 인접하는 다른 두 사이트와 직접 연결된 구조이다.
나. 정보는 단방향 또는 양방향으로 전달될 수 있다.
다. 기본 비용은 사이트의 수에 비례하고, 목적 사이트에 데이터를 전달하기 위해 링을 순환할 경우 통신 비용이 증가한다.
라. 특정 사이트가 고장 나면 통신이 불가능해지는 사이트가 발생될 수 있다.

⑥ 다중 접근 버스 연결(Multi Access Bus Connection)형
가. 시스템 내의 모든 사이트가 공유 버스에 연결된 구조이다.
나. 기본 비용은 사이트 수에 비례하고, 통신 비용은 일반적으로 저렴하다.
다. 물리적 구조가 단순하고, 사이트의 추가와 삭제가 용이하다.
라. 사이트의 고장은 다른 사이트의 통신에 영향을 주지 않지만, 버스의 고장은 전체 시스템에 영향을 준다.

2) 분산 범위에 따른 분류

분산 처리 시스템의 각 사이트가 분포된 지리적 범위에 따라 LAN과 WAN으로 분류된다.

① 근거리 통신망(LAN; Local Area Network)

가. 회사, 학교, 연구소 등에서 비교적 가까운 거리에 있는 컴퓨터, 프린터, 테이프 등과 같은 자원을 연결하여 구성한다.
나. 주로 자원 공유를 목적으로 사용한다.
다. 사이트 간의 거리가 짧아 데이터의 전송 속도가 빠르고, 에러 발생률이 낮다.
라. 근거리 통신망에는 주로 버스형이나 링형 구조를 사용한다.
마. 경영의 융통성을 향상시킬 수 있다.

② 광대역 통신망(WAN; Wide Area Network)

가. 국가와 국가 혹은 대륙과 대륙 등과 같이 멀리 떨어진 사이트들을 연결하여 구성한다.
나. 사이트 간의 거리가 멀기 때문에 통신 속도가 느리고, 에러 발생률이 높다.
다. 일정한 지역에 있는 사이트들을 근거리 통신망으로 연결한 후 각 근거리 통신망을 연결하는 방식을 사용한다.

3) 프로세서 모델에 따른 분류

하나의 작업을 수행하는 데 사용되는 프로세서의 형태에 따라 다음과 같이 분류된다.

① 클라이언트/서버 모델(Client/Server Model)

가. 클라이언트/서버 모델은 정보를 제공하는 서버와 정보를 요구하는 클라이언트로 구성되어 있는 것으로, 클라이언트(워크스테이션, PC 등)와 서버가 하나의 작업을 분산 협동 처리(Distributed Cooperative Processing)하는 방식이다.
나. 서버는 공유된 다양한 시스템 기능과 자원을 제공한다.
다. 공유된 중앙 컴퓨터가 없음으로 각 사용자는 스스로 작업을 수행할 수 있는 성능이 우수한 컴퓨터를 갖는다.
라. 프로그램의 모듈성과 융통성을 증대시킨다.

② 프로세서 풀 모델(Processor Pool Model)
   가. 하나 이상의 프로세서 풀과 여러 워크스테이션, 서버 등이 연결된 형태로, 각 작업이 프로세서 풀 시스템을 통해 수행되는 방식이다.
   나. 워크스테이션이나 단말기는 단순히 시스템의 자원에 접근하는 수단을 제공한다.

③ 혼합 모델(Hybrid Model)
   가. 클라이언트/서버 모델과 프로세서 풀 모델을 혼합한 형태의 방식이다.
   나. 사용자는 워크스테이션이나 단말기를 통하여 시스템에 접근할 수 있다.

4) 운영체제에 따른 분류
   자원에 대한 접근 방식에 따라 네트워크 운영체제와 분산 운영체제로 분류할 수 있다.

① 네트워크 운영체제
   가. 독자적인 운영체제를 가지고 있는 시스템을 네트워크로 구성한 것으로, 사용자가 원격 시스템으로 로그인하거나 원격 시스템으로부터 필요한 자원을 전달받아야 하는 방식이다.
   나. 사용자는 시스템의 각 장치에 대해 알고 있어야 한다.
   다. 지역적으로 멀리 떨어져 있는 대규모 시스템에서 주로 사용한다.
   라. 설계와 구현이 쉽고, 장애 발생 시 해당 작업만 분실하게 된다.
   마. 자원 공유가 번거롭다.

② 분산 운영체제
   가. 하나의 운영체제가 모든 시스템 내의 자원을 관리하는 것으로, 원격에 있는 자원을 마치 지역 자원인 것과 같이 쉽게 접근하여 사용할 수 있는 방식이다.
   나. 사용이 편리하고, 시스템 간 자원 공유가 용이하다.
   다. 하나의 운영체제가 시스템 전체를 관리해야 하므로 설계와 구현이 어렵다.
   라. 요청한 컴퓨터에 요청된 컴퓨터의 자원이 이주됨으로서 자원을 사용할 수 있다. (데이터 이주, 연산 이주, 프로세스 이주)

❾ 분산 처리 운영체제

(1) 분산 운영체제의 기본 개념

1) 분산 운영체제의 정의

각 호스트에 고유한 운영체제가 있는 것이 아니라 전체 네트워크에 공통으로 단일 운영체제가 실행되는 시스템으로 원격에 있는 자원을 마치 지역 자원인 것처럼 쉽게 접근해 사용할 수 있는 방식이다.

2) 분산 운영체제의 목적

가. 자원 공유의 증대성 : 각 시스템이 통신망을 통해 연결되어 있음으로 유용한 자원을 공유해 사용할 수 있다.
나. 계산(연산) 속도의 향상 : 하나의 일을 여러 시스템에 분산해 처리하기 때문에 연산 속도가 향상된다.
다. 신뢰성 향상 : 하나의 시스템에 오류가 발생하더라도, 다른 시스템은 계속 작업을 수행할 수 있기 때문에 신뢰도가 향상된다.
라. 컴퓨터 통신 : 지리적으로 떨어진 시스템에 통신망을 두어 정보를 교환할 수 있다.

3) 분산 운영체제의 장단점

① 장점

가. CPU의 처리 능력 한계를 극복할 수 있다.
나. CPU의 처리 능력을 한 단계 높이려면 현재 가격의 제곱만큼 비싸다. 따라서 처리 속도가 느린 여러 개의 CPU를 연결해 처리 속도를 향상시킬 수 있기 때문에 경제적이다.
다. 반응 시간이 빠르면 계산 능력, 처리량, 신뢰성, 가용성은 모두 향상된다.
라. 특정한 시스템의 병목 현상을 제거하기 위해 필요한 자원을 추가할 수 있음으로 확장성이 좋다.
마. 부하를 균등하게 배분할 수 있어 처리 효율이 향상된다.
바. 다수의 사용자가 데이터를 공유할 수 있으며, 통신이 용이하다.

② 단점
가. 여러 개의 컴퓨터 시스템이 연결되어 있음으로 보안이 매우 취약하다.
나. 여러 개의 컴퓨터를 하나의 컴퓨터처럼 운영해야 하므로 소프트웨어 개발이 매우 어렵다.
다. 적응성이 하나의 CPU를 사용할 때보다는 떨어진다.
라. 에러 발생 시 원인 파악이 어렵다.

4) 분산 시스템의 결함
가. 링크 결함 : 두 개의 사이트 (컴퓨터, 노드, 교환기) 간에 연결이 잘못되어 발생하는 결함
나. 사이트 결함 : 사이트 자체에 발생할 수 있는 결함
다. 메시지의 분실 : 통신 회선을 통에 해당 사이트로 메시지가 전달되는 과정에서 시간 지연이나 다른 이유로 메시지를 잃어버리는 결함

(2) 분산 운영체제의 구조

① 성형 연결 (Star Connected) 구조
가. 각 노드가 Point To Point 형태로 중앙 컴퓨터 (중앙 노드)에 연결되고, 중앙 컴퓨터를 경유한다.
나. 제어가 집중되고 모든 동작이 중앙 컴퓨터에 의해 감시된다.
다. 중앙 컴퓨터에 과부하가 걸리면 성능이 현저히 감소한다.
라. 중앙 컴퓨터에 장애가 발생하면 전체 시스템이 마비된다.
마. 한 노드의 고장은 다른 노드에 영향을 주지 않는다.
바. 터미널 (노드, 사이트)의 증가에 따라 통신 회선 수도 증가한다.
사. 최소 두 개의 노드만 사용할 수 있음으로 통신 비용이 저렴하다.

② 환형 연결 (Ring Connected) 구조
가. 각 사이트는 정확히 다른 두 사이트와 물리적으로 연결되어 있다.
나. 정보 전달 방향은 단방향 또는 양방향일 수 있다.
다. 기본 비용은 사이트의 수에 비례한다.
라. 메시지가 링을 순환할 경우 통신 비용은 증가한다.
마. 근거리 네트워크 구조로 가장 많이 사용된다.

③ 다중 접근 버스 연결 (Multi-access Bus Connection) 구조

가. 한 사이트의 고장은 나머지 사이트 간의 통신에 아무런 영향을 주지 않는다.
나. 한 시점에 단지 하나의 전송만이 가능하다.
다. 처리기나 기타 장치의 증설 절차가 복잡하지 않다.
라. 버스의 사용을 위한 경쟁 상태가 발생하여 시스템 성능의 심각한 저해를 가져올 수 있다.
마. 버스에 이상이 생기면 전체 시스템이 마비된다.
바. 시스템의 전체 통신량이 전송률에 의한 제한을 받는다.
사. 시스템이 바빠지면 버스 사용은 성능 효율을 저하한다.
아. 통신 회선이 1개이므로 물리적 구조가 간단하다.

④ 완전 연결 (Fully Connected) 구조

가. 네트워크의 각 사이트는 시스템 내의 다른 모든 사이트의 직접 연결 (Direct Link)된 구조이다.
나. 기본 비용이 매우 많이 든다.
다. 사이트 간의 메시지는 매우 빠르게 전달된다.
라. 하나의 링크가 고장 나도 다른 링크를 이용할 수 있으므로 신뢰성이 높다.

⑤ 부분 연결(Partially Connected) 구조

가. 시스템 내의 사이트 간에만 부분적으로 연결된다.
나. 기본 비용이 완전 연결보다는 낮다.
다. 메시지 전달이 중간 사이트를 경유할 수 있으므로 늦어질 수 있다.
라. 완전 연결보다 신뢰성이 높지 않다.

⑥ 계층 연결 (Hierarchy Connected) 구조

가. 사이트들은 트리 (Tree) 형태로 구성된다.
나. 루트 사이트와 서브 사이트가 존재한다.
다. 루트 사이트를 제외한 다른 사이트를 하나의 부모 사이트와 여러 개의 자식 사이트를 갖는다.
라. 기본 비용이 부분 연결보다는 낮다.
마. 마지막 사이트 (단 노드)를 제외한 사이트의 고장은 자식 사이트의 중단을 초래한다.

(3) 분산 운영체제의 설계 쟁점

① 투명성 (Transparency)
사용자가 분산된 여러 자원의 위치 정보를 알지 못하고 마치 하나의 커다란 컴퓨터 시스템을 사용하는 것처럼 인식하도록 설계할 수 있는가?

- 위치 투명성 : 사용자가 자원들의 위치를 알 필요가 없다.
- 이주 투명성 : 자원들을 이동해도 사용자는 자원의 이름이나 위치를 고려할 필요가 없다.
- 복제 투명성 : 사용자에게 통보 없이 파일들과 자원들의 부가적인 복사를 자유롭게 할 수 있다.
- 병행 투명성 : 사용자들이 자원들을 자동으로 공유할 수 있다.
- 병렬 투명성 : 몇 개의 처리기가 사용되는지 알 필요가 없다.

② 융통성 (Flexibility)
분산 시스템을 구축하고 사용하게 될 때 많은 잘못과 상당한 역행 (Backtracking)을 초래할 수 있다. 이러한 문제를 해결할 수 있는 방법을 최대로 넓힐 수 있도록 설계할 수 있는가?

③ 신뢰성 (Reliabitity)
여러 개의 컴퓨터 중 하나의 컴퓨터가 고장이 나더라도 다른 컴퓨터가 그 일을 양도받아 단일 처리기 시스템보다 더욱 신뢰성 있게 처리할 수 있도록 설계할 수 있는가?

④ 결함 허용 (Fault Tolerance)
어떠한 문제로 서버의 문제가 발생하였을 때 사용자의 손실을 최소로 설계할 수 있는가?

⑤ 성능 (Performance)
아무리 투명하고 융통성과 신뢰성이 있다고 해도 처리 속도가 느리거나 처리량이 떨어지지 않도록 설계할 수 있는가?

⑥ 확장성 (Scalability)
처리 능력, 처리 환경, 처리 대상 등 여러 형태의 기술을 확대할 수 있도록 설계할 수 있는가?

(4) 클라이언트 / 서버 시스템 (Client / Server System)

서버는 공유된 다양한 시스템 기능과 자원을 제공하고 클라이언트는 다양한 서비스를 제공 받을 수 있는 시스템이다.

① C/S 시스템 이전의 중앙 집중 시스템

호스트(Mainframe) 컴퓨터와 더미(Dummy) 단말기로 연결된 네트워크 구조이다. 더미 단말기는 메모리나 처리 능력이 없으며 전적으로 호스트에 의존한다. 호스트 컴퓨터는 데이터 저장과 검색, 터미널 사용자가 인터페이스 배치, 사용자 입력 확인 등 모든 작업의 책임을 진다. 또한 터미널의 수가 증가함에 따라 호스트의 부담이 커지며 호스트가 다운되면 모든 작업은 전면 중단된다.

② NFS (Network File System)

썬 마이크로시스템즈가 개발한 분산 컴퓨터 시스템 환경으로 NFS는 컴퓨터 사용자가 원격지의 컴퓨터에 있는 파일을 마치 자신의 컴퓨터에 있는 것처럼 사용할 수 있는 클라이언트/서버형 응용 프로그램이다. 사용자 시스템에는 NFS 클라이언트가 있어야 하며, 원격지의 컴퓨터에는 NFS 서버가 설치되어 있어야 한다. 또한, TCP/IP를 사용해야 하기 때문에 양쪽 모두 TCP/IP 프로토콜이 설치되어 있어야 한다.

- 네트워크를 통해 원격 파일을 액세스하기 위하여 구현되고 명세화된 파일 관리 시스템이다.
- 독립된 파일 시스템을 가진 서로 다른 워크스테이션이 연결된 형태이다.
- 투명성을 통해 파일 시스템 간에 일정 수준의 공유를 허용한다.

③ Locus

Los Angeles의 캘리포니아 대학에서 개발된 분산 컴퓨터 시스템 환경이며 대규모 분산 운영체제를 구축하기 위해 개발된 파일 시스템이다. 사용자에게 하나의 컴퓨터를 사용하는 것처럼 느끼게 하는 네트워크 투명성을 목적으로 개발되었다.

④ Andrew

Carnegie-Mellon 대학에서 개발되어 온 분산 컴퓨팅 환경이며, 클라이언트 머신과 서버 머신으로 구분된 확장성이 큰 분산 파일 시스템이다.

(5) 스레드 (Thread)

① 스레드의 이해

스레드의 사전적 의미는 "실을 꿰다"이다. 운영체제에서는 스레드를 실행될 명령어들의 연속이라 정의한다. 프로세스에서는 명령어들이 순차적으로 실행되기 때문에 실행 스레드라 할 수 있다. 하나의 프로세스를 수행하는 과정에서 여러 개의 인터럽트 루틴이나 함수를 순서에 따라 수행하는 프로세스라고 한다면 이를 단일 스레드라 하고, 하나의 프로세스에 여러 개의 스레드가 존재한다면 이를 다중 스레드라 한다.

스레드는 순차적 실행과 프로세스 상태 전이의 병렬성을 접속하기 위해 개발되었다. 다중 프로그래밍 기법에서 여러 개의 프로세스는 하나의 시스템을 공유한다. 하나의 컴퓨터 시스템에서 여러 개의 프로세스가 상태 전이를 통해 실행되듯이 하나의 프로세스에서 여러 개의 스레드가 실행될 수 있도록 하는 기술이다.

② 스레드의 장점

가. 단일 프로세스를 다수의 스레드로 생성해 병행성을 증진할 수 있다.
나. 실행 환경을 공유 시켜 기억 장소의 낭비가 줄어든다.
다. 프로세스의 생성이나 문맥 교환 등의 오버헤드를 줄여 운영체제의 성능이 개선된다.
라. 프로세스 내부에 포함되는 스레드는 공통으로 접근 가능한 기억 장치를 통해 효율적으로 통신한다.
마. 스레드를 사용하면 하드웨어, 운영체제의 성능과 응용 프로그램의 처리율을 향상할 수 있다.
바. 하나의 프로세스에 여러 개의 스레드가 존재할 수 있다.
사. 스레드는 동일 프로세스 환경에서 서로 독립적인 다중 수행이 가능하다.
아. 스레드 기반 시스템에서 스레드는 독립적인 스케줄링의 최소 단위로서 프로세스의 역할을 담당한다.
자. 생성된 프로세스가 자신을 생성한 프로세스의 텍스트와 데이터 영역을 그대로 공유하고 스펙(spec)만 따로 갖는 새로운 프로세스 모델이다.

③ 스레드 운영의 이점

가. 하드웨어의 성능을 향상시킬 수 있다.
나. 응용 프로그램의 처리율 향상시킬 수 있다.
다. 응용 프로그램의 응답 시간을 감소시킬 수 있다.
라. 프로세스 간의 통신 속도가 향상된다.

⑩ 분산 데이터베이스

〈 출처 : 데이터 전문가 지식포털 DB Guide.net 〉

(1) 분산 데이터베이스의 개요

① 분산 데이터베이스의 개요

1990년대에는 데이터베이스를 분산하여 저장하고 그것을 하나의 데이터베이스로 인식하여 사용하는 기술은 아주 난이도가 높은 고급기술로 인식되었다. 2000년도에 클라우드 컴퓨팅, SOA를 인식하듯 분산 데이터베이스를 인식하고 연구·도입하려는 기업이 많았었다. DBMS의 기능이 강해지고 네트워크 속도가 빨라지면서 분산 데이터베이스가 초기에 예상 한 만큼 확산되지는 않았지만, 여전히 많은 데이터베이스는 네트워크를 통한 데이터베이스 간의 공유체계를 통해 분산 데이터베이스를 활용하고 있다.

분산데이터베이스의 정의는 다음과 같다.
- 여러 곳으로 분산되어있는 데이터베이스를 하나의 가상 시스템으로 사용할 수 있도록 한 데이터베이스
- 논리적으로 동일한 시스템에 속하지만, 컴퓨터 네트워크를 통해 물리적으로 분산되어 있 는 데이터들의 모임. 물리적 Site 분산, 논리적으로 사용자 통합·공유

즉, 분산 데이터베이스는 데이터베이스를 연결하는 빠른 네트워크 환경을 이용하여 데이터 베이스를 여러 지역 여러 노드로 위치시켜 사용성/성능 등을 극대화 시킨 데이터베이스라고 정의할 수 있다.

(2) 분산 데이터베이스의 투명성(Transparency)

① 분할 투명성 (단편화)
하나의 논리적 Relation이 여러 단편으로 분할되어 각 단편의 사본이 여러 site에 저장된다.

② 위치 투명성
사용하려는 데이터의 저장 장소 명시 불필요. 위치정보가 System Catalog에 유지되어야 함

③ 지역사상 투명성
지역 DBMS와 물리적 DB사이의 Mapping 보장. 각 지역시스템 이름과 무관한 이름 사용 가능

④ 중복 투명성
DB 객체가 여러 site에 중복되어 있는지 알 필요가 없는 성질이다.

⑤ 장애 투명성
구성요소(DBMS, Computer)의 장애에 무관한 Transaction의 원자성 유지

⑥ 병행 투명성
다수 Transaction 동시 수행 시 결과의 일관성 유지, Time Stamp, 분산 2단계 Locking을 이용 구현한다.

전통적인 분산 데이터베이스 구축과 같이, 분산 환경의 데이터베이스를 위와 같은 특징 모두를 만족하면서 구축하는 사례는 최근에는 드물다. 최근에는 분산 환경의 데이터베이스를 구축하기보다 통합하여 데이터베이스를 구축하는 사례가 더 많이 있다. 그런데도 위의 분산 환경의 데이터베이스를 업무적인 특징 및 지역적인 특징에 따라 적절하게 활용하기만 하면, 다양한 장점을 제공하는 특징을 가지고 있기 때문에 대량 데이터처리의 지역적 처리나 글로벌 처리 등에서는 분산 데이터베이스가 유용하게 활용되고 있다.

(3) 분산 데이터베이스의 적용 방법 및 장단점

① 분산 데이터베이스 적용 방법
분산 환경의 데이터베이스를 성능이 우수하게 현장에서 가치 있게 사용하는 방법은 업무의 흐름을 보고 업무구성에 따른 아키텍처 특징에 따라 데이터베이스를 구성하는 것이다. 단순히 분산 환경에서 데이터베이스를 구축하는 것이 목적이 아니라, 업무의 특징에 따라 데이터베이스 분산구조를 선택적으로 설계하는 능력이 필요한 것이다. 이러한 측면만을 보았을 때는 데이터베이스 분산설계라는 측면보다는 데이터베이스 구조설계(아키텍처)라는 의미로 이해해도 무방할 것이다.

② 분산 데이터베이스 장단점

〈 표 1-10 분산 데이터베이스 장단점 〉

장 점	단 점
- 지역 자치성, 점증적 시스템 용량 확장	- 소프트웨어 개발 비용
- 신뢰성과 가용성	- 오류의 잠재성 증대
- 효용성과 융통성	- 처리 비용의 증대
- 빠른 응답 속도와 통신비용 절감	- 설계, 관리의 복잡성과 비용
- 데이터의 가용성과 신뢰성 증가	- 불규칙한 응답 속도
- 시스템 규모의 적절한 조절	- 통제의 어려움
- 각 지역 사용자의 요구 수용 증대	- 데이터 무결성에 대한 위협

(4) 분산 데이터베이스의 활용 방향성

분산 데이터베이스는 업무적인 기능이 다양해지고 데이터의 양이 기하급수적으로 증가하는 최근 데이터베이스 환경에서 적용하는 고급화된 기술이다. 업무적인 특징에 따라 분산 데이터베이스를 활용하는 기술이 필요하다.

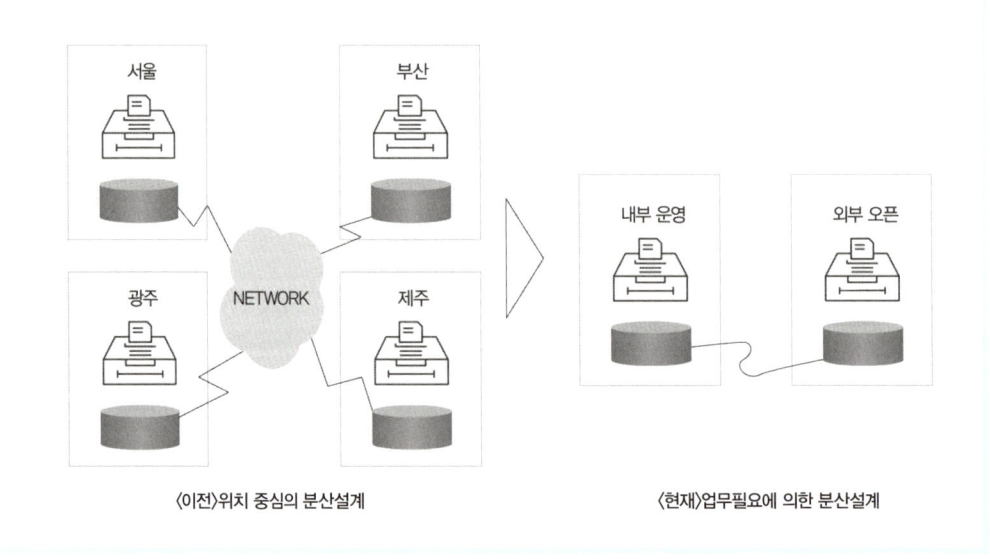

〈 그림 1-15 분산설계 방향성 〉

(5) 데이터베이스 분산구성의 가치

데이터를 분산 환경으로 구성하였을 때 가장 핵심적인 가치는 바로 통합된 데이터베이스에서 제공할 수 없는 빠른 성능을 제공한다는 점이다. 원거리 또는 다른 서버에 접속하여 처리하므로 발생하는 네트워크 부하 및 트랜잭션 집중에 따른 성능 저하의 원인이 분산된 데이터베이스 환경을 구축하여 빠른 성능을 제공하는 것이 가능해진다. 바로 이 점 때문에 분산 환경의 데이터베이스를 구축하게 되는 것이다.

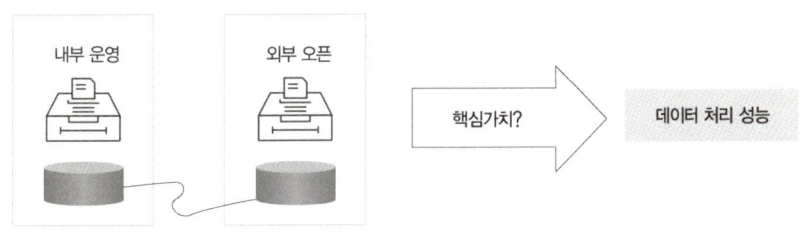

〈 그림 1-16 분산 데이터베이스 핵심가치 〉

(6) 분산 데이터베이스의 적용 기법

데이터베이스의 분산 종류에는 테이블 위치 분산과 테이블 분할 분산, 테이블 복제 분산, 테이블 요약 분산 전략이 있다. 그중에서도 가장 많이 사용하는 방식은 테이블의 복제 분할 분산의 방법이고 이 방법은 성능이 저하되는 많은 데이터베이스에서 가장 유용하게 적용할 수 있는 기술적인 방법이 된다. 분산 환경으로 데이터베이스를 설계하는 방법은 일단 통합 데이터 모델링을 하고 테이블별로 업무적인 특징에 따라 지역 또는 서버별로 테이블을 분산 배치나 복제 배치하는 형태로 설계할 수 있다.

① **테이블 위치 분산**

테이블 위치 분산은 테이블의 구조는 변하지 않는다. 또한 테이블이 다른 데이터베이스에 중복되어 생성되지도 않는다. 다만 설계된 테이블의 위치를 각각 다르게 위치시키는 것이다. 예를 들어, 자재품목은 본사에서 구입하여 관리하고 지사별로 자재품목을 이용하여 제품을 생산한다고 하면 〈그림 1-17〉과 같이 데이터베이스를 본사와 지사 단위로 분산시킬 수 있다.

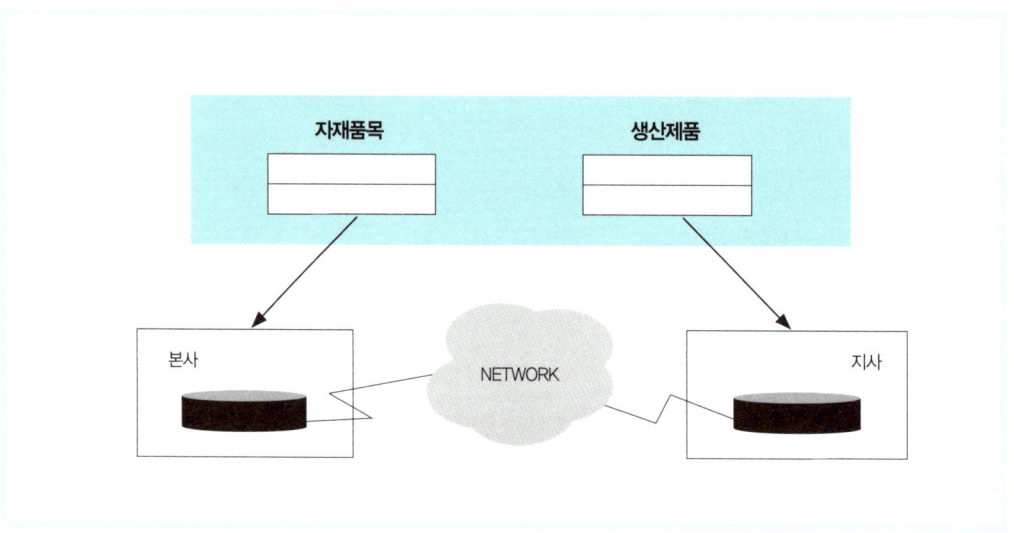

〈 그림 1-17 테이블별 위치 분산 〉

〈그림 7-3〉의 분산 방법은 설계된 테이블 각각이 지역별로 분산되어 생성되는 경우이다. 각각의 테이블마다 위치가 다르게 지정되어야 한다면 〈표7-2〉의 표와 같이 각각 테이블마다 위치를 표기하여 테이블을 생성하도록 한다.

〈 표 1-11 본사 지사 테이블 〉

테이블 위치	자재품목	생산제품	협력회사	사원	부서
본사	●		●		●
지사		●		●	

테이블별 위치 분산은 정보를 이용하는 형태가 위치별로 차이가 있으면 이용한다. 테이블의 위치가 위치별로 다르므로 테이블의 위치를 파악할 수 있는 도식화된 위치별 데이터베이스 문서가 필요하다.

② **테이블 분할(Fragmentation) 분산**

테이블 분할 분산은 단순히 위치만 다른 곳에 두는 것이 아니라 각각의 테이블을 쪼개어 분산하는 방법이다. 테이블을 분할하여 분산하는 방법은 테이블을 나누는 기준에 따라 두 가지로 구분된다.

첫 번째는 테이블의 로우(Row)단위로 분리하는 수평 분할(Horizontal Fragmentation)이고 두 번째는 테이블을 칼럼(Column) 단위로 분할하는 수직 분할(Vertical Fragmentation)이있다.

- 수평 분할(Horizontal Fragmentation)

  지사(Node)에 따라 로우를 기준으로 테이블을 분리한다. 칼럼은 분리되지 않는다. 데이터가 지사별로 분리된 형태를 가지고 있다. 각 지사에 있는 데이터와 다르며, 데이터를 한군데 집합 시켜 놓아도 Primary Key에 의해 중복이 발생하지 않는다.

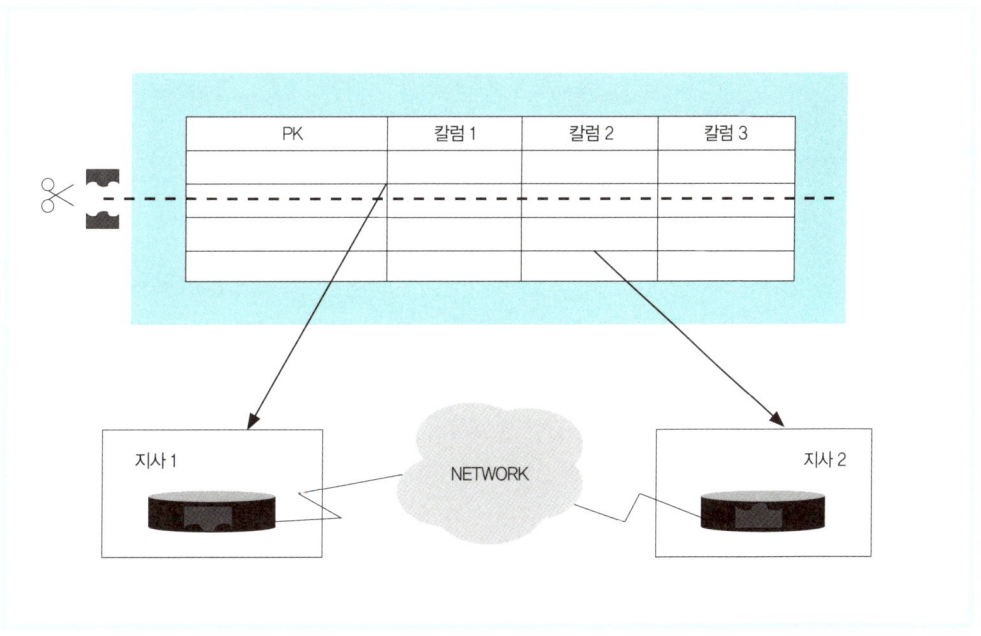

〈 그림 1-18 테이블 분할 분산 – 수평분할 〉

이처럼 수평 분할을 이용하는 경우는 지사(Node)별로 사용하는 로우(Row)가 다를 때 이용한다. 데이터를 수정할 때는 타 지사에 있는 데이터를 원칙적으로 수정하지 않고 자신의 데이터에 대해서 수정하도록 한다. 각 지사에 존재하는 테이블에 대해서 통합처리를 해야 하는 경우는 조인(JOIN)이 발생하여 성능 저하가 예상되므로 통합처리 프로세스가 많은지를 먼저 검토한 이후에 많지 않은 경우에 수평 분할을 해야 한다. 데이터가 지사별로 별도로 존재하므로 중복은 발생하지 않는다. 대신 타 지사에 있는 데이터가 지사 구분이 변경되면 단순히 수정이 발생하는 것 이외에 변경된 지사로 데이터를 이송해야 한다. 한 시점에는 한 지사(Node)에서 하나의 데이터만이 존재하므로 데이터의 무결성은 보장되는 형태이다. 지사(Node)별로 데이터베이스를 운영하는 경우는 데이터베이스가 속한 서버가 지사(Node)에 존재하든지 아니면 본사에 통합해서 존재하건 간에 데이터베이스 테이블들은 수평 분할하여 존재한다. 지사별로 운영하는 테이블들의 예를 들어보자. 테이블 고객, 생산제품, 협력회사, 사원, 부서 테이블이 지사1과 지사2에서 일의 시작과 끝이 항상 다르게 발생한다고 하면 각 테이블은 지사별로 수평 분할하여 〈표 1-12〉의 표와 같이 생성되게 된다.

〈 표 1-12 지사별 테이블 〉

위치 \ 테이블	고객	생산제품	협력회사	사원	부서
지사 1	◐	◐	◐	◐	◐
지사 2	◐	◐	◐	◐	◐

- 수직 분할(Vertical Fragmentation)

  지사(Node)에 따라 칼럼을 기준으로 테이블을 분리한다. 로우(Row) 단위로는 분리되지 않는다. 모든 데이터가 지사별로 분리된 형태를 가지고 있다. 칼럼을 기준으로 분할하였기 때문에 각각의 테이블에는 동일한 Primary Key 구조와 값을 가지고 있어야 한다. 지사별로 쪼개어진 테이블들을 조합하면 Primary Key가 동일한 데이터의 조합이 가능해야 하며 하나의 완전한 테이블이 구성되어야 한다. 데이터를 한군데 집합 시켜 놓아도 동일한 Primary Key는 하나로 표현하면 되므로 데이터 중복은 발생하지 않는다.

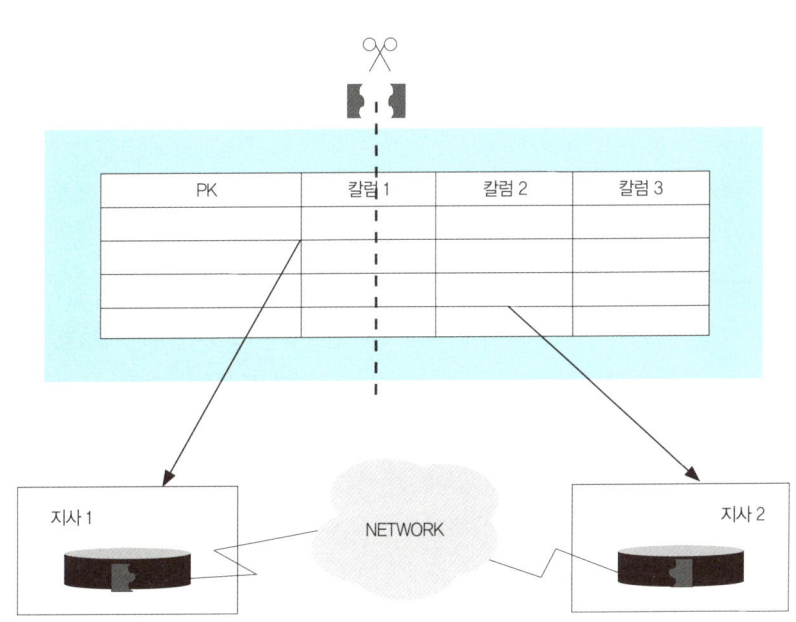

〈 그림 1-19 테이블 수직 분할 모델링 〉

예를 들어 제품의 재고량은 지사별로 관리하고 제품에 대한 단가는 본사에서 관리한다고 하면 본사 테이블에는 제품번호, 단가가 존재하고 지사에는 제품번호, 재고량이 존재한다. 이를 본사와 지사 단위로 분리된 칼럼의 모습을 도식화하면 다음과 같이 나타난다.

〈 표 1-13 본사와 지사 분리된 테이블 〉

위치	테이블	고객	생산제품
본사		◐	제품번호, 단가
지사		◑	제품번호, 재고량

테이블의 전체 칼럼 데이터를 보기 위해서는 지사(Node)별로 흩어져 있는 테이블들을 조인(JOIN)하여 가져와야 하므로 가능하면 통합하여 처리하는 프로세스가 많은 경우에는 이용하지 않도록 한다. 일반적으로 실제 프로젝트에서는 이처럼 칼럼을 쪼개는 테이블의 수직 분할 분산 환경을 구성하는 사례는 드물다.

③ 테이블 복제(Replication) 분산

테이블 복제(Replication) 분산은 동일한 테이블을 다른 지역이나 서버에서 동시에 생성하여 관리하는 유형이다. 마스터 데이터베이스에서 테이블의 일부의 내용만 다른 지역이나 서버에 위치시키는 부분 복제(Segment Replication)가 있고 마스터 데이터베이스의 테이블의 내용을 각 지역이나 서버에 존재시키는 광역복제(Broadcast Replication)가 있다.

- 부분 복제(Segment Replication)

통합된 테이블을 한군데(본사)에 가지고 있으면서 지사별로는 지사에 해당된 로우(Row)를 가지고 있는 형태이다. 지사에 존재하는 데이터는 반드시 본사에 존재하게 된다. 즉 본사의 데이터는 지사 데이터의 합이 되는 것이다. 각 지사에서 데이터 처리가 용이할 뿐만 아니라 전체 데이터에 대한 통합처리도 본사에 있는 통합 테이블을 이용하게 되므로 여러 테이블에 조인(JOIN)이 발생하지 않는 빠른 작업 수행이 가능해진다.

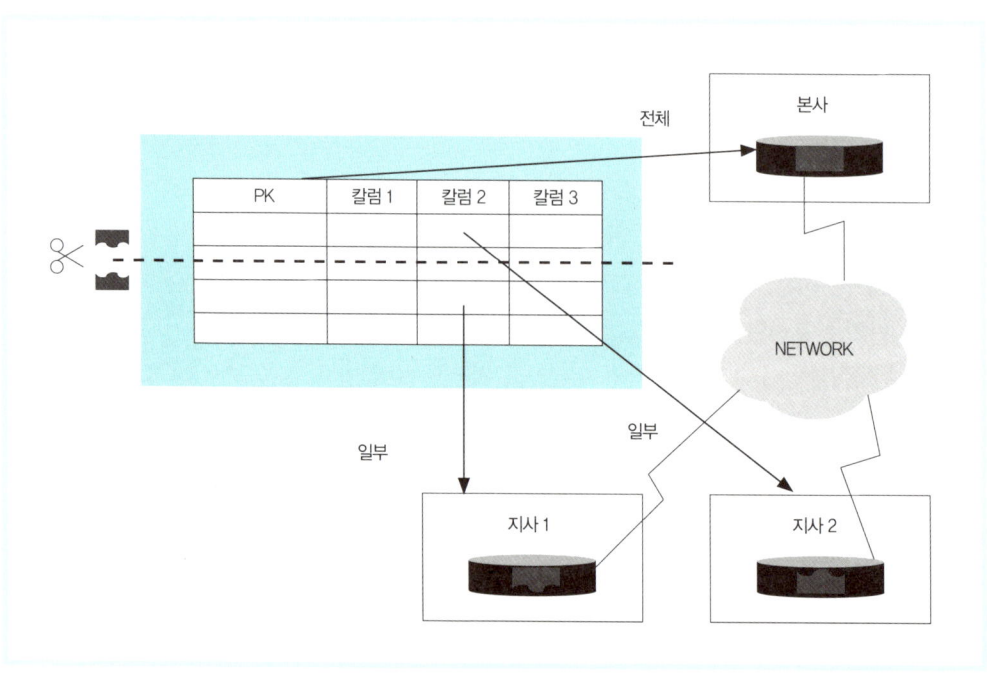

〈 그림 1-20 테이블 복제 분산 – 부분복제 〉

〈그림 1-20〉을 보면, 본사 데이터베이스에 있는 테이블에는 테이블의 전체 내용이 들어가고 각 지사 데이터베이스에 있는 테이블에는 지사별로 관계된 데이터만 들어가게 된다. 수평 분할 분산과 마찬가지로 지사 간에는 데이터의 중복이 발생하지 않으나 본사와 지사 간에는 데이터의 중복이 항상 발생하게 되는 경우이다. 보통 전국에 있는 고객을 관리할 때 본사에는 전국고객에 대한 정보를 관리하고 지사에는 각 지사와 거래하는 고객정보를 관리한다. 본사의 데이터를 이용하여 통계, 이동 등을 관리하며 지사에 있는 데이터를 이용하여 지사별로 빠른 업무수행을 한다. 보통 지사에게 데이터가 먼저 발생하고 본사에 데이터는 지사에 데이터를 이용하여 통합하여 발생한다.

위치 \ 테이블	고객
본사	●
지사 1	◐
지사 2	◐

본사에서는 전국의 고객정보를 관리하고 지사 1의 고객테이블에서는 지사 1에 속한 고객정보를 지사 2의 테이블에서는 지사 2에 속한 고객정보를 관리한다.

실제 프로젝트에서 많이 사용하는 데이터베이스 분산기법에 해당한다. 지사별로 업무수행이 용이하고 본사에 있는 데이터를 이용하여 보고서를 출력하거나 통계를 산정하는 등 다양한 업무 형태로 이용할 수 있다. 다른 지역 간의 데이터를 복제(Replication)하는 데 많은 시간이 소요되고 데이터 베이스와 서버에게 부하(Load)가 발생하므로 보통 실시간(On-Line) 처리에 의해 복사하는 것보다는 야간에 배치 작업에 의해 수행되는 경우가 많이 있다. 또한 본사와 지사 양쪽 모두 데이터를 수정하여 전송하는 경우 데이터의 정합성을 일치시키는 것이 어렵기 때문에 가능하면 한쪽(지사)에서 데이터의 수정이 발생하여 본사로 복제(Replication)를 하도록 한다.

- 광역복제(Broadcast Replication)
  통합된 테이블을 한군데(본사)에 가지고 있으면서 각 지사에도 본사와 동일한 데이터를 모두 가지고 있는 형태이다. 지사에 존재하는 데이터는 반드시 본사에 존재하게 된다. 모든 지사에 있는 데이터양과 본사에 있는 데이터양이 다 동일하다. 본사와 지사 모두 동일한 정보를 가지고 있음으로 본사나 지사나 데이터처리에 특별한 제약을 받지는 않는다.

예를 들어, 본사에서 코드 테이블에 데이터에 대해 입력, 수정, 삭제가 발생하고 각 지사에서는 코드 데이터를 이용하는 프로세스가 발생한다. 즉 본사에서는 데이터를 관리하고 지사에서는 이 데이터를 읽어 업무 프로세스를 발생시키는 것이다.

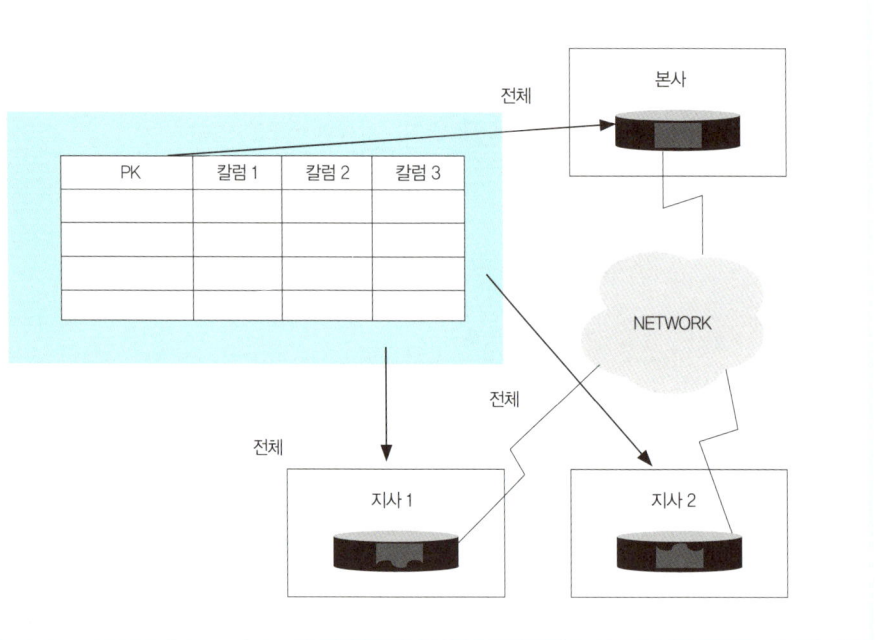

〈 그림 1-21 테이블 복제 분산 - 광역복제 〉

예를 들어, 본사에서 코드 테이블에 데이터에 대해 입력, 수정, 삭제가 발생하고 각 지사에서는 코드 데이터를 이용하는 프로세스가 발생한다. 즉 본사에서는 데이터를 관리하고 지사에서는 이 데이터를 읽어 업무 프로세스를 발생시키는 것이다.

위치 \ 테이블	코드
본사	●
지사 1	●
지사 2	●

본사, 지사1, 지사2 모두 동일한 양의 코드 테이블의 테이터를 가지고 있다.

광역복제(Broadcast Replication) 역시 실제 프로젝트에서 많이 사용하는 데이터베이스 분산기법에 해당한다. 부분 복제의 경우는 지사에서 데이터에 대한 입력, 수정, 삭제가 발생하여 본사에서 이용하는 방식이 많은 반면 광역복제(Broadcast Replication)의 경우에는 본사에서 데이터가 입력, 수정, 삭제가 되어 지사에서 이용하는 형태가 차이점이다. 부분 복제와 마찬가지로 데이터를 복제(Replication)하는 데 많은 시간이 소요되고 데이터베이스와 서버에 부하(Load)가 발생하므로 보통 실시간(On-Line) 처리에 의해 복사하는 것보다는 배치에 의해 복제가 되도록 한다.

④ 테이블 요약(Summarization) 분산

테이블 요약(Summarization) 분산은 지역 간에 또는 서버 간에 데이터가 비슷하지만 서로 다른 유형으로 존재하는 경우가 있다. 요약의 방식에 따라, 동일한 테이블 구조로 되어 있으면서 분산된 동일한 내용의 데이터를 이용하여 통합된 데이터를 산출하는 방식의 분석요약(Rollup Summarization)과 분산된 다른 내용의 데이터를 이용하여 통합된 데이터를 산출하는 방식의 통합요약(Consolidation Summarization)이 있다.

- 분석요약(Rollup Replication)
  분석요약(Rollup Replication)은 지사별로 존재하는 요약정보를 본사에 통합하여 다시 전체에 대해서 요약정보를 산출하는 분산방법이다.

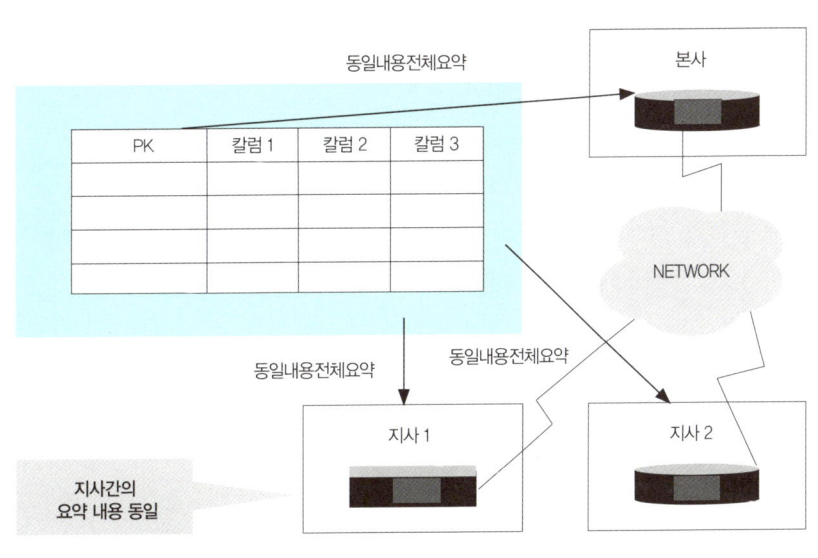

〈 그림 1-22 테이블 요약 분산 - 분석요약 〉

〈그림 1-22〉에서 보면, 테이블에 있는 모든 칼럼(Column)과 로우(Row)가 지사에도 동일하게 존재하지만, 각 지사에는 동일한 내용에 대해 지사별로 요약된 정보를 가지고 있고 본사에는 각 지사의 요약정보를 통합하여 재산출하여 전체에 대한 요약정보를 가지고 있는 것으로 표시되어 있다. 예를 들어, 제품별 판매실적이라는 테이블이 존재한다고 가정하자. 각 지사에서는 취급제품이 동일하다. 지사별로 판매된 제품에 대해서 지사별로 판매실적이 관리된다. 지사 1과 지사 2에게도 동일한 제품이 취급되므로 이를 본사에서 판매실적을 집계할 경우에는 통합된 판매실적을 관리할 수 있는 것이다.

위치 \ 테이블	판매실적
본사	●
지사 1	●
지사 2	●

> 지사 1에서는 지사 1의 판매실적이 있고 지사 2에서는 지사 2의 판매실적이 존재한다. 본사에서는 모든 지사의 판매실적을 통합한 실적 데이터가 생성된다.

각종 통계 데이터를 산정할 경우에, 모든 지사의 데이터를 이용하여 처리하면 성능이 지연되고 각 지사 서버에 부하를 주기 때문에 업무에 장애가 발생할 수 있다. 통합 통계 데이터에 대한 정보제공에 용이한 분산 방법이다. 본사에 분석 요약된 테이블을 생성하고 데이터는 역시 일반 업무가 종료되는 야간에 수행하여 생성한다.

- 통합요약(Consolidation Replication)
  통합요약(Consolidation Replication)은 지사별로 존재하는 다른 내용의 정보를 본사에 통합하여 다시 전체에 대해서 요약정보를 산출하는 분산방법이다.

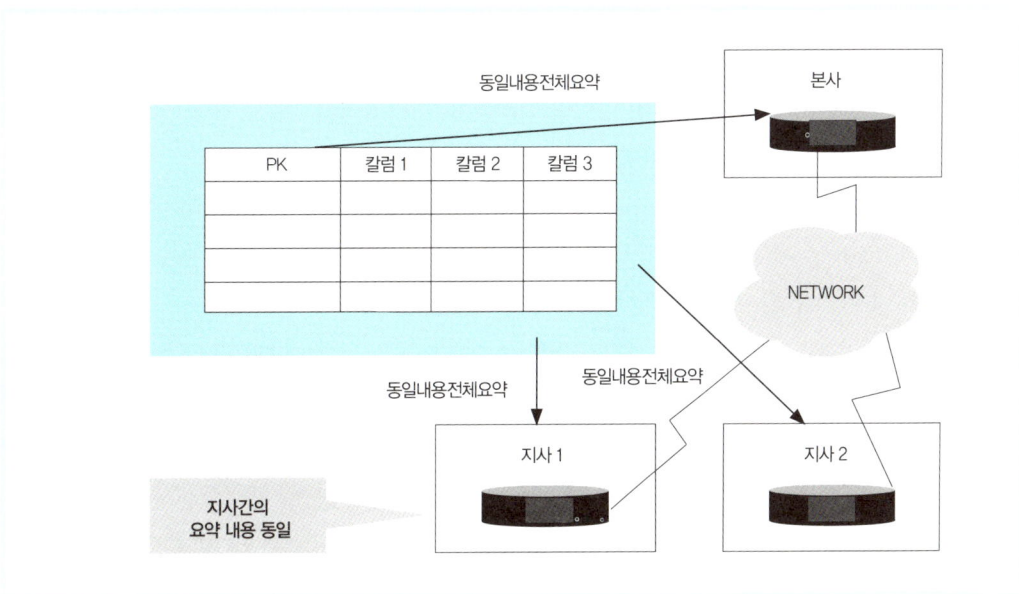

〈 그림 1-23 테이블 요약 분산 – 통합요약 〉

〈그림 1-23〉에서 보면, 테이블에 있는 모든 칼럼(Column)과 로우(Row)가 지사에도 동일하게 존재하지만 각 지사에는 타 지사와 다른 요약정보를 가지고 있고 본사에는 각 지사의 요약정보를 데이터를 같은 위치에 두는 것으로 통합하여 전체에 대한 요약정보를 가지고 있는 것으로 표시된다.

위치 \ 테이블	판매실적
본사	●
지사 1	◐
지사 2	◑

지사 1과 지사 2에 판매실적이 존재하지만 서로 다른 내용으로 존재한다. 본사에서는 모든 지사의 판매실적을 통합한 실적 데이터가 생성된다.

본사에 통계 데이터를 산정하는 유형은 분석요약과 비슷하나 통합요약은 단지 지사에서 산출한 요약정보를 한군데 취합하여 보여주는 형태이다. 분석요약은 지사에서 있는 데이터를 이용하여 본사에서 통합하여 요약 데이터를 산정하였지만, 통합요약에서는 지사에서 요약한 정보를 본사에서 취합하여 지사별로 데이터를 비교하기 위해 이용되는 것이다. 각종 통계 데이터를 산정할 경우에, 모든 지사의 데이터를 조인하여 처리하면 성능이 지연되고 각 지사 서버에 부하(LOAD)를 주기 때문에 업무에 장애가 발생할 수 있다. 〈그림 1-23〉은 방법은 통합 통계 데이터에 대한 정보제공에 용이한 분산방법이다. 본사에 통합 요약된 테이블을 생성하고 데이터는 역시 일반 업무가 종료되는 야간에 수행하여 생성하는 것이 일반적인 적용방법이다.

(7) 분산 데이터베이스를 적용하여 성능이 향상된 사례

프로젝트를 수행할 때 단순한 분산환경의 원리를 이해하지 않고 데이터베이스를 설계하여 성능이 저하되는 경우가 빈번하다. 특히 복제 분산의 원리를 간단하게 응용하면 많은 업무적인 특성이 있는 곳에서 그 성능을 향상해 설계할 수 있다. 〈그림 1-24〉는 개인정보를 관리하는 데이터베이스가 인사 데이터베이스일 때 분산이 안 된 경우의 각 서버에 독립적으로 테이블이 있을 때와 트랜잭션과 복제분산을 통해 테이블의 정보가 양쪽에 있을 때 트랜잭션 처리의 특성을 보여주는 그림이다. 단순한 개념도이지만 위의 원리가 복잡한 업무처리에서 효과적으로 성능을 향상할 수 있음을 주목해야 한다.

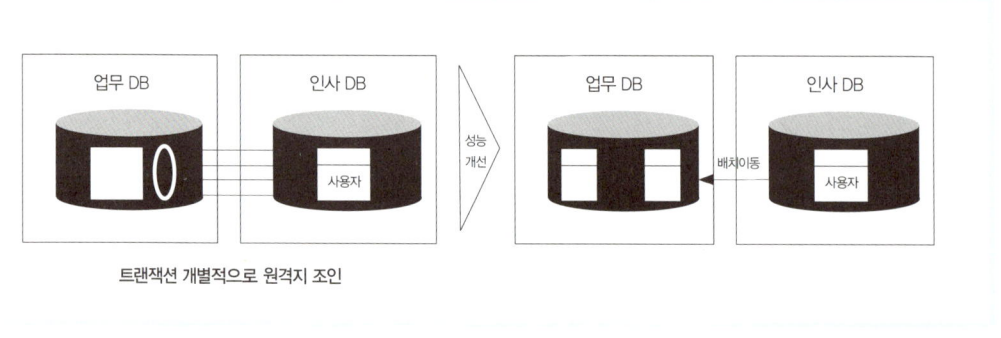

〈 그림 1-24 업무 특성에 따른 분산환경 구성 〉

데이터베이스 분산 설계는 다음과 같은 경우에 적용하면 효과적이다.
- 성능이 중요한 사이트에 적용해야 한다.
- 공통코드, 기준정보, 마스터 데이터 등에 대해 분산환경을 구성하면 성능이 좋아진다.
- 실시간 동기화가 요구되지 않을 때 좋다. 거의 실시간(Near Real Time)의 업무적인 특징을 가지고 있을 때도 분산환경을 구성할 수 있다.
- 특정 서버에 부하가 집중될 때 부하를 분산할 때도 좋다.
- 백업 사이트(Disaster Recovery Site)를 구성할 때 간단하게 분산기능을 적용하여 구성할 수 있다.

적중 예상 문제
블록체인 분석·설계

01 다음 중 블록체인에서 주로 사용하는 암호기술에 해당하지 않는 것은?

① 전자서명 ② 해시 함수
③ 공개키 암호 ④ 디지털포렌식

 블록체인에 사용되는 암호기술은 해시 함수, 공개키 암호, 전자서명 등이 주로 사용되며 디지털포렌식 기술은 디지털 장비의 분석 등을 통해 증거를 수집하는 기술로 블록체인에서는 주로 사용하는 기술이 아니다.

02 다음 중 블록체인 1.0 기술에 해당하지 않는 것은?

① 전자 지급 ② 외환 송금
③ 스마트 계약 ④ 암호화

 스마트 계약은 블록체인 2.0에 해당하는 기술이다.

03 다음 중 4차 산업혁명에 대한 설명으로 옳은 것은?

① 단순한 디지털화가 이루어진다.
② 혁신의 발전과 전파 속도가 점차 완만해진다.
③ 정보화 및 자동화가 이루어진다.
④ 변화가 다양한 분야에서 동시다발적으로 일어나 상호융합한다.

 3차 산업혁명의 정보화와 자동화는 생산성 극대화를 목표로 하는 공급 중심의 패러다임이었다.
4차 산업혁명에서는 변화가 다양한 분야에서 동시다발적으로 일어나 상호융합한다.

 정답 1 ④ 2 ③ 3 ④

04 다음 중 세계 최초로 암호화폐를 제안한 사람은 누구인가?

① 댄 라리머
② 데이비드 차움
③ 사토시 나카모토
④ 비탈릭 부테린

 1982년 암호학자 데이비드 차움 박사가 암호화폐를 제안했다.
댄 라리머는 EOS 설립자이다.

05 다음 중 블록체인의 특징 중 참여자들 간의 정보에 대한 접근이 용이한 특성을 가리키는 단어는?

① 가용성
② 탈중앙성
③ 투명성
④ 불변성

 가용성은 참여자들 간의 정보에 대한 접근이 용이한 특성을 말한다.

06 다음 중 블록체인의 문제점이 아닌 것은?

① 전문 장비를 보유한 채굴자들이 집단화, 세력화 된다.
② 개인정보의 침해 가능성이 있다.
③ 더 많은 서버를 추가하는 것으로 간단하게 확장이 가능하다.
④ 전문 채굴자에 의해 엄청난 에너지가 낭비된다.

 더 많은 서버를 추가하여 확장이 가능한 것은 중앙집중형 데이터베이스 시스템이다.

07 다음 중 분산 원장 기술에서 거래의 일정 조건을 만족시키면 당사자 간에 자동으로 거래가 체결하는 기술은?

① 전자서명
② 합의 알고리즘
③ P2P
④ 스마트 계약

 스마트 계약은 분산 원장 기술(DLT: Distributed Ledger Technology)에서 거래의 일정 조건을 만족시키면 당사자 간에 자동으로 거래가 체결하는 기술이다. 블록체인 기반 기술 중에서 자유도가 높은 프로그램을 만들 수 있다.

정답 4② 5① 6③ 7④

08 다음 중 분산 시스템의 장점이 아닌 것은?

① 통신 오버헤드가 적다.
② 시스템의 확장성이 좋다.
③ 시스템이 안정적이다.
④ 시스템의 구축과 운영에 필요한 비용이 절감된다.

 분산 시스템은 중앙통제 시스템이 없기 때문에 각 노드 간의 통신 오버헤드가 많다.
오버헤드(Overhead)는 컴퓨터가 유저 프로그램을 실행할 때에 직접 유저 프로그램 처리를 하지 않는 부분을 말한다.

09 다음 중 블록체인의 특징에 해당하는 것은?

① 분산 시스템의 무결성 확보를 위한 도구로써 활용 가능
② 노드 간의 직접적 데이터의 공유
③ 높은 유지 비용
④ 탈중앙화

 블록체인은 분산 시스템의 무결성 확보를 위한 도구이며, 나머지는 분산 P2P 네트워크의 특징이다.

10 다음 중 블록체인 소프트웨어 시스템의 무결성 침해의 예시로서 옳지 않은 것은?

① 시스템 데이터 손실
② 시스템 결과의 오류
③ 시스템의 비논리적 작동
④ 시스템 데이터에 대한 접근

 시스템 데이터에 대한 접근 등은 소프트웨어 시스템의 기밀성과 관련된 요소이다.

11 다음 중 분산 원장 기술과 관련 없는 내용은?

① 4차 산업혁명의 주요 산업 중 '블록체인' 기술과 접목되어 있다.
② 분산 원장 기술은 '신뢰 비용(Cost of Trust)'을 크게 줄여줄 수 있다.
③ 분산 원장은 여러 노드나 컴퓨터장치에 분산되어 있는 데이터베이스이다.
④ 블록체인은 분산 원장 기술 중 하나이며 모든 분산 원장이 블록을 연결한 체인을 사용한다.

 블록체인은 분산 원장 기술 중 하나이지만, 모든 분산 원장이 블록을 연결한 체인을 사용하는 것이 아니다.

 정답 8 ① 9 ① 10 ④ 11 ④

12 다음 중 P2P 네트워크의 무결성을 위협하는 요소로서 올바른 것은?

① 전체 피어의 개수를 알고 있는 피어 ② 각 피어의 신뢰성을 알고 있는 피어
③ 악의적인 피어 ④ 시스템에 대한 신뢰성이 높은 피어

 기술적 결함과 악의적인 피어가 P2P 네트워크의 무결성을 위협하는 요소이다.

13 다음 중 블록체인의 의미로써 쓰이지 않는 것은 무엇인가?

① 알고리즘 ② 기술 묶음
③ 암호화폐에만 사용 가능한 P2P 네트워크 ④ 데이터 구조

 일반 응용 분야에 활용 가능한 순수 분산 P2P 네트워크가 블록체인의 의미로 사용된다.

14 소유권 증명에 필요한 요소가 아닌 것은?

① 소유자의 식별 ② 소유 물건의 식별
③ 소유자와 물건의 매핑 ④ 소유자의 승인

 소유자의 승인은 증명에 필요하지 않다.

15 블록체인 소유권 이중사용 문제가 의미하는 것이 아닌 것은?

① 분산 P2P 네트워크의 가용성이 침해된 사례
② 원장의 분산 P2P 네트워크에서 발생하는 문제
③ 디지털 재화를 복사함으로써 발생하는 문제
④ 분산 P2P 네트워크의 무결성이 침해된 사례

 가용성이 아닌 무결성이 침해된 사례이다.

정답 12 ③ 13 ③ 14 ④ 15 ①

16 다음 중 블록체인 원장의 순수 분산 P2P 네트워크를 디자인하기 위해 해결해야 하는 문제가 아닌 것은?

① 원장의 진실 파악 ② 트랜잭션 데이터 삭제
③ 소유권 보호 ④ 소유권 기술

 트랜잭션 데이터 추가 문제를 해결해야 한다.

17 트랜잭션 데이터의 유효성의 세 가지 측면이 아닌 것은?

① 승인 ② 의미상 정확성
③ 데이터의 식별 ④ 형식적 정확성

 데이터 식별은 소유권 증명에 필요한 요소이다.

18 다음 중 디지털 데이터의 특징이 아닌 것은?

① 대부분 양이 방대하며 비가독성의 특징을 가진다.
② 원본과 사본을 구분할 수 있다.
③ 복제가 용이하다.
④ 삭제와 변조가 용이하다.

 디지털 데이터의 경우 원본과 사본의 구분이 불가능하다.

정답 16 ② 17 ③ 18 ②

19 다음 중 암호학적 해시 함수가 가져야 하는 성질이 아닌 것은?

① 정해진 출력값에 대응하는 입력값을 찾기 어렵다.
② 같은 출력값을 가지는 다른 입력값을 찾기 어렵다.
③ 출력값에 대응하는 입력을 계산할 수 있어야 한다.
④ 입력값과 대응하는 출력값이 주어졌을 때 같은 출력값을 가지는 다른 입력값을 찾기 어렵다.

 해시 함수는 출력값에 대응하는 입력값을 찾기 힘든 역상 저항성을 가져야 한다.

20 다음 중 블록체인에서 해시 함수가 하는 역할로 볼 수 없는 것은?

① 내용을 암호화하여 키를 소유한 사람만 볼 수 있도록 한다.
② Nonce를 이용한 작업증명에서 사용한다.
③ 데이터를 비교 확인하는 데 사용한다.
④ 블록을 체인으로 연결하는 데 사용한다.

 해시 함수는 한 방향 함수로 메시지를 일정한 길이로 축약하는 기능을 제공한다. 메시지에 대한 암호화 및 복호화 기능을 제공하지는 않는다.

21 다음 괄호에 들어가야 하는 말로 알맞은 것은 무엇인가?

> · 최초의 암호화폐는 1982년 암호학자, 데이비드 차움 박사가 제안했으며, 거래 내역을 다른 사람이 알 수 없도록 하는 '(   )'이 핵심이다.

① 해킹 불가능성　　　　　　② 익명성 보장
③ 작업증명　　　　　　　　④ 불변성

 암호화폐는 기존의 신용카드 기반 전자결제 시스템의 프라이버시 침해 문제를 해결하기 위해 발명되었다.

정답 19 ③ 20 ① 21 ②

22 다음 중 블록체인의 특징으로 옳지 않은 것은 무엇인가?

① 해킹 불가능성　　② 불변성
③ 투명성　　　　　　④ 탈중앙성

 블록체인의 특징은 탈중앙성(De-centralization), 투명성(Transparency), 불변성(Immutability), 가용성(Availability)등이다.

23 다음 괄호에 들어가야 하는 말로 알맞은 것은 무엇인가?

- 4차 산업혁명 시대에 심각한 부작용을 낳을 수 있는 Platform Effect는 '(　　　)' 기술로 해결이 가능하다.

① 5G　　　　　　② AI
③ IoT　　　　　　④ 블록체인

 4차 산업혁명 시대에 심각한 부작용을 낳을 수 있는 Platform Effect는 '블록체인' 기술로 해결이 가능하다.

24 다음 괄호에 들어가야 하는 말로 알맞은 것은 무엇입니까?

- 인터넷상에서 Safety, Liveness, Fault tolerance를 모두 만족하는 합의 메커니즘을 만드는 일은 이론적으로 (　　)하다.

① 불가능　　　　　② 가능
③ 용이　　　　　　④ 증명 가능

 Fischer-Lynch-Paterson (FLP) impossibility 이론에 의해 Deterministic asynchronous consensus system은 Safety, Liveness, Fault tolerance중 최대 2개의 특성만을 가질 수 있다.

정답 22 ①　23 ④　24 ①

25 다음 괄호에 들어가야 하는 말로 알맞은 것은 무엇인가?

• 비트코인을 얻는 가장 기본적인 방법을 (   )이라고 한다.

① 발행   ② 해킹
③ 출력   ④ 채굴

 비트코인을 얻는 가장 기본적인 방법은 채굴(Mining)이다.

26 다음 중 블록체인의 Trilemma가 아닌 것은 무엇인가?

① 확장성   ② 에너지 소비
③ 탈중앙성   ④ 프라이버시 보호 등의 보안 문제

 트릴레마는 확장성, 분산화, 안정성 이 셋을 잡기 힘들다는 점에서 착안하여 나온 개념이다.

27 소프트웨어 시스템의 무결성 침해의 예시로서 옳지 않은 것은?

① 시스템의 비논리적 작동   ② 시스템 결과의 오류
③ 시스템 데이터에 대한 접근   ④ 시스템 데이터 손실

 시스템 데이터에 대한 접근 등은 소프트웨어 시스템의 기밀성과 관련된 요소이다.

28 다음은 블록체인의 특징 중 어디에 해당 하는 것인가?

• 거래의 승인, 기록은 다수의 참여에 의해 자동실행

① 투명성   ② 신속성
③ 확장성   ④ 보안성

 블록체인 특징 중 신속성에 대한 설명이다.

정답 25 ④ 26 ② 27 ③ 28 ②

29. 다음 중 진행 또는 승인을 위해 두 개 이상의 서명을 해야 하는 점에서 다중서명(multisignature) 또는 멀티시그(multisig)라고도 부르는 것을 지칭하는 말로 맞는 것은?

① 비대칭 키 암호화
② 해시 암호화
③ 타임스탬프
④ 머클 트리

 비대칭 키 암호화는 진행 또는 승인을 해야 하는 점에서 다중서명(multisignature) 또는 멀티시그(multisig)라고도 부른다. 소유권을 이전하는 계정을 식별하고 전자서명을 검증할 때는 공개 키(public key)를 사용하고, 거래의 승인은 전자서명을 생성하는 데 사용한 개인 키(private key)를 가진 사람에게만 허용되는 방식이다.

30. 다음 중 기존거래 방식과 블록체인 방식의 차이점 중 다른 하나는?

① 은행이 모든 거래 내역을 가지고 있고 증명한다.
② 블록체인은 거래 내역을 저장은 하지만 증명은 하지 않는다.
③ 블록체인은 거래 내역을 확인할 때는 블록으로 나눠 저장한 데이터들을 연결해 확인한다.
④ 블록체인은 분산저장을 한다는 점이다.

 블록체인도 거래 내역을 저장하고 증명한다. 그러나 거래 내역을 은행이 아닌 여러 명이 나눠서 저장한다.

31. 다음 중 블록체인 분산 원장의 설명 중 틀린 것은 ?

① 중앙 관리자나 중앙 데이터 저장소가 없다.
② P2P 네트워크 내 모든 참여자(peer)가 거래 장부를 공유할 수 없다
③ 분산 원장 기술이 사용된 대표적인 예가 블록체인(Blockchain)이다.
④ 분산된 피투피(P2P)망 내 참여자들이 모든 거래 목록을 지속해서 갱신하는 디지털 원장이다.

 P2P 네트워크 내 모든 참여자(peer)가 거래 장부를 공유하여 감시 관리하기 때문에 장부 위조를 막는다.

 정답 29 ① 30 ② 31 ②

32 다음 중 퍼블릭 블록체인에 설명으로 맞지 않는 것은?

① 참여에 제한이 없다.
② 누구나 공개-개인 키(public-private key)쌍을 생성하고 블록체인 사본을 다운로드할 수 있다.
③ 주로 거래를 관할하는 소프트웨어 패키지를 통해 수행된다.
④ 해당 블록체인에 속한 다른 회원들의 동의가 필요하다.

 프라이빗 블록체인은 해당 블록체인에 속한 다른 회원들의 동의가 필요하다.

33 다음은 금융결제원이 무엇을 정의한 내용인가?

· 분산된 네트워크의 컴퓨팅 자원을 모아 거대한 연산능력을 확보하고, 이를 기반으로 중앙서버 없이 모든 작업을 처리하고 검증하는 기술이다.

① 사물인터넷(IoT) ② 블록체인(Blockchain)
③ 비트코인(Bit coin) ④ 정보통신기술(ICT)

 보기는 금융결제원의 블록체인 정의이다.

34 다음 설명 중 틀리게 설명된 것은?

① 분산 원장은 원래 1개의 시스템에 있던 것을 분산 원장 이라는 형태로 외부에 두게 되는 것이다.
② 블록체인은 분산 원장으로만 사용될 수 있다.
③ 블록체인은 용도와 적용되는 네트워크 종류에 따라 몇 개의 패턴이 존재한다.
④ P2P는 컴퓨터끼리 같은 목적으로 연결해 네트워크를 형성하는 방식이다.

 블록체인은 분산 원장으로 사용될 가능성이 가장 높지만, 그 외 다른 사용 방법으로 사용할 수 있다.

정답 32 ④ 33 ② 34 ②

35 다음 중 중앙집중형 시스템에 해당하지 않는 항목은?

① 인프라 및 보안 관련 대규모 인력, 설비투자 필요
② 해당 기관의 신뢰 확보를 위한 규제, 감독 강화
③ 거래기록 및 증명 방식의 근원적 변화
④ 혁신적인 서비스 및 신규 사업자 진출이 제한적

 거래기록 및 증명 방식의 근원적 변화는 P2P 네트워크의 설명이다.

36 사토시 나가모토가 2008년에 블록체인의 네트워크가 구동되는 단계를 설명한 것은 틀린 것은?

① 새로운 거래가 모든 노드에 전파된다(broadcasted).
② 각각의 노드가 새로운 거래를 블록 안으로 수집한다.
③ 각각의 노드가 블록의 난이도와 상관없이 작업증명방식(PoW)을 찾는다.
④ 하나의 노드가 작업증명을 찾으면 모든 노드에 해당 블록이 알려진다.

 각각의 노드가 블록에 맞는 난이도의 작업증명방식(PoW)을 찾는다.

37 암호화폐가 화폐의 기능을 수행하기 위해서 충족되어야 할 사항이 아닌 것은?

① 교환 수단
② 지불 수단
③ 자산 축적 수단
④ 정보학적 수단

 교환 수단, 지불 수단, 자산 축적 수단, 가치 척도 수단이 있다.

 정답 35 ③ 36 ③ 37 ④

38 분산 처리 시스템에 관한 설명 중 틀린 것은?

① 역결합 시스템이다.
② 독립적인 처리 능력을 가진 컴퓨터 시스템을 통신망으로 연결한 시스템이다.
③ 분산 처리 운영체제에서 구체적인 시스템 환경을 사용자가 할 수 있다.
④ 서로 다른 장소에 위치한 컴퓨터 시스템에 기능과 자원을 분산 시켜 상호 협력할 수 있는 시스템이다.

 분산 처리 운영체제에서 투명성은 구체적인 시스템 환경을 사용자가 할 수 없도록 하며, 또한 사용자들이 하여금 이에 대한 정보가 없어도 원하는 작업을 수행할 수 있도록 지원하는 개념이다.

39 분산 처리 시스템의 장점으로 맞지 않는 것은?

① 사용자는 각 컴퓨터의 위치를 몰라도 자원을 사용할 수 있다.
② 제한된 장치를 여러 지역의 사용자가 공유할 수 없다.
③ 업무량의 증가에 따른 시스템의 점진적인 확장이 용이하다.
④ 하나의 일을 여러 시스템이 처리함으로써 연산 속도, 신뢰도, 사용 가능도가 향상되고, 결함 허용이 가능하다.

 제한된 장치를 여러 지역의 사용자가 공유할 수 있다.

40 분산 처리 시스템의 단점에 해당하는 것은?

① 중앙 집중형 시스템에 비해 소프트웨어 개발이 어렵다.
② 보안 문제가 발생하지 않는다.
③ 중앙 컴퓨터의 과부하를 줄일 수 있다.
④ 사용자는 각 컴퓨터의 위치를 몰라도 자원을 사용할 수 있다.

 보안 문제가 발생한다.
시스템 유지상 통일성을 잃기 쉽다.
시스템의 설계가 복잡하고, 데이터 처리 서비스의 질이 떨어진다.

정답 38 ③ 39 ② 40 ①

41 분산 처리 시스템의 투명성의 종류 중 아닌 것은?

① 복제 투명성
② 이주 투명성
③ 위치 투명성
④ 비접근 투명성

 접근(Access) 투명성 : 각 프로세서의 로그인 등과 같은 동작을 사용하여 지역이나 원격 자원에 접근할 수 있다.

42 다음 중 분산 시스템의 특징으로 맞지 않는 것은?

① 뛰어난 계산 능력
② 고비용 구조
③ 확장성
④ 안정성

 슈퍼컴퓨터와 비교할 때 이와 비슷한 성능의 분산 시스템을 구성하는 데 드는 비용이 매우 낮다.

43 분산처리 시스템의 규모의 투명성에 해당하는 내용으로 맞는 것은?

① 사용자나 응용 프로그램의 동작에 영향을 받지 않고 시스템 내에 있는 자원을 이동할 수 있도록 한다.
② 자원의 위치를 모르더라도 다중 사용자들이 자원을 병행하여 처리하고, 공유할 수 있도록 한다.
③ 여러 부하에 대해 성능을 증가시키기 위하여 시스템을 재구성할 수 있도록 구성한다.
④ 시스템이나 응용 프로그램들이 시스템 구조나 응용 알고리즘에 대한 변 경 없이 규모에 맞추어 확장할 수 있도록 한다.

 규모(Scaling) 투명성 : 시스템이나 응용 프로그램들이 시스템 구조나 응용 알고리즘에 대한 변 경 없이 규모에 맞추어 확장할 수 있도록 한다.

 정답 41 ④ 42 ② 43 ④

44 분산처리 시스템의 계층 구조 중 다음 괄호에 들어가야 하는 말로 알맞은 것은 무엇인가?

· 컴퓨터 시스템의 기본 기능을 제공하는 계층을 (　　　　　　　)이라고 한다.

① 하드웨어 계층
② 기억장치 계층
③ 파일 시스템 계층
④ 사용자 프로그램 계층

 하드웨어 계층 : 컴퓨터 시스템의 기본 기능을 제공한다.

45 다음 중 분산 시스템에 대한 설명으로 옳지 않은 것은 무엇인가?

① 순수 분산형 P2P 시스템은 구성원이 동등한 상호작용을 한다.
② 네트워크를 통하여 연결된 다양한 장치들이 계산 및 저장 등의 작업을 협력하여 처리하는 시스템이다.
③ 일반적으로 단일시스템보다 구현하기 간단하다.
④ 단일시스템보다 정보 관리 측면에서 안정적이다.

 간단하고 신속한 장점이 있는 반면 데이터의 공유가 없으므로 조직 전체로 볼 때 효율적이지 못하다.

46 다음 중 분산 처리 시스템의 설계 목적으로 잘못 연결된 것은?

① 컴퓨터 통신 : 지리적으로 멀리 떨어져 있더라도 통신망을 통해 정보를 교환할 수 있다.
② 연산 속도 향상 : 하나의 일을 여러 시스템에 분산 시켜 처리함으로써 연산 속도가 향상된다.
③ 신뢰도 향상 : 시스템에 오류가 발생하지 않으므로 시스템은 계속 일을 처리할 수 있으므로 신뢰도가 향상된다.
④ 컴퓨터 통신 : 하나의 일을 여러 시스템에 분산 시켜 처리함으로써 연산 속도가 향상된다.

 신뢰도 향상 : 여러 시스템 중 하나의 시스템에 오류가 발생하더라도 다른 시스템은 계속 일을 처리할 수 있으므로 신뢰도가 향상된다.

정답　44 ①　45 ④　46 ③

47 분산 처리 시스템의 분류에 해당 하지 않는 것은?

① 위상
② 시스템 범위
③ 프로세서 모델
④ 운영체제

 분산 처리 시스템은 위상, 분산 범위, 프로세서 모델, 운영체제 등에 따라 분류할 수 있다.

48 분산 처리 시스템의 분류 중 '망형 – 부분연결형'의 내용으로 아닌 것은?

① 각 사이트가 시스템 내의 다른 모든 사이트와 직접 연결된 구조이다
② 시스템 내의 일부 사이트 간에만 직접 연결하는 것으로, 직접 연결되지 않은 사이트는 연결된 다른 사이트를 통해 통신하는 구조이다.
③ 기본 비용은 완전 연결형보다 적게 들고, 통신 비용은 완전 연결형보다 많이 든다.
④ 완전 연결형보다 신뢰성이 낮다.

 망형 – 완전 연결(Fully Connection)형
– 각 사이트가 시스템 내의 다른 모든 사이트와 직접 연결된 구조이다.

49 분산 처리 시스템의 분류 중 트리(Tree) 또는 계층(Hierarchy)형 내용으로 아닌 것은?

① 부모 사이트가 고장나면 그 자식 사이트들은 통신이 불가능하다.
② 부모(상위) 사이트의 자식(하위) 사이트들은 그 부모 사이트를 통해 통신이 이루어진다.
③ 기본 비용은 부분 연결형보다 적게 들고, 통신 비용은 트리의 깊이에 반비례한다.
④ 분산 처리 시스템의 가장 대표적인 형태로, 각 사이트가 트리 형태로 연결된 구조이다.

 트리(Tree) 또는 계층(Hierarchy)형 기본 비용은 부분 연결형보다 적게 들고, 통신 비용은 트리의 깊이에 비례한다.

 정답 47 ② 48 ① 49 ③

50 분산 처리 시스템의 분류 중 내용으로 아닌 것은?

· 스타(Star)형 = 성형

① 모든 사이트가 하나의 중앙 사이트에 직접 연결되어 있고, 그 외 다른 사이트와는 연결되어 있지 않은 구조이다.
② 중앙 사이트를 제외한 사이트의 고장이 다른 사이트에 영향을 미치지는 않지만, 중앙 사이트가 고장 날 경우 모든 통신이 두절된다.
③ 구조가 복잡하고, 보수 및 관리가 어렵다.
④ 중앙 사이트를 경유하여 통신하므로 응답이 빠르다.

 구조가 간단하고, 보수 및 관리가 용이하다.

51 분산 처리 시스템의 분류 중 링형(Ring) = 환형 내용으로 아닌 것은?

① 정보는 단방향 또는 양방향으로 전달될 수 있다.
② 기본 비용은 사이트의 수에 반비례하고, 목적 사이트에 데이터를 전달하기 위해 링을 순환할 경우 통신 비용이 감소한다
③ 특정 사이트가 고장 나면 통신이 불가능해지는 사이트가 발생될 수 있다.
④ 시스템 내의 각 사이트가 인접하는 다른 두 사이트와 직접 연결된 구조이다.

 기본 비용은 사이트의 수에 비례하고, 목적 사이트에 데이터를 전달하기 위해 링을 순환할 경우 통신 비용이 증가한다.

52 분산 처리 시스템의 분류 중 다중 접근 버스 연결(Multi Access Bus Connection)형 내용으로 아닌 것은?

① 시스템 내의 일부 사이트가 공유 버스에 연결된 구조이다.
② 기본 비용은 사이트 수에 비례하고, 통신 비용은 일반적으로 저렴하다.
③ 물리적 구조가 단순하고, 사이트의 추가와 삭제가 용이하다.
④ 사이트의 고장은 다른 사이트의 통신에 영향을 주지 않지만, 버스의 고장은 전체 시스템에 영향을 준다.

 시스템 내의 모든 사이트가 공유 버스에 연결된 구조이다.

정답 50 ③ 51 ② 52 ①

53 분산 범위에 따른 분류 중 근거리 통신망에 해당 되는 내용으로 맞지 않는 것은?

① 회사, 학교, 연구소 등에서 비교적 가까운 거리에 있는 컴퓨터, 프린터, 테이프 등과 같은 자원을 연결하여 구성한다.
② 근거리 통신망에는 주로 스타(Star)형 = 성형 을 사용한다.
③ 사이트 간의 거리가 짧아 데이터의 전송 속도가 빠르고, 에러 발생률이 낮다.
④ 주로 자원 공유를 목적으로 사용한다.

 근거리 통신망에는 주로 버스형이나 링형 구조를 사용한다.

54 분산 운영체제의 목적으로 맞지 않는 것은?

① 설계와 구현이 쉽고, 장애 발생시 해당 작업만 분실하면 된다.
② 국가와 국가 혹은 대륙과 대륙 등과 같이 멀리 떨어진 사이트들을 연결하여 구성한다.
③ 사이트 간의 거리가 멀기 때문에 통신 속도가 느리고, 에러 발생률이 높다.
④ 일정한 지역에 있는 사이트들을 근거리 통신망으로 연결한 후 각 근거리 통신망을 연결하는 방식을 사용한다.

 네트워크 운영체제의 특징이다.

55 클라이언트 서버 모델(Client Server Model) 내용으로 맞지 않는 것은?

① 클라이언트 서버 모델은 정보를 제공하는 서버와 정보를 요구하는 클라이언트로 구성되어 있는 것이다.
② 서버는 공유된 다양한 시스템 기능과 자원을 제공한다.
③ 프로그램의 모듈성과 융통성을 감소시키는 단점이 있다.
④ 공유된 중앙 컴퓨터가 없음으로 각 사용자는 스스로 작업을 수행할 수 있는 성능이 우수한 컴퓨터를 갖는다.

 프로그램의 모듈성과 융통성을 증대시킨다.

 정답 53 ② 54 ① 55 ③

56 프로세서 풀 모델(Processor Pool Model) 내용으로 맞지 않는 것은?

① 하나 이상의 프로세서 풀과 여러 워크스테이션, 서버 등이 연결된 형태이다
② 각 작업이 프로세서 풀 시스템 을 통해 수행되는 방식이다.
③ 워크스테이션이나 단말기는 단순히 시스템의 자원에 접근하는 수단을 제공한다.
④ 사용자는 워크스테이션이나 단말기를 통하여 시스템에 접근할 수 있다.

 혼합 모델(Hybrid Model) 사용자는 워크스테이션이나 단말기를 통하여 시스템에 접근할 수 있다.

57 자원에 대한 접근 방식에 따라 네트워크 운영체제와 분산 운영체제로 분류할 수 있다. 네트워크 운영체제의 내용으로 아닌 것은?

① 사용자는 시스템의 각 장치에 대해 알고 있어야 한다.
② 하나의 운영체제가 시스템 전체를 관리해야 하므로 설계와 구현이 어렵다.
③ 자원 공유가 번거롭다.
④ 지역적으로 멀리 떨어져 있는 대규모 시스템에서 주로 사용한다.

 네트워크 운영체제 에서는 설계와 구현이 쉽고, 장애 발생 시 해당 작업만 분실하게 된다.

58 분산 운영체제에서의 내용으로 아닌 것은?

① 하나의 운영체제가 모든 시스템 내의 자원을 관리하는 것으로, 원격에 있는 자원을 마치 지역 자원인 것과 같이 쉽게 접근하여 사용할 수 있는 방식이다.
② 사용자는 시스템의 각 장치에 대해 알고 있어야 한다.
③ 사용이 편리하고, 시스템 간 자원 공유가 용이하다.
④ 요청한 컴퓨터에 요청된 컴퓨터의 자원이 이주됨으로서 자원을 사용할 수 있다. (데이터 이주, 연산 이주, 프로세스 이주)

 사용자는 시스템의 각 장치에 대해 알고 있어야 한다는 네트워크 운영체제이다.

정답 56 ④ 57 ② 58 ②

59 분산 운영체제의 장점으로 맞지 않는 것은?

① CPU의 처리 능력 한계를 극복할 수 있다.
② 반응 시간이 빠르면 계산 능력, 처리량, 신뢰성, 가용성은 모두 향상된다.
③ 부하를 균등하게 배분할 수 있어 처리 효율이 향상된다.
④ 지정된 사용자만 데이터를 공유할 수 있으므로, 통신이 용이하다.

 분산 운영체제의 장점으로 다수의 사용자가 데이터를 공유할 수 있으며, 통신이 용이하다.
또한, 처리 속도가 느린 여러 개의 CPU를 연결해 처리 속도를 향상시킬 수 있기 때문에 경제적이다.

60 분산 운영체제의 단점을 설명한 것 중 맞지 않는 것은?

① 여러 개의 컴퓨터 시스템이 연결되어 있음으로 보안이 매우 취약하다.
② 적응성이 하나의 CPU를 사용할 때보다는 떨어진다.
③ 에러 발생 시 원인 파악이 어렵다.
④ 반응 시간이 빠르면 계산 능력, 처리량, 신뢰성, 가용성은 모두 저하된다.

 반응 시간이 빠르면 계산 능력, 처리량, 신뢰성, 가용성은 모두 향상된다.

61 분산 시스템에서 임의의 행동을 하는 노드를 무엇이라 하는가?

① 비잔틴   ② 오실로
③ 비발디   ④ 좀비

 분산 시스템에서 임의의 행동을 하는 노드는 '비잔틴'이다.

62. 분산 시스템의 결함 중 두 개의 사이트(컴퓨터, 노드, 교환기) 간에 연결이 잘못되어 발생하는 결함을 무엇이라 하는가?

① 컴퓨터 통신 결함 ② 메시지의 분실
③ 사이트 결함 ④ 링크 결함

 링크 결함 : 두 개의 사이트 (컴퓨터, 노드, 교환기) 간에 연결이 잘못되어 발생하는 결함

63. 분산 운영체제의 구조 중 성형 연결 (Star Connected) 구조로 바르지 않는 것은?

① 각 노드가 Point To Point 형태로 중앙컴퓨터(중앙노드)에 연결되고 중앙컴퓨터를 경유한다.
② 근거리 네트워크 구조로 가장 많이 사용된다.
③ 제어가 집중되고 모든 동작이 중앙 컴퓨터에 의해 감시된다.
④ 중앙 컴퓨터에 과부하가 걸리면 성능이 현저히 감소한다.

 환형 연결 (Ring Connected) 구조에서는 근거리 네트워크 구조로 가장 많이 사용된다.

64. 분산 운영체제의 구조 중 환형 연결 (Ring Connected) 구조로 바르지 않는 것은?

① 한 노드의 고장은 다른 노드에 영향을 주지 않는다.
② 각 사이트는 정확히 다른 두 사이트와 물리적으로 연결되어 있다.
③ 정보 전달 방향은 단방향 또는 양방향일 수 있다.
④ 메시지가 링을 순환할 경우 통신 비용은 증가한다.

 성형 연결 (Star Connected) 구조에서는 한 노드의 고장은 다른 노드에 영향을 주지 않는다.

정답 62 ④ 63 ② 64 ①

65 분산 운영체제의 구조 중 다중 접근 버스 연결 (Multi-access Bus Connection) 구조에서 바르게 설명되지 않은 것은?

① 다중 접근 버스 연결 (Multi-access Bus Connection) 구조
② 한 시점에 단지 하나의 전송만이 가능하다.
③ 하나의 링크가 고장 나도 다른 링크를 이용할 수 있으므로 신뢰성이 높다.
④ 처리기나 기타 장치의 증설 절차가 복잡하지 않다.

 하나의 링크가 고장 나도 다른 링크를 이용할 수 있으므로 신뢰성이 높다는 완전 연결 (Fully Connected) 구조이다.

66 분산 운영체제의 구조 중 완전 연결 (Fully Connected) 구조 의 내용으로 맞지 않는 것은?

① 통신 회선이 1개이므로 물리적 구조가 간단하다.
② 네트워크의 각 사이트는 시스템내의 다른 모든 사이트의 직접연결(Direct Link)된 구조이다.
③ 기본 비용이 매우 많이 든다.
④ 사이트 간의 메시지는 매우 빠르게 전달된다.

 통신 회선이 1개이므로 물리적 구조가 간단하다는 다중 접근 버스 연결 (Multi-access Bus Connection) 구조이다.

67 분산 운영체제의 구조 중 부분 연결(Partially Connected) 구조로 바르지 않는 것은?

① 시스템 내의 사이트 간에만 부분적으로 연결된다.
② 기본 비용이 완전 연결보다는 낮다.
③ 메시지 전달이 중간 사이트를 경유할 수 있으므로 늦어질 수 있다.
④ 하나의 링크가 고장 나도 다른 링크를 이용할 수 있으므로 신뢰성이 높다.

 분산 운영체제의 구조 중 부분 연결(Partially Connected) 구조는 완전 연결보다 신뢰성이 높지 않다.

 정답 65 ③ 66 ① 67 ④

68. 분산 운영체제의 구조 중 계층 연결 (Hierarchy Connected) 구조로 바르지 않은 것은?

① 사이트들은 트리 (Tree) 형태로 구성된다.
② 기본 비용이 부분 연결보다는 높다.
③ 루트 사이트를 제외한 다른 사이트를 하나의 부모 사이트와 여러 개의 자식 사이트를 갖는다.
④ 마지막 사이트 (단 노드)를 제외한 사이트의 고장은 자식 사이트의 중단을 초래한다.

 분산 운영체제의 구조 중 계층 연결 (Hierarchy Connected) 구조는 기본 비용이 부분 연결보다는 낮다.

69. 분산 운영체제의 투명성에 관한 내용 중 바르지 않은 것은?

① 위치 투명성 : 사용자가 자원들의 위치를 알 필요가 없다.
② 이주 투명성 : 자원들을 이동해도 사용자는 자원의 이름이나 위치를 고려할 필요가 없다
③ 병행 투명성 : 몇 개의 처리기가 사용되는지 알 필요가 없다.
④ 복제 투명성 : 사용자에게 통보 없이 파일들과 자원들의 부가적인 복사를 자유롭게 할 수 있다.

 병행 투명성 : 사용자들이 자원들을 자동으로 공유할 수 있다.
병렬 투명성 : 몇 개의 처리기가 사용되는지 알 필요가 없다.

70. '분산 시스템을 구축하고 사용하게 될 때 많은 잘못과 상당한 역행 (Backtracking)을 초래할 수 있다' 는 분산 운영체제의 설계 쟁점 중 어디에 해당 되는가?

① 투명성
② 신뢰성
③ 융통성
④ 결함 허용

 융통성 (Flexibility)
'분산 시스템을 구축하고 사용하게 될 때 많은 잘못과 상당한 역행 (Backtracking)을 초래할 수 있다. 이러한 문제를 해결할 수 있는 방법을 최대로 넓힐 수 있도록 설계할 수 있는가?' 를 고려해야 한다.

정답 68 ② 69 ③ 70 ③

71 C/S 시스템 이전의 중앙 집중 시스템 설명으로 바르지 않은 것은?

① 호스트(Mainframe) 컴퓨터와 더미(Dummy) 단말기로 연결된 네트워크 구조이다
② 더미 단말기는 메모리나 처리 능력이 우수하며 전적으로 호스트에 의존한다.
③ 호스트 컴퓨터는 데이터 저장과 검색, 터미널 사용자가 인터페이스 배치, 사용자 입력 확인 등 모든 작업의 책임을 진다
④ 터미널의 수가 증가함에 따라 호스트의 부담이 커지며 호스트가 다운되면 모든 작업은 전면 중단된다.

 호스트(Mainframe) 컴퓨터와 더미(Dummy) 단말기로 연결된 네트워크 구조이다. 더미 단말기는 메모리나 처리 능력이 없으며 전적으로 호스트에 의존한다.

72 NFS(Network File System) 설명으로 바르지 않은 것은?

① 썬 마이크로시스템즈가 개발한 분산 컴퓨터 시스템 환경이다.
② 컴퓨터 사용자가 원격지의 컴퓨터에 있는 파일을 마치 자신의 컴퓨터에 있는 것처럼 사용할 수 있는 클라이언트/서버형 응용 프로그램이다.
③ 사용자 시스템에는 NFS 클라이언트가 필요 없다.
④ 원격지의 컴퓨터에는 NFS 서버가 설치되어 있어야 한다. 또한, TCP/IP를 사용해야하기 때문에 양쪽 모두 TCP/IP 프로토콜이 설치 되어 있어야 한다.

 NFS (Network File System) 사용자 시스템에는 NFS 클라이언트가 있어야 한다.

73 다음 보기에 해당하는 것은?

- 캘리포니아 대학에서 개발된 분산 컴퓨터 시스템 환경이며 대규모 분산 운영체제를 구축하기 위해 개발된 파일 시스템이다. 사용자에게 하나의 컴퓨터를 사용하는 것처럼 느끼게 하는 네트워크 투명성을 목적으로 개발되었다.

① C/S 시스템
② NFS
③ Andrew
④ Locus

 Los Angeles의 캘리포니아 대학에서 개발된 분산 컴퓨터 시스템 환경이며 대규모 분산 운영체제를 구축하기 위해 개발된 파일 시스템이다. 사용자에게 하나의 컴퓨터를 사용하는 것처럼 느끼게 하는 네트워크 투명성을 목적으로 개발되었다.

 정답 71 ②   72 ③   73 ④

여기서 멈출 거에요? 고지가 바로 눈앞에 있어요.
마지막 한 걸음까지 함께 할게요!

STORY 2

블록체인 구축·운영

1. 트랜잭션
2. 타임스탬프
3. 마이닝 및 아키텍처
4. 클라우드
5. 플랫폼 및 SNS
6. P2P 네트워크
7. 작업증명방식(POW)
8. 지분증명방식(POS)
9. PBFT

적중 예상 문제

블록체인관리사(CBM) 3급
한 권으로 끝내기

당신이 상상하는 모든 것은 혁신이 된다.
연 삼 흠

STORY 2. 블록체인 구축·운영

블록체인 구축·운영

❶ 트랜잭션

(1) 트랜잭션(Transaction)의 정의
트랜잭션(Transaction)은 데이터베이스의 상태를 변환시키는 하나의 논리적 기능을 수행하기 위한 작업의 단위 또는 한꺼번에 모두 수행되어야 할 일련의 연산을 의미한다.

(2) 트랜잭션의 특징
가. 트랜잭션은 데이터베이스 시스템에서 병행제어 및 회복작업 시 처리되는 작업의 논리적 단위이다.
나. 사용자가 시스템에 대한 서비스 요구 시 시스템이 응답하기 위한 상태 변환 과정의 작업단위이다.
다. 하나의 트랜잭션은 Commit 되거나 Rollback 된다.
라. 트랜잭션은 장애가 발생했을 때 데이터를 복구하는 작업의 단위도 된다.

(3) 트랜잭션의 성질

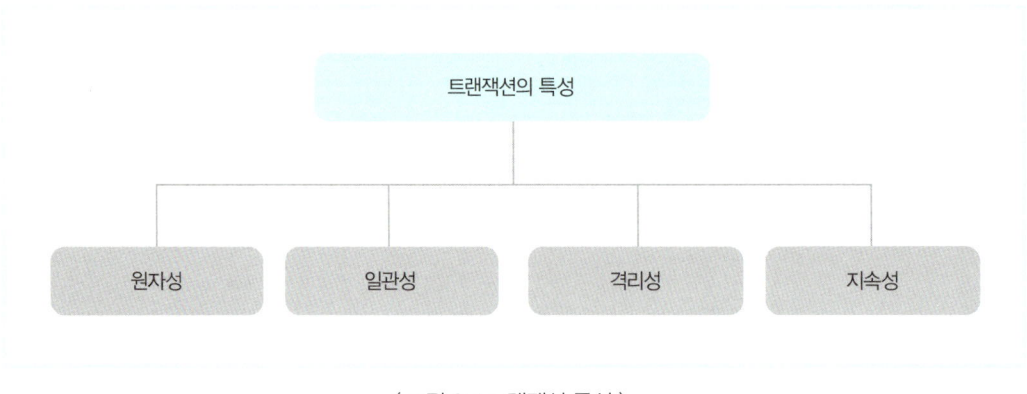

〈 그림 2-1 트랜잭션 특성 〉

① Atomicity(원자성)
가. 트랜잭션의 연산은 데이터베이스에 모두 반영되든지 아니면 전혀 반영되지 않아야 한다.
나. 트랜잭션 내의 모든 명령은 반드시 완벽히 수행되어야 하며, 모두가 완벽히 수행되지 않고 어느 하나라도 오류가 발생하면 트랜잭션 전부가 취소되어야 한다.
다. 원자성보장을위해장애발생시회복기능이필요하다.

② Consistency(일관성)
가. 트랜잭션이 그 실행을 성공적으로 완료하면 언제나 일관성 있는 데이터베이스 상태로 변환한다.
나. 시스템이 가지고 있는 고정요소는 트랜잭션 수행 전과 트랜잭션 수행 완료 후의 상태가 같아야 한다.

③ Isolation(독립성, 격리성)
가. 둘 이상의 트랜잭션이 동시에 병행 실행되는 경우 어느 하나의 트랜잭션 실행 중에 다른 트랜잭션의 연산이 끼어들 수 없다.
나. 수행 중인 트랜잭션은 완전히 완료될 때까지 다른 트랜잭션에서 수행 결과를 참조할 수 없다.

④ Durability(영속성, 지속성)
가. 성공적으로 완료된 트랜잭션의 결과는 시스템이 고장 나더라도 영구적으로 반영되어야 한다.
나. 지속성의 보장을 위해서는 장애 발생 시 회복 기능이 필요하다.

⑤ Commit 연산

가. Commit 연산은 한 개의 논리적 단위(트랜잭션)에 대한 작업이 성공적으로 끝났고 데이터베이스가 다시 일관된 상태에 있을 때, 이 트랜잭션이 행한 갱신 연산이 완료된 것을 트랜잭션 관리자에게 알려주는 연산이다.

⑥ Rollback 연산

가. Rollback 연산은 하나의 트랜잭션 처리가 비정상적으로 종료되어 데이터베이스의 일관성을 깨뜨렸을 때, 이 트랜잭션의 일부가 정상적으로 처리되었더라도 트랜잭션의 원자성을 구현하기 위해 이 트랜잭션이 행한 모든 연산을 취소(Undo)하는 연산이다.

나. Rollback 시에는 해당 트랜잭션을 재시작하거나 폐기한다.

(4) 트랜잭션의 상태

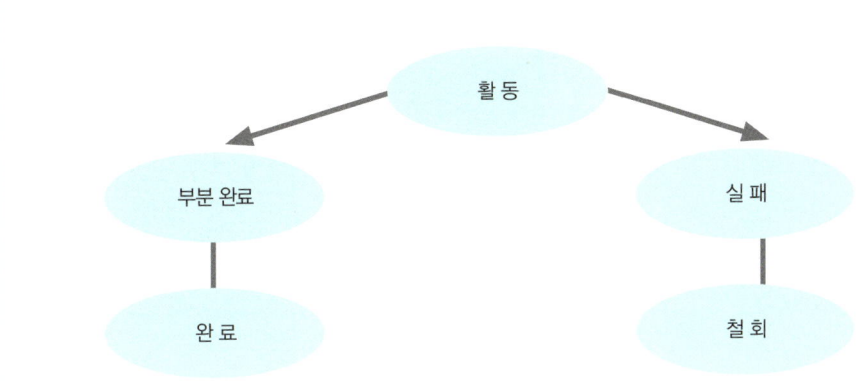

(출처 : 코딩팩토리 https://coding-factory.tistory.com/)

〈 그림 2-2 트랜잭션 상태 〉

가. 활동(Active) : 트랜잭션이 실행 중인 상태

나. 실패(Failed) : 트랜잭션 실행에 오류가 발생하여 중단된 상태

다. 철회(Aborted)

  ㉠ 트랜잭션이 비정상적으로 종료되어 Rollback 연산을 수행한 상태

  ㉡ 지금까지 실행한 트랜잭션의 연산을 모두 취소하고 트랜잭션이 수행되기 전의 데이터베이스 상태로 되돌리면서 트랜잭션이 종료됨

ⓒ 철회 상태로 종료된 트랜잭션은 상황에 따라 다시 수행되거나 폐기됨
다. 부분완료(Partially Committed) : 트랜잭션의 마지막 연상까지 실행했지만, Commit 연산이 실행되기 직전의 상태
라. 완료(Committed)
   ㉠ 트랜잭션이 성공적으로 종료되어 Commit 연산을 실행한 후의 상태
   ㉡ 트랜잭션이 수행한 최종 결과를 데이터베이스에 반영하고 데이터베이스가 새로운 일관된 상태가 되면서 트랜잭션이 종료됨

❷ 타임스탬프

(1) 타임스탬프(Timestamp)의 개념

일반적인 타임스탬프(Timestamp)라고 하면 "2018-04-05 13:00:00" 등의 형식으로 표현되는 날짜와 시간이 적힌 문자열이라고 생각하게 된다. 실제 생활에서는 독자가 해외여행을 가기 위해 티켓을 예매하기 위해 시간을 선택하면 그것을 누가 언제 몇 시 몇 분에 탑승을 위한 계약 내용에 날짜와 같이 저장되는 것이 타임스탬프의 한 종류이다.

이런 타임스탬프의 역할은 어떤 이슈가 일어난 날짜와 시간을 기록하여 사실 존재를 증명하는 전후 관계를 보장하는 것이다.

(2) 타임스탬프의 종류

① 현실 세계의 타임스탬프

현실 세계의 타임스탬프는 모든 사람이 같은 시간 축을 공유하는 것과 시간은 돌이킬 수 없는 것이라는 두 가지 전제로 하고 있다. 정확하게 이야기하면, 현대 물리학에서는 시간의 흐름이 일정하지 않고 사람마다 시간 축이 미묘하게 어긋나 있다고 생각하지만, 일상생활에서는 그 오차를 생각할 필요는 없다.

또한, 전 세계적으로 보면, 지역별 시차가 존재하지만, 표준 시간과 현지 시각 등의 표준화를 통해 모든 시간 축을 공유하려고 한다. 또한, 시간을 되돌릴 가능성도 생각할 필요가 없다. 물론, 영화나 드라마에서 보던, 타임머신이 개발된다면 과거로 돌아가 변경할 수 있게 된다면, 현대 사회 시스템 대부분을 재검토해야 한다.

실제 현실 세계에서 현금을 사용하여 지불하는 경우를 생각해 봅시다. 실제 현금을 전달하는 행위가 발생하지만, 그 행위가 발생하는 시간은 단 한 번뿐이다. 그러나 현금을 받은 사실을 부정할 수 있어, 발생한 내역을 어딘가에 기록해 둘 필요가 있다. 따라서, 영수증이나 계약서 발행이 현실 세계에서 타임스탬프 역할을 하고 있다.

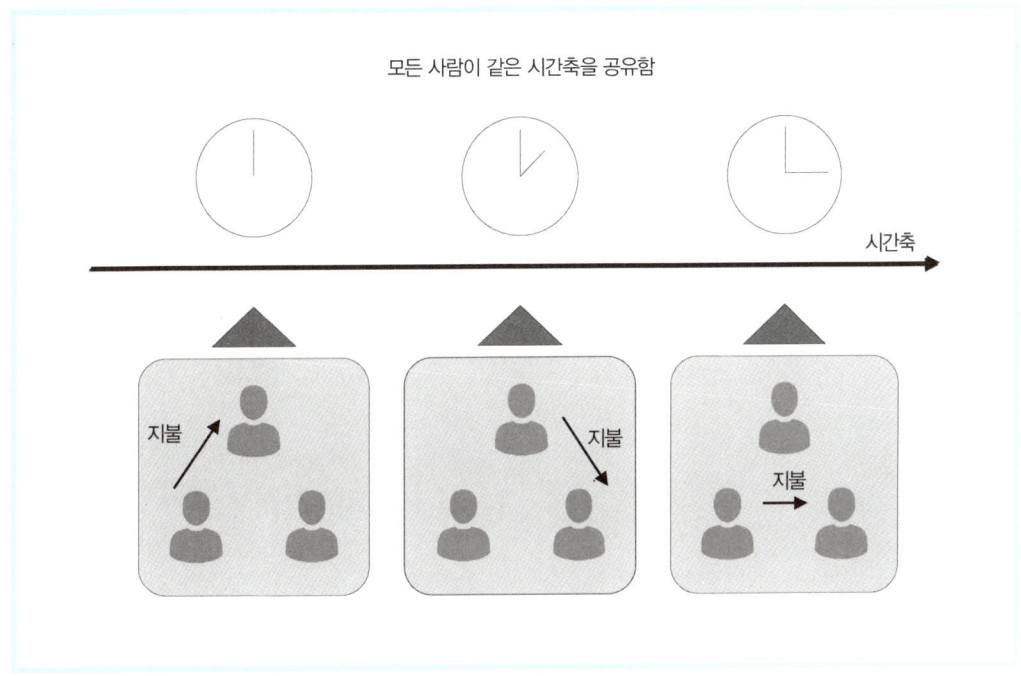

〈 그림 2-3 현실 세계의 타임스탬프 〉

② 컴퓨터의 타임스탬프

컴퓨터 세계에서 현실 세계의 시간과 컴퓨터의 시간이 반드시 동기화되는 것은 아니기 때문에, 여러 환경에 따라 다른 시각을 보일 수 있다. 각각의 환경이 참조하는 시간이 다르기 때문이다. 여기서 지불한 사실이 언제 일어났는지에 대해 합의를 하지 못하면, 사실 증명이 어렵게 된다.

이런 경우, 타임스탬프는 악의적으로 쉽게 변경할 수 있어, 다양한 어려움이 생기게 된다. 예로 독자들이 스마트폰에서 게임을 하는 경우가 많을 것이다. 게임에서 이벤트를 할 경우, 특정 시간에 한정 아이템을 받을 수 있는 조건이 발생하거나 특정 시간대에서만 얻을 수 있는 혜택이 제공된다. 이벤트 시간이지만, 이전부터 스마트폰 기기의 로컬시간을 확인하여 이벤트가 있는지 체크하는 앱도 있었다. 이런 경우, 사용자가 기기의 시간대를 변경해서 미리 이벤트 정보를 확인하고 부정 플레이를 할 수 있게 된다.

이런 경우를 예방하기 위해 기기의 로컬시간을 변경하는 것을 막기 위해 최근 앱이나 시스템에서는 대부분의 서비스를 제공하는 서버 측 시간을 확인해서 이벤트 유무를 판별하고 있다.

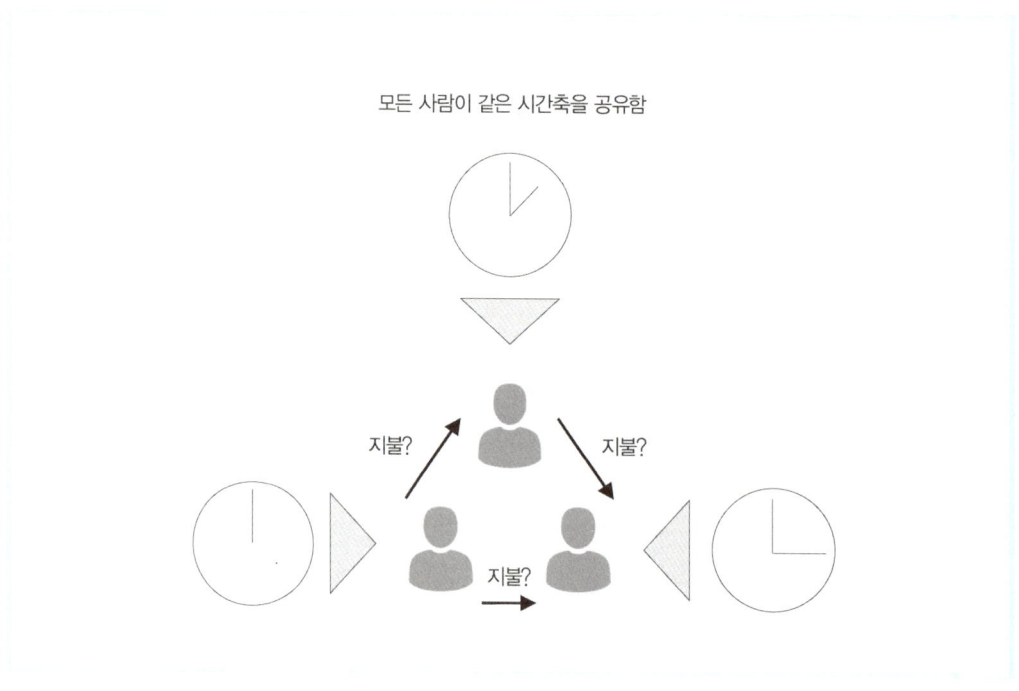

〈 그림 2-4 컴퓨터의 타임스탬프 〉

③ 중앙집권적 타임스탬프

인터넷 서비스는 불특정 다수의 사람에게 서비스하는 데 있어서 어느 한 곳에 중심을 두고 그 중심점의 시간을 기준으로 서비스 무결성을 유지하고 있다. 예로 나대한이 나한국에게 돈을 송금할 때 실제로는 은행에 나대한과 나한국의 계좌를 개설하여 그 계좌의 잔고를 통해 처리하는 것 뿐이다. 이 경우 중심이 되는 시간은 은행 서비스 시간이다.

그렇지만, 중앙집권적 시스템에는 몇 가지 문제점이 있다. 첫 번째, 중심부에 부하가 집중되기 쉽고, 중심부가 정지되면 서비스 전체를 이용할 수 없게 되어 버린다. 모바일 게임에서도 이벤트가 시작될 때 사용자가 몰리면, 중앙 서버 부하가 걸려 시스템이 다운되어 버리는 경우가 있다. 이를 예방하기 위해 중심부 서버를 이중화하고 성능을 향상하기 위한 대책을 세우기도 하지만, 그 대책에 따라 큰 비용이 발생한다.

인터넷이 시작된 이래 인터넷 자체가 다운된 사례는 없지만, 인터넷 서비스가 다운되는 경우가 있는데 이런 중심부 서버에 의존하는 구조이기 때문이다. 또한, 중앙집권적 시스템은 중심부 서비스 제공자가 의도적으로 서비스를 중지하거나 어떤 악의적인 일을 할 경우, 막을 방법이 없다. 비트코인은 "아무도 간섭없이 사용할 수 있는 송금 구조를 만들자"는 것과 "누구도 마음대로 중지시킬 수 없다"라는 구조를 실현하기 위해서는 중앙집권적 구조는 힘들고 중심부가 없는 P2P 형태의 구조를 생각하게 된 것이다.

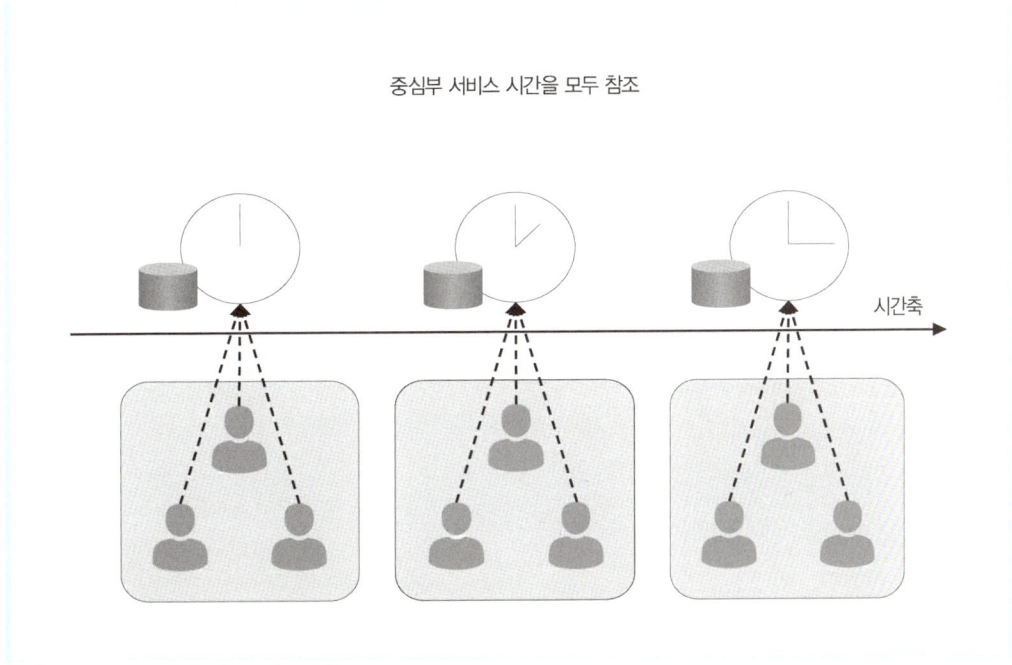

〈 그림 2-5 중앙집권적 타임스탬프 〉

④ 비 중앙집권적 타임스탬프

P2P 네트워크에서 중심부 시간에 의존하지 않은 상태로 송금 등 타임스탬프를 필요로 하는 데이터를 처리하는 새로운 타임스탬프 방법이 필요해졌다. 물론, 비트코인이 나오기 전에도 P2P 기술을 이용하는 서비스들이 존재했다. 대표적인 서비스로는 BitTorrent, Skype 등이 유명했다. 이 서비스는 반드시 타임스탬프를 필요로 하지 않았지만, 타임스탬프가 필요한 서비스를 P2P로 실현하기 위해 중심부 시간에 동기화하는 방법으로는 한계가 있었다. 그래서 새롭게 개발된 것이 블록체인이라는 새로운 타임스탬프 개념이 나왔다.

블록체인이 획기적으로 보이는 이유는 시간을 되돌릴 수 없다는 것과 1개의 시간 축을 모두가 공유하고 그 시간 축에서 전후 관계를 정의할 수 있는 물리적인 시간 특징을 암호학에 기초한 데이터 구조를 사용하여 다시 구현한 것이다.

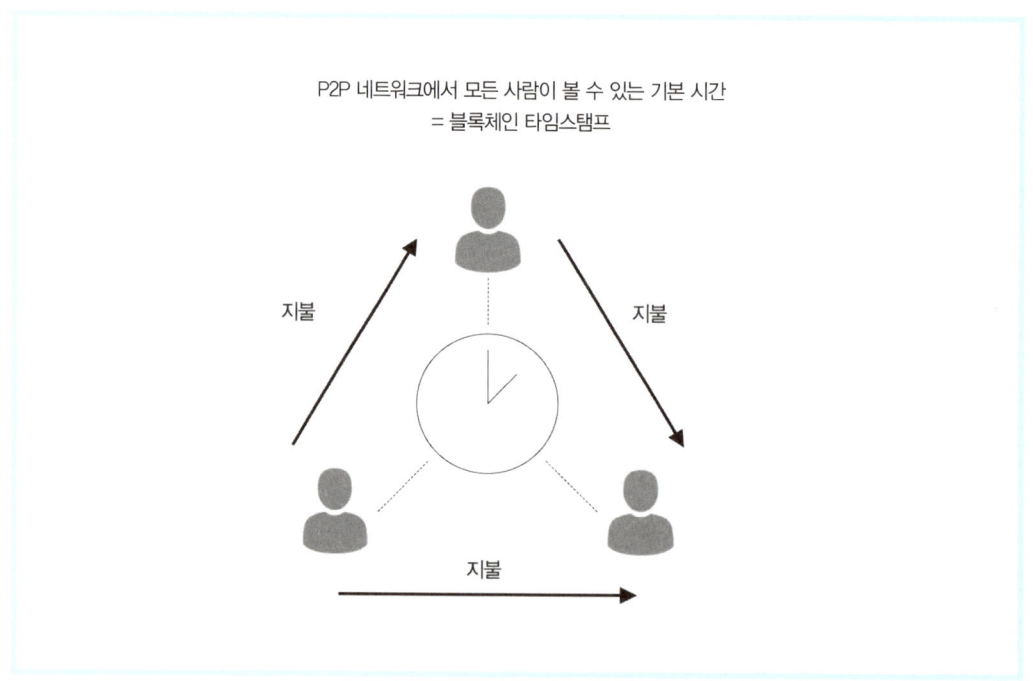

〈 그림 2-6 비 중앙집권적 타임스탬프 〉

⑤ 해시 체인 타임스탬프

물리적 시간의 동기화가 확인하기 어려운 분산 시스템에서 모든 참가자가 하나의 시간 축을 공유하려면 어떻게 해야 할까?

어떤 사건이 일어난 절대적인 시간을 엄격하게 요구하는 것이 아니라, 전후 관계가 존재하는 2개의 사건에 대해 그 순서를 특정할 수 있는 상대적 시간으로 시간 축을 정의하는 방법이 있다. 이 말은 사건1과 사건2가 발생했을 때 사건1과 사건2가 일어난 정확한 시간을 몰라도, 사건1이 사건2 다음에 일어났다는 상대적인 전후 관계만을 취급한다는 것이다. 이 개념은 분산시스템의 논리적 타임스탬프라고 말한다.

블록체인은 암호화 해시함수를 사용하여 데이터가 존재하기 전에 다른 데이터가 존재했다는 전후 관계를 논리적으로 부정할 수 없는 형태로 정의하고 있다. 여기에서 말하는 암호화 해시 함수는 임의의 데이터를 입력하고 입력 데이터를 대표하는 비교적 작은 값(해시값 또는 다이제스트)을 리턴해 주는 해시함수에서 사전에 그 해시값 예측 및 해시값에서 원래 데이터 추정이 어려운 함수를 말한다. (대표적인 암호화 해시 함수: SHA-256, 비트코인에 이용)

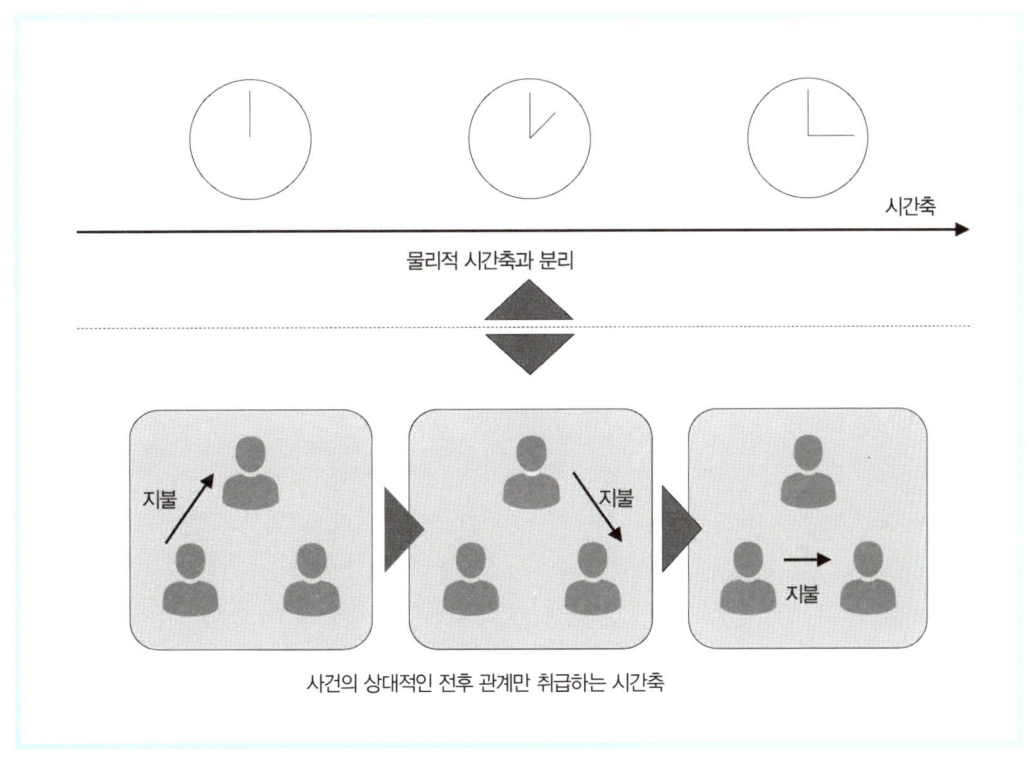

〈 그림 2-7 해시 체인 타임스탬프 〉

위 <그림 2-7>에서 A 데이터에 대해 암호화 해시함수를 이용하여 얻어진 해시값 h(A)라고 한다. 이때, h(A)에서 A를 요구하는 것은 힘들기 때문에, h(A) 값이 존재하는 것은 이전 A 데이터가 있는 것이 논리적으로 옳다고 본다. 또한, B = h(A)로 h(B)를 계산하면 h(B)가 존재하기 전에 h(A)가 존재하고 있었다고 볼 수 있다. 이처럼 동일한 데이터에 대해 재귀적으로 암호화 해시함수를 적용하는 기술이 해시 체인이다. 이 해시 체인은 일회성 비밀번호 인증 시스템 구현에 주로 사용된다.

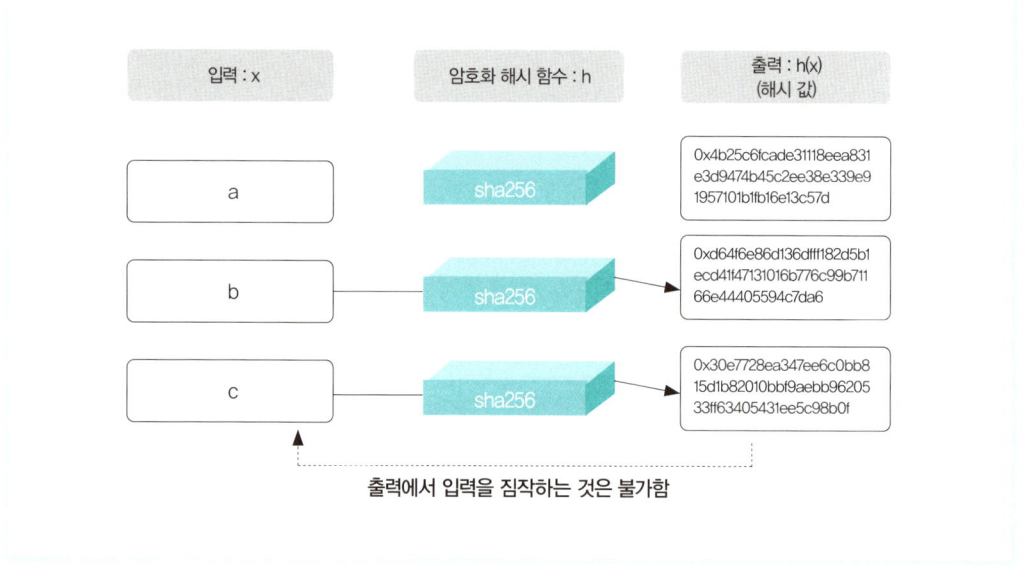

〈 출처 : www.steemit.com [공부하자! 블록체인] 〉

〈 그림 2-8 SHA-256 입출력 예 〉

위 <그림 2-8>에서 심플한 해시체인을 확장해서 해시 함수에 대한 입력으로 모든 데이터를 포함시키는 방법을 구현해 보면, 아래 그림처럼 x0 ~ x3은 모든 데이터를 표시하는 h0 ~ h3과 암호화 해시함수의 해시값을 나타낸다.

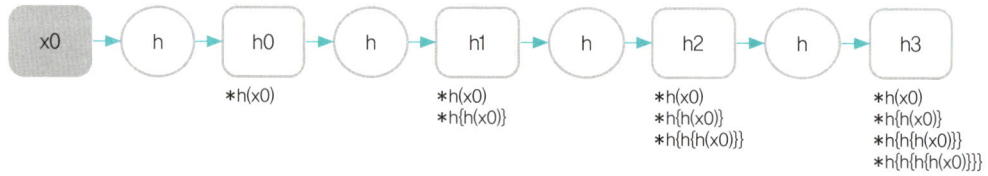

심플한 해시체인은 x0데이터에 대해서 재귀적으로 암호화 해시함수를 적용한 해시값 h0, h1, h2~을 생각하지만 원래 데이터는 x0뿐이다. 이에 대해 확장된 해시체인은 재귀적으로 해시값을 구할 때 입력으로 모든 데이터 x0, x1, x2등을 더하고 있다.

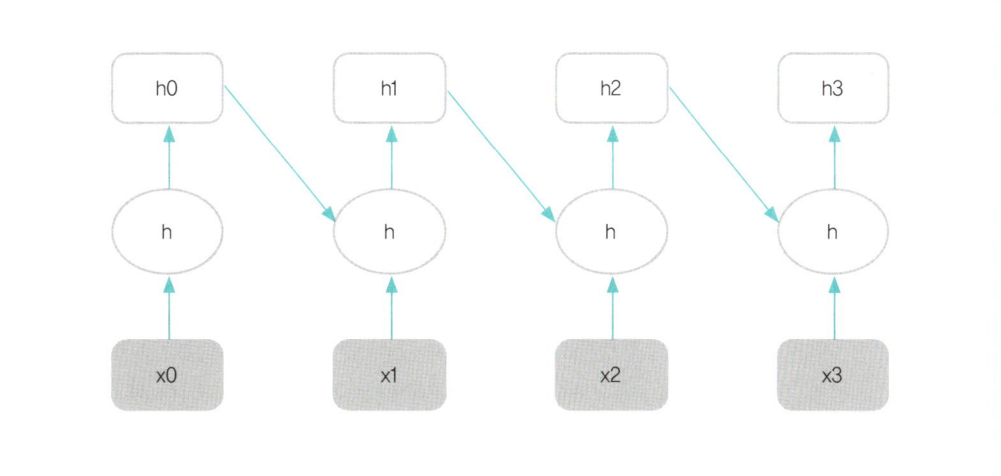

〈 출처 : www.steemit.com [공부하자! 블록체인] 〉

〈 그림 2-9 확장된 해시체인 〉

이 확장을 통해 h3를 계산하기 위해서는 앞에서 h2, x3가 존재해야 하며 h2를 계산하기 위해서는 h1과 x2가 있어야 재귀관계가 성립된다. 그러면 x0 〈x1 〈x2 ~등과 데이터가 존재하는 전후관계를 임의의 데이터에 대한 논리적인 정의가 가능해진다.

그런데, 여기서 해시값 h1, h2, h3 등으로 하면 1, 2, 3, ~ 숫자를 타임스탬프 형태로 간주하고 해시체인 타임스탬프라고 한다. 연속된 정수를 타임스탬프라고 말하는 것이 약간은 애매하지만, 컴퓨터에서 시간을 처리할 때 자주 사용하는 UNIX타임스탬프도 1970년 1월 1일 0시 0분 0초에서 지난 시간을 계산하는 것이기 때문에 같은 발상으로 생각하면 쉽다. 단, UNIX타임스탬프와 해시체인 타임스탬프가 거의 동일해 보이지만, UNIX타임스탬프가 실제 시간기준에 따라 1초마다 카운트되는 반면에 해시체인 타임스탬프는 새 데이터가 추가될 때마다 추가되는 형태이다.

⑥ 해시체인에서 블록체인 만들기

앞에서 설명한 해시체인을 사용하여 모든 데이터의 존재증명과 전후 관계를 증명할 수 있다. 하지만, 실무적인 P2P시스템에서 사용하기 위해서는 몇가지 이슈를 해결해야 한다.

주요 이슈는 아래와 같다.
- 여러개의 노드가 참여하는 P2P 네트워크에서 모든 노드가 항상 최신 타임스탬프를 볼 수 있는가?
- 노드가 과거 데이터를 변조한 경우, 변주 탐지 및 변조 데이터를 거부할 수 있는가?

심플한 해시체인을 이용한 타임스탬프는 위 이슈들을 해결하기 어렵지만, 이런 문제를 실용적인 수준까지 해결한 방법이 바로 블록체인(Blockchain)이다. 블록체인에서는 위 첫번째 이슈를 해결하기 위해 모든 데이터를 항상 모든 노드에서 공유하지 않고 여러 데이터를 정리한 블록단위로 공유한다. 이 블록을 만드는데 사용되는 기술이 머클트리(Merkle tree 또는 해시트리)이다.

머클트리는 1979년 랄프 머클에 의해 발명된 것으로 트리 구조의 해시체인을 해시트리라고 부르기도 한다. 머클트리 구조는 일반적으로 데이터 조각 2개를 쌍으로 나누어 2개의 단편데이터를 결합한 해시값을 계산한다. 이때 조각 수가 홀수이면 남은 한개의 조각은 자신과 동일한 데이터를 복제하여 2개의 데이터쌍을 만들어 해시값을 계산한다. 계산된 해시값을 두개쌍으로 나누어 해시값을 계산한다. 이 작업은 최종적으로 해시값이 하나가 될 때까지 반복된다. 마지막으로 하나가 된 해시값을 머클루트 또는 최상위 해시라고 말한다.

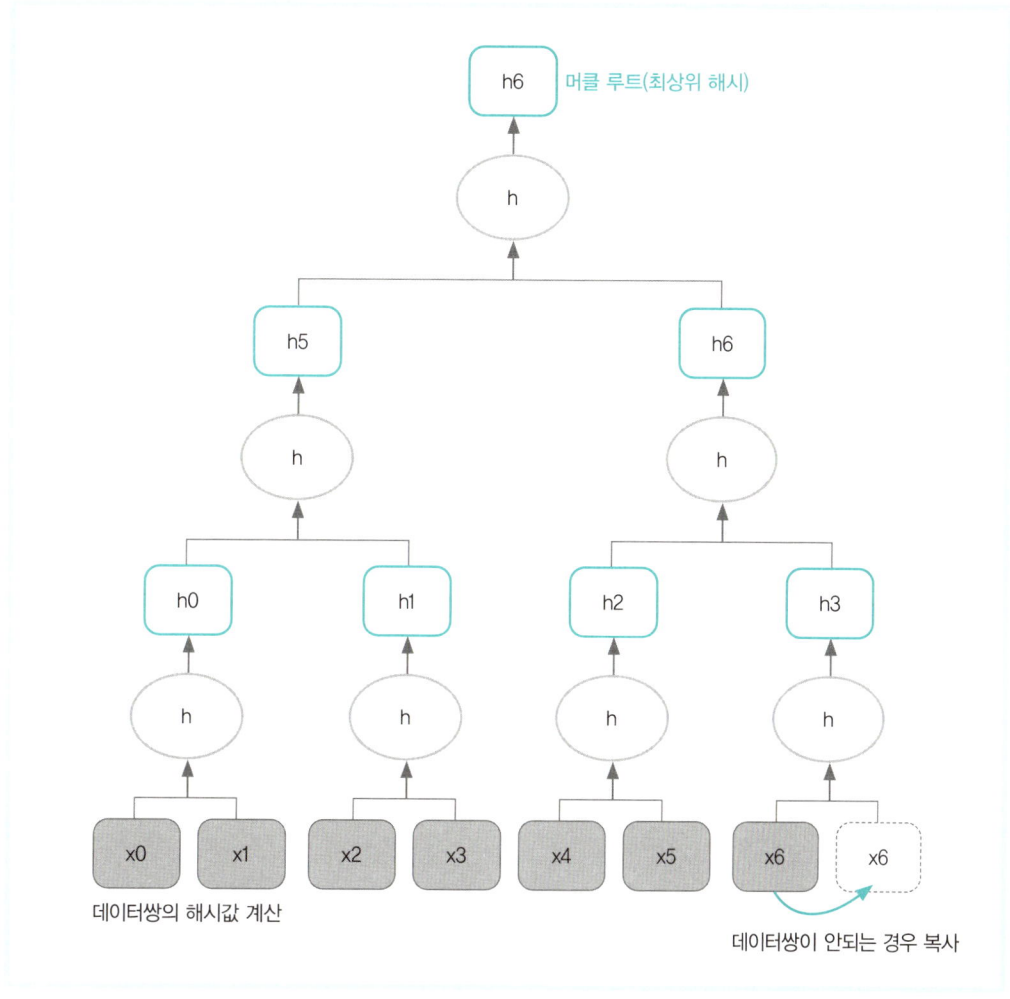

〈 그림 2-10 머클 트리 〉

머클트리가 고안될 당시 하나의 키에서 여러개의 원타임 패스워드를 생성하기 위한 데이터 구조로 사용되었다. 이후, P2P네트워크등에서 큰 파일을 수신시 데이터 손상이나 변조 유무를 확인하고 손상된 데이터를 다시 수신하도록 되어 있다. 만약 데이터가 손상되거나 변조검증뿐이라면 데이터 원본 계산을 한 데이터의 해시값과 수신데이터 해시값을 비교하면 가능하다. 그러나, 데이터 크기가 커지면 중간에 디에터 손상이 발생할 확률이 높아지고, 데이터가 손상되면 다시 큰 데이터를 처음부터 다시 받아야 한다. 머클 트리를 활용하면 큰 데이터를 작은 조각 데이터로 분할하여 조각당 해시값을 확인하는 것이 가능하다.

머클트리를 사용하여 데이터를 확인시, 우선 데이터에서 머클루트를 계산하고 원래 머클루트와 비교한다. 만약, 머클루트값이 다른 경우, 머클루트르를 계산하기 위해 사용하는 두개의 해시값을 원래 해시값과 비교한다. 이 작업을 반복하여 해시값이 다른 데이터 조각을 효율적으로 파악할 수 있도록 데이터를 다시 받아도 손상 데이터만 다시 수신하면 된다.

그렇다면 이번에는 머클트리를 기반으로 블록을 만들어 보자.
머클트리 구조를 활용하여 해시체인 타임스탬프를 블록단위로 카운트할 수 있다. 하나의 데이터 조각으로 분할하여 조각당 해시값을 계산하지만, 이번에는 모든 데이터 목록에서 머클트리를 생성한다.
아래 그림에서 모든 데이터를 그대로 해시체인을 포함하는 경우와 머클트리를 이용한 블록단위로 데이터를 포함한 경우를 보여준다. 새로운 데이터가 생성될 때마다 해시체인 횟수는 증가되지만, 나중에는 여러개의 데이터를 블록으로 그룹화하여 블록단위로 횟수가 증가하는 것을 알 수 있다.

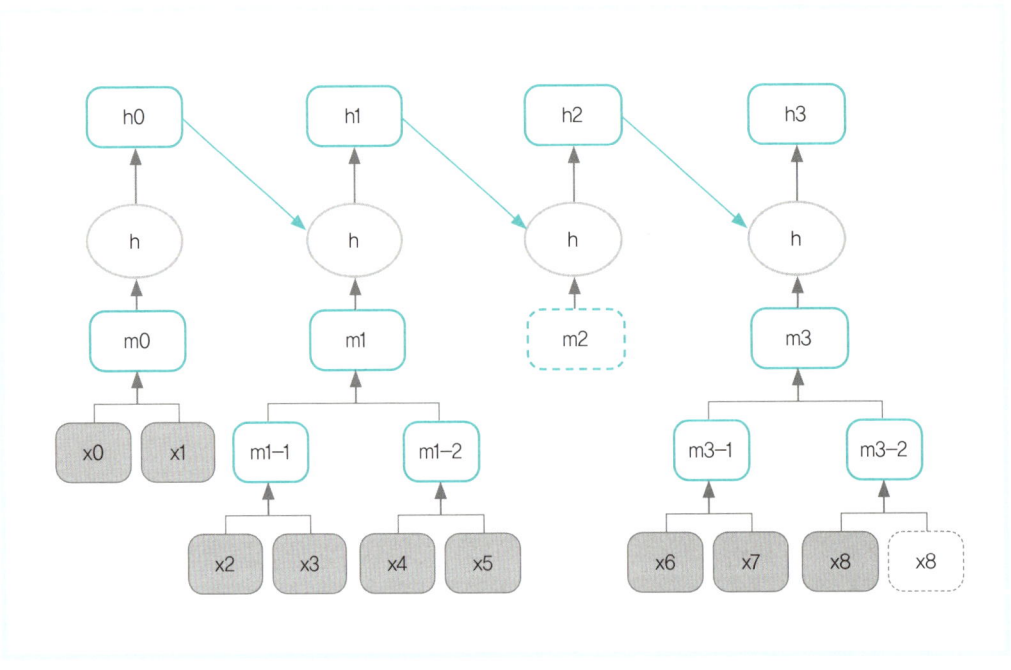

〈 출처 : www.steemit.com [공부하자! 블록체인] 〉

〈 그림 2-11 머클 트리를 이용한 해시체인에 데이터 포함 〉

블록단위로 증가된 해시값 계산을 다시 타임스탬프로 생각해 보자. 해시체인에 그대로 데이터를 포함하는 경우, 데이터마다 타임스탬프가 증가하지만, 같은 타임스탬프에 여러개의 데이터를 참조한다. 타임스탬프가 0이 되고 있는데 x0과 x1데이터는 동시에 생성된 데이터로 분석된다. 또한 타임스탬프가 2가되는 데이터가 존재하지 않지만, 이는 데이터를 생성하거나 타임스탬프 증가가 블록을 도입하여 독립했기 때문이다. 데이터가 생성되자 않아도 타임스탬프가 생성되기 때문에 일반적인 시간 표시에 가까운 표현이 가능하게 된다.

물론 위 내용의 기준대로 블록개념만 도입한다고 해서 여러 개의 노드가 참여하는 P2P네트워크에서 모든 노드가 항상 최신 타임스탬프로 볼 수 있을지에 대해서 완벽하게 대응하기 어렵다. 이 문제를 해결하기 위해 최신 블록 정보가 모든 노드에 적용될때까지 다음 블록이 생성되지 않도록 해야 한다. 이에 대한 현실적인 해결방법으로 PoW(Proof of Work)가 있는데 Story7. 작업증명방식(POW)에서 자세히 학습할 수 있다.

❸ 마이닝 및 아키텍처

(1) 마이닝(mining)

1) 마이닝(mining)의 정의

채굴(採掘) 또는 마이닝(mining)이란 암호화폐의 거래내역을 기록한 블록을 생성하고 그 대가로 암호화폐를 얻는 행위를 말한다.

암호화폐는 중앙은행과 같은 발행기관이 없이 거래내역을 기록한 원장을 전 세계 네트워크에 분산 저장하게 되는데, 이러한 블록체인(blockchain)을 유지하기 위해 해당 블록을 생성한 사람에게 일정한 보상을 지급하도록 설계되어 있다.

모든 블록체인의 핵심은 채굴 알고리즘에 있다. 비트코인의 알고리즘을 예시로 들어보자. "안전한 해시 알고리즘 256비트(Secure Hash Algorithm 256bits)"의 약자인 SHA-256에는 텍스트, 숫자, 심지어 어떤 크기의 컴퓨터 파일이든 길이에 상관없이 입력할 수 있다. 출력물은 "해시(hash)"라고 명명되며, 항상 기계어로 256비트에 해당하는 일정한 길이를 가진다.

동일하게 입력하면 매번 동일한 출력이 나온다. 무작위 출력이 아니다. 하지만 입력에 약간의 변화가 있다면 출력은 완전히 달라질 것이다.

또한 이 알고리즘은 일방 함수(One-way function)로 되어있어 출력 결과를 안다고 해도 거꾸로 입력 내용을 계산할 수 없다. 입력 내용을 무작위로 추측해보았자 맞출 확률은 2의 256승 분의 1에 불과하여, 거의 불가능한 셈이다. 쉽게 말해서 안전하다는 얘기다.

알고리즘의 역할을 알았으니, 간단한 거래 예시를 통해 블록체인이 어떻게 작동하는지 보여주겠다. 여기 비트코인을 보유한 Alice와 Bob이 있다. Alice가 Bob에게 2 비트코인을 빚졌다고 가정해보자. Alice는 Bob에게 2 비트코인을 송금하기 위해 비트코인 네트워크의 모든 채굴자들에게 공유하고픈 거래 내용을 전파한다.

Alice가 채굴자들에게 보낸 이 전파에는, Bob이 받을 비트코인 수와 주소, 디지털 서명과 Alice의 공개 키(Public key)가 포함된다. 디지털 서명은 Alice의 개인 키(Private key)로 만들어지며 채굴자들은 이를 통해 Alice가 비트코인의 소유주이며 거래를 하려는 주체임을 확인한다.

채굴자들은 위 내용들이 유효한지 확인 후 이 거래를 다른 여러 거래들과 묶어 하나의 블록에 포함시켜 채굴을 시도한다. 채굴은 이 블록을 SHA-256 알고리즘에 입력하여 진행된다. 출력 내용이 유효한 것으로 간주되려면 일정한 개수의 0으로 시작되어야 한다. 출력값이 몇 개의 0으로 시작하는지는 "채굴 난이도"에 의해 좌우되는데, 여기서 "채굴 난이도"란 비트코인 네트워크에 존재하는 연산 처리 능력을 일컫는다.

출력 내용이 일정한 개수의 0으로 시작하기 위해선 채굴자는 입력 과정에 "해 값"를 추가해야 된다. 입력의 작은 변화도 완전히 다른 출력 내용이 나오기 때문에, 채굴자들은 적합한 출력 내용이 나올 때까지 해 값을 무작위로 입력해보며 채굴을 시도한다.

블록 채굴이 완료되면 채굴자는 네트워크에 해당 블록을 전파하고 전파받은 채굴자들은 블록의 진위여부를 확인하고 각 채굴자의 블록체인에 포함시키게 되며 Alice와 Bob의 거래는 완료된다. 하지만 거래와 별개로 각 블록 안에는, 바로 직전의 블록 출력의 해시값을 포함해 모든 블록들이 한 데 묶이게 된다. 블록체인이라는 이름이 붙은 이유기도 하다. 이 점은 블록체인 구조에서 신용이 작동하는 방법에 있어 중요한 부분이다.

모든 채굴자들은 각자의 컴퓨터에 블록체인의 복사본을 가지며, 가장 많은 계산 작업이 들어간 블록체인이 가장 긴 블록체인이라 믿는다. 만약 채굴자가 예전 블록에 포함된 거래 내용을 변경하려고 하면, 해당 블록의 출력된 해시는 변경되고 이후에 생성된 모든 블록의 해쉬들을 바꾸게 된다. 모든 블록은 그 앞의 블록과 해시로 연결되어 있기 때문이다. 따라서 한 채굴자의 블록체인을 다른 사람들이 맞는 것으로 믿게 만들려면 바꾼 블록 뒤의 모든 블록을 다시 계산해야 한다. 따라서 그 채굴자는 네트워크의 50%가 넘는 연산 처리 능력을 보유해야 하며 이는 거의 불가능하다. 이와 같은 네트워크 공격은 51% 공격이라고 불린다.

블록을 채굴하기 위해 진행하는 연산 작업을 작업 증명(Proof-of-Work)라고 한다. 작업 증명만큼의 연산 처리 능력이 요구되지 않아 전기 소모가 훨씬 적으며 더 많은 사람들이 참여할 수 있는 지분 증명(Proof-of-Stake)처럼 다른 채굴 모델도 있다.

2) 비트코인의 채굴(mining)

비트코인(bitcoin)의 경우 10분에 한 번씩 새로운 블록이 생성되는데, 이 블록의 이름을 16진수로 표시한 총 64자리의 해시(hash)를 찾아내는 사람에게 비트코인을 발행하여 지급한다.

채굴에 성공한 보상으로 지급되는 비트코인의 양은 4년마다 절반으로 줄어드는 반감기를 거친다. 최초의 채굴이 이루어진 2009년에는 50 BTC를 지급하다가, 2013년부터 25 BTC로 줄어들었고, 2017년부터 12.5 BTC로 감소했으며, 2021년 5월 8일 기준 10분당 채굴량은 6.25 BTC이다. 비트코인은 최종적으로 2140년에 채굴을 중지하도록 설계되어 있다.

3) 채굴 방법

암호화폐를 채굴하려면 직접 채굴기를 설치하여 채굴하거나 혹은 전문 채굴대행업체에 위탁하는 방법이 있다.

마이너는 네트워크에서 트랜잭션을 수집하고 이를 정렬해 블록체 추가하는 노드이다. 트랜잭션이 발생할 때마다 마이너 노드는 이를 수신하고 검증하여 메모리 풀(pool)에 추가한다. 이후 다수의 트랜잭션의 하나의 블록으로 조합한다.

블록을 마이닝 하는 첫 단계는 메모리 풀의 트랜잭션들을 해시(hash)화 하는 것이다.

마이닝을 시작하기 전, 마이너 노드는 마이닝 보상을 받을 곳에 트랜잭션을 추가한다. 이 트랜잭션을 "코인 베이스(Coin base)" 트랜잭션이라 하는데, 이곳에서 새롭게 코인이 생성되며, 대부분의 경우 새로운 블록의 첫 트랜잭션이 된다.

각 트랜잭션들이 해시화 된 다음 해시들은 머클 트리(Merkle Tree) 혹은 해시 트리(hash tree)라 불리는 것으로 정렬된다. 이는 해시들이 쌍으로 구성되며, 루트 해시(Root hash) 혹은 머클 루트(Merkle root)라고도 불리는 트리의 꼭대기에 도달할 때까지 해시화 된다.

루트 해시와 이전 블록, 그리고 논스라 불리는 임의의 숫자가 블록 헤더(header)에 배치된다. 이후 블록 헤더는 블록 식별 값이 되는 결과로 해시화 된다.

블록 식별 값은 프로토콜에 의해 정해진 특정 값보다 반드시 작아야 한다. 다른 말로 하자면, 블록 헤더의 해시는 특정 개수의 0으로 시작해야 한다. 해시 난이도라고도 하는 이 값은 새로운 블록이 형성되는 비율과 네트워크의 해시 파워가 비례하도록 조절한다.

마이너들은 논스를 통해 네트워크의 특정 마이너가 최종적으로 유효한 해시를 생성할 때까지 반복적으로 헤더를 해시화 한다. 유효한 해시가 발견되면, 이를 발견한 노드는 네트워크에 블록을 전송하게 된다. 이후 다른 노드들은 해시가 유효한지 확인하며, 블록을 자신들의 블록체인 사본에 추가한 뒤, 다음 블록 마이닝을 시작한다.

그러나 가끔 두 마이너가 유효한 블록을 동시에 전송할 수도 있으며, 네트워크에는 두 경쟁적인 블록이 남을 수 있다. 마이너들은 그들이 먼저 수신한 블록을 바탕으로 다음 블록을 마이닝 한다. 두 블록의 경쟁은 경쟁하는 블록에 기반한 다음 블록 마이닝이 완료될 때까지 계속된다. 버려진 블록은 고아 블록(orphan block) 혹은 오래된 블록(stable block)이라 불린다. 이러한 블록을 마이닝한 마이너는 다시 승자 블록의 체인으로 돌아가 마이닝 하게 된다.

(2) 아키텍처(Architecture)

1) 아키텍처(Architecture)의 개념
Architecture(아키텍처)는 컴퓨터 시스템의 하드웨어 구조를 말한다. 아키텍처는 컴퓨터 시스템을 구성하고 있는 하드웨어 장치인 CPU, 레지스터, 기억 장치, 입출력 장치 등과 같은 여러 가지 컴퓨터 구성 요소들에 대한 전반적인 기계적 구조와 이를 설계하는 방법이다.

2) 아키텍처의 특징
보통 규모와 관계없이 건물을 지을 때는 먼저 시공에 앞서 대략적인 조감도를 작성한 후 전체적인 구조와 설계도를 먼저 작성한다. 정보 시스템도 이와 비교될 수 있다. 이미 금융, 통신 같은 부분은 말할 것도 없이 거의 전 부문에 걸쳐 정보시스템은 점차 필수적인 요소라고 할 수 있다. 이러한 정보시스템은 중소기업에서 사용되는 시스템일지라도 건물에 못지않은 복잡성을 가지고 있다. 더군다나 이에 부가되어 웹과 인터넷의 발전에 따른 여러 가지 문제, 보안의 문제, 소비자의 코드에 맞추어야 하는 화면 디자인의 문제 등을 해결하면서 동시에 과거의 시스템과의 연동을 고려해야만 하는 골치 아픈 문제들이 소프트웨어 개발자들을 괴롭히고 있다.

복잡성에 더해 과거와는 달리 어떤 소프트를 써서 어떤 방식으로 시스템을 만드는가에 대해서도 다양한 선택의 문제도 있다. 이러한 문제를 해결하고자 하는 노력이 바로 아키텍처이다. 아키텍처란 소프트웨어 개발자들이 어쩔 수 없이 작성해야만 하는 전체 시스템의 밑그림을 말한다. 아키텍처는 선택이 아니라 시스템의 개발에 있어 필연적으로 작성해야만 한다. 설계도 없는 건물은 있을 수 없다. 만일 있다고 가정하더라도 당연히 안정성을 보장할 수 없고 그 가치 또한 매우 낮아질 것이다. 제대로 된 상·하수도 지도를 가지지 못해 매년 가스관, 송수관 파열 등의 사고를 반복하고 세금을 낭비하는 수도공사의 경우가 그 예가 될 것이다.

3) 아키텍처의 중요성
메인 프레임의 시대로서 아키텍처의 중요한 부분은 하드나 OS 등의 플랫폼에 구축되고 있고 그 위에 애플리케이션을 구현하면 솔루션이라고 할 수 있다. 하지만 이제는 오픈 시대가 되어 플랫폼도 선택사항이 증가하여 C/S로 어떤 기능 분할을 해야 할 것인가라든지 때때로 하드나 소프트의 특성에 맞추어 설계의 최적화를 생각할 사람이 필요하게 되었다.

아키텍처는 소프트웨어의 환경이 변화되고 있는 것을 감지해야 한다. 그것은 비즈니스의 신속성

(business velocity)을 증가시킨다. '기업이 올바른 방향을 설정하는 한편, 그 운영 속도를 올릴 수 있는 능력' 그것을 빠르게 표현하는 것이다. 90년대의 소프트웨어의 화두는 '얼마나 빠르게 소프트웨어를 구축하는가?' 라는 것이 최고의 목표였다. 그러나 21세기의 화두는 '올바른 방향을 유지하는 동시에 신속하고 품질을 보장할 수 있는 소프트웨어를 만들 것인가?' 이다.

90년대의 소프트웨어는 '목표'만 정확하면 그 품질을 계량화하기 수월한 소프트웨어들이 대다수였다. 일반 패키지들이 그러했고, 일반 업무들도 단위업무 중심이었기 때문이다. 이제 21세기 소프트웨어는 수많은 프레임워크와 수많은 업무가 연관 관계를 맺는 구조이기에 그 품질 목표마저도 모호한 상태이거나 계량화하기 힘들어진 상태이다. 그러하기 때문에 아키텍처는 Service 중심의 소프트웨어를 구상하여야 한다. 최근 인터넷의 급속한 진화와 함께 이슈가 되고 있는 웹2.0 기술의 근간은 사용자 참여형 아키텍처라 할 수 있다.

❹ 클라우드

⑴ 클라우드(Cloud)의 개념

클라우드는 일반적으로 인터넷과 연결된, 단일 에코시스템으로 작동하는 원격 서버의 글로벌 네트워크를 지칭한다. 아마도 '클라우드'를 들으면 조 단위의 파일을 보관하는 하나의 거대한 컴퓨터를 떠 올릴 것이다. 사실 클라우드는 소비자와 기업/기관들이 인터넷을 통해 접속할 수 있는 회사의 데이터센터 서버 네트워크를 말한다.

아마존은 자체 클라우드를 갖추고 있고, 애플과 구글 그리고 수많은 다른 회사들도 클라우드가 있다. '클라우드'는 사용자가 접속하는 기업의 서버 네트워크를 설명하는 일반적인 용어다.

① 최근 클라우드 컴퓨팅서비스 동향

가. 클라우드 컴퓨팅의 개념
- ㉠ 활용클라우드 컴퓨팅(Cloud Computing)은 인터넷을 통해 서버, 스토리지, SW 등 ICT 자원을 필요 시 인터넷을 통해 서비스 형태로 이용하는 방식
- ㉡ 2006년 구글의 직원인 크리스토프 비시글리어(Christophe Bisciglia)가 유휴 컴퓨팅 자원에 대한 활용을 제안하면서 처음 사용된 이래 다양한 개념으로 사용

ⓒ 클라우드 컴퓨팅의 정의는 다양하나, 공통적으로 이용자가 필요로 하는 IT 자원을 필요한 만큼 빌려쓰는 개념으로 인터넷을 통해 가상화된 형태로 제공받을 수 있는 것을 의미

(2) 클라우드의 특징

클라우드는 보통 다른 회사의 클라우드 상에 공간을 임대하는 방식으로 자체 클라우드를 생성할 수도 있다. 예를 들어 A라는 회사에 고객들을 위한 클라우드가 필요할 때 B라는 클라우드 제공 회사에 월 사용료를 지불하면 된다. A 회사의 고객들은 그 클라우드를 활용할 때 그들의 파일이 실제로 A가 아닌 다른 회사의 서버에 저장된다는 사실은 알지 못한다. 이는 요즘에는 일상적으로 이뤄지는 일이고 A와 B 회사 모두 그 데이터를 보호하기 위한 각자의 조처를 한다.

〈 표 2-1 클라우드 컴퓨팅에 대한 다양한 정의 〉

기관명	정 의
NIST	이용자는 IT자원(소프트웨어, 스토리지, 서버, 네트워크)을 필요한 만큼 빌려서 사용하고, 서비스 부하에 따라서 실시간 확장성을 지원받으며, 사용한 만큼 비용을 지불하는 컴퓨팅
Gartner	인터넷 기술을 활용해 많은 고객들에게 수준 높은 확장성을 가진 자원들을 서비스로 제공하는 컴퓨팅의 한 형태
Forrester Research	표준화된 IT 기반 기능들이 IP로 제공되고, 언제나 접근이 허용되며, 수요 변화에 따라 가변적이며, 사용량이나 광고를 기반으로 비용을 지불하고 웹 또는 프로그램적인 인터페이스를 제공하는 형태
IBM	웹 기반 응용 소프트웨어를 활용해 대용량 데이터베이스를 인터넷 가상공간에서 분산처리하고, 이 데이터를 컴퓨터나 휴대전화, PDA 등 다양한 단말기에서 불러오거나 가공할 수 있게 하는 환경
TTA	가상화와 분산처리 기술을 기반으로 인터넷을 통해 대규모 IT자원을 임대하고, 사용한 만큼의 요금을 지불하는 컴퓨팅 환경을 의미

- 클라우드 컴퓨팅의 주요한 특징은 기존의 컴퓨팅 서비스에 있어 자원을 이용자가 직접 소유·관리하는 방식과 달리 이용자가 필요한 만큼의 자원을 가상화된 형태로 인터넷을 통해 제공받는 방식의 서비스로 소유와 관리가 분리된 방식

⟨ 표 2-2 컴퓨팅 환경의 변화 ⟩

컴퓨팅 환경	개인용 컴퓨팅 환경	서버-클라이언트 환경	클라우드 컴퓨팅 환경
데이터 위치 및 컴퓨팅 주체	개인용 PC, 노트북	서버/클라이언트	클라우드 서버(온라인)
자원 구매/폐기	이용자	이용자	서비스 제공자
사용자 컴퓨터 설치 S/W	OS, 응용S/W	OS, 응용S/W, 클라이언트	클라이언트(웹브라우저)

데이터의 소유 및 관리	소유와 관리가 동일	소유와 관리가 일부 분리	·소유와 관리 분리
			  - 소유 : 이용자
			  - 관리 : 서비스 제공자

제공 서비스	오프라인 컴퓨팅 서비스
	※ 문서작성, 통계 계산, 그래픽 작업 등
		·기본 인터넷 서비스
		  - 웹, FTP, 이메일 등
		·응용인터넷 서비스
		  - 웹하드, SBC, ASP 등
		· IT 융합서비스
		  - VoIP, IPTV 등
			·가상 서버/데스크탑 서비스
			·스토리지 제공 서비스
			· S/W 임대서비스 등

(3) 클라우드의 용도

클라우드는 문서, 사진, 거의 모든 유형의 파일들을 다양한 운영체제의 기기에서 공유할 수 있게 해준다. 인터넷과 휴대폰 접속만 있으면 모두 가능하다. 하지만 클라우드의 강점 이면에는 스토리지와 서비스로의 모든 것(Everything as a Service)이 있다.

회사의 클라우드 내 몇몇 서버는 데이터 보관만 할 수 있는데 그 데이터양이 방대하다. 일반 사용자의 컴퓨터가 보통 500GB 정도의 데이터를 보관한 데 비해 마이크로소프트의 클라우드 서버는 400페타바이트가 넘는 데이터를 보관한다. 이는 하드디스크 드라이브 10만 개에 달하는 수치인데, 이것도 단지 회사 하나의 클라우드 자원에 불과하다.

박스(Box)와 인스타그램(Instagram)과 같이 몇몇 클라우드들은 주로 스토리지와 공유를 목적으로 구축됐지만, 서비스를 제공하는 다른 클라우드들도 있다. 그 서비스는 보통 월 단위 혹은 연 단위 구독으로 판매되거나 무료로 제공된다.

그 3가지 주요 서비스로는 SaaS, IaaS, PaaS가 있다.
- SaaS는 온라인 이메일, 워드 프로세싱, CRM 소프트웨어, 소프트웨어 개발 관리, 콘텐츠 관리 등 등의 수많은 분야를 담당한다. 구글 지메일이 SaaS의 대표적 예이다.
- IaaS는 클라우드 상에 가상 서버를 제공해 사용자가 여기에 사무실의 물리적 서버에서 하듯 애플리케이션을 설치, 실행할 수 있다. IaaS는 보통의 서버처럼 네트워크 접속, 스토리지 등 모든 것을 갖추고 있다. 클라우드 서비스 제공자는 제공자의 IT 인프라 내에서 실행되는 서버를 보유하고, 이 서버를 적절히 작동시키는 책임을 진다. 이를 통해 기업은 서버 관리자의 부담을 경감시키고 비용도 절감할 수 있다.
- PaaS는 가장 복잡한데, 회사가 애플리케이션을 구축, 테스트하고 거대 데이터베이스를 관리하고나 초대형 웹사이트를 구동할 수 있는 전체 플랫폼을 제공하는 것이다.

① 클라우드 관련 다양한 용어
가. 클라우드 활성화에 따른 시장 규모 및 서비스 전망과 함께 다양한 용어 등장
   클라우드 컴퓨팅과 클라우드 서비스의 개념 간 혼재되어 사용하고 있으나, 국내 표준화기구인 한국정보통신기술협회(TTA)에서는 개념을 구분하여 정의
나. 클라우드 컴퓨팅
   가상화1)와 분산처리 기술2)을 기반으로 인터넷을 통해 대규모 IT자원을 임대하고 사용한 만큼의 요금을 지불하는 컴퓨팅 환경
다. 클라우드 서비스
   사용자 중심으로 클라우드 컴퓨팅 환경을 제공하는 주문형(On-Demand) 아웃소싱 IT 서비스
라. 클라우드 컴퓨팅 서비스 형태 등을 구분하는 다양한 용어 사용
   ㉠ 서비스 유형에 따라 서버, 스토리지 등 하드웨어 자원만을 임대 제공하는 IaaS, 소프트웨어 개발에 필요한 플랫폼을 임대·제공하는 PaaS, 이용자가 원하는 소프트웨어를 임대·제공하는 SaaS 형태로 구분
   ㉡ 서비스 운용 형태에 따라 불특정 다수가 이용하는 여부에 따라 퍼블릭(Public), 프라이빗(Private), 혼합형인 하이브리드(Hybrid)로 구분

⟨ 표 2-3 클라우드 컴퓨팅 서비스 관련 주요 용어 ⟩

구분		주요 개념
서비스 유형	IaaS (Infrastructure as a Service)	·이용자에게 서버, 스토리지 등의 하드웨어 자원만을 임대·제공하는 서비스
	PaaS(Platform as a Service)	·이용자에게 소프트웨어 개발에 필요한 플랫폼을 임대· 제공하는 서비스
	SaaS(Software as a Service)	·이용자가 원하는 소프트웨어를 임대·제공하는 서비스
서비스운용 형태	퍼블릭 클라우드	·불특정 다수를 대상으로 하는 서비스로 여러 서비스 사용자가 이용하는 형태
	프라이빗 클라우드	·불특정 다수를 대상으로 하는 서비스로 여러 서비스 사용자가 이용하는 형태
	하이브리드 클라우드	·퍼블릭 클라우드와 프라이빗 클라우드가 결합한 형태 ·공유를 원하지 않는 일부 데이터 및 서비스에 대해 프라이빗 정책을 설정하여 서비스를 제공

마. 퍼스널 클라우드(Personal Cloud)

개인 이용자를 대상으로 하는 서비스로 대부분이 개인 파일 저장 공간 제공 등의 형태로 제공

바. 모바일 클라우드(Mobile Cloud)

㉠ 스마트폰 등과 같은 모바일 단말기를 통해 클라우드 서비스를 이용하는 개념

㉡ 이용자의 PC 중심의 기존 방식과 달리 모바일 기기까지 다양화됨에 따라 정보 접근성을 높일 수 있는 형태

② 클라우드 서비스 전망 및 동향

가. '클라우드'는 IT 이슈 관련 국내·외 전망에 있어 주요 키워드로 주목

㉠ (국외) IDC 등 주요 리서치 기관들의 전망에 따르면 클라우드 컴퓨팅 시장 규모가 지속적으로 확대될 것으로 예상

> ▶ '12년 주목해야 할 10대 IT 전략기술로 클라우드 컴퓨팅 선정(가트너, '11. 10.)
> ▶ '12년 전 세계 클라우드 서비스 시장 규모는 420억 달러로 예측(IDC, '11. 11.)
> ▶ ICT 2012 전망에 따르면, 클라우드 컴퓨팅은 아태지역에서 주류를 이룰 것으로 전망 (프로스트 앤 설리번, '12. 1.)
> ▶ 퍼블릭 클라우드에 대한 소비자와 관련한 기업들의 지출이 '10년 230억 달러에서 '15년 1,100억 달러로 약 5배 증가 전망('11. IHS iSuppli)

ⓒ (국내) 한국인터넷진흥원(KISA) 등 주요 기관의 IT 트렌드 분석 등에 있어 '클라우드'는 주요 이슈로, 국내 시장도 급격한 성장 예상

> ▶ 한국인터넷진흥원(KISA), 한국정보화진흥원(NIA), 정보통신정책연구원(NIPA) 등에서 IT트렌드 분석과 관련, 클라우드를 중점 과제로 제시
> ▶ '12년 국내 클라우드 컴퓨팅 시장은 2009년 대비 221%가 성장한 4조 2천억원 규모로 성장을 예상 (KT경제연구소)

나. (서비스) 보안 및 비용 효율성을 고려한 하이브리드 클라우드 부상 및 퍼스널 클라우드 서비스의 본격 활성화

ⓐ 프라이빗 클라우드의 보안 및 통제력, 퍼블릭 클라우드의 비용 효율성이 결합된 하이브리드 클라우드 컴퓨팅이 각광

※ 오라클은 하이브리드 클라우드 형태 모델이 클라우드 컴퓨팅의 최종 종착지가 될 것으로 전망(한국 오라클, '12. 2. 21)

ⓑ 퍼스널 클라우드는 자신이 이용하는 애플리케이션이나 콘텐츠 및 서비스 등을 다양한 디지털 기기에서도 동일하게 이용하게 됨에 따라 지속적인 시장 성장 예상

> ▶ 가트너는 퍼스널 클라우드 서비스가 2년 내 PC를 대체할 것으로 전망(가트너, '12)
> ▶ 아마존 'Cloud Drive'와 'Cloud Player'출시('11. 3.), 애플 'iCloud'('11. 6.), 구글 '구글 Apps'등의 서비스 실시
> ▶ 국내에서는 다음(다음 클라우드), 네이버(N드라이브) 등 인터넷 포털업체와 KT(유클라우드), SKT(T클라우드), LG유플러스(U+박스)등 통신사 등을 중심으로 퍼스널 클라우드 서비스 제공

다. 이 밖에도 국내 클라우드 서비스 수준 및 신뢰도 제고를 위해 '클라우드 서비스 인증제' 등 활성화 대책 추진

(4) 클라우드의 단점

클라우드에 모든 문서를 저장하는 것은 개인 및 기업에 위험할 수 있다.

마이크로소프트 원 드라이브(OneDrive)와 드롭박스(Dropbox) 같은 서비스들이 무료 스토리지 공간 15GB를 클릭 한 번으로 제공한다. 이 같은 상황에서, 특히 회사 서버가 자주 다운되곤 한다면 이런 서비스를 활용해 작업 파일을 저장하는 것이 타당해 보인다.

하지만 회사 관할하의 서버가 아닌 다른 장소에 파일을 저장하면 IT가 그 파일들을 찾고 추적하기 어려워지는 문제가 있다. 보안 역시 구멍이 생긴다.

IT가 회사의 모든 파일 보호에 책임이 있다는 점을 기억해야 한다. 당신이 특정 파일을 외부에 저장한다면 IT가 보호 작업을 해낼 수가 없다. 만약 그 파일이 분실되거나 도난당하고, 그 파일에 민감한 자료 혹은 비밀 정보가 들어있을 경우 당신이 그로 인한 책임을 지고 해당 사고에 대한 징계(혹은 그 이상)를 받을 수 있다. 원하지 않은 누출 역시 회사에 큰 타격을 입힐 수 있다.
또한 동료들이 당신이 휴가를 떠나는 등 작업이 불가능한 상황 등과 같이 유사시에도 곤란한 상황이 발생할 수 있다. 즉 이는 스마트 프랙티스가 아닐뿐더러 회사 전체로도 좋지 못한 일이다.
클라우드 제공자마다 제공하는 보안 수준도 천차만별이다. 서버 침투를 위해 매일 새로운 기법을 찾고 활용하는 범죄자들이 클라우드 서비스에 침투한 사례는 절대 적지 않다.

- **'클라우드'의 탈을 쓴 제품들에 관한 이야기**

    클라우드라는 용어는 로컬 스토리지를 제조하는 몇몇 회사들에 훌륭한 셀링 포인트이기도 하다. 이들은 보통 컴퓨터나 라우터에 접속하는 외부 드라이브를 출시하며 당신이 집, 직장, 전 세계 어디에 있든 파일에 접속할 수 있게 해준다고 설명한다.

    2TB까지의 공간을 갖춘 그런 드라이브들은 비디오와 음악을 저장하고 가정 엔터테인먼트 시스템이나 다른 가정용 컴퓨터상에서 파일들을 스트리밍하는 용도로 인기가 좋다. 이들은 종종 "개인 클라우드"라고 홍보되기도 한다.

    이는 맞기도 하고 틀리기도 한 이야기다. 이들은 인터넷으로 접속 가능한 로컬 스토리지로 활용화할 수 있는 등 재미있는 장점들을 갖추고 있지만, 진짜 클라우드가 갖춘 거대한 용량과 온갖 서비스들은 제공하지 않는다. 이들이 '개인' 클라우드라고 불리는 데는 이유가 있으며 그렇게만 사용되어야 한다.

5 플랫폼 및 SNS

(1) 플랫폼(platform)

1) 플랫폼(platform) 정의

플랫폼(platform)은 각각 '구획된 땅' '형태'란 뜻의 영어단어 'plat'과 'form'이 합쳐져 형성된 단어다. 풀이하자면 '구획된 땅의 형태', 즉 용도에 따라 다양하게 쓰일 수 있는 공간이 된다.

플랫폼은 기차역의 플랫폼에서 유래했다고 할 수 있다. 기차역 플랫폼은 다양한 기차와 수많은 사람을 연결한다. 그 어원처럼 플랫폼은 사람과 사람 혹은 사람과 회사를 연결하는 경우가 많다.

예를 들어 대표적 플랫폼인 애플 앱스토어의 가장 큰 역할은 앱이 필요한 일반 사용자와 고객이 필요한 앱 개발자를 연결하는 것이다. 앱스토어가 없을 때도 소프트웨어를 사고팔 수는 있었지만 앱스토어는 산업에 큰 충격과 변화를 가져왔다.

2) 앱스토어와 기존소프트웨어 유통방식의 가장 큰 차이

앱스토어에서 판매되는 앱은 아이폰에 표준화된 소프트웨어다. 과거의 소프트웨어는 다양한 하드웨어에서 사용할 수 있도록 수많은 추가 기능과 테스트가 필요했다. 그러다 보니 개발에 필요한 인력과 시간이 커져서 상당한 규모의 기업만 소프트웨어를 개발할 수 있었다.

그런데 앱스토어는 애플이 기본 인터페이스를 제공하고 애플의 하드웨어에서 작동하는 소프트웨어만 취급한다. 개발자는 소프트웨어 본연의 기능에만 신경 쓰면 된다. 그 때문에 작은 회사도 소프트웨어를 개발할 수 있게 됐다.

애플의 앱스토어를 제외하면 대부분 초기단계로서 거래량이 상대적으로 미미하다.
- 애플리케이션 마켓 경쟁을 촉발시킨 애플은 앱스토어 개설 1년만에 누적 다운로드 15억 건, 애플리케이션 수 6만 개 돌파, 총 판매금액 5억 달러 추정되며 앱스토어 이전에 이미 심비안 및 윈도모바일 위주의 스마트폰용 애플리케이션 마켓인 'Handango'가 있었지만 한정된 스마트폰 사용자, 애플리케이션 부족, 높은 가격 등으로 활성화 부진
- 2008년 10월 개설된 안드로이드 마켓이 앱스토어를 추격중이나 아직 격차가 큰 상황이며, 오비스토어, 앱월드 등 대부분의 후발주자들은 마켓 개설 초기이거나 하반기 출시를 계획 중이라고 밝혔다.

가. OS기반 경쟁과 통신사들의 경쟁 가세
- ㉠ 주요 모바일 애플리케이션 마켓들은 각 사업자의 고유 OS에 기반하고 있어, 그 경쟁양상이 업체들의 OS경쟁구도와 유사하게 나타나며 애플의 iPhone OS X와 Appstore, 구글의 Android와 Android Market, 노키아의 Symbian과 Ovi Store, MS의 Windows Mobile과 Windows Marketplace for Mobile 등 자체 OS에 기반한 애플리케이션 마켓이 주류
- ㉡ 자체 OS를 갖지 못한 통신사 및 단말기 제조사 등이 모바일 애플리케이션 마켓 개설 움직임에 동참함에 따라 경쟁구도가 복잡해지는 양상

나. 선발주자인 애플은 iPhone 등 자사기기를 통해서만 마켓 이용을 허용하고 있으며, 자사고객의 타 마켓 이용도 차단

애플 이외의 후발주자들은 대체로 마켓 이용을 자사고객에 한정하나, 자사고객의 타 마켓 이용은 차단하지 않는 경향

다. 게임이 애플리케이션 거래의 가장 큰 비중을 차지
- ㉠ 2009년 8월 기준 앱스토어에 등록된 67,280개의 애플리케이션 중 게임은 12,103개(18%)로 가장 큰 비중을 차지하고 있음
- ㉡ 다운로드 순위가 높은 유료 애플리케이션들만 볼 경우 Top 15 유료 애플리케이션 중 게임은 9개로서 다른 유형의 애플리케이션들을 압도

3) 앱스토어의 핵심기능

앱스토어의 핵심기능은 과금과 수입의 배분, 즉 유통 채널의 역할이다.

앱스토어에서 앱을 사면 애플이 돈을 받아 개발자와 나눈다. 과거에는 소프트웨어를 판매하려면 개발자가 직접 유통채널을 만들거나 기존 유통채널을 이용해야 했다. 어떤 경우든 상당한 규모의 담당인력이 필요했다.

하지만 앱스토어에서는 애플이 유통과 과금을 대신하기 때문에 누구나 쉽게 소프트웨어를 판매할 수 있다.

이런 표준화와 과금, 수익 배분은 대부분 플랫폼에 기본적으로 필요한 기능이다. 사용자가 플랫폼에 가는 건 어떤 문제에 대한 해결책(solution)이 필요하기 때문이다.

앱스토어에 가는 이유는 소프트웨어가 필요해서고, 페이스북에 가는 이유는 다른 사람과의 교류가 필요해서다. 표준화와 과금, 수익 배분은 여기에 해결책을 제공하기 위한 기본적인 기능이다.

이런 기능이 플랫폼의 번영을 보장하지는 않는다. 플랫폼이 필요한 해결책을 제시하는 데 그친다면, 문제를 해결한 사람들은 바로 떠나버릴 것이다. 하지만 플랫폼에 '우연한 즐거움(serendipity)'이 있다면 해결책을 찾은 사람들도 플랫폼을 떠나지 않고 머물게 된다.

페이스북을 예로 들어보자.

친구들과 소식을 전하기 위해 찾은 페이스북 타임라인에 관심 있는 뉴스와 정보가 많다면 사용자는 소식을 확인한 다음에도 페이스북에 머문다.

거기에 재미있는 성격 분석이나 게임이 있다면 시간 가는 줄도 모르고 더욱더 오래 머물 것이다.

• 소셜 플랫폼으로서의 페이스북

SNS로서의 페이스북은 이제 너무도 식상한 내용이니 언급하지 않겠다. 여기에서 다룰 주제는 SNS로서의 페이스북이 아니라, 소셜 플랫폼으로서의 페이스북이다.

지난 1월 골드만삭스가 페이스북에 투자하면서 페이스북의 가치는 5백억 달러로 평가되었는데, 최근에는 1천억 달러를 넘어설 것이라는 전망도 나오고 있다. 물론 이에 대해 버블이라는 논란도 있는상황이다. 그렇다면 왜 페이스북은 이렇게 높은 가치를 평가 받고 있는걸까?

페이스북의 가치는 단지 회원 수, 데이터, 트래픽만으로 평가되어서는 곤란하다. 그것에 추가적으로 플랫폼으로서의 가치를 평가할 필요가 있다. 페이스북의 잠재력을 고려하여 가장 긍정적인 관점에서 평가해본다면, 페이스북은 웹이라는 거대한 플랫폼에서 중요한 자리를 차지하여 독자적인 플랫폼으로서의 역할을 할 가능성이 상당하다고 볼 수 있다.

물론 이는 페이스북의 장미빛 미래를 가정한 것이다.

페이스북은 소셜 네트워크를 기반으로 하는 플랫폼이기에 소셜 플랫폼이라 부를 수 있다.

페이스북은 단순히 서비스를 넘어선 새로운 형태의 운영체제다. 페이스북은 웹 2.0 서비스들 사이에서 유행했던 API에 그치지 않고 FBML, FQL과 같은 개발환경을 제공하고, 페이스북 사이트 내의 넓은 공간을 써드파티 애플리케이션이 마음대로 활용하여 서비스할 수 있도록 함으로써 새로운 형태의 시장을 형성했다.

작년 말 기준으로 페이스북에는 60만개 이상의 애플리케이션이 존재하고 있으며, 매일 2천 만개 이상의 애플리케이션이 실행되고 있다. 또한 190여 개 국가에서 2백 5십만 명의 페이스북 앱 개발자를 갖고 있다. 이와 같은 수치는 페이스북이 단순한 SNS가 아니라 플랫폼 역할을 하고 있음을 보여준다.

페이스북은 비즈니스, 교육, 엔터테인먼트, 게임, 라이프스타일, 스포츠, 유틸리티 등 다양한 분야의 앱을 갖추고 있는데, 이를 통해 해외에서는 포털을 대체하는 차세대 서비스로 의 가능성을 드러내고 있다. 실제로 미국에서는 작년 8월에 전체 이용시간에 있어서 야후, 구글을 능가하는 수치를 나타냈으며, 이 같은 결과를 만들어내는 데 있어 다양한 페이스북의 앱들이 큰 역할을 했음은 명백하다.

페이스북은 앱을 통한 이용자들의 락인(Lock-in)뿐만 아니라 오픈 그래프 전략1 을 통해 페이스북과 다른 웹사이트들을 연계하고 있기도 하다. 오픈 그래프 전략 중 일부인 소셜 플러그인의 경우, 매일 평균 1만개의 새로운 웹사이트가 소셜 플러그인을 설치하고 있다.

소셜 플러그인의 대표적인 기능 중 하나는 '좋아요(Like)' 버튼인데, 좋아요 버튼과 연계된 그래프 오브젝트 및 메타데이터를 통해 이용자의 취향 정보를 계속적으로 수집하고 있다.

본고의 초반부에서 살펴본 일반적인 플랫폼 비즈니스의 요소들을 페이스북에 대입하면 다음과 같이 정리할 수 있다.
- 웹을 기반으로 하고 있으며 디바이스에 국한을 받지 않는다.
- 각종 API와 FQL, SDK를 통해 독자적인 개발환경을 제공한다.
- 킬러앱 : SNS 기능 자체가 킬러앱일 뿐만 아니라 시티빌(CityVille), 팜빌(FarmVille), 바두(Badoo) 등과 같은 앱이 큰 역할을 하고 있다.
- 써드파티 애플리케이션 시장 : 60만개 이상의 다양한 앱을 확보하고 있다.

페이스북 애플리케이션의 이용 현황과 목록은 앱데이터(AppData.com) 사이트를 참고하기 바란다. 앱 순위와 개발사 정보, 일사용자 수, 월 사용자 수 등의 통계를 일목요연하게 제공하고 있다.

페이스북은 웹사이트의 한계를 뛰어넘기 위해 앱뿐만 아니라, 소셜 플러그인을 통해 다른 웹사이트들을 연결하고 있으며 나아가 오프라인과도 연결되고 있다. 이런 속도라면 머지않아 전세계의 모든 웹사이트가 페이스북과 연결될 수도 있다.

이처럼 페이스북은 웹이라는 거대한 플랫폼 내에서 다양한 애플리케이션을 수용할 수 있는 독자적인 플랫폼을 성공적으로 구축함으로써, 마이크로소프트가 PC를 지배했던 것처럼 웹을 지배하려는 야심을 내보이고 있다. 페이스북이야말로 포스트(Post) PC 시대의 '포스트 마이크로소프트'라 할 만하다.

4) 플랫폼의 특징

플랫폼의 또 다른 특징은 개방시스템이라는 사실이다. 앱스토어든 페이스북이든 플랫폼 비즈니스는 기본적으로 누구에게나 열려 있다. 능력이 되는 소프트웨어 개발자는 누구나 자신의 소프트웨어를 올리고 판매할 수 있다. 개방성은 플랫폼에 더 많은 참여자를 유치함으로써 위에서 언급한 우연한 즐거움을 만드는 데 중요한 역할을 한다.

또한 플랫폼 비즈니스는 플랫폼 사용료를 직접 받기보다는 플랫폼에서 이루어진 경제활동에 대한 수수료를 받거나 간접적인 수입을 만든다. 앱스토어는 앱 판매액의 일부 약 30%를 수수료로 받고 페이스북이나 카카오톡은 사용료 대신 광고 같은 간접적인 방식으로 수익을 만들고 있다.

요약하자면 플랫폼 비즈니스란 '모두에게 열린 일종의 비즈니스의 장(場)을 제공하여 누구든지 참여할 수 있게 함으로써 이들의 상호 작용으로부터 가치를 만드는 것'이다.

5) 플랫폼의 작동

플랫폼이 작동하려면 일단 플랫폼을 만드는 사람 즉 플랫포머(Platformer)가 필요하다. 애플과 페이스북, 카카오톡, 에어비앤비 등은 모두 플랫포머라고 할 수 있다. 하지만 플랫포머보다 중요한 건 플랫폼에서 다양한 서비스를 제공하는 회사나 개인이다. 앱스토어에 다양한 앱을 제공하는 개발자, 카카오톡 게임을 제작하는 회사 등이 그 예인데, 이들을 보완자(Complementor)라고 부른다.

이외에 플랫폼 보완자를 발굴하고 육성하는 에반젤리스트(Evangelist)가 있다. 예를 들어 애플앱스토어의 에반젤리스트는 좋은 앱을 찾아서 앱스토어에 올리도록 권하거나 앱스토어 등록을 신청한 앱의 품질과 적정성을 평가한다. 사용자가 직접 그 존재를 알기는 어렵지만, 플랫폼의 품질을 유지하는 에반젤리스트는 플랫폼 번성에 중요한 역할을 한다.

그런데 왜 과거에는 플랫폼 비즈니스가 없었을까에 대한 의문이 생길 수 있다.

과거에도 플랫폼 비즈니스가 존재하기는 했다. 백화점이 그렇다. 백화점이라는 물리적인 장소에서 입주업체와 고객을 연결하기 때문이다. 백화점은 다른 플랫폼처럼 표준화된 결제방식과 멤버십 제도, 주차시설, 식음료 등을 제공한다.

또한 주기적으로 이벤트를 열어 고객에게 '우연한 즐거움'을 주는데, 이런 이벤트 대부분은 외부의 독립적인 사업자가 진행한다.

하지만 백화점 같은 전통적인 플랫폼은 성장 속도나 규모에서 페이스북 같은 온라인 플랫폼과 비교될 수 없다. 온라인과 오프라인의 차이 때문이다. 플랫폼은 사용자가 많을수록 번성한다. 사용자가 많아야 보완자가 많이 오고, 보완자가 공급하는 제품과 서비스가 다양해져서 더 많은 사용자를 끌어들이는 선순환 구조가 생기기 때문이다.

그런데 전통적인 비즈니스 영역인 오프라인은 끌어들일 수 있는 사용자 수에 한계가 있다. 아무리 넓은 백화점도 몇십만 명을 수용할 수는 없다. 설사 그런 백화점이 있다 하더라도 그렇게 넓은 곳에서 고객은 필요한 물건을 찾기 어렵다.

이에 비해 온라인은 사용자가 몇백만이든 몇천만이든 상관없이 필요한 서비스나 물건을 쉽게 찾을 수 있다. 필요한 제품과 서비스를 제공할 수 있는 회사를 고객과 연결하고, 가격이나 날짜 등의 실제

거래 조건을 협의하고 실행하는 데 들어가는 비용을 조정 비용(coordinationcost) 혹은 거래 비용(transaction cost)이라고 한다. 온라인은 오프라인에 비해 이러한 조정 비용이 매우 낮기 때문에 수많은 거래 참여자를 수용하고 지원할 수 있다. 그 덕분에 플랫폼 비즈니스는 더욱 활성화될 수 있다. 온라인 플랫폼 비즈니스가 활발해진 데는 또 다른 이유가 있다.

온라인 플랫폼을 주도하는 비즈니스는 대부분 연결이 중요한 서비스, 다시 말해 네트워크 형태의 서비스다. 사람들은 많은 사람과 연결해 대화할 수 있기 때문에 카카오톡을 쓴다. 사용자에게 앱스토어가 좋은 이유는 수많은 앱이 있기 때문이고, 개발자에게 앱스토어가 가치 있는 이유는 수많은 고객이 있기 때문이다.

이처럼 연결이 가치를 만드는 네트워크는 고객이 늘어날수록 가치가 커지고, 가치가 커질수록 고객이 몰리는 '쏠림 현상'이 나타난다. 이런 현상을 네트워크 효과(Network Effect)라고 한다. 네트워크 효과가 있으면 자연적 독점이 나타나는 경우가 많다. 페이스북이나 카카오톡이 독점 혹은 독점에 가까운 점유율을 보이는 것은 이 때문이다. 연결이 가치의 원천이기는 하지만 연결만으로 네트워크 효과가 생기지는 않는다.

연결이 네트워크 효과로 이어지려면 두 가지 전제가 충족되어야 한다.
첫째, 네트워크가 커지는데 제한이 없어야 한다. 백화점 같은 오프라인 플랫폼은 네트워크가 커지면서 비용이 상승하기 때문에 네트워크 효과가 크지 않다.
둘째, 네트워크 간에 호환성이 없어야 한다. 예를 들어 이동통신 사용자는 다른 회사 사용자와 제한 없이 통화할 수 있지만, 카카오톡 온라인이나 위챗 사용자와 대화할 수 없다. 따라서 이동통신 서비스는 네트워크 효과가 없지만, 카카오톡은 있는 것이다. 네트워크 효과가 있어야만 플랫폼 비즈니스가 가능한 것은 아니다. 하지만 네트워크 효과가 강할수록 플랫폼 비즈니스는 더 빨리 성장한다.

6) 건강한 플랫폼 생태계의 조건

플랫폼이 장기적으로 번영하려면 플랫폼의 생태계가 건강해야 한다. 플랫폼 생태계는 사용자와 보완자, 에반젤리스트 등의 모든 구성원과 이들의 상호작용으로 이루어진다. 건강한 생태계란 구성원들이 지속해서 유입되고, 이들이 혁신을 통해 새로운 제품과 서비스를 계속 만들면서 성장하는 시스템을 말한다.

그런데 구성원들, 특히 보완 자가 계속 혁신을 시도하는 동인은 무엇일까?

여러 가지가 있겠지만 적절한 수익 배분이 가장 중요한 요소라고 할 수 있다.

만일 애플이 앱스토어에서 이익을 극대화하고자 앱 개발자에게 지급하는 수익을 줄인다면 어떻게 하면 될까? 단기적으로는 이익이 늘어날지 모르지만 개발자의 수익성이 떨어지면 결국 앱의 질이 떨어지거나 새로운 앱을 개발할 여력이 줄어들 것이다. 장기적으로 개발자들은 수익성 높은 다른 플랫폼으로 옮길 것이므로 앱스토어 생태계가 황폐해질 가능성이 크다.

이처럼 플랫폼이 제대로 유지되려면 전체 참여자가 함께 성장해야 한다. 강한 숲을 가꾸기 위해 충분한 물과 영양분을 공급하듯 플랫포머는 보완자와 적절하게 수익을 배분하고 성장을 도와야 한다. 플랫폼의 다른 특징은 보는 사람의 관점에 따라 다양한 층(layer)의 플랫폼이 공존한다는 사실이다. 플랫폼의 예로 앱스토어를 들었지만, 사실 앱스토어는 인터넷이라는 또 다른 층의 플랫폼 위에서 운용되는 플랫폼이라고 할 수 있다.

인터넷 또한 플랫폼이다. 하나의 플랫포머가 존재하지는 않지만 네트워크와 서버가 인프라를 제공하고 이에 다양한 사이트가 보완자로서 콘텐츠를 제공하기 때문이다.

이러한 다층구조가 존재하기 때문에 플랫폼을 이야기할 때 어떤 층의 플랫폼이 대상인지 명확히 할 필요가 있다.

플랫폼 비즈니스는 과거에도 존재했지만, 인터넷이 등장하면서 더욱 강력해졌다. 플랫폼이 어떻게 작동하는지 어떻게 주도적인 비즈니스 형태가 되었는지 등을 이해하는 것은 플랫폼 비즈니스를 하는 이들에게 매우 중요한 자질이다.

(2) SNS

1) 소셜 네트워킹 서비스(SNS)의 정의

소셜 네트워킹 서비스(Social Networking Service)는 사용자 간의 자유로운 의사소통과 정보 공유, 그리고 인맥 확대 등을 통해 사회적 관계를 생성하고 강화해주는 온라인 플랫폼을 의미한다. SNS에서 가장 중요한 부분은 이 서비스를 통해 사회적 관계망을 생성, 유지, 강화, 확장해 나간다는 점이다. 이러한 관계망을 통해 정보가 공유되고 유통될 때 더욱 의미 있을 수 있다.

오늘날 대부분의 SNS는 웹 기반의 서비스이며, 웹 이외에도 전자 우편이나 인스턴트 메신저를 통해 사용자들끼리 서로 연락할 수 있는 수단을 제공하고 있다. SNS는 소셜 미디어와 같은 개념으로 오용되는 경우가 많으나, 범주 상 블로그, 위키, UCC, 마이크로 블로그 등과 함께 소셜 미디어의 한 유형으로서 보는 것이 타당하다.

최근 들어 스마트폰 이용자의 증가와 무선인터넷 서비스의 확장과 더불어 SNS의 이용자 또한 급증하고 있다. 대한민국 내 SNS 시장을 주도하고 있는 페이스북(Facebook)과 트위터(Twitter) 이용자 수는 이미 2018년에 18억 명을 돌파했으며, 그 지속적인 증가 추세는 당분간 멈추지 않을 것으로 예상한다.

SNS는 광범위하고 동시에 특정 성향의 집단으로 분류될 수 있는 서비스 이용자들을 데이터베이스에 의해 파악하고 관리할 수 있다는 점에서 마케팅 활용 가치가 날로 부상하고 있다. 이 같은 장점을 통해 기업 입장에서는 저비용으로 표적집단에 효율적으로 도달할 수 있는 맞춤형(customized) 마케팅을 집행할 수 있기 때문이다. SNS 업체 또한 SNS 페이지 상의 광고 스페이스 판매와 소셜게임이나 아이템 판매 등을 통해 강력한 수익 모델을 구축해 나가고 있어 향후 SNS 시장은 계속 성장해 나갈 것으로 전망된다.

2) SNS 효과

소셜 네트워크 서비스(SNS)는 2가지 효과를 가지고 있는데, 하나는 기존 오프라인에서 알고 있었던 이들과의 인맥 관계를 강화하고, 다른 하나는 온라인을 통해 형성된 새로운 인맥을 쌓을 수 있는 장점이 있다. 따라서 인터넷에서 개인의 정보를 공유할 수 있게 하고, 의사소통을 도와주는 소셜 미디어(social media), 1인 커뮤니티라고도 불린다.

- **SNS의 생산적 의미: 네트워크의 질적 활용**

    스마트폰의 도입 이후에 이용자가 기하급수적으로 증가한 SNS는 그 사회적 영향력과 함께 경제적 가치에 대해서도 주목받고 있다. 최근에는 SNS를 기반으로 하는 소셜 네트워크 게임, 광고, 커머스 등의 결합 모델이 나타나면서 그 경제적 파급 효과에 많은 기업들이 주목하고 있을 뿐만 아니라, 특히 트위터를 중심으로 선거와 정치에 미치는 SNS의 영향 등 정치적 파급효과도 이목을 끌고 있다. 이는 과거 싸이월드의 미니홈피나 블로그 서비스가 온라인과 오프라인에서의 정체성이나 인상관리, 이용 동기별 유형 분류 등 개인적 차원에서 논의되던 것과는 사뭇 다른 양상이다. 여기에서는 최근 많이 논의되었던 정치적·경제적 영향력은 논외로 하고, SNS의 가장 근본적인 이용 동기로 나타난 친목·교제 등 관계의 차원을 중심으로 네트워크의 질적 활용 양태와 그 생산적 의미를 찾아보고자 한다.

① 관계의 유지 및 형성

SNS의 가장 기본적인 기능은 기존 관계의 강화 및 새로운 관계의 형성이다. SNS의 등장과 활용이 인간관계에 미치는 영향에 대해서는 긍정적, 부정적 차원에서 다양한 논의가 이루어지고 있다. 온라인 사회자본의 축적이라는 차원에서 Ellison 외(2007)는 SNS를 통해서 적은 노력과 시간 투자로 기존의 인간관계를 유지할 수 있으며, 유사한 관심사를 중심으로 잠재적 친구를 보다 쉽게 찾을 수 있다고 주장한다. 특히 최근에는 스마트폰의 등장으로 SNS와 모바일의 결합이 이루어지면서 상호작용의 빈도가 더욱 높아졌으며, 위치정보 등의 추가적인 기능 제공으로 관계망이 더욱 확장·강화되고 있다.

[1]방송통신위원회·한국인터넷진흥원(2009)의 조사에 따르면, SNS를 통해 새로운 인맥의 형성을 경험했다는 응답자는 SNS 이용자의 87.9%로 SNS가 오프라인 인맥관리와 더불어 이용자의 관계망을 확장하고 있음을 알 수 있다.

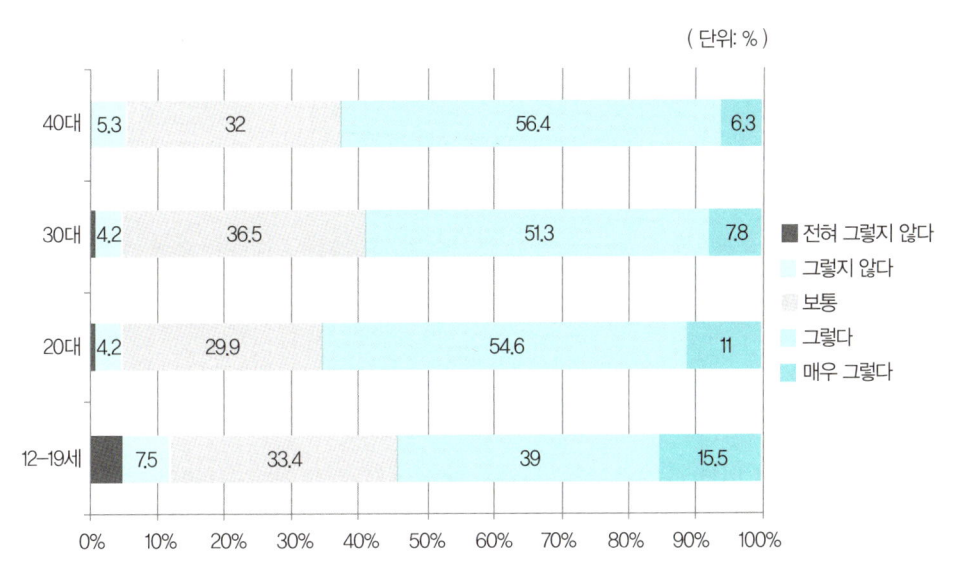

출처 : 방송통신위원회, 한국인터넷진흥원(2009)

〈 그림 2-12 SNS를 통한 신규 인맥 형성 및 관리 증가 〉

---

[1] 스마트폰을 통한 SNS 경험자의 74.2%는 하루에 1번 이상 SNS를 이용하는 것으로 나타나 상호작용 빈도의 증가를 유추할 수 있다 (방송통신위원회·한국인터넷진흥원, 2012).

SNS를 통한 관계망의 확장이 생산적 의미를 가지는 이유는 약한 연대(weak tie)의 증가뿐만 아니라, 강한 연대(strong tie)의 증가 역시 용이하기 때문이다. 오프라인 환경에서 관계를 형성한 학교 친구나 직장 동료 등은 나와 유사한 사회적 배경을 지닌 사람들일 가능성이 높다.
하지만 관심사를 매개로 온라인에서 만나는 사람들은 연령은 물론, 지역의 범위가 해외까지 확장될 뿐 아니라 학력, 직업 등 상이한 배경을 가지고 있을 확률이 높다.2

이렇게 확장된 관계망을 통해 SNS 이용자들은 도움을 받고 있는 것으로 조사되었다. 방송통신위원회·한국인터넷진흥원(2009)의 조사결과에서도 SNS 이용 행동과 관련해서 타인과의 업무, 학업, 생활 등과 관련된 도움을 공유한 경험을 물은 질문에 71.5%가 그렇다고 답하여 SNS의 호혜성을 확인할 수 있었다.

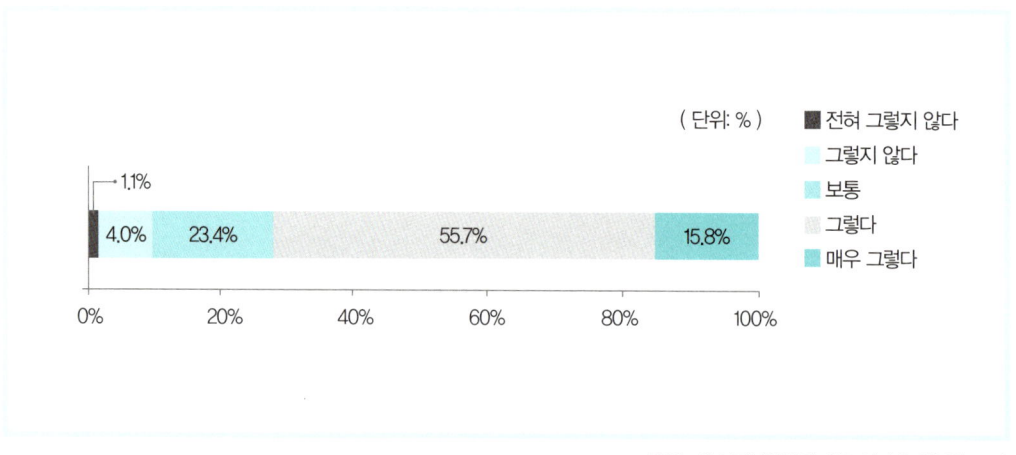

〈 그림 2-13 SNS를 통한 도움 공유 경험 〉

SNS를 통해서 언제 도움을 받고, 그것이 어느 정도 가치 있는 행위인지 측정할 수는 없지만, 커뮤니케이션의 증가와 크고 작은 도움을 주고받는 행위는 정서적 지지(emotional support), 우정(companionship), 도구적 지지(instrumental support)등의 사회적 지지(total social support) 등을 경험하게 하며 개인적 차원의 자산이 될 수 있다. 또한 긍정적 경험을 바탕으로 개인 간 신뢰, 나아가 일반적 신뢰를 쌓을 수 있다(Pew Internet, 2011).

---

2 디지털로 매개된 사회적 상호작용의 맥락에서 사람들은 자신과 비슷한 사람들에게 스스로를 선택적으로 노출함으로써 사람들의 사회적 선택에 동류선호의 체계적 바이어스를 줄 수 있다는 Rivera et al(2010)의 연구결과 등은 SNS가 유유상종의 네트워크임을 주장한다(이호영 외, 2012).

② 신뢰 기반 소셜 검색

관계망의 핵심은 '신뢰(trust)'이다. 따라서 사람에 대한 신뢰가 형성된 곳에서의 정보는 더욱 신뢰할 수 있다. 인터넷 매체 중 SNS는 이러한 특징이 더욱 강하게 나타나는 곳이다. Donath(2007)에 따르면 사람들은 자신이 신뢰하는 사람으로부터 얻은 새로운 정보를 신뢰하는 경향이 있으며, SNS는 이용자들이 자신의 관계망을 공개적으로 전시할 수 있도록 하고, 그것이 궁극적으로 자신의 신뢰성을 알리는 매체가 된다고 한다(이호영 외, 2011 재인용). 또한 SNS 이용자들은 사회관계망 서비스를 통해 얻은 정보에 대해 42.9%가 '믿을 만하다'고 답해, '믿을 만하지 않다'는 12.1%의 응답률을 크게 앞섰다(방송통신위원회·한국인터넷진흥원, 2012). 또한 SNS는 사람과 사람, 그리고 자신과 타인의 선호를 연결하는 것을 목표로 한다는 점을 고려할 때(이호영 외, 2012), 관계망 속에 있는 인맥의 추천과 공유 등으로 검색의 정확도를 조절하는 소셜 검색은 오늘날과 같은 정보과잉 시대에서 검색의 질적 측면을 고려한 서비스로 향후 귀추가 주목되고 있다(김은미 외, 2010). SNS를 통한 검색이 아직 일반화된 단계는 아니지만 성별, 연령 등 개인의 일반적 특성에 한정하여 검색 범위를 좁혀 보다 정확한 검색 정보를 제공(Strabase, 2012. 6.18)하는 것에서, 더 나아가 나의 SNS 친구가 추천한 정보를 제공하기도 한다. 아마존의 구매 이력으로 책을 추천하는 서비스나 음악 청취 기록에 따라 음악 취향이 비슷한 사람이 들은 음악을 추천하는 서비스 등이 좋은 예이다. 즉, 고객의 구매 내역과 그 제품을 구매한 사람들의 공통점, 이 모든 관계를 분석해서 이용자에게 보다 의미있는 정보를 선별하여 제공하는 것이다. 선 마이크로 시스템의 라이저(Peter H. Reiser)는 "신뢰할 수 있는 누군가가 무엇인가를 추천한다면 우리는 그것을 따를 가능성이 높으며, 이 역시 사람들이 내리는 의사 결정 과정에 반영되는 80%의 비공식인 정보와 공식적인 정보 간의 선택에 관한 것"이기 때문이라고 밝혔다(이호영 외, 2012 재인용).

③ 여론 형성

SNS가 유지되기 위한 필수 조건의 첫째가 사람들이 모이는 것이고, 둘째가 모인 사람들이 글, 사진 등의 콘텐츠를 생산하고 지속적으로 상호작용하는 것이다. 이렇게 서로의 생각과 의견이 교류될 때 SNS는 '여론 형성'이라는 사회적 차원에서의 생산적 의미를 가질 수 있다. 그리고 이러한 여론의 확장성에 따라 정치적·경제적 영향력으로 이어지는 것이다. 일반적으로 SNS에서 기록되고 유통되는 내용은 소소한 일상을 비롯하여 특별한 날의 사건, 실제 경험에서 우러나온 정보와 지혜, 사회 이슈에 대한 나의 생각 등 다양하다. SNS 이용자들은 뉴스피드에 친목을 위해 글을 쓰거나, 일상생활이나 관심사의 공유, 시사, 현안 문제 등에 대한 의견 표현 등을 게재할 수 있다.

SNS와 일반 웹페이지의 가장 큰 차이점은 나와 의미 있는 관계를 맺은 사람들에게 나의 글이 용이하게 전달되고 피드백을 얻을 수 있으며, 네트워크를 통해 처음에 의도하지 않았던 사람에게까지 빠른 속도로 확산될 수 있다는 점이다. 또한 SNS에서 관계를 맺은 사람이나 관심사가 같은 사람에게 노출되기 때문에 공감을 얻을 확률이 높으며, 관계와 신뢰를 바탕으로 보다 확장된 논의로 이어질 가능성도 높다.[3]

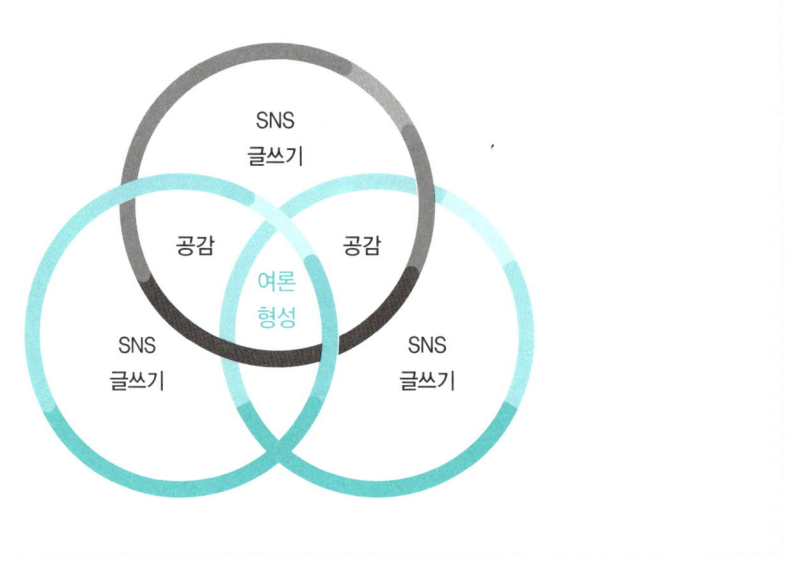

〈 그림 2-14 SNS에서 글쓰기의 생산적 의미 〉

〈그림 2-14〉는 이와 같은 SNS에서의 기본적인 글쓰기가 갖는 사회적 차원의 생산적 의미를 도출하기 위해 SNS에서의 콘텐츠 생성 활동을 간략하게 도식화한 것이다. SNS상에서 상당수의 글은 개인적인 기록으로서 의미를 가지며, 친한 사람들과의 상호작용 속에서 소비된다. 하지만 사회현안에 대한 공통의 관심사를 기반으로 형성된 여론은 정치적·경제적 영향력을 가진다. 박상호(2011)는 트위터의 여론 형성 과정과 참여행태 분석을 통해 전통적인 언론의 여론 형성 과정에서 국민들은 단순히 여론에 휩쓸리는 대상에 불과하였지만, SNS가 확대되면서 이슈의 생산과 유통에 참여하고 이슈를 선도하는 역할을 하는 것으로 평가하였다.

---

[3] 악성 댓글, 욕설 등 불쾌한 경험에 대한 위험 부담을 줄일 수 있다는 장점을 지닌다.

트위터의 경우 리트윗(retweet)의 기능을 통해 이용자들의 특정 주제에 관한 의견을 팔로워에게 확산시키고, 의견을 다시 전달하는 순환 과정을 통해 관계를 맺은 사람들에게 관심사를 확장시킨다는 점에서 여론의 파급력을 강화한다. 방송통신위원회·한국인터넷진흥원(2009)의 SNS 이용실태 조사에서도 SNS 이용으로 사회적 현상 및 이슈 등에 대한 관심이 증가했다고 응답한 사람의 비율이 57.8%로 나타나, SNS가 사회 이슈로의 관심 확장 및 의사 표현을 통해 여론 형성에 일조하고 있음을 알 수 있다.

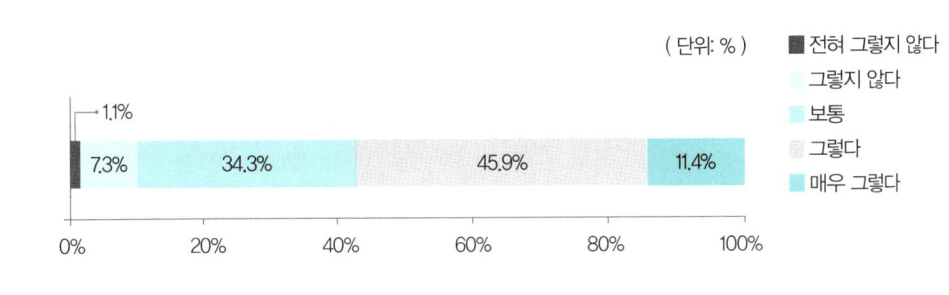

출처 : 방송통신위원회, 한국인터넷진흥원(2009)

〈 그림 2-15 SNS를 통한 사회적 현상 및 이슈 관심 증가 〉

최근에는 SNS에서 먼저 형성된 여론이 뉴스, 신문 등 기존 언론에 보도되고, 이는 다시 SNS상에서의 의견 교환을 거쳐 보다 발전된 여론을 형성하는 등 SNS를 통한 의제설정이 가능해졌다. 하지만 특정 사례에 대한 다양한 의견이 팽배하는 공간인 만큼 이견에 대한 관용의 자세가 필요하다. 즉, 이준웅 외(2005)의 연구에서 확인한 바와 같이 인터넷 공간에서 이용자들이 자신의 의견만을 일방적으로 주장하는 것이 아니라, 타인의 글에 주의를 기울이고 자신의 주장을 펼치는 자세가 필요하다. 또한 관계 맺기뿐 아니라 관계 끊기가 쉽다는 특성상 같은 의견과 가치관을 지닌 사람들끼리 관계를 맺고 있을 가능성도 배제할 수 없으므로 한쪽으로 치우지지 않는 중용의 자세가 갖추어졌을 때 여론을 형성하는 공론장으로서 SNS의 사회적 영향력을 기대할 수 있을 것이다.

3) SNS의 활용 범위

인맥 형성 외에도 SNS는 다양한 활용범위가 있는데 마케팅은 물론 소셜커머스, 지식 판매, 공공부문, 게임 등에 이용될 수 있다.

① 소셜 커머스

소셜 커머스란 소셜 네트워크를 이용해 이뤄지는 전자상거래를 의미한다. 현재 시장에서 주목받고 있는 소셜 커머스는 바로 공동구매형. 인기의 원인은 온라인상에서 매일 하나의 상품에 대해 지정된 수량 이상의 판매가 이뤄질 시 대폭의 할인율을 적용해 주기 때문에 사용자들이 자발적으로 트위터 등의 SNS를 통해 내용을 전하고 있다.

② 지식 판매

화장품이나 옷 등의 물건을 판매하는 것이 아니라 패션, 연애, 음악 등에 대한 지식을 직접 찍어서 판매하는 지식시장이 SNS가 확산함에 따라 더욱 활성화되고 있다.

③ 공공 부문

SNS를 통해 정책을 홍보하거나 민원을 접수할 수도 있고, 민원 해결 과정을 보여줌으로써 기관의 이미지를 상승시킬 수 있다. 공공부문에서의 SNS 활용은 운영정책이 수립된 이후에야 이루어질 수 있다.

④ 게임

게임 시스템에 SNS를 도입하여 게임을 더욱 재미있게 만들기도 한다.

4) SNS의 확산

최근 톰슨 미디어리서치가 공개한 자료에 따르면, 모바일 소셜 네트워크 서비스(SNS)의 이용자 성비에 있어 여성이 55%, 남성이 45%인 것으로 나타났다. 일반적으로 여자들은 남자들보다 휴대폰으로 친구들과 더 많은 이야기를 나누는데, 예전에는 휴대폰 문자로 나누던 대화가 최근 급속히 대중화된 SNS를 통해 더 많이 이루어지게 된 것으로 보인다. 나이별 분석 자료를 보면 18세 ~ 54세까지가 활발하게 SNS를 쓰는 것으로 나타났다. 사회활동을 활발하게 하는 세대들이 SNS도 활발히 쓰는 것이다.

전 세계 인터넷 이용자들은 1주일에 평균 4.6시간을 SNS에 투자한다고 한다. 미국 인터넷 시장분석 업체인 이마케터의 시장 조사 결과에 따르면 자주 활용하는 인터넷 활동은 이메일이지만 이용 시간은 SNS가 가장 긴 것으로 나타났다. 네티즌들이 온라인 활동 중 가장 많은 시간을 SNS에 투자하는 것은 가입자 증가세 및 네트워크 확대와 관련이 있는 것으로 보인다.

페이스북의 경우 최근 사용자가 22억 명을 넘어섰고, 그중 대부분이 모바일 플랫폼으로 페이스북을 활발하게 이용하고 있다고 밝혔다. 미투데이는 2011년에 가입자가 300만 명을 돌파하였고, 현재는 서비스가 종료되었다.

미국 인터넷 시장분석업체인 이마케터가 지난 9월 조사한 결과 인터넷 이용자 중 SNS 프로필을 가진 이들의 비중은 2008년에는 45.1%에 불과했지만 지난해 51.4%에 이어 올해는 61.4%로 상승해 10명 중 6명 이상이 SNS 계정을 만든 것으로 나타났다. 또, SNS를 통해 연결되는 평균 인맥의 수는 지난해 38.8명에서 올해 52명으로 1년 새 14명가량 늘어난 것으로 집계됐다.

시장조사업체 컴스코어가 2010년 3월 3일 공개한 자료에 따르면 스마트폰 사용자의 30.8%가 2010년 1월에 자신의 모바일 브라우저로 SNS 사이트에 접속하는 것으로 나타났고, 이는 1년 전(22.5%)에 보다 8.3% 늘어난 수치였다. 모바일 브라우저를 이용해 페이스북에 접속한 비율은 1년 사이에 112% 늘어났으며, 트위터는 347% 늘어나 폭발적인 성장세를 보였다.

6 P2P 네트워크

(1) P2P 네트워크(network) 개요

P2P 네트워크의 'P2P'는 'Peer-to-Peer(피어 투 피어)'의 약자로서 '피어'는 '대등한 자, 동등한 자'라는 의미를 가진다. 즉 P2P 네트워크란 '대등한 관계의 컴퓨터 그룹이 직접 통신을 수행하는, 중심이 없는 네트워크'를 의미한다.

각 컴퓨터가 대등한 P2P형 아키텍처의 상대 개념으로는 클라이언트·서버형 아키텍처가 있다. 클라이언트·서버형은 어떤 서비스를 구현할 때 각 컴퓨터의 역할이 서버와 클라이언트로 명확하게 구별된다. 서버는 시스템의 중심에 위치해 데이터 저장이나 검색, 전송과 같은 서비스를 제공하는 기능을 담당한다. 클라이언트는 서버 측에 서비스를 요청하고 처리된 결과를 받는다. 클라이언트·서버형 아키텍처에서는 각 컴퓨터의 역할이 명확하게 정해져 있으며 소수의 서버에 다수의 클라이언트가 접속하는 형태로 구축된다.

반면에 P2P형 시스템에서는 각 컴퓨터(이후 노드라고 표현한다)가 서로의 역할을 동시에 담당한다. 즉, 각 노드는 서비스를 사용하는 동시에 서비스를 제공하는 기능도 한다. P2P형 시스템은 네트워크에 참가하는 노드가 서비스의 부분을 제공하게 된다. 이러한 시스템을 실현하기 위해 각 노드는 다른 노드와의 통신 경로를 설정하고 상호 간에 서비스를 제공하는 네트워크를 구축한다. 이것이 P2P 네트워크다.

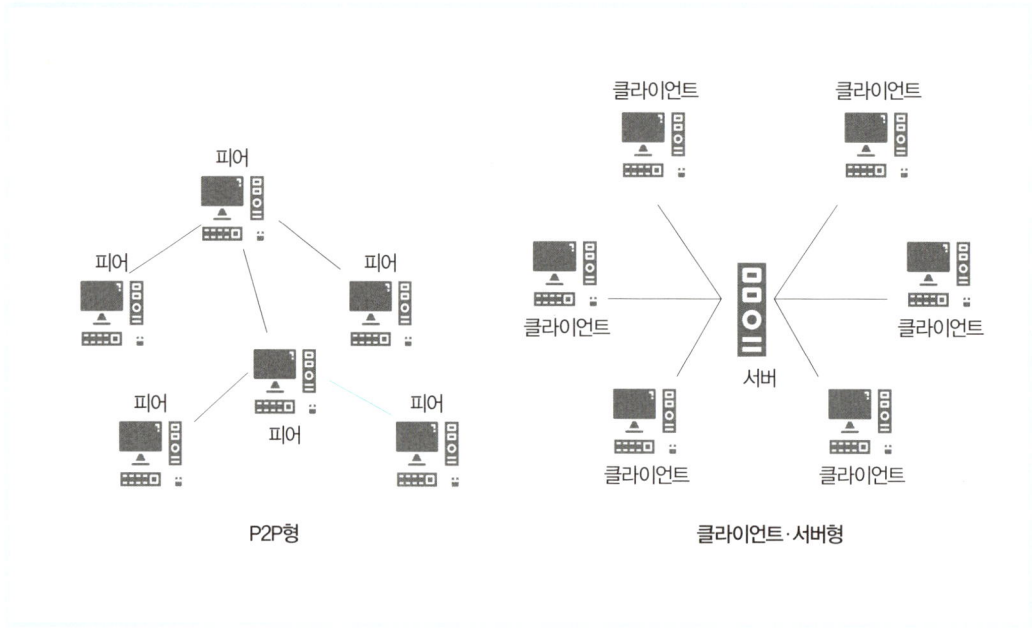

〈 그림 2-16 P2P형 시스템과 클라이언트 서버형 시스템의 차이 〉

클라이언트·서버형과 P2P형의 특징을 비교해보자. 클라이언트·서버형에서는 시스템의 중심에 위치한 서버가 서비스의 관리를 집중적으로 수행하기 때문에 시스템의 설계나 유지가 쉬운 장점이 있다. 반면 서버에 장애가 발생하는 경우 서비스가 중지된다는 문제가 있다. 또한 다수의 클라이언트가 동시에 접속할 때 처리에 문제가 발생하지 않게 하기 위해 높은 사양 서버와 큰 네트워크 대역폭을 마련해야 하는 것도 문제다.

P2P형은 클라이언트·서버형과 대칭되는 특징을 가진다. P2P형은 서버를 준비할 필요가 없고 참가하는 각 노드의 자원과 네트워크 회선을 이용해 부하를 분산시키며 시스템을 운영한다. 그렇기 때문에 노드가 증가해도 서비스를 유지할 수 있는 높은 확장성을 가진다. 하지만 다수의 노드가 참여하는 P2P 네트워크를 구축하거나 다른 노드를 찾는 기능을 설계하기 위해서는 큰 노력이 필요하다.

이제 P2P 네트워크의 구축 방법과 한 노드가 서비스를 제공해주는 다른 노드를 찾는 기능을 설계하는 방법에 대해 살펴보자.

(2) P2P 네트워크 설계

클라이언트·서버형 시스템에서 클라이언트는 서비스의 중심에 존재하는 서버에 요청하고 그에 대한 응답을 받는다. 반면 P2P형 시스템에서의 서비스는 다수의 노드로 분산되어 제공된다. 따라서 자신의 요청에 대해 응답을 해줄 다른 노드를 찾는 기능이 필요하다.

① 퓨어 P2P와 하이브리드 P2P

P2P형 시스템을 크게 분류하면 노드 탐색을 위해 인덱스 서버를 활용하는 '하이브리드 P2P'와 노드의 탐색도 포함해 자율 분산적으로 움직이는 '퓨어(Pure) P2P'의 2가지로 분류할 수 있다. P2P 파일 공유 기능을 예로 이 2가지 P2P 방식을 알아본다.

하이브리드 P2P는 각 노드가 보유한 데이터의 정보가 인덱스 서버에 기록된다. 노드는 자신이 요구하는 데이터의 소유자를 인덱스 서버에 질의하고 해당 데이터를 가진 노드 정보를 받은 뒤 직접 노드에 연결해 데이터를 교환한다. 각 노드가 직접 데이터를 주고받는 것은 P2P 형태지만 인덱스 서버에 요청하는 부분은 클라이언트·서버형 시스템의 형태다.

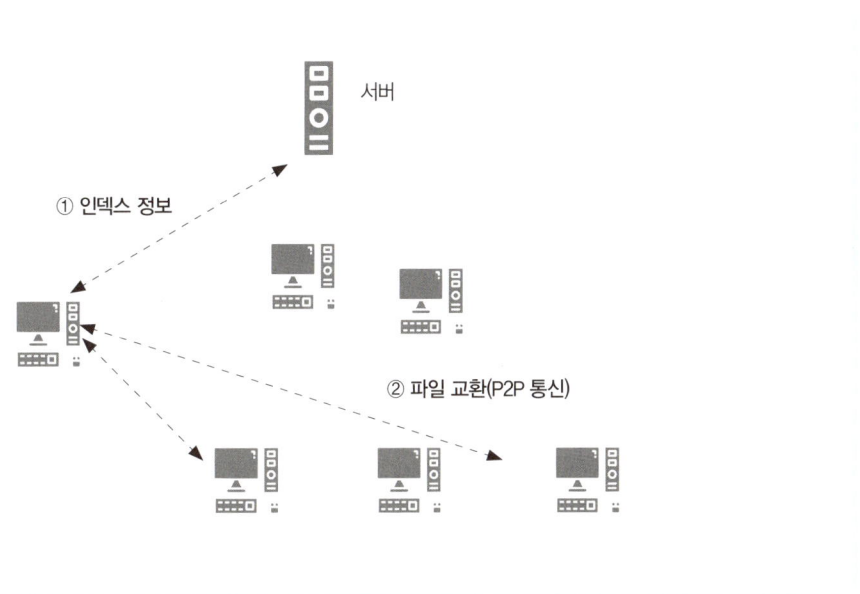

〈 그림 2-17 하이브리드 P2P 구성 〉

퓨어 P2P는 말 그대로 순수 P2P를 구현하고 있기 때문에 인덱스 서버 없이 자신이 원하는 데이터를 검색하는 기능도 노드 그룹에 의해 자율적으로 이루어진다. 데이터 검색은 P2P 네트워크 내의 노드 사이에서 메시지 전송을 통해 이루어진다.

P2P형과 클라이언트·서버형의 장단점은 하이브리드 P2P와 퓨어 P2P에도 동일하게 적용된다. 하이브리드 P2P는 인덱스 서버가 노드 검색 기능을 담당하기에 설계와 관리가 용이하지만 내결함성(Fault Tolerance)과 확장성이 떨어진다는 단점이 있다. 퓨어 P2P는 P2P의 장점을 최대한 활용해 확장성과 내결함성이 높지만, 노드 검색을 위한 알고리즘을 구현해야 한다.

여기서는 진정한 분산형 시스템인 퓨어 P2P를 바탕으로 설명한다.

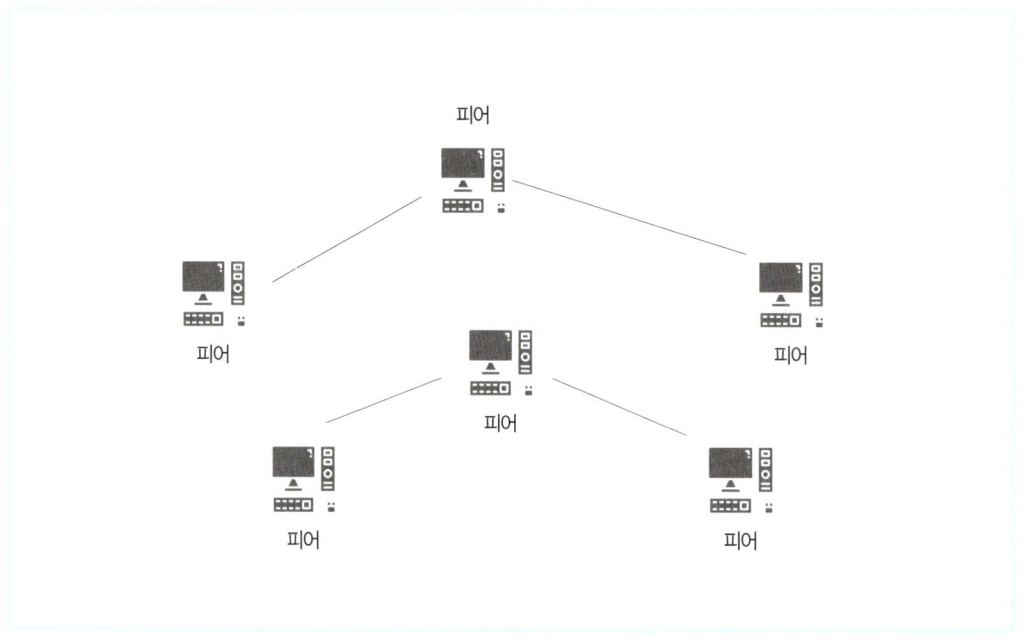

〈 그림 2-18 퓨어 P2P 구성 〉

② 비구조화 오버레이와 구조화 오버레이

퓨어 P2P형 시스템은 중앙 서버 없이 노드 탐색을 실현하기 위해 응용프로그램 수준의 네트워크를 구축해야 한다. 이것을 '오버레이 네트워크'라고 한다. 오버레이 네트워크는 각 노드와 노드 간 통신 경로에서 구성돼 실제 네트워크와는 다른 네트워크 토폴로지를 가진다. 오버레이 네트워크는 토폴로지와 노드의 검색 방법에 따라 비구조화 오버레이와 구조화 오버레이로 나뉜다.

비구조화 오버레이는 각 노드가 인접 노드를 선택할 때 제약이 없도록 설계한 오버레이 네트워크다. 즉, 특정 네트워크 토폴로지가 규정되지 않았다는 말이다. 노드 탐색은 메시지를 인접 노드에 차례로 전파해 확산시키는 방법을 사용한다. 비구조화 오버레이의 장점은 메시지에 요청 데이터의 메타 정보를 포함해 그 메타 정보에 맞는 데이터를 가진 노드를 탐색하는 등 유연한 탐색이 가능하다는 것이다. 하지만 이 방식은 목적 노드에 메시지가 전달되는 것을 보장할 수 없고, 노드 수가 증가하면 네트워크에 메시지 너무 많아지는 확장성 문제가 발생한다는 단점이 있다.

비구조화 오버레이에서 메시지 전파 문제를 해결하기 위해 일부 시스템에서는 '슈퍼 노드'라는 개념을 도입했다. 이것은 일부 노드를 다른 일반 노드보다 상위 노드로 만드는 것이다. 슈퍼 노드는 다수의 일반 노드를 자기 밑에 놓고 메시지의 전파는 슈퍼 노드끼리 구축된 네트워크에서 이루어진다.

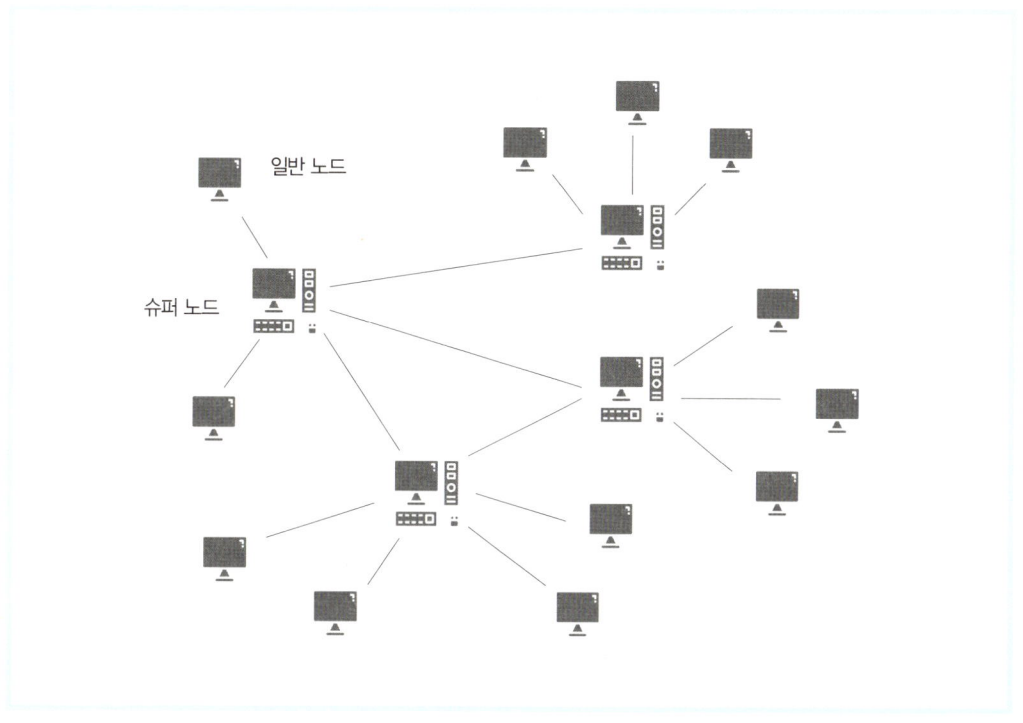

〈 그림 2-19 슈퍼노드형 구성 〉

슈퍼 노드는 네트워크에 참가하는 노드 수에 따라 수가 조절된다. 슈퍼 노드의 임명은 노드와 네트워크의 성능 등을 통해 자율적으로 이루어진다.

구조화 오버레이는 노드별로 연결할 상대가 미리 정해져 있으며 네트워크 토폴로지도 엄격하게 설계된 오버레이 네트워크다. 각 노드에는 ID가 할당되고 그 ID에 따라 연결할 상대가 결정된다. 그 결과 링크형 또는 트리형 같은 구조를 가진 오버레이 네트워크가 구축된다. 전형적인 구조화 오버레이 위에서는 각 데이터에 대해서도 노드와 동일한 ID가 할당돼 각 데이터는 자신의 ID와 가장 가까운 ID를 가진 노드에 저장된다. 메시지 전송도 ID를 사용한 경로 선택(라우팅 - Routing)으로 이루어진다. 메시지에는 대상 ID를 기재해 대상 ID에 가까운 인접 노드가 선택되게 한다. 이렇게 전송이 반복되면 대상 ID에 메시지가 도착한다.

구조화 오버레이의 장점은 메시지 도착 가능성 및 확장성이 높다는 것이다. 메시지를 주변 노드로 전파해 나가는 비구조화 오버레이는 목적지 노드에 메시지가 도달하는 것을 보장할 수 없고, 확장성에도 문제가 있었다. 그에 반해 구조화 오버레이는 메시지를 전파하지 않고 목적지 ID를 향해 효율적으로 메시지를 보내며, 목적지 노드가 네트워크에 존재하고 있다면 반드시 메시지를 전달하도록 설계됐다. 네트워크 토폴로지도 엄격하게 설계됐기 때문에 노드 수가 증가해도 메시지의 전송 횟수는 많이 늘어나지 않는다.

한편 구조화 오버레이는 ID 등을 기반으로 메시지를 전송하기 때문에 비구조화 오버레이같이 유연한 탐색은 할 수 없다. 대부분의 구조화 오버레이 검색 알고리즘은 데이터 ID를 사용한 완전 일치 검색만 가능하다.

③ 블록체인 기반 기술 분류

지금까지 P2P 네트워크의 종류에 대해 살펴봤다. 그렇다면 블록체인 기술은 어떤 유형으로 분류할 수 있을까. Bitcoin Core와 이더리움은 모든 노드가 같은 역할을 가지고 동등한 네트워크를 형성하기 때문에 퓨어 P2P로 분류할 수 있다. 또한, 네트워크 토폴로지에 제약도 없기 때문에 비구조화 오버레이라고도 할 수 있다.

Hyperledger Fabric은 validating peer/non-validating peer처럼 노드에 따라 역할이 다르다는 점에서 슈퍼 노드의 개념을 도입한 비구조화 오버레이라고 볼 수 있다. 또한 전용 멤버십 서버를 가지고 있다는 점에서 하이브리드 P2P라고도 할 수 있다.

(3) P2P 네트워크에 따른 블록체인의 동작(개요)

지금까지 P2P 네트워크의 설계 및 분류에 대해 알아봤다. P2P 네트워크에서 블록체인이 어떻게 작동하는지 살펴보는 것은 의미가 있다. 이번에는 Bitcoin Core와 이더리움 같은 합의 알고리즘에 작업증명방식(PoW)을 채택하고 있는 블록체인 기반을 예로 설명한다. 덧붙여서 컨소시엄형 Hyperledger Fabric은 합의 알고리즘으로 Practical Byzantine Fault Tolerant(PBFT) 등을 채용하고 있다.

- 블록체인을 구성하는 P2P 네트워크에서 한 노드(노드 X라고 한다)가 거래 데이터(트랜잭션)를 보낸다. 아직 이 시점에서 거래 자체는 실행(성립)되지 않은 상태다.
- 노드 X로부터 P2P 네트워크로 전달된 트랜잭션은 네트워크에 참가하는 모든 노드로 전파된다. 이처럼 자신이 작성한 거래 데이터를 블록체인 네트워크에 전송하고 모든 참가 노드에 전파하는 것을 '브로드캐스트'라고 한다.
- 트랜잭션을 받은 모든 노드가 마이닝을 실시해 조건에 맞는 해시값을 발견하면 기존의 블록체인에 새로운 블록을 추가한다(발행지는 노드 Y라고 한다). 이것을 Proof of Work(PoW)라고 한다.
- 새로운 블록을 추가한 노드 Y는 블록을 P2P 네트워크에 브로드캐스트한다.
- 블록을 받은 각 노드는 블록이 올바를 것인지 검증하고, 문제가 없다면 해당 블록을 받아들여 자신이 가지고 있는 블록체인을 업데이트한다. 그리고 이 시점에 거래가 성립된다.

(4) P2P 네트워크에 따른 블록체인의 동작(상세)

① P2P 네트워크에서 다른 노드와의 연계

우선 Bitcoin Core가 P2P 네트워크에서 다른 노드와 연결하는 방법을 살펴보자.

Bitcoin Core는 초기 참가 시 ① DNS(예를 들어 bitseed, xf2, org)를 통해 검색, ② 클라이언트 소프트웨어에 사전에 하드 코딩된 준 영구 노드 목록 참조, ③ 명령한 줄에서 지정한 IP주소 순서대로 네트워크의 노드 목록을 취득하려고 시도한다. 2번째 이후는 그때까지 네트워크에서 인식한 노드목록을 각 클라이언트의 내부 데이터베이스에 보존해놓기 때문에 그 정보를 바탕으로 다른 노드와의 연계를 시도한다.

P2P 네트워크의 장단점을 살펴보자.
- 서버를 준비할 필요가 없고, 각 노드가 트래픽과 자원을 할당해 부하를 분산시켜준다.
- 노드가 증가하더라도 서비스를 유지할 수 있는 높은 확장성을 갖고 있다.
- 새로운 기능을 추가하거나 업데이트를 하면 관리가 어렵다.
- 네트워크 전송 시간 때문에 노드 간 정보 불일치, 성능 저하가 발생하기 쉽다.

② **데이터(블록)송수신**

다음으로 P2P 네트워크상의 데이터(블록) 송수신에 대해 살펴보자. Bitcoin Core는 정보 본체를 송신할 때 그 해시값을 inv 메시지로 상대방에게 보내주고, 정보를 수신해야 할 때는 getdate 메시지를 보내 정보의 본체를 요구하는 특징을 가지고 있다. 이런 방법으로 P2P 네트워크를 흐르는 데이터양을 줄일 수 있다.

다음으로 이더리움을 살펴보자.
이더리움은 블록체인의 데이터 자체가 아니라 그 해시를 모든 노드가 공유하는 공간에 체인으로 저장해 '워크 풀'로 이용한다. 이 워크 풀에서 자기 노드에 부족한 데이터를 찾고, 해시를 이용해 블록을 요청하거나 획득한다.

마지막으로 Hyperledger Fabric의 경우를 살펴보자.
Hyperledger Fabric은 노드 간 통신에 GRPC를 이용하며 이를 통해 양방향 스트림 기반 메시징을 할 수 있다. 그리고 직렬화된 Protocol Buffers를 사용하고 있다. Grpc와 Protocol Buffers는 모두 구글에서 개발한 기술이다.

(5) 향후 과제

이 장에서 블록체인 기술을 구성하는 요소 기술의 하나인 P2P 네트워크를 소개했다. 블록체인 기술은 아직 성장하고 있기 때문에 앞으로 이 기술을 이용한 시스템을 운용해 나가는 데 있어 해야 할 과제가 많아 이 절에서는 그 일부를 간단하게 소개한다.

우선 안전성에 관한 문제다. 블록체인은 높은 가용성으로 주목받고 있다. 하지만 P2P 관점에서 본다면 특정 네트워크 토폴로지를 유지하는 구조를 갖추지 않은 블록체인은 비교적 네트워크 끊김 현상이 일어나기 쉬운 것으로 알려져 있다. 또한 질의 내용 변조나 이클립스 공격 등에 대한 대응도 고려해야 한다.

다음으로 노드의 신뢰성과 브로드캐스트 등 확실성에 관한 문제가 있다. 어떤 노드가 장시간 P2P 네트워크에 참가하고 있다면 그 노드의 신뢰성은 높다고 할 수 있지만, 네트워크에 자주 들락거리는 노드는 신뢰하고 확실한 통신을 수행하는 것이 어렵다. 그리고 신뢰성 자체를 측정하는 방법도 다양하므로 검토가 필요하다. 브로드캐스트에 대해서는 블록체인 네트워크 전체에서 동기화가 가능한지, 도착 보증(수신확인)은 어떻게 할 것인지에 대한 과제도 남아있다.

마지막은 전송 횟수와 네트워크 지연 등 성능에 관한 문제다. P2P 네트워크에서 동작하는 블록체인은 클라이언트·서버형 시스템처럼 모든 클라이언트에 한꺼번에 같은 정보를 공유할 수 없다. P2P 네트워크에서 메시지의 전송은 순차적으로 이루어져 정보가 모든 노드에 전달될 때까지의 시간이 오래 걸리기 때문에 실시간 처리가 요구되는 영역에서는 적용이 어렵다. 그리고 P2P 네트워크에 참가하는 노드의 성능과 네트워크 대역폭은 모두 제각각이기 때문에 성능을 향상하기 위한 연구도 많이 해야 한다. 향후 적용 분야를 검토, 확대해야 한다면 이 문제도 반드시 해결해야 한다.

❼ 작업증명방식(PoW)

(1) 합의 알고리즘의 개념

합의 알고리즘이란 P2P 네트워크와 같이 정보 도달에 시간차가 있는 네트워크에서 참가자가 하나의 결과에 대한 합의를 얻기 위한 알고리즘이다. 블록체인은 각 노드에서 만든 블록의 정당성을 검토하고 네트워크 전체에서 공유하는 블록체인에 반영하기 위해 이 합의 알고리즘을 사용한다.

P2P 네트워크에서는 정보의 지연과 미도달이라는 사태를 피할 수 없다. 따라서 데이터를 변조할 의도가 없다 해도 이중 송신에 따른 처리 중복이나 잘못된 정보에 의한 오작동 등의 위험이 있기 때문에 정확한 정보를 공유하기 어렵다. 이 문제점을 해결하는 것이 합의 알고리즘의 목적이다.

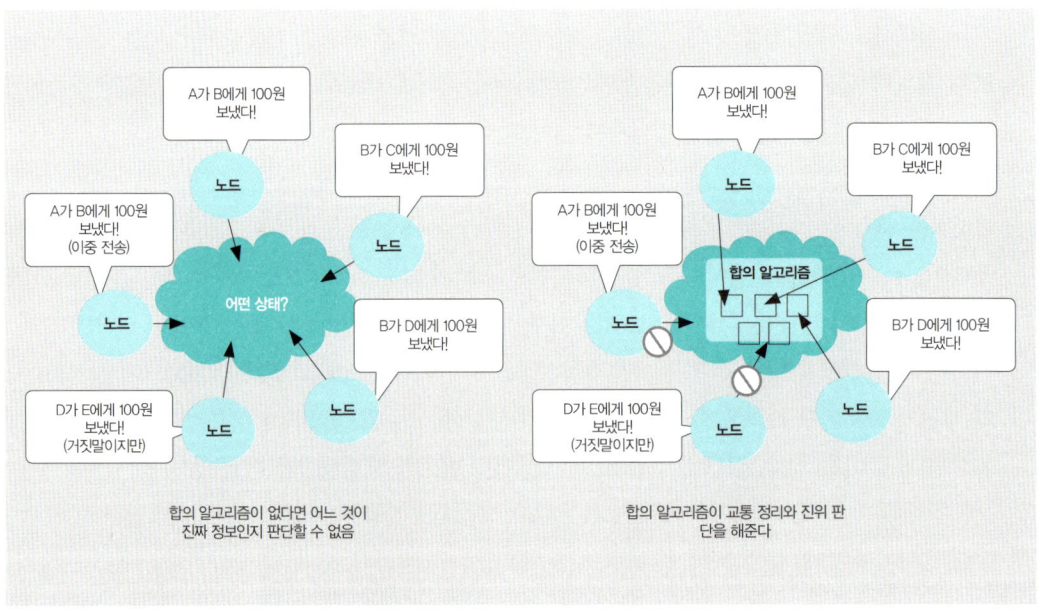

〈 그림 2-20 합의 알고리즘의 역할 〉

비트코인은 Proof of Work(계산량에 따른 증명. 이후 PoW)라는 합의 알고리즘을 사용해 처음으로 P2P 네트워크를 통해 누구나 참가 가능한 전자 화폐 시스템을 실현했다. 하지만 2009년 운영이 시작된 이후 실제로 다양한 문제가 발생하고 있으며 PoW가 비잔티움 장군 문제의 유일한 해결책인 것도 아니다. 그래서 PoW 이외의 합의 알고리즘을 채택하고 있는 블록체인 기반 기술도 늘어가고 있다.

예를 들어 패브릭형 블록체인 기반 기술인 이더리움은 합의 알고리즘으로 PoW를 채택하고 있지만 2021년 Proof of Stake(PoS)로 변경을 발표했다. 그리고 신뢰할 수 있는 참가자로 구성된 컨소시엄형 블록체인 기반 기술인 Hyperledger Fabric은 결제 완전성이 있는 Practical Byzantine Fault Tolerance(PBFT)를 채택하고 있다.

(2) 계산량에 따른 증명(Proof of Work)의 문제점

PoW는 확률적으로 해답이 어려운 문제를 가장 빨리 해결한 사람에게 블록을 만들 수 있도록 허가하고 그 보상으로 코인을 준다. 이 방식은 중앙 집권적인 관리자가 없지만, 사람들이 보상을 위해 네트워크에 참여하기 때문에 시스템이 자율적으로 운영된다. 그리고 통신이 끊겨 불일치가 발생해 블록이 분기한 경우에도 가장 긴 블록체인을 올바른 것(더 많은 참가자가 승인했다고 간주)으로 함으로써 데이터의 일관성을 보장하고 있다. 이 알고리즘은 운영 개시로부터 8년이 지난 지금까지도 대규모 시스템 장애를 일으킨 적이 없기에 안전성을 입증했다고 할 수 있다. 그러면 PoW의 문제란 무엇일까. 대표적인 것은 다음과 같다.

① 51% 문제

PoW는 다수결로 결정을 내리는 알고리즘이다. P2P 네트워크에서 블록을 채굴하기 위해 참가한 채굴자(마이너)는 블록 생성에 대한 보상을 받는다. 하지만 특정 마이너가 전체 네트워크의 과반수를 점유하게 된다면 다른 마이너가 생성한 블록을 승인하지 않는 등 결과를 자유롭게 조작할 수 있기 때문에 PoW는 정상적으로 기능할 수 없게 된다. 이 문제는 처음부터 지적됐던 것이지만 그런 상태가 될리라 생각하지는 않았다. 하지만 실제로 땅값과 전기료가 저렴한 중국의 참가자가 대거 채굴에 참가해 비트코인 채굴자의 과반수를 점유하게 됐다. 중국의 참가자가 이미 70~80%에 이른다는 계산도 있다.

② 파이널리티 불확실성(Finality Uncertainty)

PoW는 블록체인이 분기하는 경우 긴 체인을 올바른 것으로 판단한다. 짧은 체인을 사용하고 있던 노드에서는 긴 체인이 채택되어 블록의 전환이 발생하면 다양한 문제가 발생할 수 있다. 예를 들어 계좌 잔액이 변경되거나 거래 자체가 없었던 일이 되는 경우가 발생할 수 있다. 비트코인은 이런 현상을 방지하기 위해 거래가 확정되더라도 6블럭 가량 기다리지 않으면 다음 거래를 할 수 없는 등 제한을 설정하고 있는 지갑도 존재한다. 이처럼 파이널리티 (결제 완전성 = 송금 등 결제 처리가 확실하게 집행되는 것)가 불확실한 것이 금융 시스템에 도입되기 힘든 이유 중 하나다.

③ 성능한계

P2P 네트워크에서 단일 정보를 공유하는 구조상 네트워크에 확산하는 시간을 없애는 것은 불가능하다. 또한 여러 노드 간 합의를 통해 정보의 신뢰성을 담보하고 있기 때문에 합의에 걸리는 시간도 필요하다. 따라서 성능(응답 시간과 처리량)을 올리는 것은 어려우며 실시간으로 처리해야 하는 업무는 기본적으로 적합하지 않다.

④ 블록체인의 용량

블록체인은 참가자 전원이 트랜잭션 실행 결과를 검토해 신뢰성을 확보하기 때문에 모든 블록 정보를 각각의 노드가 보유해야 한다. 비트코인은 운영개시부터 축적된 블록체인 정보가 현재 80기가바이트에 달하며 향후에도 계속 증가해 나갈 것이기 때문에 하드 디스크 용량의 압박과 초기 실행 시간의 증가가 우려되고 있다.

4이상이 PoW가 가진 대표적인 문제점이다. 이 문제에 대해서는 비트코인 커뮤니티에서도 해결 방안과 대안을 검토하고 있지만 완전한 해결책은 없는 것이 현실이다. 그래서 최근 출시된 새로운 블록체인 기반 기술에서는 다른 합의 알고리즘을 채택해 이런 문제를 해결하려는 모습을 볼 수 있다.

(3) 합의 알고리즘의 종류

① 대표적인 합의 알고리즘

불특정 다수의 사용자가 참가하는 인터넷과 같은 환경에서 PoW는 유효한 알고리즘이다. 하지만 신뢰 된 참가자들이 컨소시엄을 만들어 운용하는 비즈니스 모델에서는 쓸모없는 기능이다.

컨소시엄형 블록체인에서는 악의가 있는 참가자에 대한 대처보다는 처리 속도와 처리량 및 파이널리티의 확실성이 중요하다. 이 경우의 합의 알고리즘으로는 정해진 참가자가 판단을 내릴 수 있으며 고속으로 동작할 수 있어야 한다.

〈표 2-4〉에서는 블록체인에서 사용이 검토되고 있는 대표적인 합의 알고리즘을 나열했다. 원래 블록체인 이전의 분산 데이터베이스나 분산 파일 공유 시스템에서 장애에 대응하기 위해 만들어진 기술들이다.

⟨ 표 2-4 대표적인 합의 알고리즘과 채택 시스템 ⟩

합의 알고리즘	채택 시스템
Proof of Work	Bitcoin Core, 이더리움 등
Proof of Stake	Ethereum mijin
Paxos	Google Chubby

1 블록체인 기반 외 시스템도 포함
2 2016년 7월 시점, Sieve는 대상에서 제외됐다.

합의 알고리즘	채택 시스템
Raft	RAMCloud
PBFT	Hyperiedger Fabric
Sieve	Hyperiedger Fabric2

표에 표시한 것 외에도 CPU의 확장 명령어 세트를 이용한 Proof of Elapsed Time(POET)이나 네트워크의 공헌도가 높은 노드에 권한을 부여하는 Proof of Importance(PoI) 등 다양한 제안이 이루어지고 있다.

② **분산 시스템의 장애 모델**

합의 알고리즘의 종류가 많은 것은 각기 가정하는 장애 케이스가 다르기 때문이다. P2P 네트워크에서 발생 가능한 장애 모델로는 다음의 3가지가 있다.

가. FAIL STOP 모델
   어떤 오류로 인해 중지된 서버는 깨끗이 퇴출하는 모델
나. FAIL RECOVER 모델
   한 번 정지한 서버가 부활하는 모델(지연과 중단을 구별하지 않음)
다. BYZANTINE FAULT 모델
   임의 노드가 악의적으로 실수를 일으키는 모델

(4) 각 합의 알고리즘의 특징

① PoW (Proof of Work)

비트코인을 시작으로 많은 블록체인 기반 기술이 채택하고 있는 합의 알고리즘이다. 블록을 만들어 배포한 후 많은 참가자가 사용하는 것을 올바른 블록으로 정의하기 때문에 참가자의 수에 영향을 받지 않고 얼마든지 참가자를 늘릴 수 있다. 반면 네트워크 상태에 따라 일부분에 불일치가 생긴 경우 파이널리티가 불확실하게 되는 점이나 성능이 나오지 않는다는 단점이 있다.

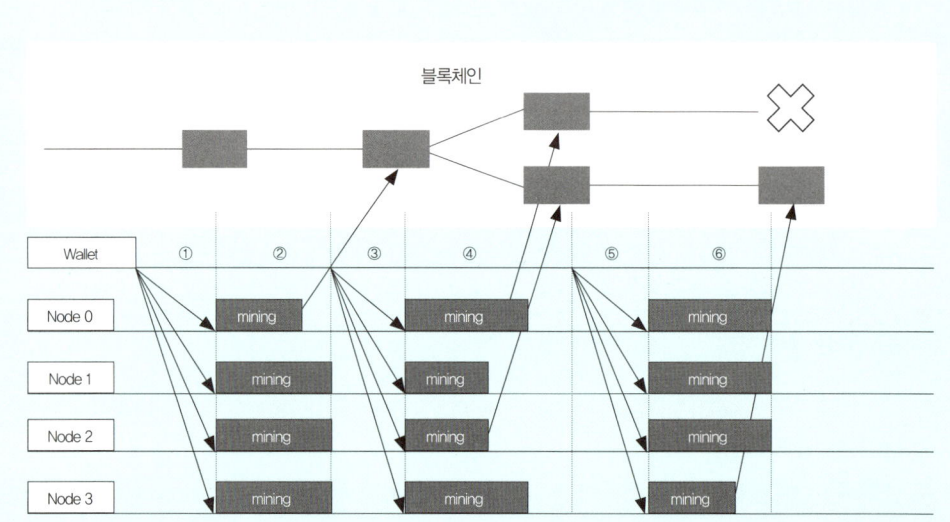

PoW 처리 절차
① wallet이 트랜잭션을 발행하고 참가자 전원에게 브로드캐스트
② 받은 승인자가 해시를 계산함. 여기서는 Node0이 먼저 발견했기 때문에 Node0이 만든 블록이 블록체인에 추가됨
③ wallet이 다른 트랜잭션을 발행하고 참가자 전원에게 브로드캐스트
④ 받은 승인자가 해시를 계산함. 여기서는 Node1과 Node2가 동시에 발견했기 때문에 블록체인이 분기됨
⑤ wallet이 다른 트랜잭션을 발행하고 참가자 전원에게 브로드캐스트
⑥ 받은 승인자가 해시를 계산함. 여기서는 Node3이 발견해서 Node2의 블록 뒤에 추가한 것으로 함. 이 경우 아래의 블록체인이 올바른 것이 됨

〈 그림 2-21 PoW의 구조 〉

② PoS (Proof of Skake)

2021년 이더리움이 전환할 예정인 알고리즘이다. 화폐량을 더 많이 소유하고 있는 승인자가 우선하여 블록을 생성할 수 있는 특징이 있다. 이것은 '대량 통화를 소유하고 있는 참가자는 그 통화 가치를 지키기 위해 시스템의 신뢰성을 손실하지 않을 것이다'라는 전제를 바탕으로 하고 있다. 기본적인 구조는 PoW와 다르지 않지만, 화폐량에 따라 해시 계산의 난이도가 낮아지기 때문에 PoW와 비교해 자원 소비가 적어지는 장점이 있다.

③ PBFT (Practical Byzantine Fault Tolerance)

PBFT는 PoW나 PoS와 마찬가지로 Byzantine Fault 모델이지만 PoW와 PoS의 단점인 파이널리티의 불확실성과 성능 문제를 해결한 것이다. Hyperledger Fabric과 Eris 등 컨소시엄형에서 이용하고 있는 블록체인 기반 기술에 많이 채택되고 있다.

PBFT는 네트워크의 모든 참가자를 미리 알고 있어야 한다. 참가자 중 1명이 프라이머리(Primary, 리더)가 되고 자신을 포함한 모든 참가자에게 요청을 보낸다. 그 요청에 대한 결과를 집계한 뒤 다수의 값을 사용해 블록을 확정한다. 부정한 노드 수를 f개라고 하면 노드 수는 3f+1개여야 하며, 확정에는 f+1개 이상의 노드가 필요하다. PoW/PoS는 남은 1개에서도 동작을 계속하지만 PBFT는 필요 수를 충족하지 못하면 정지한다.

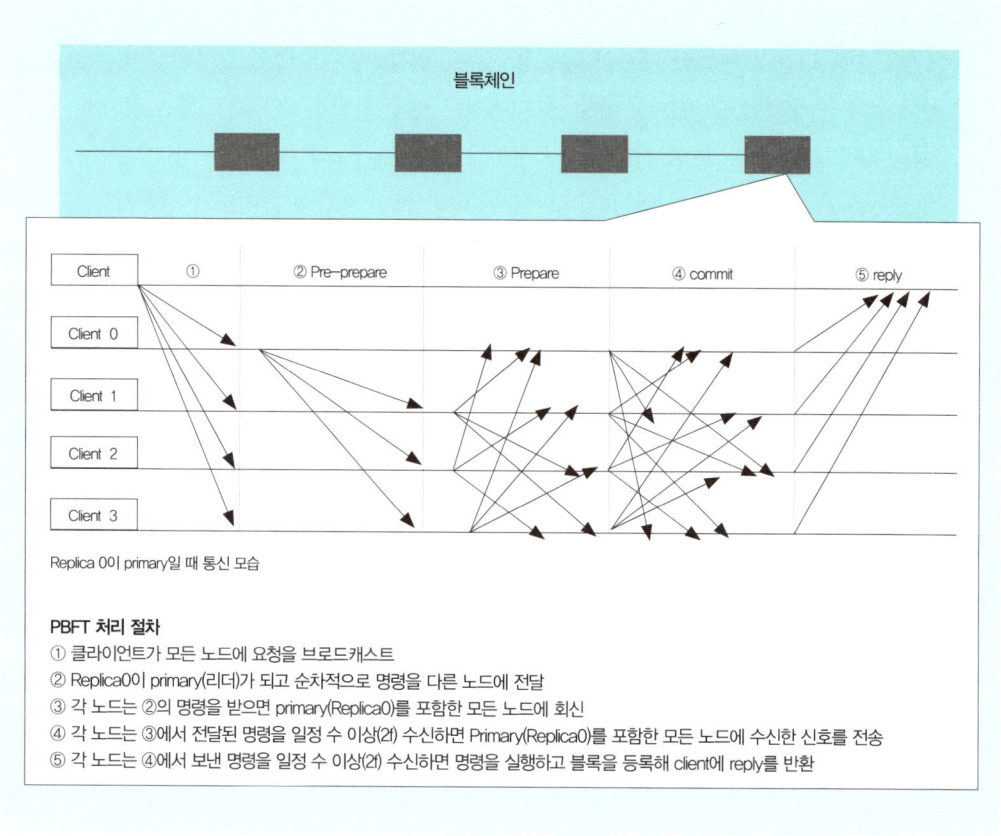

〈 그림 2-22 PBFT의 구조 〉

PoW나 PoS와는 달리 다수결로 의사 결정한 뒤 블록을 만들기 때문에 블록체인의 분기가 발생하지 않는다. 따라서 한 번 확정된 블록은 변경되지 않기 때문에 파이널리티를 확보할 수 있다. 그리고 PoW와 같이 조건을 만족시킬 때까지 계산을 반복하지 않아도 되기 때문에 매우 고속으로 동작한다.

부정 사용을 하고자 해도 과반수를 얻어야 하며 만약 프라이머리가 거짓말을 한다 해도 모든 참가자가 리더의 움직임을 감시해 거짓말이라고 판단한다면 다수결로 리더 교체를 신청할 수 있어서 장애에 매우 강력한 내성을 가진 알고리즘이다.

반면 언제나 참가자 전원과 의사소통을 해야 하므로 참가자가 증가하면 통신량이 증가하고 처리량이 저하된다. PoW나 PoS는 수천 개의 노드를 만들 수 있지만 PBFT는 수십 개의 노드가 한계다.

④ **Sieve**

Sieve는 IBM에서 고안한 PBFT를 확장한 알고리즘이다. Hyperledger Fabric에 채택되어 있지만 2016년 7월 시점 기준으로 대상에서 제외됐다.

실행 결과 전송과 집계 결과 전송으로 흐름이 나뉜 것이 특징이며 합의 형성 전 단계에서 실행 결과를 검토해 결과가 다른 경우 중지(Abort)시킨다. 각 노드의 실행 결과가 다를 가능성을 조기에 탐지하고 싶은 경우에 유효하다. 집계 결과 전송에 PBFT가 채택되는 경우가 많기 때문에 처리 절차는 PBFT보다 많다.

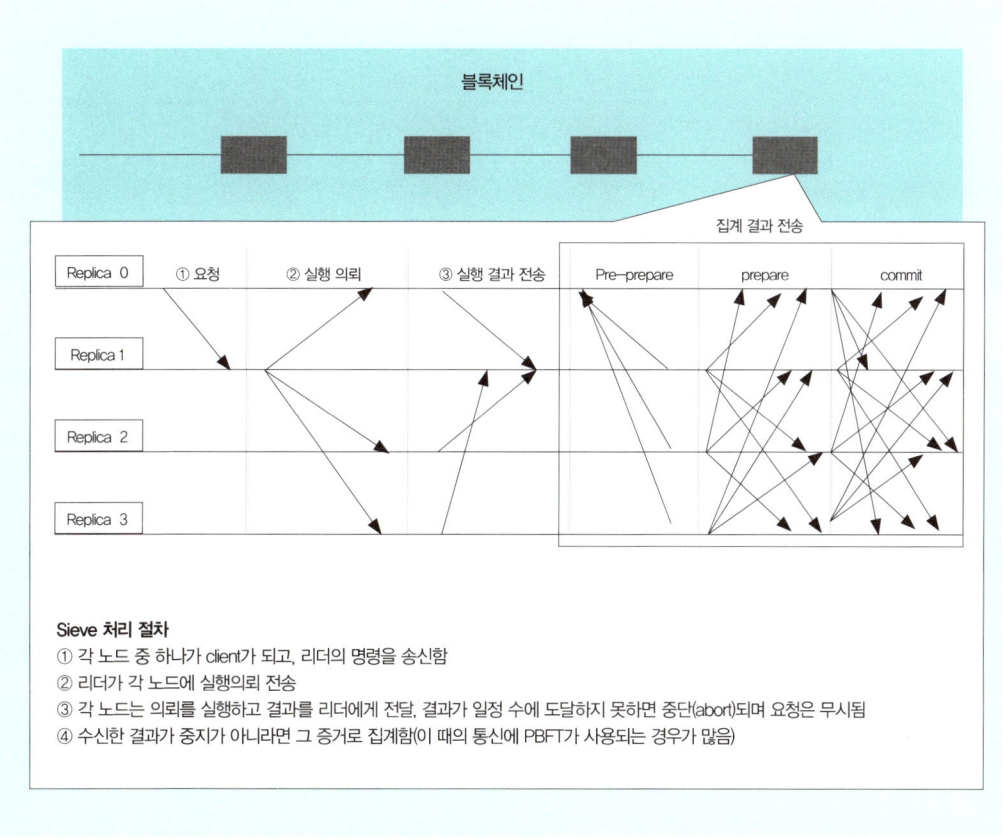

〈 그림 2-23 Sieve 구조 〉

⑤ Paxos

가장 유명한 합의 알고리즘의 하나다. 데이터베이스를 복제할 때는 동일한 서버를 하나 더 만들어 데이터를 복제하는 것이 일반적이다(Replication System). 하지만 블록체인에서는 이런 복제 시스템을 사용한 사례가 아직 없다.

Paxos의 코어는 매우 단순하다. 하지만 이 알고리즘은 합의 형성에만 특화됐기 때문에 프로그램으로 구현하기 위해서는 시스템적으로 검토해야 할 점이 매우 많다. 이런 점 때문에 Paxos를 통한 구현은 매우 어렵다.

Paxos의 특징은 과반수의 동의를 얻었다면 그 동의 내용이 나중에 변경되지 않는다는 점이다. Paxos도 리더를 중심으로 합의 형성을 수행하지만, Byzantine Fault 모델이 아니기 때문에 리더가 부정을 저지르는 경우 동기화되지 않는다. 그리고 멤버가 거짓으로 신고할 경우에도 동기화가 되지 않기 때문에 악의를 가진 참가자가 있는 환경에서 운영하기에는 적절하지 않다.

⑥ Raft

Raft는 Paxos와 비교하면 보다 시스템 구현에 신경을 쓰고 있어 상세하고 간결한 내용으로 돼 있다. 하지만 리더 선출 구조 때문에 멤버가 양분되어도 각 커뮤니티별로 계속 동작하지만, 과반수에 달하지 못하는 커뮤니티는 로그가 쌓이기만 할 뿐 완료(Commit)되지 않는다. 네트워크가 삼등분 되는 경우에는 어떤 커뮤니티도 완료(Commit)되지 않는 상태가 계속된다.

(5) 이후의 과제

합의 알고리즘은 각 노드에서 블록체인을 공유하기 위해 사용되는 중요한 기능이며 블록체인 기술의 핵심이다. 최초의 블록체인 응용프로그램인 비트코인은 PoW가 사용되고 있지만, 그 구조는 CPU 자원을 많이 소비할 뿐만 아니라 파이널리티가 불확실하기 때문에 컨소시엄형이나 프라이빗형 블록체인에서 이용하기에는 적절하지 않은 부분도 있다.

〈 표 2-5 합의 알고리즘 비교 〉

	Paxos/Raft	PBFT	PoW	PoS
결함 허용 대수	- 1/2 미만은 문제 없음 (정확히 1/2인 경우 대응 불가) - PBFT보다 적은 대수로 가능	1/3 미만까지 보증(정확히 1/3인 경우 대응 불가)	1 대라도 남아있다면 문제없음	1 대라도 남아있다면 문제없음
다수결 대신이 되는 것	다수결	다수결	CPU 계산량	보유한 자산 크기
CPU 연산 비용	낮음	낮음	높음	중간 정도, PoW보다 낮지만 나름대로의 해시 계산을 수행
권한의 분산	리더에게 강한 권한이 있으나 교체될 수 있음	참가 서버 모두가 평등	전기세가 낮은 지역에 집중될 가능성이 있음	일반적으로 화폐 보유는 집중될 가능성이 높음
참가 서버의 조건	신뢰된 서버만 참가	신뢰된 서버만 참가	어떤 서버도 참가 가능	어떤 서버도 참가 가능
비밀 보호를 위한 인증	특별히 없음	사전에 서로 신뢰한 공개 암호화 키를 사용	참가 시 준비한 공개 암호화 키를 사용	참가 시 준비한 공개 암호화 키를 사용

2015년경부터 컨소시엄형에서의 이용을 전제로 한 블록체인 기반이 등장하고 있으며 그 중 PoW가 아닌 다른 합의 알고리즘을 채택하는 경우가 많아졌다. PBFT 등의 알고리즘은 분산 데이터베이스나 분산 파일 시스템 등에 이용되고 있지만, 블록체인에서 활용 사례는 아직 많지 않다. 상황에 맞는 최적의 합의 알고리즘을 선택할 수 있도록 하기 위해서는 더 많은 실증 실험이 필요하다.

⑧ 지분증명방식(PoS)

(1) 개요

지분증명방식(PoS)을 본격적으로 살펴보기 전에 이 합의 시스템을 설계함으로써 무엇을 얻을 수 있는지를 명확하게 파악하는 것이 중요하다. 기본적으로 지분증명방식의 합의 시스템은 다음의 특성을 기반으로 데이터 구조를 설계한다.

- 어떠한 단체도 데이터의 컨텐츠를 통제 및 관리할 수 없습니다 (분산형 정보 저장소와 데이터의 검증이 충분하지 않습니다.
- 데이터베이스는 알고리즘의 더 높고 (이더리움의 지분증명방식 알고리즘인 캐스퍼 용어로는 "Liveness, 생존성" 이라함) 중요한 위치로 이동합니다.
- 검증자 혹은 참여자 (Participants)들은 데이터 컨텐츠에 동의합니다.
  예시) 서로 상충되는 체인 중 유효한 체인을 결정하기 위한 메커니즘을 가진 노드 (캐스퍼 용어로는 "Safety, 보안성"이라함)

작업증명방식(PoW)은 서로 상충되는 체인 중 유효한 체인을 결정하기 위해 축적된 작업 규칙(accumulated work rule)을 사용한다. (포크 선택 규칙으로써). 작업증명방식은 위에서 언급한 세가지 기준에 대한 명확한 해법일 뿐만 아니라 블록 생성과 블록 타이밍 문제를 근본적으로 해결할 수 있다. 축적된 작업의 총량이 곧 포크 선택 규칙이기 때문에 블록 생산자들은 확률론적 과정인 작업증명방식의 요소를 각 블록에 포함시켜야 하며, 각 블록의 생성자와 생성시기는 이 방식에 의해 결정된다.

지분증명방식(PoS)은 축적된 지분에 기반한 포크 선택 규칙의 일반적 개념이다. (가장 많은 코인 혹은 투표권을 보유한 체인이 그 예시입니다.) 그러나 작업증명방식 (PoW)과는 다르게 지분증명방식 (PoS)은 누가, 언제 각 블록을 생성했는지에 대해 직접적으로 다루지 않는다. 따라서 이에 대한 내용은 대안적 매커니즘에 의해 다루어져야 한다. 작업증명방식 (PoW)은 암호화폐 배분 문제에 대한 해결책이 될 수 있으며, 지분증명방식 (PoS) 기반 시스템 또한 이 문제에 대한 해결책이 될 수 있다.

〈 출처 : BitMax 11 Apr 2018, 지분증명방식 (Proof of Stake) 완벽 가이드 〉

(2) 지분증명방식(PoS)의 이론적 개요

① 비잔틴 장군 문제 (The byzantine generals problem)

비잔틴 장군 문제(The Byzantine generals problem)는 위에서 언급한 세 가지 특성을 기반으로 데이터 구조 설계 시 수반되는 주요 문제점들을 보여준다. 기본적으로 이 문제는 타이밍 즉, 시기와 가장 처음 생성된 거래원장의 업데이트 방식에 관한 것이다. 1982년, Leslie Lamport가 증명했듯 수학적 관점에서 전체 검증자(validator) 중 3분의 1이 프로토콜에 따르지 않으면 이 문제는 해결될 수 없다. 이는 합의 도달에 관한 문제가 전체 장군 즉, 검증자 중 3분의 2 이상이 프로토콜에 따를 경우에만 해결될 수 있다는 것을 보여준다.

따라서 작업증명방식(PoW)은 강력한 비잔틴 장애 내성 시스템을 갖춘 것처럼 보이지만 수학적으로 탄탄하지 않고 불완전한 시스템으로 평가받기도 한다. 이러한 맥락에서 결함이 있을 수도 있는 지분증명방식(PoS)은 이에 대한 대안으로 고려될 수 있다.

지분증명방식(PoS)에는 두 가지의 상충하는 철학이 있다. 첫 번째 철학은 작업증명방식(PoW)에서 파생된 것으로 피어코인(Peercoin), 블랙코인(Blackcoin) 그리고 초기의 반복적인 이더리움 개선안을 포함한 코인을 기반으로 하는 것이다. 두 번째 철학은 1980년대 이후의 Leslie Lamport의 연구와 3분의 2 다수결 방식이 비잔틴 장애 내성 시스템(Byzantine fault tolerant system) 구축을 위한 필수 요소라는 결론을 전제로 하는 것이다. 현재 이더리움의 캐스퍼 개선안은 두 번째 접근 방식을 기초로 한 것이다.

〈 출처: The Byzantine Generals Problem (1982) 〉

② 지분증명방식(PoS)의 장점

지분증명방식(PoS)은 보통 부정적인 외부 영향 혹은 작업증명방식(PoW) 기반 시스템에 내재된 문제를 해결하거나 완화하기 위한 대안으로 작업증명방식(PoW)의 맥락에서 분석돼 왔다.

가. 환경친화적 시스템

가장 널리 알려진 지분증명방식(PoS) 시스템의 장점은 아마도 작업증명방식(PoW) 방식과 반대로 에너지 소모가 큰 프로세스가 없다는 점일 것이다. 만약 지분증명방식(PoS) 기반 시스템과 작업증명방식(PoW)이 동일한 유용성을 가지고 있다면 환경 오염을 방지할 수 있을 것이다. 이 점은 비트코인 에너지 소비에 관한 다수의 자료에서 알 수 있듯이, 인센티브가 낮고 환경 오염을 방지하기 위한 동력원으로써 실패한 에너지 프로젝트이기 때문에 조금 과장된 측면이 있긴 하지만, 지분증명방식(PoS)의 큰 장점인 것은 분명하다.

나. 인센티브에 대한 강한 동조 및 지지

　　작업증명방식(PoW)의 또 다른 주요 문제점은 마이너들과 암호화폐 보유자들의 이해관계가 일치하지 않을 수도 있다는 점이다. 예를 들어, 마이너들은 보유하고 있는 암호화폐를 매도할 수 있으며, 매도 후 암호화폐의 장기 가치가 아닌 단기 가치만을 고려하면 된다. 다른 하나는 장기적 관점에서 시스템에 대한 경제적 이해 관계없이 해시레이트(hashrate)를 리스(lease)할 수 있다는 점이다. 반면 지분증명방식(PoS)은 합의 대리인(consensus agents)을 직접적으로 암호화폐에 투자하게 만들며 이에 따라 투자자와 합의 대리인의 이해관계가 일치하게 된다.

다. 마이닝의 중앙집중화 및 주문형 반도체 (ASICs)

　　지분증명방식(PoS) 기반 시스템의 또 다른 주요 장점은 잠재적으로 더욱 탈중앙화(decentralization)될 수 있다는 점이다. 작업증명방식(PoW)의 마이닝은 지분증명방식(PoS)에는 해당하지 않는 다수의 중앙집중식 특징을 가지고 있다.

- 주문형 반도체 생산은 큰 비용이 들고 중앙 집중화되어 일부 제조사에 의해 독점 생산되고 있다. (비트메인사가 높은 시장 점유율을 보유하고 있다)
- 칩 생산 설비의 가격이 비싸며 이 역시 일부 제조사에 의해 독점 생산되고 있다.
  (TSMC, 인텔, 삼성 그리고 SMIC이 칩 생산을 독점하고 있다)
- 주문형 반도체 관련 기술은 특허의 대상이 될 가능성이 있다.
- 칩 에너지원과 접근권한의 수는 제한되어 있을 수도 있다.
- 마이닝은 여러 측면에서 중앙집중화를 야기하는 유지 비용 및 에너지 비용과 같은 스케일 메리트 (economies of scale, 대량 생산에 의한 원가 절감)를 가지고 있다.

③ 지분증명방식(PoS)의 일반적·경제적 단점

가. 불완전한 해결책

지분증명방식(PoS) 시스템에 대한 가장 흔한 비판은 이 시스템이 암호화폐 보유량에 비례해 신규 자금을 배당한다는 것이다. 이처럼 더 평등하고 공정하게 암호화폐를 배당하는 작업증명방식(PoW) 시스템과 달리 지분증명방식(PoS) 시스템은 더 많은 암호화폐를 보유하고 있는 소수의 부유한 사용자들이 더 많은 양의 암호화폐를 배당받는, 이른바 "부가 부를 낳는" 시스템이라고 할 수 있다. 따라서 처음부터 지분증명방식(PoS) 시스템에 투자한 사람은, 지갑 안에 지분을 계속해서 보관할 수 있으며 반대로 작업증명방식(PoW) 시스템에 투자한 사람의 지분은 신규 자금으로써 마이너들에 배당될 것이다. 실제로 보상금 (rewards)이 보유 지분에 따라 배당된다면, 누군가는 이 보상금이 인플레이션을 야기하지 않으며, 화폐에 0을 여러 개 더하는 것과 동일한 원리라고 즉, 경제적 관점에서 공정한 방식이라고 주장할 수도 있으며 또 다른 누군가는 이러한 보상 시스템이 쓸모없고 인센티브를 전혀 제공하지 못한다고 주장할 수도 있다. 그러나 이 같은 보상 시스템은 모든 사용자가 지분증명방식(PoS) 시스템의 검증자 (validator)가 될 경우에만 적용된다.

나. 자금 손실의 위험성

지분증명방식(PoS) 시스템의 또 다른 문제점은 지분을 받기 위해서는 인터넷에 연결된 시스템에 의해 검증된 메시지가 필요하다는 점이다. 다시 말해, 지분 보유자 (staker)들은 해커에 의한 자금 도난 위험성이 높은 "핫 월렛 (hot wallet, 인터넷에 연결된 온라인 상태의 실시간 지갑)"을 갖고 있어야 한다. 물론, 단기간만 지분에 프라이빗 키 (private key)를 부여함으로써 이 단점을 보완하여 잔여 지분이 보유자에게 돌아갈 수 있게 할 수도 있다. 하지만 이 같은 보완책에도 불구하고 삭감 규칙 (slashing rule, 두 개의 상충하는 체인에 투표할 경우 이에 따른 벌금을 내는 규칙)이 실행되면, 해커들은 자금을 도난 하기 위한 시도를 할 수도 있다. 지분 보호를 위한 전문적인 하드웨어의 개발은 자금 도난 방지를 위한 또 다른 잠재적 해결책이 될 수 있다.

④ **지분증명방식(PoS)의 기술 및 시스템 통합성(convergence) 관련 단점**

합의 문제의 주요 쟁점은 시기 (timing)와 거래 처리 순서 (the order of transactions)이다. 두 개의 블록이 동시에 생성될 경우, 작업증명방식(PoW) 시스템은 랜덤 프로세스 (random process) 즉, 임의의 처리방식으로 문제를 해결한다. 이때, 처음 생성된 블록체인의 가장 위쪽에 있는 블록부터 처리되며, 마이너들은 보통 가장 작업량이 많은 블록체인을 만들어낸다. 작업증명방식(PoW)은 현실 세계에서 한정된 자원인 에너지를 필요로 하므로 마이너들은 이를 어떤 블록체인에 투자할 것인지를 결정해야 한다.

반대로 지분증명방식(PoS) 기반 시스템 내에서의 문제 해결 프로세스는 명확하지 않다. 만약 두 개의 블록이 동시에 만들어질 경우, 서로 상충하는 블록은 각각 지분을 생성할 수 있다. 결과적으로 하나의 블록이 다른 블록보다 더 많은 지분을 생성하고 최종 블록으로 선택된다. 이 프로세스의 문제점은 지분보유자들이 가장 많은 지분을 생성한 블록체인 쪽으로 선택을 변경할 수 있는 경우, 하나의 체인에 과도하게 집중되는 현상이 발생한다는 것이다. 이때, 지분보유자들은 동시에 여러 개의 체인에 지분을 사용해 투표(voting)할 필요가 없어지게 된다.

지분은 현실 세계와 직접적으로 연관되어있지 않은 블록체인에 내재한 고유 자원이므로 동일한 지분이 동시에 두 개의 상충하는 체인에 사용될 수 있다. 바로 이것이 포크 발생 시 두 개의 블록체인에 동시에 투표해도 노드에 어떤 위험이나 손해가 가해지지 않는 소위 "Nothing at stake" 문제이며, 이 문제를 지분증명방식(PoS) 시스템의 가장 큰 단점이라고 생각한다.

가. **장거리 공격 문제(The long range attack consensus problem)**

"장거리 공격 문제(The long range attack)는 지분증명방식(PoS)의 또 다른 잠재적 문제점이다. 시스템 공격자가 과거에 다량의 토큰을 보유했던 프라이빗 키를 구매하여 새로운 블록체인을 만들고 지분증명방식(PoS)의 유효성 검증을 기반으로 점점 더 많은 보상금을 배당받는 것이 이 문제의 한 예가 될 수 있다. 이 경우, 보상금의 대부분이 공격자에게 배당되기 때문에 이에 불만을 가진 사람들은 기존 체인보다 더 많은 지분이 있고 훨씬 오래된 체인을 재생산할 수도 있다.

체크포인팅 (checkpointing)은 이 문제에 대한 해결책이 될 수 있다. 체크포인팅이란 지분의 양이 정해진 한계치에 도달하면 특정한 체인 위치 (50블록마다 한 번씩)에 보관되도록 하는 프로세스이며, 이를 통해 기존 체인보다 길이가 길고 더 많은 지분을 가진 블록체인의 재생산을 방지할 수 있다. 몇몇 사람들은 사용자가 오프라인 상태일 경우, 보안 모델이 체크포인팅을 위해 다른 사용자에게 질문하고 의존하는 "ask a friend" 모델로 퇴보할 것이라고 주장한다. 초기의 비트코인은 동기화 속도를 높이기 위해 참조 구현 코드에 체크포인트 (checkpoint)를 포함했으며, 비트코인 체크포인트의 영향으로 "ask a friend" 보안 모델이 생겨났다.

그러나 저희는 이것이 우선순위의 문제라고 생각한다. 개별 사용자 중 모든 규칙 및 시스템 상태를 검증하기를 원하는 이가 있다면, 체크포인트로 위 요구 조건을 충분히 만족시킬 수 없다. 비트코인 창시자인 나카모토 사토시는 오프라인 상태일 때 네트워크상에서 일어난 일을 파악하는 노드의 능력이 중요하다고 주장했다.

노드는 자유자재로 네트워크를 떠날 수도 있고 다시 돌아올 수도 있다. 작업증명방식(PoW) 기반의 블록체인은 노드가 네트워크상에 존재하지 않을 때 일어난 일을 증명하는 대안으로서의 역할을 할 수 있다. 암호화폐 생태계는 꾸준히 확장 및 성장에도 불구하고, 노드의 온라인 상태 유지 및 체크포인팅을 위해 여전히 많은 기업들과 거래소들이 365일 24시간 동안 운영되고 있다. 공격자의 조작을 통해 만들어지는 긴 체인의 재생성을 막으면, 엄청난 인센티브가 사용자에게 제공되기 때문이다. 이러한 기업과 거래소의 노력은 다수의 투자자들에게 보안성을 제공하며, 장거리 공격 발생 가능성을 낮춘다.

나. 그라인딩 어택(Stake Grinding)

지분증명방식(PoS) 시스템하에서 지분보유자들은 블록을 직접 생성해야 한다. 블록 생성자를 마이닝 풀에서 무작위로 추첨하는 이 시스템은 보유 지분이 많을수록 당첨 확률이 높아진다. 무작위 추첨으로 인한 문제를 해결하기 위해서는 내부 합의 시스템이 필요하다. 만약 블록이 자체적으로 시스템 내 정보의 불확실성인 엔트로피(entropy)를 생성한다면, 지분보유자들은 미래의 블록을 할당받기 위해 블록 내 콘텐츠를 조작하려 할 것이다. 이에 따라 지분보유자들에겐 기존 블록보다 더 긴 블록의 생산을 위한 빠른 연산 능력이 필요해질 것이다. 이 문제를 보완 및 해결하기 위해 작업증명방식(PoW) 기반 시스템이 설계되었다.

우리는 지분 그라인딩(stake grinding)이 지분증명방식(PoS) 시스템의 가장 근본적인 문제라 생각하며, 이를 해결하기 위해서는 네트워크상의 엔트로피 소스(entropy source)와 RanDAO 같이 누구나 참여 가능한 이더리움 스마트 계약(Ethereum Smart Contract)에 필요하다고 생각한다.

⑤ 사례

가. 피어코인 (Peercoin) – 2012

피어코인은 화폐 연령(coin age)을 기반으로 작업증명방식(PoW)과 지분증명방식(PoS) 시스템의 장점을 결합하여 만들어진 암호화폐이다. 포크 선택 규칙에 의해 화폐 연령(coin age)이 가장 높은 즉, 가장 오래된 블록체인이 선택된다.

피어코인에서 블록은 거래 시 마이너들에 의해 화폐 연령이 공격받을 위험성이 있음에도 불구하고 순수한 작업증명방식(PoW)으로 생성된다. (코인 스테이크 거래는 코인베이스 거래에 반대 및 대응되는 개념이다). "예를 들어, 밥이 지갑 안에 100년의 코인 이어(coin-years)를 축적하고 한 개의 [지분증명방식(PoS) 블록]을 2일 안에 생성할 수 있다면, 앨리스는 지갑 안에 200년의 코인 이어 (coin-years)를 축적해 [지분증명방식(PoS) 블록] 한 개를 하루 안에 생성할 수 있을 것이다.

〈 표 2-6 지분증명방식(PoS)의 문제점 분석 〉

문제점	요 약
노드의 손해가 전혀 없는 Nothing at Stake 문제	지분증명방식(PoS) 프로토콜은 마이너들이 동일한 코인을 이용하여 여러 개의 상충되는 블록체인에서 지분을 거래하는 행위를 막기 위해 설계되었다. 그러나 마이너들이 여러 개의 주문을 통해 서로 상충되는 블록을 받을 경우, 노드의 분할을 야기할 수 있다.
블록 생성	이 문제는 작업증명방식(PoW)을 이용해 블록을 생성하면 해결할 수 있다.
장거리 공격 (Long range attack)	마이너들이 자신의 코인을 사용하지 않고 코인 에이지(coin age)를 축적해 손쉽게 새로운 블록을 생성하는 장거리 공격은 피어코인(Peercoin)에게 매우 치명적이다. 이 문제는 미리 정해놓은 체크포인트로 해결할 수 있다. 따라서 피어코인(Peercoin)은 중앙화된 시스템이라 할 수 있다.
지분 그라인딩 (Stake grinding)	이것은 지분증명방식(PoS)의 문제점이 아닐 수도 있다. 그 이유는 작업증명방식(PoW)와 달리 유효성 검증자 풀(validator pool)에서 블록 생성자가 추첨되지 않고, 코인 스테이크(coin stake)는 작업증명방식(PoW)에 의해 보완될 수 있기 때문이다.

• 지분증명방식(PoS) 장점

지분 증명 기반 화폐는 작업 증명 알고리즘 기반 화폐에 비해 에너지 사용 측면에서 더 효율적이라는 장점을 가지고 있다. 반면 지분 증명에서는 코인을 소위 '보호'하는 자가 항상 코인을 보유하게 된다. 물론 몇몇 암호화폐는 다른 노드에 스테이킹 권한을 빌려주는 것을 허용하기도 한다.

두 시스템은 인센티브 또한 다르게 작동한다. 작업 증명에서는 채굴자가 잠재적으로 자신이 채굴하는 화폐를 단 하나도 보유하지 않을 수 있고, 이에 따라 자신의 수익을 최대화하는 데에만 집중하는 것이 가능하다. 이러한 차이가 보안에 대한 위험성을 높이는지, 아니면 낮추는지는 확실하지 않다.

나. 이더리움 (캐스퍼 최신 버전) - 작업증명방식(PoW)와 지분증명방식(PoS)의 결합 - 2018

현재의 캐스퍼 프로토콜은 이전의 지분증명방식(PoS) 시스템과 다르게 전체적인 개발 방향을 바꾸었다. 현재의 프로토콜은 1980년대 Lamport의 연구와 Lamport 정리를 기반으로 운영 및 개발되고 있다. 이 시스템은 시스템 내의 검증자 중 3분의 2가 새로운 프로토콜에 동의하여 정족수를 만족할 경우에만 실행된다. 따라서 현재의 캐스퍼는 이전 버전보다 꼼꼼하지 않게 설계되었다 할 수 있다. 또한, 최신 캐스퍼 버전에서 지분증명방식(PoS) 시스템은 더 이상 블록을 생성하거나 블록 생성 시점을 결정하지 않으며, 체크포인팅 (checkpointing) 프로세스를 위해 활용되고 있다. 우리는 최신 개선안의 복잡성이 이전의 개선안보다 훨씬 높아졌다고 생각한다.

- 이 시스템은 다음과 같이 작동된다.
  ㉠ 지분증명방식(PoS) 시스템은 체크포인팅 시스템으로써 작업증명방식(PoW)에 대한 추가적인 보호 레이어를 제공하기 위해 100개의 블록만을 사용한다.
  ㉡ 지분증명방식(PoS) 과정의 참여자들은 보유하고 있는 이더리움을 "검증자 풀 (validator pool)에 보낸다. 만약 검증자 풀에 있는 자금의 3분의 2가 개선안의 프로토콜에 동의하면, 해당 블록은 완결된 블록으로 간주되며 완결성 (finality)을 갖춘 블록은 작업증명방식(PoW) 시스템에 대한 우선권을 얻게 된다.
  ㉢ 검증자들은 마지막 체크포인트 블록 이후의 유효한 12개의 승인된 블록에 대해서만 투표한다.
  ㉣ 지분보유자가 속임수를 이용해 서로 상충하는 개선안에 투표할 경우, 그 대가로 4%의 수수료를 받게 된다. 제 3자인 검증자는 이를 불법 투표에 대한 증거로 제시할 수 있고 속임수를 이용해 수수료를 받은 지분보유자는 보유한 지분과 예치금(Deposit) 전부를 몰수당하게 된다.
  ㉤ 정족수 3분의 2에 도달하지 못할 경우, 해당 블록체인은 전적으로 작업증명방식(PoW)에 기반해 거래를 이어간다.

이더리움 보상 체계는 지분증명방식(PoS) 시스템의 검증자와 작업증명방식(PoW) 시스템의 마이너가 모두 자금의 일부를 배당받는 방식으로 변화할 것이지만 새로운 보상 체계의 자세한 사항은 아직 결정되지 않았다.

다. 최신 캐스퍼 프로토콜의 문제점 분석

최근 발표된 캐스퍼 프로토콜은 낮은 시스템 복잡성과 작업증명방식(PoW) 위주의 마이닝 방식으로 이전의 버전보다 훨씬 더 개선된 사양의 프로토콜이 될 것이라 여겨진다.

이론상으로 최신 개선안에는 3가지의 현실적 문제점이 있다.

㉠ 지분보유자의 3분의 1 이상이 개선된 프로토콜에 따르지 않을 경우 – 작업증명방식(PoW) 시스템 기반으로 돌아가게 된다.
㉡ 지분보유자의 3분의 2 이상이 대체 체인 (alternative)에 투표하여 완결 (finality)이 이루어진 이후 선택을 바꾸면 – 장거리 공격 문제가 발생한다.
㉢ 정족수인 3분의 2에 달하는 지분보유자들이 기존의 가장 긴 작업증명방식 체인 (leading chain)보다 더 짧은 체인 (lower chain)을 선택하게 되면 체인 재생성 (re-organisation)을 야기할 수 있다. 우리는 이것이야말로 해당 개선안의 최대 단점이라고 생각한다.

이 시스템에 대한 가정의 핵심은 체인을 움직이는 작업증명방식(PoW)와 지분증명방식(PoS) 시스템만이 작동한다는 것이다. 작업증명방식(PoW)의 마이너가 한 번 체인을 선택하면, 지분증명방식(PoS)의 표는 12명의 마이너가 선택을 확정하기 전까지는 유효하지 않다. 실제로 정족수인 3분의 2를 만족하지 못하면, 해당 체인은 작업증명방식(PoW) 기반으로 운영된다. 이에 따라 저희는 최신 캐스퍼 개선안의 주요 특징을 작업증명방식(PoW) 시스템이 먼저 작동하고 나서 지분증명방식(PoS) 시스템이 공격적인 마이너의 체인 재생성을 확실하게 방지하는 것이라 결론지었다. 이런 점에서 작업증명방식(PoW) 시스템은 마이너의 체인 재생성 공격 위협을 막아내며 여전히 컴퓨터를 이용한 통합성 (computational convergence)을 제공한다고 평가할 수 있으며, 지분증명방식(PoS) 시스템은 안전성을 제공하지만, 위에서 언급한 3가지 문제점이 증명하듯 위험성도 있기 때문에 해당 시스템에 장점만이 존재하는지는 확신할 수 없다.

〈 표 2-7 작업증명방식(PoW)의 문제점 분석 〉

문제점	요 약
노드의 손해가 전혀 없는 Nothing at Stake 문제	검증자들은 길이가 같은 체인을 제외한 여러 체인에 중복 투표할 수 있다. 이 방식은 검증자가 "합법적"으로 선택을 변경할 수 있도록 고안된 것이다. 해당 모델의 하이브리드 버전에서는 작업증명방식 (PoW) 위주의 마이닝을 통해 통합성 문제가 해결될 가능성이 있다.
블록 생성	작업증명방식 (PoW) 기반의 마이너들은 직접 블록을 생성하기 때문에 블록 생성자 채택 관련 문제와 아무 상관이 없다.
장거리 공격 (Long range attack)	검증자 풀 (validator pool) 내의 지분 중 3분의 2가 블록 채택에 사용될 경우, 노드는 블록을 완결 (finalize)시키고 해당 블록은 재생성될 수 없다. 장거리 공격은 노드의 전원이 꺼진 상태일 때 문제를 일으킬 수 있다.
지분 그라인딩 (Stake grinding)	작업증명방식 (PoW) 기반의 마이너들은 직접 블록을 생성하기 때문에 지분 그라인딩 문제와 아무런 관련이 없다.

라. 기타 잠재적·미해결 문제점

논란의 여지가 있는 하드포크와 체인 분할이 실행될 때, 새로운 체인으로 인해 검증자의 체크포인트 투표 방식이 변경되면, 검증자의 3분의 2는 지분 몰수 (slashing)의 처벌을 받지 않고 기존 체인 (original chain)에 치명적인 재생성 공격을 시도할 수 있다. 다시 말해, 그들은 원하는 체인을 계속 사용하며 기존의 체인을 파괴시킬 수 있다. 이런 점에서 해당 시스템은 갑작스러운 운영 중단에 대해 상대적으로 회복성이 낮다고 할 수 있다.

⑥ **결론**

최신 이더리움 지분증명방식(PoS) 개선안이 이때까지의 개선안 중 가장 발전된 형태의 것으로 생각한다. 또한 이더리움이 이를 채택할 가능성이 있고, 시스템 보안에 순전히 긍정적 기여만을 할 수 있다고도 생각한다. 그러나 현재의 과도기적 단계에서 시스템은 여전히 작업증명방식(PoW) 위주의 마이닝에 의존하고 있다. 작업증명방식(PoW)은 지분증명방식(PoS) 프로세스의 작동보다는 비잔틴 문제의 해결에 우선순위를 두고 있다. 따라서 시스템은 중요 특성인 통합성 보장과 블록 생성을 위한 작업증명방식(PoW)에 의존할 수밖에 없다. 물론 지분증명방식(PoS) 마이닝이 몇 가지 위험 요소를 완화시킬 수 있지만 (공격적인 작업증명방식 마이너들), 시스템 통합과 보안에 장점으로만 작용할지는 불확실하다. 이런 이유로 지분증명방식(PoS) 회의론자들은 작업증명방식(PoW) 마이너로부터 지분보유자에게 재분배된 보상금(redistributed rewards)으로 인해 시스템 통합성과 보안성이 약화될 수 있다고 여겨진다.

이번 개선안이 성공적으로 구현되더라도 노드의 손해가 전혀 없는 것 (nothing at stake problem)은 심각한 문제점으로 작용할 수 있으며, 최종 결정자들은 새로운 메커니즘이 이 문제를 해결할 수 있을지에 대한 결론을 아직 내리지 못했다. 이처럼 상기 계획이 이번 개선안을 완전 지분증명방식(PoS) 시스템을 위한 단계적 변화의 발판으로 활용한 것일지라도, 프로토콜의 실제 적용은 이더리움 커뮤니티 내의 일부 사용자가 생각하는 것보다 훨씬 어려울 수 있다는 점을 유의해야 한다.

❾ PBFT

(1) PBFT의 개념

Safety를 확보하고 Liveness를 일부 희생하면서, 비동기 네트워크에서도 합의를 이룰 수 있는 알고리즘이 바로 Practical Byzantine Fault Tolerance, PBFT이다. 즉 네트워크에 배신자 노드가 어느 정도 있다고 해도 네트워크 내에서 이루어지는 합의의 신뢰를 보장하는 알고리즘이다. 현재까지 블록체인 합의 알고리즘 중 BFT 방식을 채택했다고 하는 경우 대부분 PBFT 합의 알고리즘을 바탕으로 조금씩 변형을 가했다고 볼 수 있다. 대표적으로 Tendermint는 PBFT에 DPoS 합의 알고리즘을 결합했으며, 이더리움 Casper는 PoW 방식의 채굴 위에 PoS + PBFT 형태의 블록 검증 시스템을 제안했다. 이 외에도 PBFT는 Hyperledger Fabric, R3, Ripple, EOS에 이르기까지 Public과 Private을 가리지 않고 다양한 블록체인에서 사용되고 있다.

PBFT를 다시 한번 요약하자면, 비동기 네트워크에서 배신자 노드가 f개 있을 때, 총 노드 개수가 3f+1개 이상이면 해당 네트워크에서 이루어지는 합의는 신뢰할 수 있다는 것을 수학적으로 증명한 알고리즘이다. 네트워크의 모든 노드는 거래와 같은 합의 대상의 상태를 변화할 것인지 prepared certificate와 commit certificate라는 두 번의 절차를 거쳐 결정한다.

(2) PBFT 합의 알고리즘 절차

PBFT 합의 알고리즘 논문이 말하는 PBFT 합의 절차를 쉽게 이해해 보겠다. MIGUEL CASTRO, BARBARA LISKOV 의 논문 "Practical Byzantine Fault Tolerance and Proactive Recovery" 의 내용을 바탕으로 이해했으며, 비잔틴 노드(배신자 노드)의 개수가 최대 f일 때, 전체 네트워크 노드 수가 3f+1개라는 전제로 절차가 진행된다.

Practical BFT

- CASTRO, Miguel, et al. Practical Byzantine fault tolerance. In: OSDI. 1999. p. 173-186
  - Implements BFT algorithm on NFS protocol
- PBFT is not a protocol about blockchain
- It gives inspiration to Tendermint and other BFT-style blockchain consensus algorithms

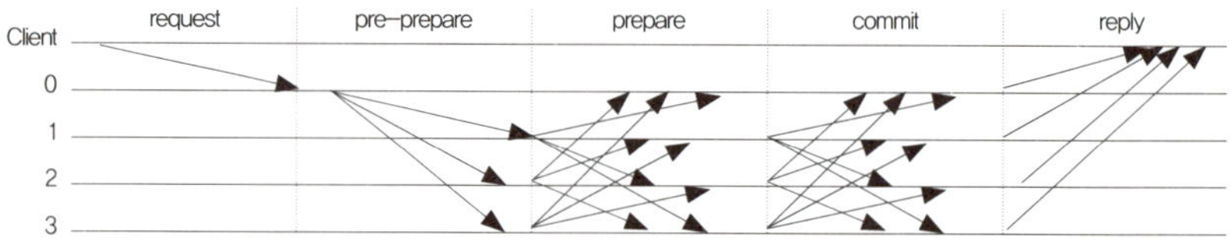

〈 그림 2-24 PBFT 합의 알고리즘 설명 〉

① **클라이언트가 상태 변환을 요청하는 Request 메시지 m을 Primary Node에 전송한다.**

논문에서는 처음 상태 변환 요청을 받은 노드를 Primary로, Primary를 제외한 네트워크 나머지 노드를 Backup이라고 칭한다. 그림에서는 0번 노드를 의미한다.

② **Primary가 request 요청을 받으면 먼저 Pre-prepare라는 절차를 시행한다.**

가. 해당 request에 대응하는 Sequential number "N"을 생성한다.
나. 네트워크의 나머지 모든 노드에게 Pre-prepare 메시지를 전송한다. 메시지의 구성은 〈Pre-prepare, V, N, D(m)〉이다. V는 메시지가 전송되는 View를 의미하고(View in which the message is being sent), N은 Sequential Number, D(m)은 요청 메시지 m의 요약본이다.
다. 네트워크 내 임의의 Backup 노드 i가 Pre-prepare 메시지를 받고, D(m)과 V, N이 서로 대응되는 값인지 검증한다. 만약 검증 결과 서로 대응되지 않는 값이라면 Pre-prepare 메시지를 수용하지 않는다. 검증 결과가 참이라면, Prepare 메시지를 생성해 네트워크의 나머지 모든 노드에게 전송한다.

라. 각각의 노드는 Pre-prepare 메시지와 Prepare 메시지를 수집한다. 수집한 Pre-prepare 메시지 개수가 2f+1개이고 Prepare 메시지가 2f개 이상인 경우 "prepared certificate"라고 부르며, 해당 노드는 "prepared the request" 상태가 된다.
마. "prepared certificate" 조건을 만족한 노드는 네트워크의 모든 노드에게 Commit 메시지를 전송한다.
바. 각각의 노드는 Commit 메시지를 수집합니다. Commit 메시지가 2f+1개 모이면 해당 노드는 "commit certificate"상태가 된다.
사. 정리하자면 "prepared certificate"와 "commit certificate" 두 가지가 모두 있을 경우 해당 노드는 "committed certificate"가 되며, 클라이언트가 요청한 request를 수용해 상태 변화 함수를 시행한다. 즉 네트워크의 합의 알고리즘이 작동하여 합의를 도출한다. Request를 수용할 경우 네트워크 어느 노드에서도 상태 변화를 수용했기 때문에 Safety를 충족한다. 블록체인 식으로 이해한다면, 합의를 이루어 블록이 블록체인에 올라갔다면, 어느 노드에서든 블록체인의 특정 height 블록을 검색하면 동일한 결과를 얻을 수 있다.

③ 하지만 네트워크 합의 요건을 충족하지 못한 request는 기각하기 때문에 Liveness를 일부 희생했다고 이해할 수 있다.

블록체인으로 이해한다면, 내용상 아무런 문제가 없는 블록이라 해도 2f+1 노드가 인정하지 않으면 체인에 올라갈 수 없다는 점에서 Liveness를 희생한 것이다.

(3) PBFT 합의 절차

두 번의 절차를 걸쳐서 합의해야만 하는 이유는 비동기 네트워크에서 한 번의 절차로만 합의를 시행할 경우, 배신자 노드가 합의 알고리즘의 Safety를 파괴할 수 있다.

① 가정 1 : 4개의 노드가 존재하는 네트워크

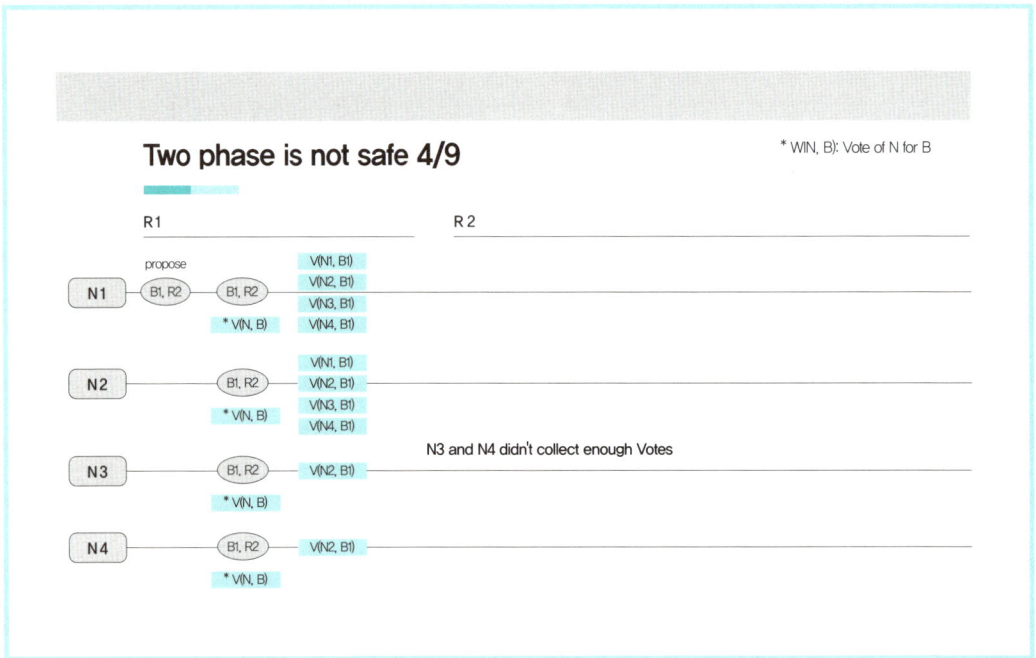

〈 그림 2-25 한번의 합의 절차만을 전제로 한 합의 알고리즘의 의사 결정단계_1 〉

노드 1이 블록 B1을 생성하고 모든 네트워크에 전파했다. 그리고 노드 1과 노드 2는 해당 블록을 검증한 결과를 노드 1, 2, 3, 4에게서 전부 받았다. 그런데 노드 3과 노드 4는 모종의 이유로 나머지 노드들의 검증 결과를 받지 못했다고 가정해 보겠다. PBFT 알고리즘이라면, 노드 3과 노드 4에서는 prepared certificate 상태에 도달하지 못해 commit 메시지를 보내지 못한다. commit 메시지가 과반수에 미치지 못하므로 블록 1은 commit되지 못한다.

② 가정 2 : certificate 한 번 만으로 commit을 할 수 있다고 한 경우

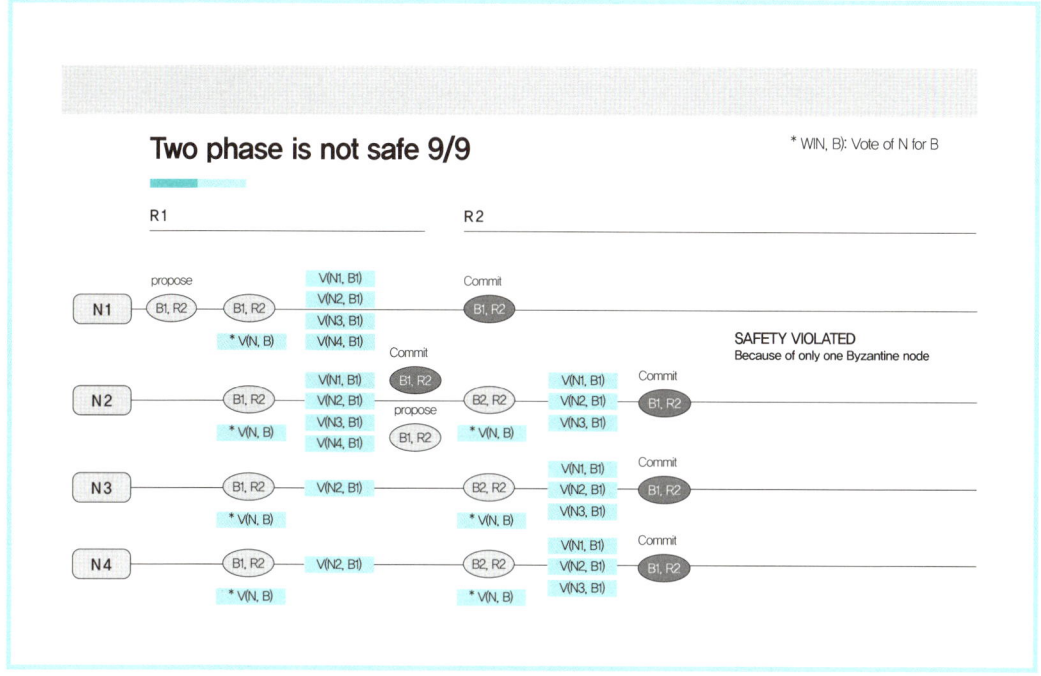

〈 그림 2-26 한 번의 합의 절차만을 전제로 한 합의 알고리즘의 의사결정단계_2 〉

여기서 노드 2가 배신자 노드일 경우, 노드 2는 다음과 같은 행동이 가능하다.

- 먼저 노드 1에게는 블록 1을 Commit 한다. 이제 노드 1은 R2 단계에서의 블록은 블록 1이라고 간주하게 된다.
- 합의에 도달할 투표수가 부족한 노드 3과 노드4에게는 새로운 블록 2를 제안한다. 노드 3과 4는 블록 1이 유효성 검증을 받지 못해 탈락한 것으로 알고, 노드 2과 같이 블록 2의 유효성 검증을 진행한다.
- 노드 2, 3, 4 모두 블록 2의 유효성 검증을 마치고 certificate를 얻었기에 블록 2를 Commit 한다. 이제 노드 3, 4는 R2 단계의 블록은 블록 2라고 간주하게 된다.

이 결과, R2 단계에서 Commit 인증을 받은 블록은 블록 1과 블록 2두 개가 된다. PBFT 시스템의 최대 장점은 배신자가 발생할 수 있는 비동기 네트워크에서 Safety를 보장하는 것이다. 그런데 투표 절차가 한 번에 불과할 경우, 한 명의 배신자 노드가 네트워크 합의 시스템의 Safety를 무력화하는 상황이 발생한다. 합의 알고리즘이 무너지는 것이다.

따라서 PBFT는 prepared certificate와 commit certificate 라는 두 번의 절차를 활용하여 배신자 노드가 존재하는 상황에서도 네트워크의 합의를 도출한다.

(4) PBFT 합의 알고리즘을 블록체인에 적용한 사례

PBFT 알고리즘을 블록의 합의에 적용한 대표적인 사례로는 Tendermint를 들 수 있다. Tendermint 합의 알고리즘을 분석하기에는 글이 너무 길어져서, 이번에는 Tendermint의 합의 알고리즘이 PBFT의 각각 어느 부분에 대응되는지 살펴보자.

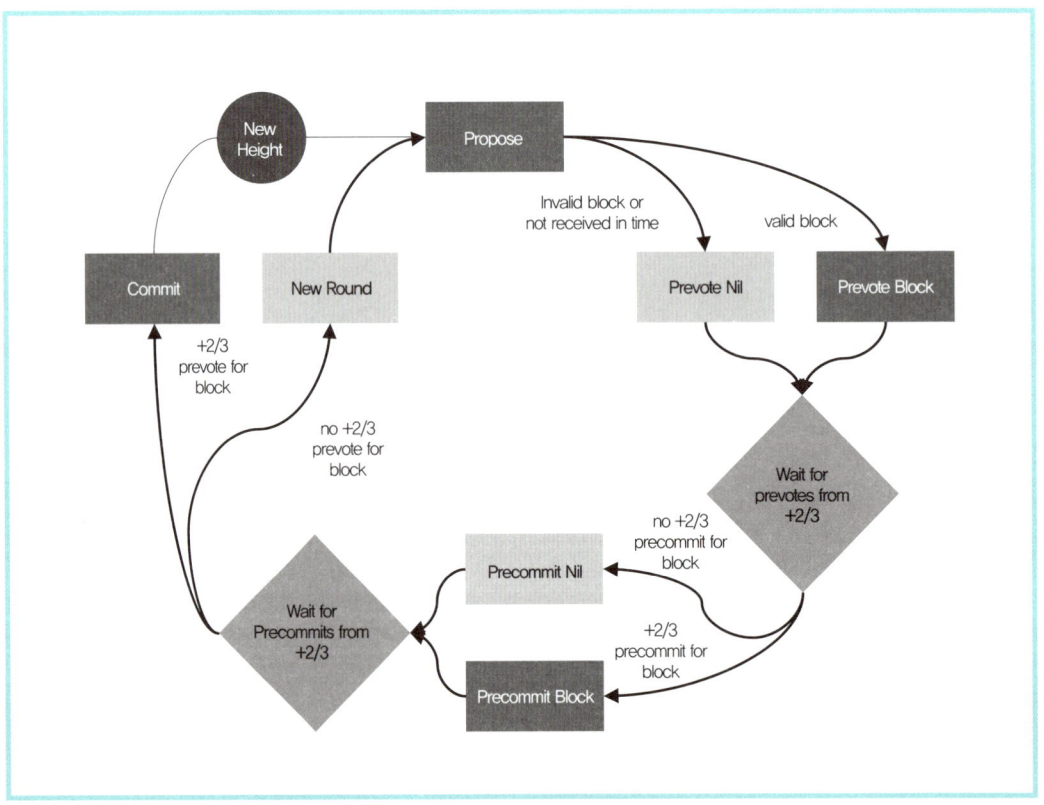

〈 그림 2-27 Tendermint 합의 알고리즘 대응 영역 〉

Tendermint는 Propose, Prevote, Precommit 과정을 거쳐 블록을 생성한다. 각 라운드마다 블록을 제안하며, 매 라운드에서 합의를 거쳐 블록을 생성한다.

- Tendermint에서 클라이언트가 네트워크에 블록의 생성을 Request하는 과정이 Propose이다.
- Propose된 블록을 각 노드가 검증하고, 검증한 결과 참인지 거짓인지를 투표하는 것이 Prevote이다. 각 노드가 블록을 검증한 결과를 네트워크에 전달하는 것이므로 Prepare 과정에 비교할 수 있다. Prevote Block이 전체의 2/3 이상일 경우 tendermint에서는 "polka"라고 부르는데, 이는 "prepared certificate"에 대응된다.
- Prevote 이후 Precommit 과정을 다시 한번 진행한다. Precommit에 동의한 노드가 전체의 2/3 이상일 경우 블록을 commit한다. "commit certificate"에 대응될 수 있으며, commit에 필요한 2/3 이상의 Precommit을 얻지 못할 경우 블록을 생성하지 않고 다음 라운드로 진행한다.
- Tendermint에서 블록의 Validator 노드는 100개이다. (= 3 * 33 + 1개)

STORY 2 적중 예상 문제
블록체인 구축·운영

01 다음 보기에서 암호학적 해시 함수의 응용 분야가 아닌 것은 무엇인가?

① 패스워드 관리
② 무결성 검증
③ 전자서명
④ 소프트웨어 변경 검출

 암호학적 해시 함수의 응용 분야로는 무결성 검증, 소프트웨어 변경 검출, 메시지 인증 코드, 전자서명 등이 있다.

02 다음에 설명하는 대표적인 블록체인 기반 기술은 무엇인가?

> • 리눅스 재단이 주도하는 블록체인 기술, P2P, 분산 원장 기술 기반, 성능과 신뢰성 향상을 위해 고유의 합의 알고리즘과 멤버십 관리 기능을 가짐

① Bitcoin Core
② Hyperledger Fabric
③ 이더리움
④ Eris

 Hyperledger Fabric
리눅스 재단이 주도하는 블록체인 기술, P2P, 분산 원장 기술 기반, 성능과 신뢰성 향상을 위해 고유의 합의 알고리즘과 멤버십 관리 기능을 가진다.

03 트랜잭션(거래)을 발생시킨 사람의 정당성을 보증하거나 거래·블록체인 변조 방지, 암호화 등 보안과 관련된 기능은?

① 합의 알고리즘
② 전자 서명·해시 함수
③ 스마트 계약
④ P2P

 전자 서명·해시 함수는 트랜잭션(거래)을 발생시킨 사람의 정당성을 보증하거나 거래·블록체인 변조 방지, 암호화 등 보안과 관련된 기능이다.

정답 1① 2② 3②

04 블록체인 기반 기술의 분류 중 아닌 것은?

① 마이닝(miming)형
② 공용(Public)형
③ 컨소시엄(Consortium)형
④ 개인(Private)형

 블록체인 기반 기술은 개인(Private)형, 컨소시엄형, 공용(Public)형 등이 있다.

05 해시값의 최상위 10바이트를 0으로 만들어야 하는 작업증명 시스템에서 해시값 제출에 성공하려면 평균 몇 번의 해시를 계산해야 하는가? (제곱기호는 ^을 활용하시오. 예 : 5^20)

① 4^80
② 3^80
③ 2^80
④ 5^80

 각 비트가 0이 될 확률이 1/2이며 서로 독립이므로 80개가 모두 0이 될 확률은 2^80이다.

06 생일역설(Birthday paradox)에 의하면 SHA-512의 안전성을 몇 비트로 평가할 수 있는가?

① 256비트
② 128비트
③ 64비트
④ 512비트

 생일역설(Birthday paradox)에 의하면 n비트 해시 함수의 안전성은 n/2 비트로 평가된다.

07 다음 중 Davies-Meyer 방식의 압축함수를 사용하지 않은 해시 함수는 무엇인가?

① SHA-1
② SHA-2
③ MD4
④ SHA-3

 SHA-3는 SHA3-224, SHA3-256, SHA3-384, SHA3-512의 4개의 해시 함수와 SHAKE128, SHAKE256으로 불리는 2개의 확장 가능한 출력 함수로 구성되어 있으며 스펀지 구조로 이루어져 있기 때문에 스펀지 함수라고 불린다.

 정답 4 ① 5 ③ 6 ① 7 ④

08 대칭키 암호가 가진 문제점이 아닌 것은 무엇인가?

① 성능이 비효율적이다.　　② 키 저장이 비효율적이다.
③ 키 분배가 어렵다.　　　　④ 인터넷에 적용이 어렵다.

 일반적으로 대칭키 암호는 아주 효율적이다.

09 다음 연결된 것 중 잘못 연결된 것은?

① 공용(Public)형 – 마이닝 노드형 검색 제한 없음
② 컨소시엄형 – 마이닝 노드형 제한 가능
③ 개인(Private)형 – 블록체인 검색 시 제한 가능
④ 컨소시엄형 – 블록체인 검색 시 제한 없음

 컨소시엄형(여러 조직에서 운영) 블록체인 검색 시 제한할 수 있다.

10 암호학적 해시 함수의 성질 중에서 주어진 입력값 x에 대하여 같은 출력값을 갖는 다른 입력값 x'값 (x가 아님)을 찾는 것은 계산적으로 불가능한 성질을 무엇이라 하는가?

① 강한충돌저항성　　② 약한충돌저항성
③ 일방향성　　　　　④ 역상저항성

 약한충돌저항성(Weak collision resistance)은 주어진 입력값 x에 대해 h(x)=h(x'), x ≠ x'을 만족하는 다른 입력값 x'을 찾는 것이 계산적으로 불가능한 것을 의미하며 두 번째 역상 저항성이라고도 한다.

11 공개키 암호의 안전성을 정의하기 위해서는 공격자의 능력과 ( )가 무엇인지 파악하는 것이 필요하다.

① 의지　　② 목적
③ 비전　　④ 목표

 안전성 정의는 공격자의 능력(Power)과 목표(Goal)에 의해서 정의된다.

정답청답 ① 9④ 10② 11④

12 다음 중 SNS 효과를 설명한 것 중 바르지 않는 것은?

① 기존 오프라인에서 알고 있었던 이들과의 인맥 관계를 강화 할 수 있다.
② 온라인을 통해 형성된 새로운 인맥을 쌓을 수 있는 장점이 있다.
③ 인터넷에서 개인의 정보를 공유할 수 있게 하고, 의사소통을 도와주는 소셜 미디어 1인 커뮤니티라고도 불린다.
④ 마케팅에 활용되기에는 많은 무리가 있다.

 인맥 형성 외에도 SNS는 다양한 활용범위가 있는데 마케팅은 물론 소셜커머스, 지식 판매, 공공부문, 게임 등에 이용될 수 있다.

13 공개키 서명의 정의에서 틀린 것은 무엇인가?

① 서명 생성 알고리즘은 공개키를 이용해서 메시지에 대한 서명을 생성한다.
② 키생성 알고리즘은 비밀키와 공개키를 생성한다.
③ 공개키 서명은 Gen, Sign, Verify 3개의 알고리즘으로 구성된다.
④ 서명 검증 알고리즘은 서명이 올바른 경우 1, 아니면 0 출력한다.

 서명 생성 알고리즘은 비밀키를 이용한다.

14 RSA_PSS 서명 기법에 대한 설명으로 틀린 것은 무엇인가?

① 키생성 알고리즘은 기존 RSA 서명과 유사하고 추가로 G, H 해시 함수를 공개키에 포함한다.
② 서명 생성 알고리즘에서는 PSS 인코딩을 수행해야 한다.
③ RSA_PSS 서명은 메시지가 동일하면 항상 동일한 서명을 생성한다.
④ 서명 검증 알고리즘은 지수승 연산후 PSS 인코딩에 대한 검증을 수행한다.

 RSA_PSS 서명은 랜덤을 포함하기 때문에 동일한 메시지에 대해서 다른 서명이 생성된다.

 정답 12 ④ 13 ① 14 ③

15 다음 중 4차 산업혁명에 선도 기술로써 세계경제포럼(WEF)에서 주목받은 기술은?

① 인터넷 기술 ② 블록체인 기술
③ 암호화 기술 ④ 휴대폰 기술

 블록체인은 4차 산업 혁명 선도 기술로써 세계경제포럼(WEF)에서 주목받은 10대 기술 중 하나이다.

16 비트코인 블록체인(블록체인 1세대)와 이더리움 블록체인(블록체인 2세대)의 비교 차이점이 아닌 것은?

① 블록체인 1세대 이후 2세대는 10년도 안 되어서 만들어졌다.
② 1세대는 가상화폐의 가능성(feasibility)을 보여주었다.
③ 1세대와 2세대는 다양한 응용분야에 충분히 빠른 처리속도를 보여 주었다.
④ 2세대는 다양한 응용분야를 접목시킬 수 있는 가능성을 보여 주었다.

 1세대와 2세대 모두 블록체인은 아직 속도 면에서 그 향상이 필요하다. 2세대는 그 발전을 꾀하고 있다.

17 블록체인의 진화 노력 중 단일관리자가 관리 주체로 되어 있는 블록체인의 형태는?

① 퍼블릭 블록체인
② 프라이빗 블록체인
③ 컨소시엄 블록체인
④ 비트코인 블록체인

 프라이빗은 단일 관리자가 관리 주체이다.

18 블록체인 기술의 구성 요소로 맞지 않는 것은?

① 스마트 계약
② 합의 알고리즘
③ 전자지갑
④ 해시 함수

 블록체인 기술의 구성 요소로는 블록의 마이닝, 스마트 계약, 전자서명, 해시 함수, 합의 알고리즘이 있다.

19 어떤 컴퓨터도 같은 처리를 할 수 있기 때문에 1대가 정지해도 시스템 전체에는 영향을 주지 않는 특징을 가지는 방식은?

① P2P(Peer-to-Peer)
② 전자 서명·해시 함수
③ 합의 알고리즘
④ DDoS

 P2P는 컴퓨터끼리 같은 목적으로 연결해 네트워크를 형성하는 방식이다. 어떤 컴퓨터도 같은 처리를 할 수 있기 때문에 1대가 정지해도 시스템 전체에는 영향을 주지 않는 특징을 가진다.

20 다음 분류 중 잘못 짝지어 진 것은?

① 비트코인 - 공용, 컨소시엄, 개인
② 이더리움 - 공용, 컨소시엄, 개인
③ 엔터프라이즈 영역 - 공용
④ Hyperledger Fabric - 컨소시엄, 개인성

 비트코인은 누구나 참가 가능한 형태이기에 공용형으로 분류된다. 엔터프라이즈 영역에서는 개인이나 컨소시엄형이 되겠지만 공급망과 같이 여러 기업이 운영하고 신뢰하는 멤버로만 구성하는 컨소시엄형은 엔터프라이즈 영역에서 분산 원장의 강점을 살릴 수 있다.

 정답 18 ③ 19 ① 20 ③

21 다음 중 블록체인 기반 기술 비교 내용과 잘못 설명된 것은?

① 비트코인 – 블록 생성 간격은 10분 단위지만, 확정됐다고 판단하기 위해서는 어느 정도 블록을 이어나가야 하기 때문에 1시간 정도 소요된다.
② 이더리움 – 블록 생성 간격은 12초 단위지만 확정됐다고 판단하기 위해서는 어느 정도 블록을 이어나가야 하기 때문에 몇 분 정도 소요
③ 비트코인 – 참가자(계정)는 각 노드에서 관리되고 공유되지 않음. 따라서 참가자 유입을 제한하는 기능은 존재하지 않음
④ 이더리움 – 참가자(계정)는 각 노드에서 관리되고 공유됨 . 따라서 참가자 유입을 제한하는 기능은 존재하지 않음

 이더리움은 참가자(계정)가 각 노드에서 관리되고 공유되지 않는다. 따라서 참가자 유입을 제한하는 기능은 존재하지 않는다.

22 데이터베이스의 상태를 변환시키는 하나의 논리적 기능을 수행하기 위한 작업의 단위 또는 한꺼번에 모두 수행되어야 할 일련의 연산을 의미하는 것은?

① 마이닝   ② 트랜잭션
③ 타임스탬프   ④ 클라우드

 트랜잭션(Transaction)은 데이터베이스의 상태를 변환시키는 하나의 논리적 기능을 수행하기 위한 작업의 단위 또는 한꺼번에 모두 수행되어야 할 일련의 연산을 의미한다.

23 다음 중 트랜잭션의 특징으로 아닌 것은?

① 하나의 트랜잭션은 Commit 되거나 Rollback 된다.
② 사용자가 시스템에 대한 서비스 요구 시 시스템이 응답하기 위한 상태 변환 과정의 작업단위이다.
③ 트랜잭션은 데이터베이스 시스템에서 병행제어 및 회복작업 시 처리되는 작업의 논리적 단위이다.
④ 트랜잭션의 연산은 데이터베이스에 모두 반영되어야 한다.

 트랜잭션의 성질 중 원자성에 해당한다. 트랜잭션의 연산은 데이터베이스에 모두 반영되든지 아니면 전혀 반영되지 않아야 한다.

24 다음 중 트랜잭션의 성질에 해당하지 않는 것은?

① 복수성 ② 원자성
③ 독립성, 격리성 ④ 영속성, 지속성

 트랜잭션의 성질에는 원자성, 일관성, 독립성(격리성), 영속성(지속성) 등이 있다.

25 퓨어 P2P형 시스템은 중앙 서버 없이 노드 탐색을 실현하기 위해 응용프로그램 수준의 네트워크를 구축해야 한다. 이것을 무엇이라고 하는가?

① 링크형 오버레이 ② 오버레이 네트워크
③ 구조화 오버레이 ④ 트리형 오버레이

 퓨어 P2P형 시스템은 중앙 서버 없이 노드 탐색을 실현하기 위해 응용프로그램 수준의 네트워크를 구축해야 한다. 이것을 '오버레이 네트워크'라고 한다.

26 다음 보기가 설명하는 내용에 맞는 것은?

· 한 개의 논리적 단위 (트랜잭션)에 대한 작업이 성공적으로 끝났고 데이터베이스가 다시 일관된 상태에 있을 때, 이 트랜잭션이 행한 갱신 연산이 완료된 것을 트랜잭션 관리자에게 알려주는 연산이다.

① Rollback 연산 ② Isolation 연산
③ Commit 연산 ④ Durability 연산

 Commit 연산에 대한 설명이다.

정답 24 ① 25 ② 26 ③

27 다음 트랜잭션의 상태를 바르게 설명하지 않은 것은?

① 활동(Active) : 트랜잭션이 실행 중인 상태
② 철회(Aborted) : 트랜잭션의 마지막 연산까지 실행했지만, Commit 연산이 실행되기 직전의 상태
③ 완료(Committed) : 트랜잭션이 성공적으로 종료되어 Commit 연산을 실행한 후의 상태
④ 실패(Failed) : 트랜잭션 실행에 오류가 발생하여 중단된 상태

 부분완료는 트랜잭션의 마지막 연산까지 실행했지만, Commit 연산이 실행되기 직전의 상태를 말한다. 철회(Aborted)는 트랜잭션이 비정상적으로 종료되어 Rollback 연산을 수행한 상태이다.

28 다음 보기가 설명하는 내용은 무엇인가?

- 암호화폐의 거래내역을 기록한 블록을 생성하고 그 대가로 암호화폐를 얻는 행위를 말한다. 암호화폐는 중앙은행과 같은 발행기관이 없이 거래내역을 기록한 원장을 전 세계 네트워크에 분산 저장하게 되는데, 이러한 블록체인(blockchain)을 유지하기 위해 해당 블록을 생성한 사람에게 일정한 보상을 지급하도록 설계되어 있다.

① 채굴(採掘) 또는 마이닝(mining)   ② 트랜잭션
③ 발행   ④ 분산

 채굴(採掘) 또는 마이닝(mining)이란 암호화폐의 거래내역을 기록한 블록을 생성하고 그 대가로 암호화폐를 얻는 행위를 말한다.

29 컴퓨터 시스템의 하드웨어 구조를 말하며 여러 가지 컴퓨터 구성 요소들에 대한 전반적인 기계적 구조와 이를 설계하는 방법은?

① 디바이스(Device)   ② 트랜잭션(Transaction)
③ 해시(Hash)   ④ 아키텍처(Architecture)

 Architecture(아키텍처)는 컴퓨터 시스템의 하드웨어 구조를 말한다. 아키텍처는 컴퓨터 시스템을 구성하고 있는 하드웨어 장치인 CPU, 레지스터, 기억 장치, 입출력 장치 등과 같은 여러 가지 컴퓨터 구성 요소들에 대한 전반적인 기계적 구조와 이를 설계하는 방법이다.

정답 27 ② 28 ① 29 ④

30 아키텍처를 설명한 것 중 틀린 것은?

① 아키텍처는 Service까지는 소프트웨어를 구상할 필요까진 없다.
② 메인 프레임의 시대로서 아키텍처의 중요한 부분은 하드나 OS 등의 플랫폼에 구축되고 있고 그 위에 애플리케이션을 구현하면 솔루션이라고 할 수 있다.
③ 아키텍처는 소프트웨어의 환경이 변화되고 있는 것을 감지해야 한다.
④ 아키텍처란 소프트웨어 개발자들이 어쩔 수 없이 작성해야만 하는 전체 시스템의 밑그림을 말한다.

 21세기 소프트웨어는 수많은 프레임워크와 수많은 업무가 연관 관계를 맺는 구조이기에 그 품질 목표마저도 모호한 상태이거나 계량화하기 힘들어진 상태이다. 그러하기 때문에 아키텍처는 Service 중심의 소프트웨어를 구상하여야 한다. 최근 인터넷의 급속한 진화와 함께 이슈가 되고 있는 웹2.0 기술의 근간은 사용자 참여형 아키텍처라 할 수 있다.

31 일반적으로 인터넷과 연결된, 단일 에코시스템으로 작동하는 원격 서버의 글로벌 네트워크를 지칭하는 것은?

① P2P
② 사물인터넷
③ 인공지능
④ 클라우드

 클라우드는 일반적으로 인터넷과 연결된, 단일 에코시스템으로 작동하는 원격 서버의 글로벌 네트워크를 지칭한다. 아마도 '클라우드'를 들으면 조 단위의 파일을 보관하는 하나의 거대한 컴퓨터를 떠 올릴 것이다.

32 클라우드에 대한 설명으로 바르지 않은 것은?

① 보통 다른 회사의 클라우드 상에 공간을 임대하는 방식으로 자체 클라우드를 생성할 수도 있다.
② 인터넷과 상관없이 휴대폰 접속만 있으면 모두 가능하다.
③ 클라우드는 문서, 사진, 거의 모든 유형의 파일들을 다양한 운영체제의 기기에서 공유할 수 있게 해준다.
④ 클라우드에 모든 문서를 저장하는 것은 개인 및 기업에 위험할 수 있다.

 클라우드는 문서, 사진, 거의 모든 유형의 파일들을 다양한 운영체제의 기기에서 공유할 수 있게 해준다. 인터넷과 휴대폰 접속만 있으면 모두 가능하다. 하지만 클라우드의 강점 이면에는 스토리지와 서비스로의 모든것(Everything as a Service)이 있다.

 정답 30 ① 31 ④ 32 ②

33 플랫폼(platform)의 정의로 알맞지 않은 것은?

① 기차역의 플랫폼에서 유래했다고 할 수 있다.
② 가장 큰 역할은 앱이 필요한 일반 사용자와 고객이 필요한 앱 개발자를 연결하는 것이다.
③ 플랫폼의 또 다른 특징은 폐쇄형 시스템이다.
④ 각각 '구획된 땅' '형태'란 뜻의 영어단어 'plat'과 'form'이 합쳐져 형성된 단어다

 플랫폼의 또 다른 특징은 개방시스템이라는 사실이다. 앱스토어든 페이스북이든 플랫폼 비즈니스는 기본적으로 누구에게나 열려 있다.

34 다음 중 플랫폼이 필요한 내용 중 맞지 않은 것은?

① 플랫폼은 사용자가 많을수록 취약해질 수 있다.
② 애플과 페이스북, 카카오톡, 에어비앤비 등은 모두 플랫포머라고 할 수 있다.
③ 플랫폼이 작동하려면 일단 플랫폼을 만드는 사람 즉 플랫포머(Platformer)가 필요하다.
④ 네트워크 효과가 강할수록 플랫폼 비즈니스는 더 빨리 성장한다.

 플랫폼은 사용자가 많을수록 번성한다. 사용자가 많아야 보완자가 많이 오고, 보완자가 공급하는 제품과 서비스가 다양해져서 더 많은 사용자를 끌어들이는 선순환 구조가 생기기 때문이다.

35 다음 보기가 말하는 것은 무엇인가?

> • 사용자 간의 자유로운 의사소통과 정보 공유, 그리고 인맥 확대 등을 통해 사회적 관계를 생성하고 강화해주는 온라인 플랫폼을 의미한다.

① 플랫폼
② P2P
③ 소셜 네트워킹 서비스(SNS)
④ 온라인

 소셜 네트워킹 서비스(Social Networking Service)는 사용자 간의 자유로운 의사소통과 정보 공유, 그리고 인맥 확대 등을 통해 사회적 관계를 생성하고 강화해주는 온라인 플랫폼을 의미한다. SNS에서 가장 중요한 부분은 이 서비스를 통해 사회적 관계망을 생성, 유지, 강화, 확장해 나간다는 점이다.

정답 33 ③ 34 ① 35 ③

36. 다음 중 블록체인 생태계에서 소유권 이전이나 온라인상에서 전자 계약 등에 신뢰성과 안전성을 담보할 수 있도록 전자서명을 통해 제공하는 정보보호 서비스는 무엇인가?

① 인증
② 무결성
③ 부인방지
④ 권한 부여

인증(Authentication) : 신분의 검증을 의미
무결성(Integrity) : 비인가 된 자에 의한 정보의 변경, 삭제, 생성 등으로부터 보호하여 정보의 정확성, 완전성이 보장되어야 하는 원칙
권한 부여(Authorization) : 특정 사용자, 프로그램 또는 시스템 등 리소스에 대한 접근 권한 및 정책을 지정하는 기능

37. 암호에서 평문을 암호문으로 만드는 과정에서 사용하는 파라미터는 무엇인가?

① 암호화 키(encryption key)
② 암호화(encryption)
③ 복호화(Decryption)
④ 암호 알고리즘(Cryptographic algorithm)

암호화 : 평문을 암호문으로 변환하는 과정
복호화 : 암호화의 역조작, 암호문을 본래의 평문으로 복원하는 과정
암호 알고리즘: 암호화와 복호화에 사용되는 수학적인 함수(과정)

38. 해커들이 랜섬웨어 감염자들에게 비트코인을 요구하는 이유가 비트코인의 소유자가 누구인지 추적할 수 없어서라고 한다. 비트코인에서 소유자의 익명성을 주는 것은 무엇인가?

① 은행 계좌번호
② 대칭 키 암호의 비밀키
③ 분산저장
④ 공개키 암호의 공개키와 해시 함수

비트코인에서 사용되는 소유자의 주소는 소유자의 공개키를 해시하여 유도된다. 따라서 공개키의 소유자가 누구인지 알 수 없고 추후 공개키에 해 당하는 개인키(비밀키)를 소유한 사람은 전자서명을 통해 그 공개키의 소유권을 사용할 수 있다.

정답 36 ③ 37 ① 38 ④

39 블록체인-데이터-구조에서 트랜잭션 데이터는 어떤 구조로 저장되는가?

① 머클 트리 ② 브레이크 어웨이
③ 바이너리 ④ 하이브리드 방식

 머클 트리는 다수의 트랜잭션을 계층적으로 구성해 하나의 해시값으로 표현한다. 이를 통해 트랜잭션 내용의 조작을 방지하고, 블록 헤더를 효율적으로 구성한다.

40 다음 중 분산 시스템의 특징으로 맞지 않는 것은?

① 뛰어난 계산 능력 ② 고비용 구조
③ 확장성 ④ 안정성

 슈퍼컴퓨터와 비교할 때 이와 비슷한 성능의 분산 시스템을 구성하는 데 드는 비용이 매우 낮다.

41 다음 거래 내역의 무결성을 유지하기 위해 필요한 요소 중 이중 사용 방지와 관련된 것은?

① 승인 ② 형식적 정확성
③ 신뢰 ④ 의미상 정확성

 의미상 정확성은 거래 정보가 재화의 소유권 이전과 관련된 상식과 부합하는 내용인지 아닌지를 확인하기 위한 것으로, 이에는 이중 사용 방지는 물론이고 한 번의 거래에서 이전 가능액, 각 사용자에 대한 거래 횟수의 제한 등이 포함된다.

42 다음 괄호에 들어가야 하는 말로 알맞은 것은 무엇인가?

· "암호화 기법 중 암호화와 복호화에 각각 다른 key를 사용하는 것을 (　　) 기법이라고 한다."

① 비대칭 암호화 ② 대칭 암호화
③ 대칭 복호화 ④ 비대칭 복호화

 비대칭 암호화 기법은 암호화와 복호화에 각각 다른 key를 사용하는 기법으로 두 key가 상호 보완적이어서 하나로 암호화한 정보는 다른 key로 복호화 할 수 있다.

정답 39 ① 40 ② 41 ④ 42 ①

43 다음 중 분산 시스템에 대한 설명으로 옳지 않은 것은 무엇인가?

① 순수 분산형 P2P 시스템은 구성원이 동등한 상호작용을 한다.
② 네트워크를 통하여 연결된 다양한 장치들이 계산 및 저장 등의 작업을 협력하여 처리하는 시스템이다.
③ 일반적으로 단일시스템보다 구현하기 간단하다.
④ 단일시스템보다 정보 관리 측면에서 안정적이다.

 간단하고 신속한 장점이 있는 반면 데이터의 공유가 없으므로 조직 전체로 볼 때 효율적이지 못하다.

44 다음 중 다중 노드 사이의 메시지 교환에서 상태 복제를 위해 Serializer가 하는 역할은 무엇인가?

① 메시지 위변조를 방지한다.
② 메시지의 송수신 지연을 방지한다.
③ 메시지 기록 순서를 정해 모든 노드가 동일한 장부를 유지하게 한다.
④ 메시지를 암호화하여 기밀성을 제공한다.

 Serializer는 메시지 기록 순서를 정해 모든 노드가 동일한 장부를 유지하게 한다.

45 IBM에서 고안한 PBFT를 확장한 알고리즘으로 맞는 것은 무엇인가?

① Paxos
② Sieve
③ Raft
④ PoS

 Sieve는 IBM에서 고안한 PBFT를 확장한 알고리즘이다. Hyperledger Fabric에 채택되어 있지만 2016년 7월 시점 기준으로 대상에서 제외됐다.

 정답 43 ④ 44 ③ 45 ②

46 다음 중 블록체인의 합의 알고리즘에 대한 설명으로 옳은 것은 무엇인가?

① 분산시스템에서 모든 노드가 동일한 장부(값)를 유지하기 위해 필요하다.
② 분산시스템에서 빠르게 장부를 교환하기 위해 필요하다.
③ 분산시스템에서 노드가 저장하는 데이터의 중복을 없애기 위해 필요하다.
④ 분산시스템에서 저장하는 데이터의 비밀을 유지하기 위해 필요하다.

 블록체인에서 합의 알고리즘은 분산시스템에서 모든 노드가 동일한 장부(값)를 유지하기 위해 필요하다.

47 다음 중 비잔틴 동의에 대한 설명으로 옳지 않은 것은 무엇인가?

① 비잔틴 노드는 노드에 따라 서로 다른 메시지를 보낼 수 있다.
② 비잔틴 동의는 분산시스템에 비잔틴 노드가 참여한 상황에서도 합의할 수 있어야 한다.
③ 비잔틴 노드도 반드시 메시지는 보내야 한다.
④ 모든 비잔틴 노드가 동일한 공격자에게 통제될 수 있다.

 비잔틴 노드는 임의의 행동을 하는 노드로 메시지를 보내지 않을 수 있다.

48 가장 유명한 합의 알고리즘의 하나이며, 데이터베이스를 복제할 때는 동일한 서버를 하나 더 만들어 데이터를 복제하는 것이 일반적인 알고리즘은?

① Raft
② Sieve
③ Paxos
④ PBFT

 가장 유명한 합의 알고리즘의 하나다. 데이터베이스를 복제할 때는 동일한 서버를 하나 더 만들어 데이터를 복제하는 것이 일반적이다(Replication System). 하지만 블록체인에서는 이런 복제 시스템을 사용한 사례가 아직 없다.

정답 46 ① 47 ③ 48 ③

49 다음 중 블록체인에 대한 설명으로 옳지 않은 것은?

① 모든 노드가 동일한 거래를 기록한 원장을 유지해야 한다.
② 거래를 위조하고 싶은 경우 거래를 포함한 블록만 위조하면 된다.
③ 거래를 기록한 모든 블록은 해시 함수를 이용한 해시 체인으로 연결된다.
④ 거래는 블록 단위로 나누어 기록하고 유지된다.

 블록체인에서 거래를 위조하는 경우 거래를 포함한 블록과 해당 블록 이후 모든 블록을 변조해야 한다.

50 다음 중 작업증명방식(PoW)에 대한 설명으로 옳지 않은 것은 무엇입니까?

① 목표값(난이도)은 전자서명의 출력값을 의미한다.
② 새로운 블록을 생성하기 위하여 특정한 난이도를 가지는 문제의 결과를 찾는 작업을 수행하고 이를 증명하는 것이다.
③ 목표값(난이도)에 해당하는 값을 찾으면 블록이 생성된다.
④ 작업증명은 비트코인에서 처음 소개된 방법이다.

 블록의 생성에 해시 함수를 사용하며 작업증명에서는 난이도에 해당하는 해시값을 찾으면 블록이 생성된다.

51 다음 중 지분작업증명방식(PoS)에 대한 설명으로 옳지 않은 것은 무엇입니까?

① 작업증명과 비교하여 과도한 에너지 소비를 해결할 수 있다.
② 지분과 상관없이 동등한 블록 생성 확률을 가진다.
③ 소유 지분이 블록생성에 반영된다.
④ 지분이 많을수록 블록생성 난이도가 낮아진다.

 지분이 많을수록 난이도가 낮아서 더 높은 블록 생성 확률을 가진다.

 정답 49 ② 50 ① 51 ②

52 블록체인에서 분산원장에 대한 해시 함수와 가장 관계있는 정보 보호 서비스는 무엇인가?

① 무결성
② 부인방지
③ 기밀성
④ 가용성

 무결성은 비인가 된 자에 의한 정보의 변경, 삭제, 생성 등으로부터 보호하여 정보의 정확성, 완전성이 보장되어야 하는 원칙으로 해시함수를 통해 무결성 서비스를 제공한다.

53 다음 대칭키 암호 알고리즘에 대한 설명으로 가장 거리가 먼 것은 무엇인가?

① SEED, ARIA, LEA 등은 국산 대칭키 암호이다.
② 공개키 암호보다 속도가 효율적이다.
③ 다수가 암호화 통신하기에 키 관리가 편리하다.
④ 암호화 키와 복호화키를 비밀리 간직해야 한다.

 정보교환 당사자 간에 동일한 키를 공유해야 하므로 다수가 암호화 통신을 할 때 서로 다른 키를 사용해야 하므로 키 관리가 어렵다.

54 다음 중 블록체인에서 공개키 암호기술을 사용하지 않는 것은 무엇인가?

① 전자서명
② 소유자의 계정 식별
③ 트랜잭션 승인
④ 분산원장의 무결성

 분산원장의 무결성은 해시 함수를 사용하여 얻는다. 해시 함수는 공개키 암호 기술이 아니다.

55 다음 암호 중 보안 강도가 가장 높은 것은 무엇인가?

① RSA 2048비트
② 타원 곡선 전자서명(ECDSA) secp256k1
③ 해시 함수 SHA 224비트
④ 전자서명(DSA) 2048비트

 해시값으로는 원래의 데이터를 복원할 수 없다.

정답 52 ①   53 ③   54 ④   55 ②

56 다음 중 일반적으로 네트워크에서 메시지 중복 수신을 해결하기 위하여 사용하는 것은 무엇인가?

① 해시값(hash value)　　② 순차 번호(sequence number)
③ 응답 메시지　　　　　　④ 응답 대기 시간

 순차 번호는 메시지 중복수신, 수신 메시지 순서 정렬 등을 방지하기 위하여 TCP 등 프로토콜에서 널리 사용하고 있다.

57 모든 노드가 순차적인 명령을 같은 순서로 수행하는 상태를 무엇이라 하는가?

① 순차 번호(sequence number)　② 동의(agreement)
③ 해시값(hash value)　　　　　　④ 상태 복제(state replication)

 모든 노드가 순차적인 명령을 같은 순서로 수행하는 상태를 '상태 복제(state replication)'라고 한다.

58 다음 중 합의의 성질 중 모든 올바른 노드는 같은 값을 결정함을 의미하는 것은?

① 상태 복제(state replication)　② 동의(agreement)
③ 해시값(hash value)　　　　　　④ 응답 메시지

 합의의 성질 중 '동의'는 모든 올바른 노드는 같은 값을 결정해야 함을 의미한다.

59 분산 시스템에서 임의의 행동을 하는 노드를 무엇이라 하는가?

① 비잔틴　　② 오실로
③ 비발디　　④ 좀비

 분산 시스템에서 임의의 행동을 하는 노드는 '비잔틴'이다.

 정답 56 ② 57 ④ 58 ② 59 ①

60. 전체 노드 수를 n, 비잔틴의 수를 f라 할 때, 분산시스템에서 수용 가능한 비잔틴의 수는 얼마인가?

① $f > \dfrac{n}{3}$　　② $f \sum\limits_{n}^{3}$　　③ $f \sum\limits_{3}^{n}$　　④ $f < \dfrac{n}{3}$

 전체 노드 수를 n, 비잔틴의 수를 f라 할 때, 분산시스템에서 수용 가능한 비잔틴의 수는 $f < \dfrac{n}{3}$ 이다.

61. 전체 노드 수를 n, 비잔틴의 수를 f라 할 때, 본인의 Propose 메시지를 포함하여 수신을 확신할 수 있는 Propose 메시지의 최대 수는 얼마인가?

① $n > f$　　② $n - f$
③ $n + f$　　④ $n < f$

 전체 노드 수를 n, 비잔틴의 수를 f라 할 때, 수신 가능한 메시지의 최대 수는 n-f 이다.

62. 블록체인에서 거래가 기록된 블록을 체인으로 연결하는 역할을 하는 것은 무엇인가?

① 해시 함수　　② 노드
③ 제네시스　　④ 전자서명

 블록체인에서 거래가 기록된 블록을 체인으로 연결하는 역할을 하는 것은 해시 함수이다.

63. 전자서명의 서명과 검증 중에서 개인키를 알아야만 할 수 있는 것은 무엇인가?

① 공개키　　② 공인인증
③ 서명　　④ OTP

 전자서명의 서명과 검증 중에서 개인키를 알아야만 할 수 있는 것은 서명이다.

64. 비트코인에서 난이도보다 작은 해시값이 나오는 블록헤더의 nonce 값을 찾아 블록을 생성하는 것을 무엇이라 하는가?

① 채굴　　　　　　　　② PoS
③ PoW　　　　　　　　④ DApp

 비트코인에서 난이도보다 작은 해시값이 나오는 블록 헤더의 nonce 값을 찾아 블록을 생성하는 것을 채굴이라고 한다.

65. 지분에 따라 난이도가 다르게 적용되도록 하는 합의 방법을 무엇이라 하는가?

① PoW　　　　　　　　② DApp
③ Mining　　　　　　　④ PoS

 지분에 따라 난이도가 다르게 적용되도록 하는 합의 방법을 지분증명이라고 한다.

66. 작업증명방식(Proof of Work)의 문제점을 설명한 것 중 틀린 것은?

① 51% 문제　　　　　　② 계산방법
③ 파이널리티 불확실성　　④ 성능한계

 작업증명방식(PoW)의 문제점으로는 51% 문제, 파이널리티 불확실성, 성능한계, 블록체인의 용량 등이다.

67. 분산시스템의 장애 모델로 설명이 틀린 것은?

① FAIL STOP 모델 – 어떤 오류로 인해 중지된 서버는 깨끗이 퇴출하는 모델
② FAIL RECOVER 모델 – 한 번 정지한 서버가 부활하는 모델(지연과 중단을 구별하지 않음)
③ FAIL FAULT 모델 – 어떤 오류로 인해 악의적으로 실수를 일으키는 모델
④ BYZANTINE FAULT 모델 – 임의 노드가 악의적으로 실수를 일으키는 모델

 FAIL STOP 모델 – 어떤 오류로 인해 중지된 서버는 깨끗이 퇴출하는 모델
FAIL RECOVER 모델 – 한 번 정지한 서버가 부활하는 모델(지연과 중단을 구별하지 않음)
BYZANTINE FAULT 모델 – 임의 노드가 악의적으로 실수를 일으키는 모델

 정답　64 ①　65 ④　66 ②　67 ③

여기서 멈출 거에요? 고지가 바로 눈앞에 있어요.
마지막 한 걸음까지 함께 할게요!

STORY 3

블록체인 서비스 기획

1. 블록체인 서비스
2. 블록체인 분석 기법
3. 블록체인 분석 및 전망
4. 블록체인 비즈니스 모델(BM) 개발
5. 공공(Public)
6. 의료(Medical treatment)
7. 유통(Distribution)
8. 행정(Administration)
9. 금융(Finance)

적중 예상 문제

블록체인관리사(CBM) 3급
한 권으로 끝내기

당신이 상상하는 모든 것은 혁신이 된다.

STORY 3 블록체인 서비스 기획

블록체인 관리사 (CBM) | STORY 3 : 블록체인 서비스 기획

❶ 블록체인 서비스

(1) 블록체인 서비스

기업들이 큰 비용 투자 없이 분산 원장 기술을 사용할 방법을 모색하면서 서비스로서의 블록체인(Blockchain as a Service, BaaS) 시장이 빠르게 성장 중인 가운데 아마존, 마이크로소프트, 오라클과 같은 기업이 이 시장에서 막대한 수익을 거두게 될 전망이다.

뱅크 오브 아메리카(BOA) 연구 분석가인 캐시 랭건에 따르면, 서버 가운데 불과 2%만 블록체인 노드 역할을 하게 되더라도 BaaS 시장은 70억 달러 규모에 이르게 된다.

최근 랭건은 BaaS 바람을 가장 잘 활용할 위치에 있는 9개 기업을 선정했다. 랭건은 BaaS 제공업체인 아마존, 마이크로소프트, 오라클 외에 IBM, 세일즈포스닷컴, VM웨어를 이 분야의 리더 기업으로 분류했다. 또한 레드핀(Redfin), 질로우(Zillow), 렌딩트리(LendingTree)와 같은 블록체인 기반 온라인 서비스를 운영 중인 부동산/모기지 기업도 BaaS 시장 성장의 수혜 기업으로 언급됐다. 이런 서비스는 재산 양도 과정을 디지털화한다.

기업들이 분산 원장 구축을 추진하면서 업계 최대의 IT 제공업체들은 기업에서 내부적으로 분산 원장을 구축하는 데 따르는 비용 또는 위험 없이, 그리고 현재 수요가 급증하고 있는 내부 개발자를 찾을 필요 없이 이 기술을 테스트할 수 있는 방편으로 BaaS를 출범했다.

IDC의 전 세계 블록체인 전략 담당 연구 책임자인 빌 피언리 주니어는 "생각해야 할 점은 블록체인 기술이 여전히 매우 초기라는 점이다. 따라서 수년간의 심층적인 경험을 보유한 인력은 극소수다"고 말했다.

(2) 블록체인 서비스의 빠른 도입 증가

마이크로소프트는 2015년 애저 클라우드 플랫폼을 기반으로 몇몇 소프트웨어 공급업체와 함께 가장 먼저 BaaS를 제공하기 시작했다. 마이크로소프트에 따르면, 애저 서비스는 다양한 블록체인 프로토콜에 개방되어 있으며 하이퍼레저(Hyperledger)와 같은 단순한 UTXO(Unspent Transaction Output) 기반 프로토콜, 이더리움(Ethereum)과 같은 보다 정교한 스마트 계약 기반 프로토콜을 지원하며 그 외의 프로토콜도 개발되는 대로 지원하고 있다.

애저는 이더리움, 하이퍼레저 패브릭, R3, 코다(Corda), 쿠오럼(Quorum), 체인 코어(Chain Core) 및 블록앱스(BlockApps)와 같은 분산 원장을 지원한다. 랭건은 "애저의 BaaS는 스마트 계약과 같은 서비스와 기타 타사 앱을 제공하며 애저에서 블록체인 사용이 증가함에 따라 수혜를 입을 것"이라고 말했다.

IBM은 2016년 블록체인 서비스를 출범했으며 이후 머스크(Maersk), 월마트를 포함해 블록체인 분야에서 가장 큰 규모의 여러 엔터프라이즈 공급망 추적을 구현했다. 월마트는 지난 9월 말 공급업체를 대상으로 생산 데이터를 자사의 IBM 푸드 트러스트(Food Trust) 블록체인에 입력할 것을 요청했다. 월마트는 이미 푸드 트러스트를 사용해 10개 공급업체의 25개의 식품을 추적 중이다.

월마트의 시범 사업 결과를 보면, 매장에서 원산지 농장까지 식품을 추적하는 데 소요되는 시간이 기존 7일에서 불과 2.2초로 단축됐다. 지난해를 전후한 주요 동향은 다음과 같다.

- 하이퍼레저 프로젝트(Hyperledger Project)에서 블록체인 기반 비즈니스 네트워크 구축을 위한 협업 툴인 패브릭 1.0(Fabric 1.0)을 출시했다.
- SAP는 레오나르도(Leonardo) 디지털 소프트웨어 플랫폼 기반의 BaaS를 출범했다.
- HPE도 BaaS 공급업체 대열에 합류했다. HPE는 서버 노드, CPU 또는 코어 단위의 가격을 사용해 다른 BaaS 상품과 비슷한 유연한 과금 모델을 제공할 계획이다.

HPE의 서비스는 뉴욕에 소재한 은행 컨소시엄인 R3이 개발한 블록체인 플랫폼 코다(Corda)를 기반으로 한다. 포레스터 리서치의 수석 분석가 마사 베넷에 따르면, R3의 코다는 은행, 보험사 및 기타 블록체인 환경의 기업 간에 가장 큰 규모의 민간 컨소시엄이다. 핀테크 업계는 블록체인을 가장 먼저 도입한 업계에 속한다. R3이 리눅스 재단의 하이퍼레저 개발 프로젝트에 코드를 양도한 시점부터 코다는 오픈소스 분산 원장이 됐다.

2018년 7월 오라클은 아마존에 이어 BaaS를 발표했다(아마존은 AWS의 일부로 BaaS를 출시했다). 오라클의 BaaS는 국가 간 환전 지원을 목표로 하는 IBM과 마찬가지로 하이퍼레저 프로젝트를 기반으로 한다.

아마존의 경우 랭건은 "개선된 공급망 추적이 아마존의 소매 사업 효율성을 높이는 동시에 블록체인 구현을 통한 점진적인 클라우드 수요 증대의 수혜도 입을 것"이라고 말했다.
B2B 소프트웨어 리뷰 사이트인 G2 크라우드(G2 Crowd)의 최고 연구 책임자인 마이클 포세트는 "아마존이 제공하는 서비스는 AWS 박스에 포함된 많은 툴 가운데 하나로 보이지만 BaaS 도입은 다른 클라우드 서비스 도입과는 그 형태와 기능이 전혀 다르다"고 말했다.
포세트는 "블록체인을 중심으로 한 사용 사례 아이디어가 폭발적으로 증가 중인 만큼 다른 분야에 비해 빠른 속도로 도입을 이끌게 될 것"이라고 말했다.

블록체인은 비트코인 암호화폐로 인해 초기에 악평을 들었지만, 기업에서 시간과 관리 비용을 절감하는 데 도움이 될 뿐만 아니라 정보 공유 방식에 있어 새로운 패러다임을 제공할 잠재력을 지닌 것은 사실이다. 특히 BaaS는 많은 기업이 현재 클라우드 공급업체를 그대로 사용해 기술을 시험해볼 수 있다는 측면에서 매력적이다.

피언리는 "새로운 기술이 모두 그렇듯이 기업 고객이 프로덕션으로 투입하면서 거쳐야 하는 학습 곡선이 있다"라면서, "BaaS 제공업체와 협력할 때 얻는 이점 가운데 하나는 제공업체가 습득한 지식을 활용해 시스템을 더 안전하게 만들 수 있다는 것"이라고 말했다. 피언리는 "BaaS 제공업체가 컨설턴트 역할도 한다"라고 덧붙였다.

〈 출처 : ITWorld Korea_서비스로서의 블록체인 시장 현황과 사용 사례 〉

(3) 실제 사용 사례

언스트앤영(Ernst & Young, EY)의 블록체인 기술 글로벌 혁신 리더인 폴 브로디는 BaaS 플랫폼이 기업에서 분산 원장을 테스트하고 구축하는 과정을 더 쉽게 해준다는 데 동의했다.

브로디는 이메일을 통해 "EY는 현재 다양한 클라우드의 모든 신기술과 제품을 테스트하고 있으며, 얼마 전에 SAP의 클라우드 플랫폼과 SAP 레오나르도를 기반으로 하는 옵스체인(OpsChain 운영 및 공급망)을 출범했다"라면서, "BaaS/SaaS 구축 플랫폼이 매우 유용하고 관리와 구축을 용이하게 해주지만 기업에서 블록체인의 가치를 완전히 활용할 수 있게 해주는 것은 ERP와의 통합이다."라고 말했다.

브로디는 기업들이 ERP의 프로세스를 기반으로 비즈니스를 운영하는 만큼 이러한 시스템에서 주요 프로세스를 빼내야 한다면 기업 입장에서 블록체인 구축의 매력이 떨어진다고 덧붙였다.

예를 들어, 블록체인 기반 구매 시스템을 구축하고자 하는 기업은 승인된 공급업체에서만 물품을 구매하고 허가된 사용자만 구매 및 결제를 승인하도록 보장하기 위해 이미 SAP와 같은 공급업체의 맞춤형 ERP 시스템을 보유하고 있을 것이다.

브로디는 "EY의 옵스체인 시스템은 기업에서 여러 당사자가 참여하는 복잡한 구매 구조를 블록체인을 통해 관리하고, 가용한 볼륨 할인을 모두 활용하고 자재가 공급망을 통해 흐르는 과정을 추적할 수 있게 해준다"면서, "그러나 기업이 EY의 블록체인 시스템에서 모든 구매 규칙을 다시 작성해야 한다면 솔루션의 가치가 희석될 것이다"고 말했다.

브로디는 옵스체인 시스템을 SAP의 BaaS에 통합함으로써 EY의 구매자는 기존 비즈니스 규칙 및 시스템 내에서 구매 활동을 보고 승인하고 결제하면서도 본질적인 보안과 분산 특성 등 블록체인의 모든 장점을 얻을 수 있다고 설명했다.

블록체인의 또 다른 사용 사례는 부동산 시장이다. 부동산업자, 구매자, 판매자, 모기지 대출업자 모두 블록체인을 통해 재산권 이전의 모든 데이터를 투명하게 볼 수 있음으로 시간과 결제 과정의 비용을 줄일 수 있다.

스태튼 아일랜드 멀티플 리스팅 서비스(Staten Island Multiple Listing Service) CEO인 샌디 크루거는 올해 초 기존 부동산 거래의 비효율성을 해소하고 투명성을 확보하기 위해 회사의 부동산 목록 사이트에 사용할 블록체인 개념 증명을 했다.

셸터줌(ShelterZoom)의 온라인 플랫폼을 기반으로 하는 이 블록체인을 통해 판매자와 구매자, 각각의 부동산 대리인은 동시에, 실시간으로 모든 제안과 거래를 볼 수 있다.

크루거는 "거래의 투명성이 더 높아진다. 예컨대 판매자인 나는 새로운 제안을 보고 바로 부동산업자에게 전화를 걸어 그 제안에 증명 했다. 물을 수 있다. 아무것도 모른 채로 가만히 앉아 누가 전화를 걸어 상황을 알려 주기를 기다릴 필요가 없다"고 말했다.

이 외에 실제 사용 사례로는 IoT 통신 및 데이터 통합이 있다.

❷ 블록체인 분석 기법

(1) P2P 환경

블록체인은 P2P 환경에서 데이터를 블록으로 저장하고 각각의 노드에 분산 저장하는 데이터 위변조 방지기술이다. 블록체인은 2009년 나카모토 사토시라는 익명의 개발자에 의해 최초 공개되었으며, Open source로 공개된 자유실시 기술이다. 최근 국제표준화 단체에서는 블록체인기술에 대한 표준화 논의를 시작하였으며, 현재 신규작업항목(New Work Item Proposal; NWIP) 단계를 진행하고 있다. 이처럼, 국내외 기관 및 기업에서는 블록체인 기술에 대한 원천 및 핵심특허 확보에 집중하고 있다.

해외의 경우 전통적인 IT기업뿐만 아니라, 금융업 및 유통업 등에서 이더리움(Ethereum)과 관련된 스마트거래 기술에 대한 연구 비중을 높이고 있다. 그러나 국내의 경우 암호화폐 거래와 관련된 1세대 기술의 연구 비중이 스마트거래와 관련된 2세대 기술보다 높은 비중을 차지하고 있다. 이에, 국내 블록체인 기술의 경쟁력을 높이기 위해서는 해외의 연구 동향을 기반으로 국내 기관 및 기업의 참여를 적극적으로 유도하고, 시장 경쟁력을 높이기 위한 R&D 방향을 제시해야 한다.

(2) 제안한 분석 방법

블록체인 기술과 관련된 해외의 연구 동향을 확인하기 위해서는 미국 특허 시장의 분석이 주요하다. 미국 특허시장은 세계시장 선점 및 기술 경쟁력 확보를 위해 주요 플레이어들의 특허출원이 집중되고 있어, 상대적으로 높은 질적 수준을 보인다. 이에, 블록체인 기술을 분석하기 위해서는 미국 특허 시장의 분석이 주효할 것으로 보인다 .

〈그림 3-1〉은 제안된 분석 방법의 흐름도이다. USTPO(United States Patent and Trademark Office)에 공개된 블록체인 특허를 기반으로 트리맵(Tree-Map)을 통한 주요 출원인 분석 및 트리 그래프(Tree Graph)를 통한 세부기술 분석을 확인할 수 있다.

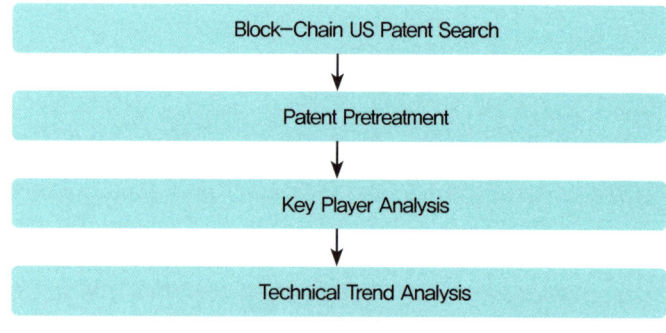

〈 그림 3-1 제안된 방법 〉

(3) 데이터 수집

데이터 수집에서는 미국에 출원된 블록체인 특허를 수집하였다.

특허 데이터 수집에서는 USPTO에 공개된 블록체인 특허를 수집하였으며, 특허의 출원일을 블록체인 기술의 공개 시점인 2009년 이후로 설정한 후 노이즈를 제거하여 768건의 관련 특허를 선정하였다. 〈표 3-1〉은 데이터 수집을 나타낸 것이다.

〈 표 3-1 데이터 수집 〉

Nation	US
Database	USPTO
Filing date	2009~2018
Number of Patents	768

(4) 특허 현황

2018년 3월 특허청의 보도자료에 따르면, 지식재산 선진 5개 한국·미국·일본·중국·유럽에 출원되어 조사 시점(2018년 1월 말 기준)까지 공개된 블록체인 관련 전 세계 특허출원은 모두 1,248건이다. 2009년 블록체인이 최초 구현된 이래, 특허출원이 2013년 27건에서 매년 2~3배 증가했다. 특허출원인을 국적별로 살펴보면, 누적 건수로 미국이 1위로 집계되었지만, 2016년 이후 연간 특허출원 건수에서 중국이 미국을 제치고 1위로 올라섰고, 조만간 누적 건수에서도 1위를 차지할 것으로 예측되었다. G2로의 편중 현상도 심해, 미국과 중국이 전체 특허출원의 대부분(78%)을 점유했으며, 3, 4위를 차지한 한국과 일본의 점유율은 8%, 3%에 불과했다.

〈 표 3-2 연도별·국가별 출원 현황 〉

	'07	'08	'09	'10	'11	'12	'13	'14	'15	'16	'17	'18	합계
미국	4	4	5	2	10	12	18	62	136	186	58		497
중국		4	2	2		3	3	9	25	321	103		472
한국				1			2	11	33	41	10	1	99
일본		4	2		2	1	2	4	11	2	8		36
유럽			1			2	2	6	24	22	16		73
기타				2	1	3		6	29	22	8		71
총계	4	12	9	8	13	21	27	98	258	594	203	1	1,248

〈 출처 : 특허청. (2018.3.22.). [보도자료] 블록체인, 핵심·표준 특허 확보 서둘러야, 4. 〉

한편, 특허출원의 질적 수준을 나타내는 간접지표인, 해외출원 비율에서는 미국이 중국을 제치고 압도적인 선두를 지켰다. 주요 출원인을 살펴보면, 미국의 BOA(Bank of America)가 1위를 차지했고, Bubi 네트워크 등 중국의 핀테크 기업 4개가 Top 10에 이름을 올렸다.

우리나라는 대기업보다 벤처 기업 등의 중소기업 비중(66.7%)이 매우 높은 특징을 보였으며, 금융기업에 의한 특허출원은 아직까진 없는 것으로 조사('18.1월 말 조사 시점까지 공개된 특허출원 기준)되었다. 블록체인의 기본 개념은 이미 Open Source로 공개되어 누구도 특허를 갖지 못하는 자유 기술이다. 따라서 특허출원은 주로 보안, 운용, 활용 등 주변 기술을 중심으로 이뤄지고 있다.

특히, 블록체인이 암호 화폐에서 물류·의료·공공 서비스 등으로 활용 범위가 점차 확대됨에 따라 특허출원도 덩달아 활용 분야를 중심으로 증가할 것으로 전망된다.

우리나라의 경우 암호화폐 거래 분야의 비중이 상대적으로 높아 미국과 중국처럼 블록체인에 기반한 서비스 분야(스마트 계약 등)로 연구·개발(R&D) 투자를 전환할 필요가 있는 것으로 보인다.

(5) 세부기술 분석

① 세부기술 분석

미국 특허 시장에서 공개된 블록체인 특허를 분류하고 이를 트리 그래프로 시각화하였다.
〈그림 3-2〉는 블록체인 기술의 분류체계를 트리 그래프로 시각화하였다.

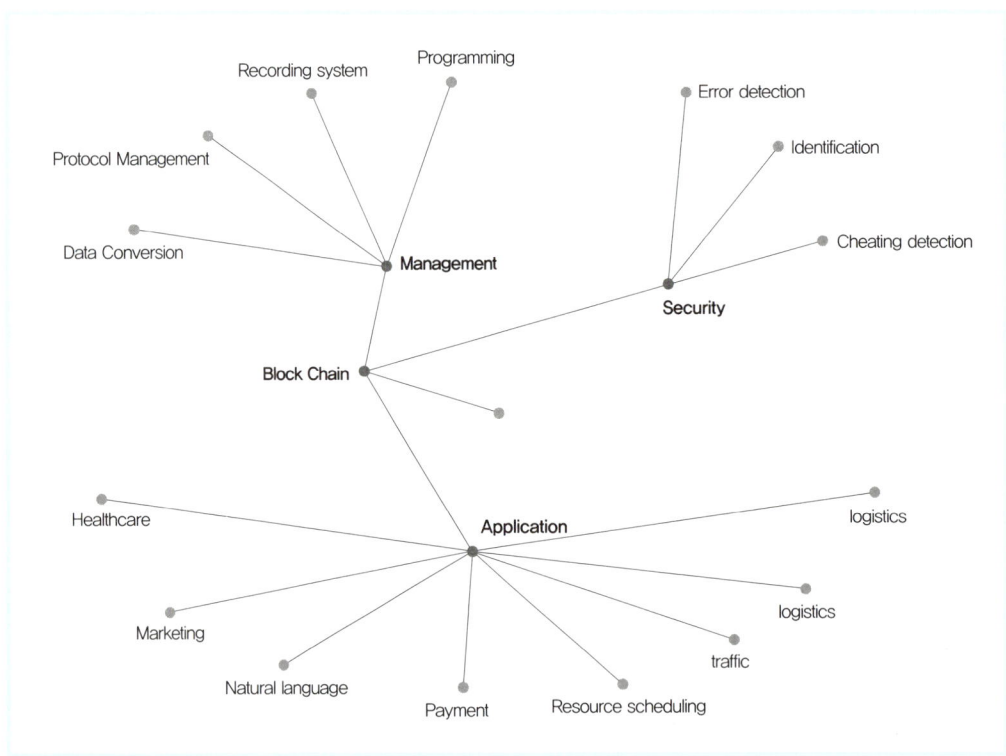

〈 그림 3-2 블록체인 기술의 분류체계 〉

분류 결과, 블록체인 특허는 거래, 저장 등 분산 네트워크 운용기술을 나타내는 Management Category와, 위변조, 암호 및 인증 등 보안기술을 나타내는 Security Category, 그리고 금융 및 투표 등 블록체인의 응용기술을 나타내는 Application Category로 분류되었다.

여기서, Management Category가 전체 특허출원의 47%를 차지하며 관련 연구가 활발하게 이루어지고 있음을 나타냈다.

그리고 Application Category가 전체 특허출원의 27%를, Security Category가 26%를 차지하고 있는 것으로 나타났다.

② Category 별 기술체계 분석

Management Category에서는 1세대 및 2세대 블록체인 기술의 운용을 위한 기본 기술들이 집합되었다. 〈그림 3-3〉과 같이, Management Category는 프로토콜 관리, 지급시스템, 컴퓨터 시스템 및 전자 장부 기술 등이 집합되었다. 즉, Management Category는 블록체인 기술의 원천 Category로 블록체인 운용을 위한 대부분의 기술이 집합되었다. Management Category와 관련하여 국제표준화 단체인 ISO(International Organization for Standardization)에서는 블록체인 운용 기술에 대한 표준화를 진행하고 있다. Management Category는 블록체인 기술의 원천 및 핵심기술 확보를 위해서 국내 플레이어들의 지대한 관심이 필요한 Category로 판단된다.

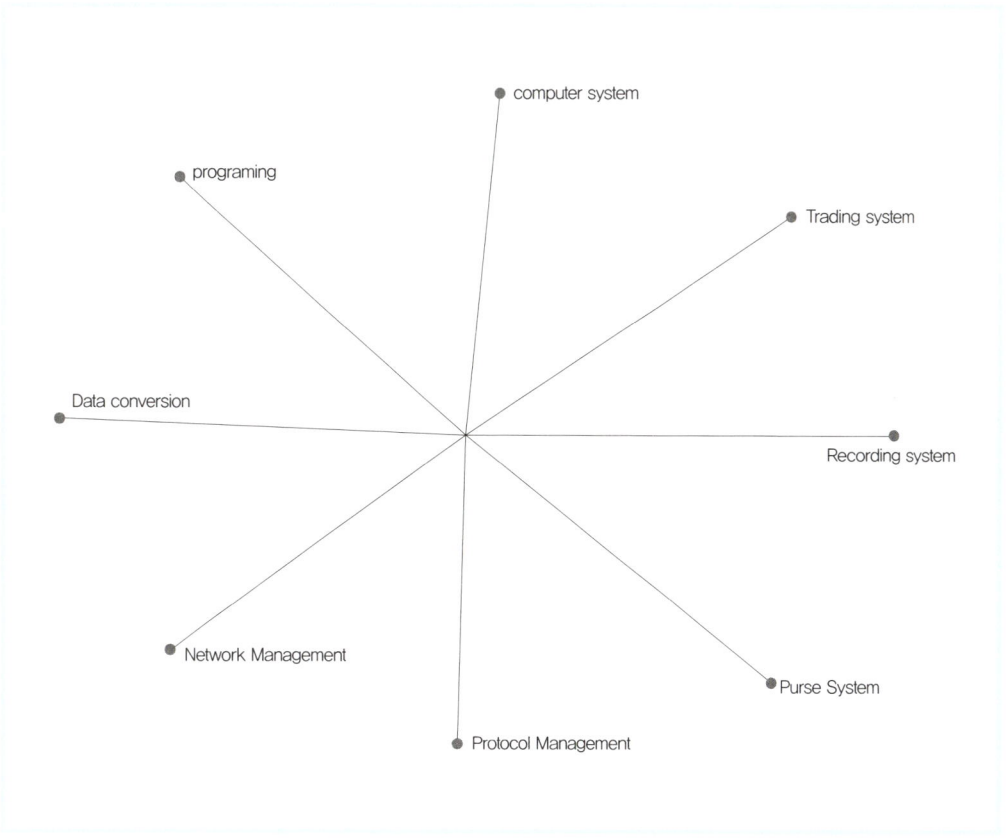

〈 그림 3-3 Management Category의 기술 분류체계 〉

이러한 Management Category에서는 프로토콜 관리 및 지급시스템 기술이 전체 특허출원의 57% 이상을 차지하며 관련 기술에 대한 연구개발이 활발하게 진행되고 있는 것으로 나타났다. 그리고 상대적으로 블록체인 운용과 관련된 네트워크 관리 및 거래시스템 관련 기술의 특허출원이 저조한 것으로 나타나 후발 플레이어들의 진입장벽이 상대적으로 낮은 것으로 분석되었다.

③ **Application Category 별 기술체계 분석**

〈그림 3-4〉와 같이, Application Category에서는 금융 시스템, 개인 지급시스템, 헬스케어 및 투표시스템 등이 집합되었다. 즉, Application Category는 블록체인 기술을 이용한 서비스 기술들이 집합되었다. 현재, ISO에서는 블록체인 기술을 응용한 의료정보 기술에 대한 표준화를 진행하고 있고, 다른 국제표준화 단체인 ITU-T(International Telecommunications Union Telecommunication)에서는 법정화폐 기술 및 사물 블록체인 기술에 대한 표준화를 진행하고 있다. 이에, Application Category는 국내 헬스케어 관련 기업들과 금융권을 비롯한 다변화된 국내 플레이어들의 관심이 필요한 Category로 분석된다. 이러한 Application Category에서는 금융 시스템이 전체 특허출원의 30% 이상을 차지하며 관련기술에 대한 연구개발이 활발하게 진행되고 있는 것으로 나타났다. 이에, 미국 특허 시장에서는 블록체인 기술에 대한 금융권의 관심이 높다는 점을 확인할 수 있었다.

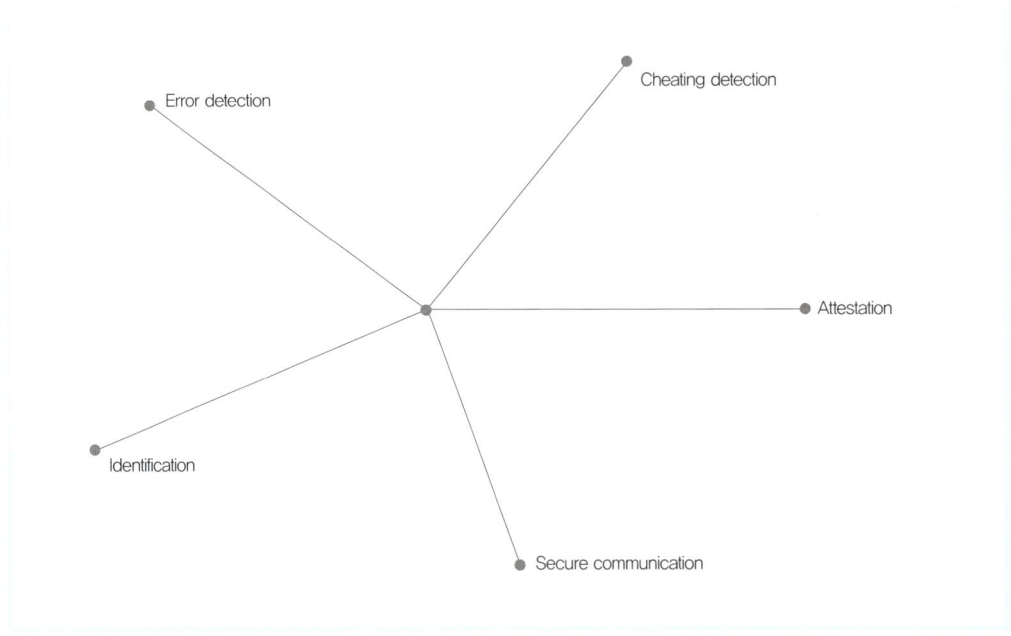

〈 그림 3-4 Application Category의 기술 분류체계 〉

또한, Application Category에서는 블록체인 기술을 활용한 경매시스템, 마케팅기술, 예약관리, 물류시스템 및 운행기술 등 다양한 응용기술이 집합되었으며, 향후 후속 플레이어들의 다변화가 예상됨에 따라 관련 Category에 대한 비중이 점차 높아질 것으로 예상된다. Application Category는 후속 플레이어들이 Open Source인 블록체인 기술을 다양하게 응용 가능하여 비교적 진입장벽이 낮고, 국내 대기업을 비롯한 중견 및 중소기업들의 원천 및 핵심특허 확보에 유리할 것으로 보인다.

④ Security Category 기술체계별 분류

Security Category는 블록체인 기술의 안정성과 관련된 보안 기술들이 집합되었다. Security Category는 보안 통신, 부정행위 감지, 인증 및 신원 관리 기술 등이 집합되었다. Security Category는 블록체인 기술의 성공적 정착에 직관된 Category다. 특히, 블록체인 기술의 핵심기술인 분산 장부기술 (DLT: Distributed Ledger Technology)에 대한 보안기술을 ITU-T에서 표준화에 있어, 국내 플레이어들의 관심이 필요한 Category로 판단된다. 이러한 Security Category는 보안통신과 관련된 기술이 60% 이상을 차지하고 있으며, 분산장부기술에 중요기술인 부정행위 감지 기술이 30%를 차지하고 있는 것으로 나타났다. Security Category는 블록체인의 성공적인 대중화를 위한 중요 Category나, 현재 관련 특허의 수가 비교적 적어 국내 후발 플레이어들이 진입할 경우 향후 경쟁력 확보 및 시장선점에 유리할 것으로 보인다.

❸ 블록체인 분석 및 전망

(1) 국내외 기관 분석

국내외 주요 기관들은 미래 전략 기술로서 블록체인이 향후 경제·사회 전반에 미칠 파급력과 경제적 효과에 대해 다음과 같이 분석하고 있다.

〈 표 3-3 국내외 기관들의 블록체인에 대한 기대 〉

기 관		내 용
해외기관	WEF (2015.11)	·현행 시스템보다 빠르고 안전한 블록체인 기술이 비트코인 등 암호화폐 거래에 광범위하게 도입될 것으로 예상하고, 미래 사회에 영향력을 미치는 21개 기술에 포함
	WEF (2016.1)	·제4차 산업혁명을 이끌 기술로 블록체인 선정 ·2025년까지 전 세계 GDP의 10%가 블록체인 플랫폼에서 발생 전망
	WEF (2016.6)	·블록체인이 소비자와 생산자를 연결하는 경영활동 플랫폼인 금융서비스를 혁신적으로 변화시킬 것으로 예상하며 2016년 10대 신기술로 '블록체인' 선정
	UN 미래보고서	·금융 분야뿐만 아니라 정부가 기록하고 관리하는 각종 공공서비스 영역에서의 블록체인의 파급력을 예고하고 놀라운 기술 Top 10에 선정
	Gartner (2016.10)	·우수한 보안성을 강점으로 업계의 경영모델을 변화시킬 수 있는 가능성을 보여준다는 점에 주목하며, '2017년 Top 10 전략기술'로 선정
	VM웨어 (2016.12)	·클라우드 소싱 기반의 블록체인은 사기 방지 등의 장점과 경제구조를 변혁할 수 있는 잠재력을 높이 평가 받으며 2017년 IT 10대 트랜드로'블록체인 활성화' 선정
	Gartner (2017.10)	·블록체인 유관시장은 2025년 1,760억 달러, 2030년 3조 1,600억 달러로 성장할 것으로 전망
국내기관	IITP (2016.10)	·모든 형태의 거래를 기록하는 안전한 분산 데이터베이스 기술로서 주목
	KISA (2016.12)	·'2017 정보보호 10대 이슈' 전망에서 우수한 보안성을 바탕으로 안전한 금융거래를 위한 혁신기술 중 하나로 선정
	KBCIA (2018.3)	·블록체인 기술은 대한민국이 4차 산업혁명 시대에 글로벌 경쟁력을 가질 수 있는 희망의 초석(礎石)

블록체인은 향후 인공지능(AI)이나 사물인터넷(IoT) 등 4차 산업혁명을 이끄는 핵심기술들과도 융·복합될 가능성이 높다. 대용량 데이터의 수집과 운용이 중요해지는 4차 산업혁명 시대에 블록체인은 데이터 보안은 물론 개별 데이터에 대한 개인의 통제권을 강화시킴으로써 빅데이터 시장의 확산을 이끌 것으로 예상된다.

블록체인 산업은 기존 산업 영역에서 대체재로 자리매김하기에는 어려움이 많은 기술이다. 블록체인 기술이 가진 분산, 개방, 공유라는 개념을 살린 새로운 시장을 개척해야 한다.

또한 기존 산업이 풀지 못하는 영역에서 새로운 대안으로 등장할 수 있다. 이러한 요소를 잘 살려야 블록체인 산업이 경제에 새로운 부가가치를 창출할 수 있는 중요한 새로운 혁신적인 산업이 될 수 있다.

〈 표 3-4 주요 기관들이 말하는 블록체인의 경제적 효과 〉

기관	내용
IDC	·블록체인 기술로 금융업계의 비용 절감 규모는 2022년 약 200억 달러에 달하리라 전망 ·기존 시스템 이용 시 글로벌 금융기업의 전산 비용은 2017년까지 연평균 4.6%씩 증가
Gartner	·블록체인 관련 비즈니스 규모가 2022년이면 100억 달러 규모로 성장할 것으로 예상 ·디지털 비즈니스 혁신을 도모하는 208개 기업을 조사한 결과 52%가 블록체인이 자사 경영에 영향을 미칠 것이라고 답변
McKinsey	·블록체인 기술을 금융 시스템에 활용하면 고객 데이터베이스 관리와 보안 등과 관련된 금융비용 절감효과가 연간 23조 원에 이를 것으로 예상
WEF	·2017년까지 전 세계은행의 80%가 블록체인 기술을 도입할 것이고, 금융회사는 거래 비용의 약 30%를 절감할 수 있다고 예측
White&case	·블록체인 기술 활용 시 전 세계 금융권은 2022년까지 150~200억 달러에 이르는 인프라 비용을 절감할 수 있을 것으로 예측
Santander	·블록체인 기술이 은행의 인프라 비용을 2022년까지 매년 15억~20억 달러 절감시킬 것으로 예상

경제와 사회에 미칠 영향력이라는 측면에서 보자면, 그 핵심 기술인 블록체인의 경제적 효과는 크다. 블록체인은 기존의 기술 주도적 서비스 생성과 제공방식의 한계를 벗어나, 다자간 네트워크 중심의 협력을 통해 사회 현안을 해결하고 가치를 창출하는 혁신선도이다.

블록체인은 기존의 비즈니스 모델과 서비스 제공방식을 바꾸는 단순한 요소기술이 아닌, 새로운 경제시스템 구축을 선도할 수 있는 잠재력을 보유하였다. 국내외 유명기관은 블록체인이 향후 전 세계 비즈니스 생태계의 파괴적 혁신을 통해 커다란 경제효과를 가져올 것으로 전망한다.

(2) 전망

① 향후 과제

가. 한계 및 장애요소

일부 전문가들은 현행 블록체인 시스템이 지닌 한계 또는 장애 요소를 아래와 같이 지적하고 있다.

〈 표 3-5 블록체인 한계 및 장애요소 〉

구분	주요내용
인프라 문제	· 인터넷 기반의 기존 인프라(Legacy infrastructure)가 오히려 장애 요소가 될 수도 있음
확장성의 한계	· 블록체인의 가장 큰 기술적 난제는 확장성(Scalability)의 문제로, 현재의 블록사이즈와 처리속도로는 증권거래나 경제시스템 등 현 금융 시스템의 업무처리속도를 따라갈 수 없다는 것임
긴 대기 시간	· 비트코인이 블록체인 네트워크에서 거래를 청산하고 결제하는 데 걸리는 10분이라는 시간은 장비의 지속적 소통을 보장해야 하는 사물인터넷이나 특정 가격으로 취득하는 것이 중요한 금융거래에서도 너무나 긴 시간임 · 이에 대한 즉각적인 해결 방안은 비트코인의 코드 베이스를 포크(fork)하여 새로운 알트코인을 만드는 것임. 라이트코인은 2.5분의 블록 타임을 자랑하고, 리플과 이더리움은 분 단위의 대기시간이 아닌, 초 단위의 대기시간을 가진 블록체인 플랫폼을 새로 개발함
변경 불가능의 한계	· 블록체인은 이벤트가 발생한 순서대로 추가(add-on)하는 방식으로만 거래를 기록하기 때문에, 오류에 대한 거래 무효화 과정이 필요한 경우에도 거래를 삭제 · 편집할 수 없는 점(immutability)은 블록체인이 기록유지 · 관리 도구로 활용되는데 한계로 작용할 수 있음 · 이른바, 잊혀질 권리(Right to be forgotten)문제가 치명적일 수도 있음
프라이버시 문제	· 소유자 주소정보가 부적절하게 이용되면 사생활 침해 문제가 발생하고, 펀드 등의 경우에는 거래전략이 유출될 수도 있음
현행 법규와의 충돌	· 철회 불가능한 거래와 자동 실행되는 스마트 계약의 세상에서는 기존의 법체계가 무력화될 수 있음
잘못 정의된 요구사항	· 블록체인은 아직 그 개발이나 활용에 있어 초기 단계에 해당하여, 사업적 · 법률적 · 기술적 측면들에 대해 면밀한 검토가 이뤄지지 않은 상황에서, 사용자들은 해결책이 준비되지 않은 여러 가지 어려운 문제에 직면할 수 있음
기본적인 인터페이스와 사용자 경험의 미비	· 블록체인은 전자지갑 기반이 미비하고, 여러 인터페이스가 사용자 친화적이지 않은 단점이 있음. 대부분의 비트코인 주소는 1이나 3으로 시작하는 26개에서 35개 사이의 문자열로 구성되어 있어, 사용자들은 영숫자 코드와 고도의 IT 전문 용어에 익숙해야 함
유동성 부족	· 2140년까지 풀릴 수 있는 비트코인의 물량은 2,100만 개로 한정되며, 채굴 또한 일정한 비율에 따라 점차 감소함. 비트코인은 인플레이션을 방지하기 위해 독점적이고 재량적인 규제기반 화폐정책을 사용함. 사용자들은 비트코인을 거래수단보다는 귀금속 같은 자산으로 취급함
에너지 · 전력 낭비	· 시스템 안전성 확보를 위해서는 참가자의 채굴과정이 필요하므로, 실제 필요한 규모보다 과도한 자원이 투입되어야 하는 한계가 있음 · 비트코인 채굴로 사용되는 컴퓨팅 파워는 구글 전체 컴퓨팅 파워의 20배, 전력 소비는 2020년까지 14기가와트에 이를 것으로 전망됨
보안문제	· 보안성이 높은 블록체인 플랫폼도 네트워크 노드 51%를 장악하면 해킹될 수도 있어, 해킹으로부터 100% 안전한 것은 아님 · 공개 키 암호화 방식의 블록체인에서 개인 키를 도난당하거나 분실하거나, 다른 여러 이유로 상실할 경우, 블록체인에 암호화된 자산은 공개키에 연결된 채 영구적으로 사용할 수 없게 됨

(3) 기술적 문제

블록체인의 보안 위협에 대한 대응 방안 등 최신 보안기술 연구 동향을 지속해서 검토해야 한다.

가. 양자컴퓨팅(Quantum Computing)
  향후 양자컴퓨팅 기술 실용화에 대비하여 양자컴퓨팅에도 안전한 키 생성기술 및 관련 동향에 대해 검토가 필요하다.

나. 거래정보 삭제 기술
  블록체인에 등록된 거래정보는 수정·삭제가 불가하여 금융권 도입 시 보관기한이 만료된 개인정보의 삭제, 비정상 거래의 취소 등 대응이 어려우나, 최근 거래정보에 대한 수정·삭제 기술 연구가 진행 중이다.

다. 보안 표준
  블록체인 서비스 제공 및 블록체인 간 연계 시 안전성 확보를 위해 다양한 보안 표준이 개발될 것으로 예상되므로, 관련 표준화 현황을 지속해서 검토하고 개발에 적극적으로 참여할 필요가 있다.

(4) 정책적 문제

가. 현재 블록체인 기술은 도입 초기 단계에 있기 때문에, 기술우위 국과의 격차가 크지 않다. 글로벌 시장을 선도하기 위해서는 관련 분야의 연구개발 및 인력양성을 위한 범국가적 차원의 정책 수립이 우선되어야 한다.

나. 싱가포르의 사례처럼 범부처 차원의 지원체계를 마련할 필요가 있다.
  ㉠ '핀테크 지원센터'와 같이 기(旣)활성화 된 핀테크 관련 원스톱 지원체계를 범부처 지원이 가능한 형태로 확대가 필요하다.
  ㉡ 기술 개발, 창업지원, 자금 지원, 규제개선, 서비스 창출, 제휴 활성화 등이 상호 유기적으로 연계되고 더욱 확대되도록 지원할 필요 있다.
  ㉢ 또한 정부 차원의 관련 분야 업무조직을 체계화, 세분화 및 격상 시켜 업무집중도를 향상하고 정책추진이 탄력받을 방안을 검토해야 한다.

다. EU의 사례와 같이 정부 주도의 산학연 '블록체인 태스크포스'를 구성하거나, 금융 분야의 글로벌 컨소시엄 사례처럼 '블록체인 테스트베드(testbed)'를 구성해 블록체인 관련하여 필요한 규제체계가 무엇인지, 어떤 방식으로 규제하는 것이 합리적인지에 대한 해답을 찾는 방법도 고려해볼 만하다.
　㉠ 또는 영국·미국·캐나다·일본 등의 사례처럼 '블록체인 규제 샌드박스'를 한시적으로 도입하는 것도 대안이 될 수 있다.

라. 블록체인과 같은 신기술 분야에서 단순 규제 완화나 무(無)규제는 오히려 혼란과 불확실성을 가중할 수 있음으로, 명확한 법적 해석과 구체적 가이드라인 제시 등 규제 정비를 통해 기업활동의 불확실성을 해소하고 블록체인 생태계 조성에 지원과 투자를 병행해야 한다.
　㉠ 선진국의 법제들을 살펴보면, 법령에서는 원칙만 제시하고 이를 전문적으로 관리하는 하부 기관들이 수시로 개정할 수 있는 지침(guidance) 형태로 제정·운영하는 경우가 많은데, 블록체인도 관련 법규들을 '전면개정'할 것인지, 아니면 '원칙 중심으로 전환'할 것인지 검토할 필요가 있다.
　㉡ 현시점에서 신규 규제를 섣불리 도입하기보다는 혁신을 장려하고 권장한다는 메시지를 시장에 일관성이 있게 보내는 것이 바람직하다.

마. 중장기적으로는 블록체인과 같은 신기술에 대한 규제체계설계 시 다음과 같은 사항을 고려할 필요가 있다.
　㉠ 규제의 목적 및 우선순위
　㉡ 기술 중립적(technology-neutral) 규제 체계의 도입 여부
　㉢ 신기술의 분류 방법
　㉣ 기능별 규제 도입에 따른 중복 규제의 최소화

(5) 보안 문제

EU 산하 정보 보호기구인 ENISA는 2016년 12월 보고서를 통해 금융권에서 블록체인 시스템 도입 시 고려해야 할 보안이슈(Cybersecurity challenges)를 다음과 같이 제시한다.

〈 표 3-6 금융권 블록체인 도입 시 고려해야 할 보안 위협 〉

분류	보안 위협	내용
키 관리	키 도난 및 분실	·공격자에게 키를 도난당하거나 분실된 키가 악용될 경우, 자산 및 기밀거래 메시지 유출
	취약한 키 생성	·취약한 키 생성 알고리즘으로 인해 키 재생성 공격이 가능할 경우, 자산 및 기밀거래 메시지 유출
거래 검증 및 합의	합의 가로채기	·참여자 중 과반수(또는 운영 주체)를 장악하여 거래 유효성 검증 프로세스를 조작(이미 사용한 자산을 재사용하거나 특정 거래를 거부)할 가능성 ·대부분의 블록체인에 합의 가로채기에 대한 페널티 정책이 없어 지속적인 공격 시도 가능
	사이드 체인 내 비정상 거래 발생	·공격자에 의해 메인체인에서 유효하지 않은 자산이 사이드 체인에서 거래되는 경우 ·사이드 체인 서비스 중단 시 사이드 체인에서 있었던 대량의 거래를 메인체인에 반영할 경우, 메인체인에 과부하 발생
참여자 권한 관리	개인정보 침해	·거래정보에 대한 참여자의 접근 권한 관리 부족 시 개인정보 침해 가능 ·일반적으로 이미 등록된 거래정보는 삭제되지 않아 '잊힐 권리' 보장 안 됨 ·노드뿐 아니라 스마트 계약도 개인정보를 처리할 수 있어, 스마트 계약에 의한 개인정보 침해도 가능
	권한 오남용	·참여자의 내·외부 권한 관리 등 거버넌스 통제가 일관되지 않을 경우, 금융회사 및 내부직원에 의한 보안사고 등 발생 가능
블록체인 S/W 보안	블록체인 S/W 취약점	·블록체인 S/W에 보안 취약점이 존재할 경우, 키 유출, 합의 조작, 개인정보 침해 등 보안 위협에 노출 가능
	스마트 계약 취약점	·스마트 계약의 보안 취약점이 공격자에게 악용될 경우, 비정상적인 코드 실행으로 자산 유출, 개인정보 침해, DDoS 공격 등 발생 가능 ·공격자는 스마트 계약 기능을 악용하여 블록체인에 악성코드 저장 및 실행 가능
서비스 보안	분산 서비스 거부 공격	·공격자는 분산된 노드를 통해 네트워크에 대량의 스팸 거래를 발생시킴으로써 거래 유효성 검사 시간을 지연 시켜 블록체인 전체에 대한 서비스 거부 공격 수행 가능 ·분산구조로 인해 전체 참여자에 대해 악성코드 감염 여부 확인이 어려움
	가용성 저하	·블록체인의 처리속도 한계, 거래정보 급증으로 인한 추가 서비스 확대 제한으로 가용성이 떨어짐
	비정상거래 탐지 불가	·비정상 거래에 대해 사전탐지 및 차단이 어려워 사기거래, 자금세탁 및 테러 자금 조달, 이중지급 등의 거래가 발생 가능 ·금융사기 또는 고객 실수로 인한 비정상 거래라도 거래의 유효성만 검증되면 정상 거래로 처리되어 거래취소나 강제이체 등 대응이 어려움
	상호운용성 미제공	·블록체인 간 자산 이전, 기능확장 등 연계 필요 시 책임 주체 및 표준규격이 명확하지 않아 예상치 못한 보안 위협 발생 가능 ·현재 블록체인 별로 서로 다른 지갑 S/W를 사용하여 키 생성 알고리즘, 거래요청 및 통신프로토콜 등이 호환되지 않음으로, 표준지갑 규격 개발 필요

❹ 블록체인 비즈니스 모델(BM) 개발

(1) 기업 비즈니스 모델의 관점

① 정보보안 관점 (Information Security)

블록체인이 추구하는 정보의 분산 저장기술은 정보 보안 관점에서 '위·변조 방어 용이 및 정보 유출 가능성'의 두 가지 특성을 동시에 가지고 있다.

- 블록체인 네트워크에서는 동일한 내용을 분산 저장하기 때문에 해킹을 통한 위변조 시도 시, 신속하게 이를 확인하여 추가 피해를 막고 원상복구가 가능하다.
- 이는 해킹을 통해 실제 보관된 정보에 직접 접근하는 것이 아니라 네트워크 경로 일부에 대한 접근 권한(인증)을 일시적으로 조정하는 데 그치며, 정보 위,변 조 시도 시 분산 공유된 타 정보와 비교 검증하여 동일하지 않은 경우 거짓 정보로 판별되어 타 정보의 내용대로 자동 수정되기 때문이다.
- 분산 공유 방식은 기존의 중간관리자 통제 방식 대비 정보 유통 및 관리 채널이 많고, 해킹 등 관련 기술의 지속적인 발전으로 정보가 유출될 가능성은 여전히 존재한다.

기업 비즈니스 관점에서는 보유하고 있는 정보 자체가 해당 산업 내 기업의 경쟁력으로 작용하는 경우가 많으므로 정보 유출 위험을 최소화할 수 있는 블록체인 활용 방향을 검토해야 할 필요가 있다.

- 블록체인 유형 중 프라이빗(또는 컨소시엄) 블록체인은 네트워크를 생성한 단 일 주체 또는 소수 그룹만 접근 권한을 가지므로 정보 유출을 줄일 수 있다.
- 허가 받은 사용자만 참여하고 사용자별로 정보의 접근 및 유통 권한을 차별화하여 불필요한 정보의 공유를 최소화하는 형태로 네트워크 구성 시 정보보안 관점의 우려를 줄일 수 있을 것이다.

② **시장규제 관점 (Market Regulation)**

국내 블록체인 시장의 경우, 암호화폐 시장은 강력하게 규제하고 있으나 기업 비즈니스 관점의 활용은 적극적으로 장려하는 모습을 보인다.

- 2017년 말까지 급격하게 성장한 암호화폐 시장을 대상으로는 투기 세력 집중화에 대응하기 위해 거래 참여자 실명제, 거래기관 인증 등 정부 차원의 규제를 강화하고 있다.
- 또한 최근 거래소 해킹 등 보안 문제 발생으로 암호화폐 시장에 대한 우려가 확대되면서 블록체인 기술 적용 Risk에도 관심이 고조되었다.
- 한편 정부는 암호화폐 시장과 달리 국내기업과 공공기관을 대상으로 시범사업 선정 및 우수사례 발굴 등 기업 비즈니스 관점의 블록체인 기술 활용이 장려되고 있다.

기업들의 블록체인 기술 활용과 암호화폐 시장은 동일한 차원으로 볼 수 없으며, 기업 대상 규제도 ICO 등 가상화폐를 통한 금융 활용에 한정되어 있으므로 기업 비즈니스 관점의 활용은 더욱 확대될 수 있다. 최근 ICO의 대안으로 IEO(Initial Exchange Offering)가 떠오르고 있다. 암호화폐를 개발한 팀이 자체적으로 진행하던 ICO를 거래소에서 대행하는 개념이다. 거래소 상장 직전에 일정한 자격조건을 갖추고 거래소를 통해 토큰을 판매한다. 최소 기능을 갖춘 제품(MVP, Minimal Visible Product)을 구현한 경우에만 15억 규모 이상의 토큰 판매를 할 수 있게 제한하기도 한다.

- ICO(Initial Cryptocurrency Offering)는 블록체인 기반 가상화폐를 발행하여 시장에 상장하고 투자자들에게 판매하여 자금을 확보하는 수단으로 주식 발행을 통해 시장에 상장하는 IPO(Initial Public Offering)와 유사한 개념이다.
- 현재 국내에서는 ICO가 금지되고 있기 때문에 네이버, 카카오 등은 해외 자회사를 설립하여 ICO를 추진하고 있으며, 국내 ICO 허용 여부는 지속 검토 중이다.
- ICO 허용 시 암호화폐 발행을 통해 시장에 상장하는 기업들이 많아질 것이며, 기존 상장기업들도 유상증자, 채권발행 등 전통적인 방식 외 ICO를 통한 신규 자금 조달이 가능해질 수 있다.
- 한편 암호화폐 관련 비즈니스를 제외한 다양한 산업영역에서는 많은 기업이 각 사 비즈니스에 적합한 블록체인 활용 방향을 모색하고 있다.
- IEO는 거래소를 통해 판매가 보장된다. 이 때문에 한 번 검증을 거친다는 점에서 투자자가 보다 신뢰할 수 있다는 장점이 있다.

③ 가치 창출 관점 (Value Creation)

최근 기업들의 블록체인 활용 방향 및 적용 사례를 살펴보면 활용 목적과 방향이 명확하지 않은 상황에서 신기술에 대한 관심과 기대로 무분별하게 접근하는 경향이 있다.

기업 비즈니스 관점의 가치창출을 위해서는 블록체인 적용 가능 영역에 대한 사전 검토와 기존 대비 증가할 것으로 기대되는 기업가치의 실현 가능 여부 등 객관적인 평가가 아래와 같이 수반되어야 한다.

- 블록체인 기술을 적용할 수 있는 영역인가?
- 블록체인 기술을 적용할 경우, 추가적인 가치를 창출할 수 있는가?
- 자사의 수익성 및 미래 성장성 확보를 위해 반드시 해야 하는가?

블록체인을 활용한 기업가치 창출의 의미는 '기존 비즈니스 관리 효율화, 기존 비즈니스 확대, 신규 비즈니스 영역 발굴'의 세 가지로 구분할 수 있다.

- 첫째, '기존 비즈니스 관리의 효율화'는 기업 비즈니스 관련 정보의 수집/유통/관리 프로세스 전반의 비효율을 블록체인 기술로 제거하는 방식이다.
  삼성의 경우 금융계열사 간 비즈니스 통합관리를 위해 블록체인 기반 플랫폼 넥스레저(Nexledger)를 개발하여 비즈니스 운영 및 관리를 효율화하고 있다.
- 둘째, '기존 비즈니스 확대'는 블록체인 기술을 생산, 물류 등 영업활동에 직접 적용하여 매출 증대 또는 수익 제고 가능성을 확대하는 방식이다.

SK C&C 등은 해운물류 비즈니스에 적용 가능한 블록체인 플랫폼을 개발 및 적용함으로써 실질적인 성과 창출을 도모하고 있다.

- 셋째, '신규 비즈니스 영역 발굴'은 블록체인 원천기술 역량을 보유한 시장선도 기업들이 블록체인 중심 비즈니스 영역을 새롭게 창출하는 방식이다.

국내외 많은 스타트업들이 가상화폐 개발 및 거래소 비즈니스를 영위하고 있으며, IBM, MS 등은 산업별 표준 비즈니스 플랫폼을 구축하고 각 사 니즈에 맞게 활용할 수 있도록 지원하는 서비스를 하나의 신사업 영역으로 발굴하고 있다.

블록체인 활용 목적과 보유 역량을 토대로 자사 비즈니스 방향에 맞는 방식으로 접근해야 기업가치를 창출할 수 있다.

- 기존 비즈니스 운영을 저해하지 않는 수준에서 블록체인 적용 가능성을 검토해야 하며, 불명확한 신규 비즈니스 영역 발굴에 매몰되면 블록체인 적용 검토에 투입된 노력이 기존 사업의 기회비용으로 작용하고 성장 기회를 놓치게 된다.

(2) 기업 비즈니스 관점의 활용 방향

최근 블록체인 도입을 검토하는 기업들이 많은데 기존 주력사업이 있는 기업들은 스타트업과 달리 블록체인 적용 자체를 목적으로 삼아서는 안 되며, 비즈니스 관련 가치 창출 수단으로서 블록체인을 활용하여야 한다.

기업들이 비즈니스 관점에서 블록체인을 활용하기 위해서는 아래와 같이 단계별로 접근할 필요가 있다. 비즈니스 관련 의사결정 과정에서 가장 중요하게 고려되는 부분은 비용 대비 효용이며, 이 과정에서 새로운 아이디어가 소실되는 경향이 있다.

가. 1단계 : 기존 비즈니스의 적용 가능 영역 검토
- ⊙ 구매, 생산, 유통, 판매 등 프로세스 단위에서 아이디어를 발굴하거나, 특정 부문의 작은 아이디어일지라도 실제 적용 가능한 부분을 찾는 노력이 중요하다.
- ⓒ 블록체인 단일적용 분야 뿐 아니라 Big data, AI, 클라우드 등 디지털 융합 차원의 기술적/물리적 연계가능성이 있는 영역을 발굴하는 것도 필요하다.

나. 2단계 : 활용 목적에 적합한 대안 선별
- ⊙ 1단계 과정을 통해 발굴된 아이디어를 기존 사업에 적용하여 판매를 확대하고 수익을 창출하거나 사업운영 및 관리 프로세스를 개선하여 비용을 절감하는 등 활용 목적에 충족되는 대안들을 선별하여 아이디어별 활용 방향을 수립하여야 한다.
- ⓒ 단순히 신기술 적용 가능성 검증 등 비즈니스 관련 활용 목적에 부합하지 않는 아이디어는 과감히 배제해야 한다.

다. 3단계 : 비용 대비 효용 등 기대효과와 Risk 검토
- ㉠ 2단계를 거치면서 정제된 아이디어를 토대로 비즈니스 적용 계획을 수립해야 하며, 투입 시간, 비용, 수익 등 Cost-Benefit에 대한 검토가 진행되어야 할 것이다.
- ㉡ 수익, 비용 등 기대효과를 토대로 우선순위를 선정하고 예상 Risk와 발생 가능성을 검토한 후 추진 의사결정 필요하다.
- ㉢ 단계적 접근을 통해 비즈니스 활용 가능성 및 필요성을 검토하고 수익 제고, 비용 절감, 프로세스 개선 등 실질적인 효과가 기대되는 영역 발굴이 필요하다.
  무역금융 등 대규모 자금흐름과 빈번한 거래를 수반하거나 생산·판매 프로세스와 같이 상대적으로 복잡한 절차를 수반하는 업무 영역에서 성과 창출 기대한다.

블록체인 기술에 대한 올바른 이해와 비즈니스 경쟁력 제고를 위해서는 내부 역량 강화, 공동연구 체계 구축, 우수사례 벤치마킹 등 노력이 필요하다.

가. 블록체인 기술을 활용하기 위한 내부역량 진단 및 필요 시 추가 확보
  기술적 이해를 토대로 사업화하는 영역의 경우, 무분별한 활용은 실패를 전제하기 때문에 충분한 검토 후 필요하고 가능한 영역에 시범 적용이 타당하다.
나. 블록체인 기술 관련 공동 연구체계 구축을 통해 비즈니스 역량 제고 및 대내외 네트워크 구축
  IBM은 글로벌 주요 지역 연구소를 개설하였으며, MS는 코넬대 연구 그룹에 참여하는 등 선도기업들은 연구기관과 공동 연구를 통해 사업 기회를 발굴하고 있다.
다. 국내외 선진기업 벤치마킹을 통한 아이디어 교류 및 적용 가능성 높은 비즈니스 영역 발굴 추진한다.
  정부 시범사업 선정 기업, 원천기술 보유기업들의 아이디어 발굴 및 적용 프로세스, 문제 해결방법 등에 대한 조사와 협업을 통해 역량 습득 및 내재화 활동을 강화하고 있다.

(3) 산업특화 응용 현황

① 개요
가. 산업 생태계에 참여하는 이해 관계자들에 의한 정보의 생성·갱신·저장 이력을 활용하여 새로운 비즈니스 가치를 생성하는 데 초점을 두었다.
나. 자동차, 유통, 헬스케어, 에너지, 미디어, 자선 등 다양한 산업 분야의 참여자들이 비즈니스 대상에 대한 정보 이력을 블록체인으로 연결하는 중이다.
다. 블록체인 정보 이용은 관련 비즈니스 생태계의 참여를 전제로 하므로 다양한 산업이 결합하는 산업 mesh up이 발생한다.

② 응용 현황
가. 분산저장, 스마트 계약 기반으로 다양한 유형의 비즈니스 모델이 등장했다.
나. 산업 mesh-up형' 비즈니스 모델 : 자동차(제조사, 정비사, 보험, 중고차)
다. 헬스케어(의료기관, 보험, 제약사), 유통(농수축산, 물류, 유통) 등은 연관 산업체 간 협업을 기반으로 하는 비즈니스 모델이 있다.
라. 탈중개형 비즈니스 모델 : 기존에 중개인을 통한 거래가 이루어졌던 미디어, 부동산, 에너지·광물 산업 등 스마트 계약을 통해 계약의 이행과 동시에 결재 및 정산의 자동화가 이루어지는 탈 중개형 비즈니스 모델이 있다.
마. 공동 인증형 비즈니스 모델 : 교육, 클라우드 펀딩·자선 등 참여자간 공동인증으로 이력(history)의 투명성을 제고하여 가치를 창출하는 비즈니스 모델이 있다.

③ 시사점
가. 블록체인 기술은 정보 비대칭 및 불확실성에 의한 시장의 비효율을 해소할 수 있기 때문에 이를 기반으로 기술 적용 산업의 재활성화에 기여한다.
나. 공급자와 수요자 간 제품·서비스 정보 흐름의 불확실성을 해소함으로써 정보 탐색 및 거래 비용의 최소화가 가능하여 산업 효율성 제고가 기대된다.
다. 연결 신뢰성 확보로 산업생태계 참여자들을 확대할 수 있어 시장 활성화 및 혁신적 비즈니스 창출에 기여할 것으로 기대된다.

(4) 민간기업 응용 현황

① 개요
가. 각 기업은 고객 이탈을 방지하고, 보안 및 분산화 등 보다 향상된 기능을 접목한 서비스 제공을 위해 블록체인 기술 도입하고 있다.
나. 기존에 고객을 확보하고 있던 기업 고유의 산업 영역에서 주로 진행한다.
다. 업체별 특성에 따라 자체 서비스를 개발하거나, 서비스 개발을 원하는 기업에 기술 지원, 플랫폼 및 컴퓨팅 자원 제공 등을 진행한다.

② 응용 현황
가. 범용 미들웨어 및 R&D 플랫폼 제공, 서비스 개발 기술 지원, 다양한 산업(증권, 유통, 헬스케어, 신원 확인, 금융, 부동산 등) 분야에서 단독 또는 기업 간 협업을 통한 응용 등을 진행한다
나. IBM, 구글, MS 등 글로벌 IT기업들은 기존 컴퓨팅 및 플랫폼 제공 서비스를 블록체인 기술을 수용할 수 있도록 개선하고, 범용 미들웨어 및 자원을 제공하여 고객 확보 기반의 공고화를 추진한다.
다. 아마존, 알리바바 등 대형 유통 기업의 경우, 이미 확보한 고객 데이터를 기반으로 다수 기업과 협업하며 기존 사업을 확장하고 고객 이탈 방지를 추구한다.

③ 시사점
가. 각 기업은 블록체인 기술을 활용하여 신사업을 추진하기보다, 기존 제공 사업에 접목하여 서비스 품질을 제고하고, 용도를 확대하는 데 주력한다.
나. 블록체인을 업체별 사업 추진전략 내 적극적으로 도입하는 추세로 기존 사업에서 확보하고 있던 영향력을 확장 또는 공고히 하는 전략 기술로 활용한다.

(5) 응용 민간 기업

① IBM

가. 개요

㉠ 현황
- 하이퍼레저 패브릭(Hyperledger Fabric)과 하이퍼레저 컴포저(Hyperledger ComPoSer)를 활용하여 블록체인 기반 플랫폼을 구현한다.
- 하이퍼레저 패브릭(Hyperledger Fabric)은 오픈소스인 리눅스 재단의 모듈식 아키텍처 기반 블록체인 프레임워크이다.
- 하이퍼레저 컴포저(Hyperledger ComPoSer)는 비즈니스 네트워크의 핵심 구조를 반영, 스마트 계약 및 애플리케이션 개발을 촉진하는 툴이다.

㉡ 특징
- 일반적인 블록체인 플랫폼과 달리 IBM은 거래와 데이터 보호를 위한 기밀통신 지원 기능을 강화하고 있다.

나. 응용 현황

㉠ 범용 미들웨어 제공
- 개발자에 익숙한 JavaScript 등을 활용한 플랫폼 제공으로 활용 기업들이 더욱 간편하게 블록체인 기반 애플리케이션 및 서비스를 제공할 수 있게 지원한다.
- 개발자 친화적인 S/W 언어를 활용하는 특성으로 인해 개발 시간 단축 및 효율 확보가 가능하며 각 기업의 경영환경에 적합한 맞춤 서비스 제공이 용이하다.
- 특히 참여 네트워크 규모 및 스마트 컨트랙트의 신규 설정이 간단하여 개발이 용이하고, 환경변화에 탄력적으로 대응할 수 있다.

ⓛ 증권
- 증권 프로세스 개선이나 증권 발행 등 업무 프로세스 개선 시 IBM의 플랫폼을 활용하는 경우 빈번하다.
- 2016년 일본 미즈호 금융은 해외 증권 프로세스 개선에 IBM의 블록체인 플랫폼을 도입했다.
- 2017년 7월 런던증권거래소는 유럽 내 중소기업들이 민간증권을 디지털상에서 발행하기 위한 블록체인 솔루션으로 IBM 플랫폼을 고려한다.

ⓒ 유통
- 유통 이력 관리에 드는 시간 단축 및 제품 생산·유통 과정의 실시간 확인을 위해 IBM 플랫폼을 활용한다.
- 2016년 10월 이후, 월마트는 IBM과 협력하여 돼지고기 생산 프로세스 관리에 사물인터넷(IoT)과 블록체인 기술을 적용한다
- 2017년 12월, IBM, 칭화대, JD.com(중국 소매유통업체)이 협력하여 농산물 생산지 파악을 위한 "블록체인 식품 안전연합" 프로젝트가 진행 중이다.

ⓔ 무역
- 수출입 추적 및 실시간 정보 제공 등을 통한 공급망 효율화에 IBM 플랫폼을 도입한다
- 2017년 2월, 두바이 정부는 IBM과 협력하여 수출입 추적, 선적 정보 제공 등을 위한 블록체인 기반 무역 거래 시스템 구축 진행한다.
- 2018년 1월, 해운회사 AP밀러머스크(A.P. Moller-Maersk)는 IBM과 합작벤처를 설립하여 무역 거래시스템을 개발하고 공급망 전반 개선 추진하고 있다.

ⓜ 포인트 거래
- 이용 및 관리가 어렵던 카드, 쇼핑 및 항공사 포인트 등을 교환 및 통합사용 할 수 있도록 하는 관리 시스템 마련에 IBM 플랫폼 활용한다
- 2016년 9월, 중국의 유니온페이(UnionPay)는 IBM과 협력하여 자사 고객들의 카드 사용 포인트를 폭넓게 사용할 수 있도록 '카드 포인트 거래시스템' 개발했다.
- 각종 항공사 마일리지, 유통업체 쇼핑 포인트 등을 전환 / 통합사용 / 관리하는 시스템 마련에 IBM 플랫폼을 활용 중이다.

② Google

가. 개요
  ㉠ 현황
   • 2016년부터 클라우드 보안 향상 및 다양한 블록체인 기반 서비스를 호스팅할 수 있는 자체 블록체인 시스템을 개발 중이다.
   • 구글은 세계 최대 데이터 보유 기업으로, 데이터를 분산 저장하는 블록체인 기술을 응용한 신생 기업의 경쟁적 비즈니스 활동에 대응할 필요가 있다.
   • 블록체인 기술을 활용 P2P 거래가 가능한 서비스를 제공하여 기존 클라우드 서비스 고객을 유지하고 차별화를 통해 경쟁우위를 유지한다.

  ㉡ 특징
   • 블록체인 기술을 응용할 사업 영역을 명시하고 있지는 않으나, 기존 클라우드 사업과 연계한 서비스 개발 및 헬스케어 등 미래 유망사업 진출이 가시화되고 있다.
   • 특히 구글 VC는 유망기술을 확보한 신생기업에 투자하거나 적극적 M&A를 추진하여 공격적 기술 확보 추진 중이다.

나. 응용 현황
  ㉠ 클라우드 컴퓨팅
   • 보안 강화, 거래 기록 확인 등 다양한 클라우드 서비스 제공을 위해 블록체인 기술을 활용한다.
   • 기존 클라우드 사업과 블록체인 기술을 연계하여 데이터 저장 센터의 보안을 강화하고 있다.
   • 자체 클라우드 컴퓨팅 서버를 보유하고 있는 고객 기업도 구글의 블록체인 서비스를 이용할 수 있는 환경을 제공 예정이다.

  ㉡ 헬스케어
   • 의료정보시스템에 블록체인을 적용하여 데이터의 무결성을 보장하고 병원 진료 서비스를 개선하기 위한 개발 진행 중이다.
   • 자회사 딥마인드(DeepMind)는 2017년 영국 NHS(National Health Service)와 연계하여 환자 데이터를 추적할 수 있는 블록체인 시스템 'Verifiable Data Audit' 추진 중이다.
   • 딥마인드와 파트너십을 체결한 병원 및 국가기관이 블록체인 시스템에 참여하기 때문에 신뢰할 수 있는 기관이 의료 데이터를 인증할 수 있다.

- 병원 또는 환자가 의료기록을 누가 어떤 목적으로 사용하고 있는지 실시간 조회가 가능하며, 비정상적인 데이터 사용을 추적할 수 있다.

ⓒ 기타
- 기존 구글이 확보한 정보 및 기술을 활용하여 블록체인 기술의 사업 적용 가능성을 광범위하게 탐색 중이다.
- 향후 블록체인 기술의 적용 분야를 인공지능(AI), 자율주행 분야로 확대할 것으로 예상된다.

③ Microsoft

가. 개요
ⓐ 현황
- 다양한 블록체인 기반 서비스를 호스팅할 수 있는 블록체인 플랫폼 제공을 목적으로 개발 진행 중이다.
- 2016년 11월, 블록체인 플랫폼 Bletchely 1.0을 출시했다.
- 2017년 3월, 인증 기술 등을 조합하여 기업운영에 최적화된 Coco 프레임워크를 출시하여 대규모 환경에서 금융·유통·헬스케어 등에 활용 지원한다.

ⓑ 특징
- 기존 Azure 클라우드 서비스를 기반으로 파트너사 및 고객기업이 블록체인을 더욱 쉽게 도입할 수 있도록 기반을 조성 및 제공한다.

나. 응용 현황

  ㉠ 범용 미들웨어 제공
  - 스토리지 보안, 애플리케이션 제공 등을 하나의 플랫폼에서 가능하도록 블록체인 기술 기반으로 제공한다.
  - Bletchely의 블록체인 미들웨어와 크립틀렛을 활용하여 MS 생태계 내의 다양한 기업이 블록체인 기술을 손쉽게 응용할 수 있게 지원한다.
  - Azure 마켓플레이스에서 블록체인 개발 템플릿 및 기능을 지원하고, 자바·파이썬·MySQL 등 DB 및 애플리케이션과 호환을 지원한다.
  - Coco 프레임워크는 더욱 진보된 기술로 다양한 운영 체제에서 작동하며 블록체인 개발 시간 단축 및 개발 용이성 제고한다.

  ㉡ 신원 확인
  - MS의 클라우드를 기반으로 한 MS Authenticator(인증) 앱을 활용하여 신원 인증 서비스에 블록체인 기술을 도입한다.
  - 2018년 1월, ID2020 얼라이언스에 가입하여 협력 연구를 통해 기존 기업 및 일반 소비자에 인증을 지원하던 앱 기능을 개선한다.
  - 향후 '자주적 디지털 신원 플랫폼' 활성화를 위해 타 기업 및 그룹과 협력 확대할 예정이다.

  ㉢ 특징
  - MS의 블록체인 플랫폼은 대용량 처리, 짧은 처리 시간, 산업표준인증 사용을 통한 데이터 보호 등 강점으로 인해 대규모 환경에 도입이 가능하여 향후 다양한 응용 부문에 플랫폼으로 활용할 수 있다.

④ Intel

가. 개요
  ㉠ 현황
   - 2014년부터 하이퍼레저 Sawtooth Lake 프로젝트를 담당하여 블록체인 기술의 개인정보보호, 보안 및 확장성 향상에 기여한다.
   - (Sawtooth Lake) 파이썬에서 C/C 언어를 암호화하여 기업이 블록체인 기술을 구축, 배포, 실행할 수 있도록 만들어진 모듈식 플랫폼이다.
   - 2017년 블록체인 플랫폼 보안 기능 'Intel SGX(Software Guard Extensions)' 개발했다.
   - 2018년 디지털 콘텐츠의 유통과정 추적이 가능한 블록체인 기반 디지털 저작권 관리 시스템 개발했다.

  ㉡ 특징
   - 보안이 강화된 블록체인 기술을 적용하여, 민감한 개인정보 및 저작권 등의 데이터를 공유·거래·추적할 수 있는 기반 마련 중이다.

나. 응용 현황
  ㉠ 헬스케어
   - 2016년 6월 DNA와 RNA의 핵염기 서열 데이터를 채굴하고 기록하는 블록체인 플랫폼 'SMP(Sequence Mining Platform)' 개발했다.
   - 핵염기 서열 데이터를 전 세계의 많은 연구기관이 원활히 공유하면서 공동연구를 진행할 수 있는 플랫폼 제공한다.
   - SMP 참여자들은 PoW 방식을 통해 DNA와 RNA 핵염기 서열을 규명하는 연구를 수행 중이다.

  ㉡ 기업 보안
   - 2017년 10월 기업형 블록체인 애플리케이션을 위한 마이크로프로세서 기반 보안 기술 Intel SGX 개발했다.
   - Intel SGX는 멀웨어(malware)로부터 시스템을 보호할 수 있는 Sandbox(격리공간)를 제공하여 소프트웨어의 보안성을 높이도록 설계된 하드웨어(CPU) 및 소프트웨어 기능을 하고 있다.
   - 인텔과 MS는 파트너십을 체결하고 MS의 블록체인 플랫폼 '코코 프레임워크(Coco Framework)'에 Intel SGX를 통합하여 플랫폼의 보안, 성능 및 확장성을 향상한다.

ⓒ 디지털 저작권 관리
- 2018년 3월 블록체인을 이용하여 온라인상에서 저작권 보호를 받는 디지털 콘텐츠를 추적하고 보호하는 디지털 저작권 관리 플랫폼 개발했다.
- 이미지, 비디오 등 디지털 콘텐츠에 고유 ID를 부여하여 저작권자, 제작일시 등 저작권 보호 관련 속성을 기록 및 입증한다.
- 고유 ID가 부여된 콘텐츠는 복사·저장에 대한 추적이 가능하다.
- 편집자는 콘텐츠의 저작권 보호 정책에 부합되는 수정만 할 수 있으며, 수정된 버전은 오리지널 버전과 다른 ID를 부여받았다.

⑤ Amazon

가. 개요
ㄱ) 현황
- 2016년 이후 아마존 웹서비스(Amazon Web Services, AWS)의 컴퓨팅 자원을 활용한 맞춤형 블록체인 플랫폼 제공 및 기술 제공 진행한다.
- 2018년 4월, 하이퍼레저(Hyperledger) 및 이더리움 블록체인 네트워크 개발을 지원하는 'AWS 블록체인 템플릿'을 출시하여 고객사 지원한다.
- T-Mobile, Intel, Pwc, Pokitdok 등 다양한 산업에서 블록체인 기술을 도입하고자 하는 업체와 파트너십을 맺고 기술지원 제공한다.

ㄴ) 특징
- AWS 블록체인 템플릿을 활용하면 아마존이 보유한 컴퓨팅 서비스를 블록체인 응용서비스에 자유롭게 활용할 수 있다.
- 별도의 요금 지급 없이 네트워크 실행에 필요한 리소스에 대해서만 과금하는 사업모델을 채택하여 템플릿 활용률을 향상한다.
- 단순히 블록체인 기술 응용을 지원하는 데 그치지 않고 고객의 실질적인 문제 해결을 지원하는 토탈 솔루션 제공을 지향한다.

나. 응용 현황

㉠ R&D 템플릿
- 사용자가 이더리움과 하이퍼레저 패브릭(Hyperledger Fabric)의 블록체인 네트워크 환경을 손쉽게 설정할 수 있도록 지원하는 도구 제공한다.
- 2018년 4월 '아마존 웹서비스(Amazon Web Services, AWS)'를 사용하는 고객이 블록체인 네트워크를 구축할 수 있는 AWS 블록체인 템플릿 출시했다.
- AWS의 컴퓨팅 솔루션 서비스인 'Amazon EC2 또는 Amazon ECS'를 이용하여 블록체인 네트워크 구축할 수 있다.
- 개발자는 자체적으로 블록체인 네트워크 시스템을 구축하지 않아도 AWS 블록체인 템플릿을 이용하여 다양한 블록체인 애플리케이션(Dapp) 테스트할 수 있다.

㉡ 통합 솔루션
- 신원인증, 스마트계약, 헬스케어 등 다방면에 블록체인 기술을 활용하고자 하는 기업들에 인프라를 제공 및 기술지원 진행한다.
- (신원인증) 2017년, 통신업체 T-Mobile이 출시한 블록체인 기반 디지털 ID 및 인증 플랫폼 구축 시 클라우드 컴퓨팅, 스토리지 등의 인프라 및 기술 지원한다.
- (스마트계약-보험) 2016년 이후 글로벌 회계법인 PwC와 파트너십을 체결하여 블록체인 기반 스마트 보험계약 시스템 구축을 지원하고 보험청구 및 지급요청 자동화 시스템 개발했다.
- (헬스케어) Pokitdok과 파트너십을 체결하여 의료분야의 임상 및 금융 데이터를 거래하고 개인 식별정보를 영구 기록하는 플랫폼 구축 지원한다.

⑥ Alibaba

가. 개요
　㉠ 현황
　　• 축적한 유통 정보를 활용하여 식품, 주류, 기타 물품 등 다양한 제품의 유통 채널 효율성 제고 및 산하 기업 제공 서비스 분야인 부동산 및 헬스케어 분야 정보관리에 블록체인 기술 도입 추진한다.
　　• 투명한 정보 관리 및 상호 공유를 통해 장기적으로 고객 유치와 사업비용 절감 효과를 기대한다.

　㉡ 특징
　　• 기존의 유통망 및 자회사 확보 인프라 및 데이터를 활용하여 블록체인 기술과 접목, 보다 신뢰성 있고 투명한 사업 체계 확보를 위한 기업 체질 개선 진행 중이다.

나. 응용 현황

　㉠ 유통망
　　• 중국 내 만연한 식품 및 물류 사기 문제를 해결하기 위해 공급망을 추적하는 블록체인 플랫폼 시범 운영 중이다.
　　• (식품) 2018년 4월 27일 이후 블록체인 파일럿 프로그램인 '식품 신뢰 프레임워크(Food Trust Framework)' 추진 중이다.
　　• (주류) 2018년 3월, 알리바바그룹 금융 계열사인 엔트파이낸셜은 마오타이주 제조사인 마오타이와 협력하여 정품을 구별해내는 추적 시스템 개발했다.
　　• (물품) '17년 3월, 위조 상품 방지 시스템 개발을 위해 알리바바 호주지사-PwC-블랙모어스 간 파트너십 체결했다.
　　• (온라인 상거래) 2017년 2월, 알리바바의 온라인 상거래 부문인 티몰(T-Mall)은 물류업체 차이냐오(Cainiao)와 파트너쉽을 맺고 블록체인 기술을 국경 간 공급망에 전면 도입 추진한다.
　　• (금융) 엔트 파이낸셜은 알리바바의 모바일 결제 플랫폼인 '알리페이'에 블록체인 기술을 적용하여 2018년에 상용화할 계획이다.
　　• 알리페이는 2016년 7월, 기부 서비스에 블록체인을 도입하여 자금의 흐름을 추적하는 기법으로 기부자를 찾아낸 사례가 있다.

ⓛ 부동산
- 부동산 정보, 부동산 보유자와 거래 대상자의 신분 정보, 부동산 임대 계약 정보 등에 대해 다층적 검증 가능한 부동산 플랫폼 구축 중이다.
- 2018년 2월, 알리바바 그룹의 앤트파이낸셜과 중국 건설은행, 부동산 거래사이트 렌자 등이 부동산 플랫폼 모델 구축했다.

ⓒ 의료
- 개개인의 진료기록과 의료데이터의 손상·유출 가능성 줄이고, 각 병원의 분산된 의료·진료 정보를 안전하게 공유하기 위해 블록체인 기술 도입한다.
- 2017년 8월, 헬스케어 계열사 알리 헬스는 장쑤성 창저우시 의료기관과 협력하여 블록체인 기술을 활용한 헬스케어 애플리케이션을 개발하여 지역 의료서비스에 적용했다.

⑦ Facebook

가. 개요
 ㉠ 현황
- 페이스북 리브라코인 1년 후 탄생.
- 리브라는 안전하고 확장 가능하며 신뢰성 있는 블록체인(Libra Blockchain)을 기반으로 구축한다. 리브라는 허가형 블록체인(Private Chain)으로 시작하며 향후 개방형(Public Chain)으로 전환이 목표이다.
- 이베이 등 엄청난 소비시장을 가진 쟁쟁한 기업 28곳이 발행에 참여할 것으로 본다.
- 현실 자산과 액면 가치가 연동되는 스테이블 코인(stable coin)으로 금융서비스를 위해 자회사인 캘리브라(Calibra)를 설립했다.
- 메신저와 와츠앱에 리브라를 저장할 수 있는 전자지갑인 캘리브라(Calibra) 기능을 추가한다.
- 모든 소비자 개발자 비즈니스는 리브라 네트워크를 사용하고 그 위에 제품을 만들고 서비스를 통해 가치를 부과할 수 있다.

 ㉡ 특징
- 높은 트랜잭션 처리량, 낮은 대기시간, 대용량 데이터 저장시스템이다.
 − 노드(현재는 28개 협회회원으로 구성)로 구성된 생태계 거버넌스이다.
 − 안전과 보안을 위해 Move라는 새로운 프로그래밍 언어 개발 및 사용하며 스마트 컨트랙트가 가능하다.

- Libra는 BFT 합의 프로토콜사용 : https://bit.ly/2Odfdjv
- 기술문서 : https://bit.ly/2YlRjXc
- 프로그래밍 언어 Move : https://bit.ly/2JLTeff
  Libra Currency(통화) and Reserve(준비금)

나. 응용 현황

㉠ 디엠(구 리브라)코인
- 사람들은 굳이 달러를 보유하려 하지 않을 것이다. 리브라코인으로 전 세계 모든 법정화폐의 국가 간 환율에 신경 쓸 필요가 없어질 것이며 큰손들은 가치가 변동되는 달러보다는 리브라코인을 보유하려하게 될 것이다.
- 리브라코인은 암호화폐지갑을 제공한 가운데 거래되기 때문에 리브라코인 지갑에 다른 암호화폐도 저장할 수 있다면 암호화폐 보유와 거래는 폭발적인 성장을 하게 될 것이다.
- 리브라로 인해 전체적인 암호화폐시장 파이가 커진다면 그 기축통화인 비트코인의 수요와 거래량은 어마어마해질 수 있을 것이다.
- 리브라가 스테이블코인으로 정착되면 리플 스텔라 라이트코인 등 페이먼트 코인들에 큰 영향을 미칠 것이다.
- 각국에서 암호화폐에 대한 법제화를 더 미룰 수 없게 될 것이다.
- 리브라코인의 발행과 유통 법제화 과정에서 미룰 수 있는 변화가 있을 것으로 보이며 암호화폐시장 실용화에 활주로를 제공할 것으로 본다.

㉡ The Libera Association(리브라 협회)
- 스위스 제네바에 기반한 독립적인 비영리 조직인 The Libra Association이 운영한다.
- 협회회원은 지리적으로 분산되어 있는 다양한 기업, 비영리 조직, 학술기관 등으로 구성되며 현재 28개 구성원은 아래와 같다.
  - 지불 : PayU (Naspers 'fintech arm), Stripe, Visa
  - 기술 및 시장 : Booking Holdings, eBay, Facebook / Calibra, Farfetch, Lyft, Mercado Pago, Spotify AB, Uber Technologies, Inc.
  - 정보 통신 : Iliad, Vodafone Group
  - 블록 체인 : Anchorage, Bison Trails, Coinbase, Inc., Xapo Holdings Limited
  - 벤처 캐피탈 : Andreessen Horowitz, Breakthrough Initiatives, Ribbit Capital, Thrive Capital, Union Square Ventures

– 비영리 및 다자간 조직 및 학술 기관 : Creative Destruction Lab, Kiva, Mercy Corps, Women's World Banking

❺ 공공(Public)

⑴ 공공서비스의 개요

인공지능, 사물인터넷(IoT)과 더불어 미래 전략 기술로 부각되고 있는 블록체인(Blockchain)은 초연결(hyper-connectivity)의 핵심기술이자, 초지능(superintelligence)을 강화한다는 점에서 4차 산업혁명의 핵심 기반기술로 주목받고 있다. 이로 인해 세계 각국은 블록체인 산업 육성을 위한 기술개발과 각종 시범사업을 추진하며 블록체인 시장을 선점하기 위해 발 빠르게 움직이고 있다. 최근 경기연구원에서 발표한 자료(Maximize Market Research 2017인용)에 따르면, 정부 영역의 글로벌 블록체인 시장규모는 2017년 1억 달러에서 연평균 85.3% 성장하여 2024년에는 75억 달러에 이를 것으로 전망되고 있다. 특히, 공공부문의 블록체인 기술도입이 공공서비스의 질적 수준 향상과 비용 절감 및 업무처리 시간 단축, 투명성과 신뢰성 확보 등의 효과가 발생할 것으로 기대되면서 다양한 부문에 적용하기 위한 시도들이 이루어지고 있다. 우리나라 역시 2017년부터 공공부문에 블록체인 기술을 적용하기 위한 기본 연구과제들이 주를 이루었고, 2018년부터는 지자체와 공공기관들의 시범사업 추진 용역들이 눈에 띄게 늘어난 것으로 나타났다.

(2) 세계 각국, 공공영역에 블록체인 기술 적극 도입 추진

정부 공공서비스에 블록체인을 도입한 사례로 가장 유명한 나라는 유럽 발트해에 있는 작은 나라 에스토니아(Estonia)이다. 에스토니아는 블록체인이라는 용어를 처음 사용한 비트코인 백서가 발표되기 전인 2008년부터 분산 원장 기술을 테스트하기 시작했으며, 다양한 부문의 전자정부 구현에 블록체인을 적용한 것으로 유명하다. 특히, 2015년 세계 최초로 블록체인 기반 디지털 시민권(e-Residency)을 도입하여 누구나 에스토니아가 제공하는 다양한 공공서비스 이용을 가능하게 했다. 이용 가능한 공공서비스로는 계좌 개설, 온라인 송금, EU 국가 내 결제 서비스, 1일 내 법인 설립 등이 가능하며, 도입 3년 만에 154개국에서 3만 3,428명이 신청한 것으로 알려졌다. 이 시민권만 있으면 사무실이나 현지 관리자 없이 온라인 창업이 가능한 것은 물론 은행, 세금 업무까지 간편하게 처리할 수 있다는 장점과 함께 유럽연합(EU)에 속해 있다는 강점이 더해지면서 약 5,000명이 실제로 에스토니아에 법인을 설립한 것으로 알려졌다.

덴마크는 세계 최초로 블록체인 기술을 사용하여 투표한 것으로 유명하다. 2014년 덴마크 정당인 자유당은 내부 합의를 위해 블록체인 기술을 활용한 전자 투표 시스템을 사용했다. 스페인 또한 2014년 돌풍을 일으킨 신생 정당 포데모스가 당내 의사결정 시스템에 블록체인을 활용한 전자 투표를 도입했다. 포데모스 집행부는 아고라 보팅(Agora Voting)이라는 블록체인 활용 시스템을 통해 선출되었으며 루미오(Loomio)라는 애플리케이션을 통해 다수의 시민이 자유롭게 정책 제안과 의견을 개진할 수 있도록 활용했다.

미국 역시 2016년 텍사스주 자유당의 대선후보 선정과 유타주 공화당의 대선후보 선정에 블록체인을 활용한 전자 투표를 진행했다. 이로 인해 기존보다 더 많은 당원이 투표권을 행사하기 위해 온라인으로 등록했으며, 투표를 등록하고 수행하는 절차가 간소화되었다고 발표했다. 이외에도 호주는 정책 이슈에 대한 의사결정을 위해 블록체인 기술을 적용한 전자 투표를 활용했다. 중립 투표 블록(Neutral Voting Bloc, NVB)이라 불리는 기관이 블록체인 기반 전자 투표를 활용하여 다수 시민의 의사를 모으는 도구로써 잘 활용했다는 평가를 받기도 했다.

전자 투표 외에도 전 세계 많은 정부가 공과금 및 과징금 징수에서부터 납세, 의료기록, 공공서비스 관련 시민행정, 여권발급, 토지 등기 관리 등 공공업무와 기록물의 효율적 관리는 물론 예산집행의 투명성 확보 등을 위해 다양한 공공영역에 블록체인 기술 활용을 적극적으로 추진하고 있는 것으로 알려졌다.

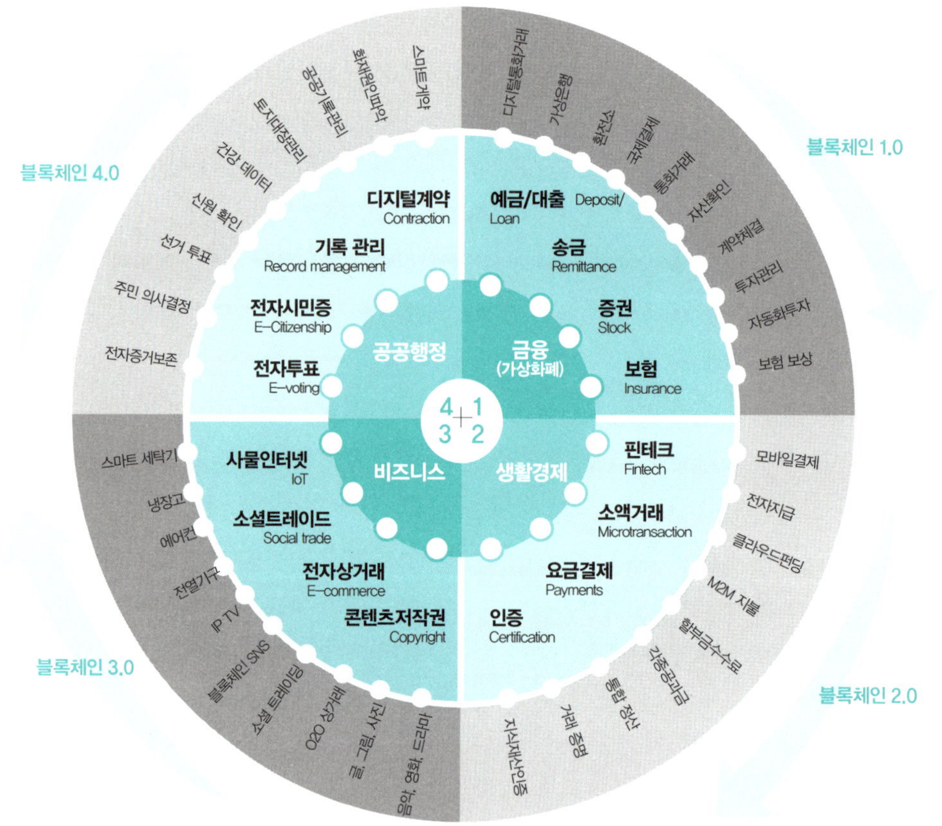

〈 출처 : IITP (2016), '블록체인 기술의 영향과 문제점 및 시사점'. 주간기술 동향 제1776호. 〉

〈 그림 3-5 블록체인 진화단계별 활용 분야 〉

(3) 국내 블록체인 공공서비스 현황

앞서 해외사례에서 살펴봤듯이 세계 여러 국가가 블록체인 기술을 공공서비스에 적용하면서 행정혁신을 실행에 옮기고 있다. 국내의 경우, 서울시를 비롯한 지방자치단체들이 블록체인을 행정 시스템에 도입하면서 각종 거래와 공공서비스의 투명성과 효율성을 높이는 것은 물론 관련 산업의 마중물 역할을 하는 것으로 나타났다.

정부조달 사이트인 나라장터(www.g2b.go.kr)에 나온 블록체인 용역과제 공고들을 살펴보면, 지자체 중에서는 서울시의 움직임이 가장 적극적인 것으로 보인다.

서울시는 2017년 11월 '블록체인 기반 시장 혁신을 위한 정보화 전략계획(ISP) 수립' 용역을 발주하고 시정업무 전반에 대한 중기 로드맵을 준비해왔다. 이후 2018년 6월 '2018년 서울시 블록체인 시범사업' 공고를 내고 ISP 수립과정에서 검토를 거친 '장한평 중고자동차 매매 신뢰 체계 구축 프로젝트'와 '시민참여 직접 민주주의 실현을 위한 엠보팅(mVoting) 프로젝트'를 선도사업으로 추진하고 있다. 또한 해당 시범사업에는 블록체인 표준 플랫폼 도입과 서울 시민 카드 통합인증, 마일리지 통합·자동전환, 하도급 대금 자동 지급 등의 검증사업이 함께 포함되었다.

(4) 수출입 통관 등 관세행정에도 블록체인 적용 추진

관세청은 2018년 4월 '블록체인 기반 e-C/O(원산지증명서) 발급·교환 서비스 시범사업'을 발주하고 FTA 활용을 저해하는 문제점을 근본적으로 개선하기 위한 사업을 시작했다. 해당 사업은 수출입 국가 간의 원산지 확인을 위한 원산지증명서(C/O) 및 관련 통관 정보를 국가 간 교환하는 서비스와 블록체인 기반의 전자적 원산지증명서(e-C/O)를 발급·교환하고 자료교환 진행정보를 제공하는 서비스 구축사업이다.

관세청에 따르면 해당 사업은 기존의 종이 서류 기반의 원산지증명서 제출 프로세스가 데이터 또는 e-C/O 같은 전자적인 방식으로 국가 간 실시간 공유를 통하여 수입지 세관으로의 C/O 제출이 생략할 수 있게 될 것이라고 밝혔다. 이로 인해 수출기업은 원산지증명서 발급 업무의 편리성과 물류비용이 개선됨에 따라 FTA 수출활용률이 제고되며, 수입지 세관은 원산지증명서의 사실 여부 확인에 대한 행정비용 절감과 처리 시간 축소로 신속 통관 실현이 가능할 것으로 기대했다.

또한 2018년 5월에는 '블록체인 기반의 수출통관 물류 서비스 시범사업'을 공고하고 추진했다. 해당 사업은 수출통관·물류 업무를 수행하기 위해 수출 화주가 생성하는 무역서류의 실시간 공유와 관세청 수출통관과 적하 신고를 블록체인 기반으로 제공하는 서비스이다. 수출신고서 및 B/L 작성이 무역서류 블록을 기반으로 생성됨에 따라 신고 정보의 정합성과 투명성이 보장되며, 최소 정보 입력에 의한 시간과 비용이 절감되는 것은 물론, 무역서류 발행 등의 이벤트 발생 시 Smart Contract에 의한 업무 자동화를 통하여 더욱 효율적인 통관·물류 업무 수행이 가능해질 것으로 기대를 모으고 있다.

(5) 속도를 내는 금융 공기관의 블록체인 사업

국내 금융업계는 고객 인증 등 다양한 분야에 블록체인 적용을 실험하며 적용 수준 및 범위가 확대되고 있다. 이에 금융 관련 공기관도 대응에 속도를 내는 모습이다.

2018년 5월 한국조폐공사는 '클라우드 기반 전자거래·인증을 위한 블록체인 오픈 플랫폼 구축'에 나섰다. 지난 2017년 모바일 전자거래 ID 테스트베드 구축 및 시범사업을 추진한 바 있는 조폐공사는 이번에 더 나아가 블록체인을 적용하려는 공공기관 등에서 새로운 응용서비스를 쉽게 개발할 수 있도록 API(Application Programming Interface)와 SDK(Software Development Kit)를 제공하는 클라우드 기반의 오픈 플랫폼 구축사업을 추진 중이다.

한국예탁결제원도 '채권 장외결제 시스템 블록체인 기술 적용 타당성 검토를 위한 컨설팅' 사업을 시작했다. 이번 컨설팅은 블록체인 기반의 채권 장외결제 모델에 대한 개념검증(PoC)을 위한 것으로 채권 장외결제 시스템에 적합한 블록체인 기술 확인 및 적용 가능 모델을 확인하고 시뮬레이션 실시를 통해 블록체인 모델의 안정성과 효율성 등을 평가하기 위한 것이다.

금융 공기관에서도 블록체인 도입 움직임이 속도를 내고 있지만, 일각에서는 블록체인 도입 활성화를 위해서는 기술적인 개선뿐만 아니라 개인정보 등의 관련 법 제도적 이슈 해소와 비용 효과에 대한 면밀한 분석이 전제될 필요가 있다고 지적하고 있다.

세계 블록체인 시장이 향후 5년간 10배 이상 성장할 것으로 전망되면서 세계 각국은 금융, 물류, 의료, 공공서비스 등 다양한 분야에 블록체인 기술 접목을 시도하며 기술개발을 적극적으로 추진중이다. 최근 우리나라는 가상통화 과열로 많은 논란을 겪었지만, 국내 중소 전문기업과 SW, 통신, 인터넷 포털 기업 등을 중심으로 블록체인 기술 적용과 개발이 활발하게 이루어지고 있다. 그러나 블록체인에 대한 사회적 관심보다 본격적인 투자나 시장 확산으로는 이어지지 못하고 있는 것이 현실이다. 이로 인해 세계 많은 국가에서는 공공영역에 블록체인 기술을 적극적으로 도입하여 공공서비스를 효율화하는 것은 물론 시장 확산에 기여하기 위한 움직임이 빠르게 일어나고 있다. 우리 정부 및 지자체도 지난 '17년부터 공공영역에 블록체인 기술을 도입하기 위한 움직임이 일어나기 시작했으며, 2018년 6월 수립된 '블록체인 기술 발전전략'에서도 블록체인 초기 시장 형성을 위한 선제 공공선도 사업 추진과 민간주도 블록체인 국민 프로젝트 진행과제 등을 포함하여 산업 전반에 걸쳐 블록체인 활용 수요를 견인하고 사회비용을 절감하기 위한 움직임을 본격화하고 있다. 또한 국회 차원에서도 블록체인 관련 법·제도를 검토 중이며, 개인정보를 비롯한 전자서명 등 여러 분야에서 관련 법안들이 발의되고 있어 향후 공공부문의 블록체인 기술 적용이 더욱더 빠르게 확산될 것으로 기대된다.

⑹ 해외에서의 블록체인 기술 응용사례

전 세계 많은 정부가 건강 기록, 투표, 세금, 복지 수당부터 시민 및 디지털 통화까지 모든 것에 대한 새로운 시스템을 만들기 위해 분산 원장에 공공 서비스를 제공하면 어떨지를 자세히 조사하고 있다. 그중에는 이미 블록체인 프로젝트를 시작한 정부들도 있다.

① 에스토니아 [Estonia]

블록체인은 정부 서비스를 단일 디지털 플랫폼에 연결하는 유명한 e-에스토니아 프로그램의 백본을 제공한다. 이 프로젝트는 건강 관리, 사법부, 입법부, 보안, 상용 코드 레지스트리에 있는 많은 양의 민감한 데이터를 통합해 부패 및 오용으로부터 보호하고자 블록체인에 저장된다.

에스토니아는 '블록체인'이라는 용어를 최초로 만든 비트코인 백서가 발표되기 전인 2008년 분산 원장 기술을 테스트하기 시작했다. 에스토니아는 이 기술을 '해시 연계 타임 스탬프'라고 불렀다.

유럽 발트해에 있는 작은 나라 에스토니아는 국가의 네트워크, 시스템 및 데이터를 보호하는 KSI(Keyless Signature Infrastructure)라는 블록체인 기술을 개발했다. KSI 시스템은 정식으로 검증할 수 있는 보안 시스템을 정부에 제공하여 지속적인 사이버 공격에서도 작동할 수 있으며 현재 180개국 이상에서 사용할 수 있다.

② 미국 [United States of America]

미국은 여러 가지 원장 애플리케이션을 연구하고 있다. 2017년 1월 FDA는 IBM 왓슨 헬스와 2년간의 공동 개발 협약을 체결하여 환자 데이터를 안전하게 공유하고자 블록체인을 사용하는 방법을 모색했다고 발표했다. 이 협력은 건강 데이터 처리에서 투명성과 보안의 부족을 다루는 것을 목표로 하고 종양학 관련 데이터에 대한 테스트에서 시작됐다.

그런 다음 2018년 6월 트럼프 정부는 매우 다른 블록체인 재판을 발표했다. 국토안보부(DHS)는 국경수비대 카메라와 센서에서 수집한 데이터를 보호하고자 블록체인 기능을 테스트하기 위해 팩톰(Factom)이라는 신생 업체에 미화 19만 2,380달러의 보조금을 지원했다.

③ 덴마크 [Denmark]

2014년 덴마크 정당인 자유당은 세계에서 블록체인 기술을 사용하여 투표한 최초의 주요 정당이 되었다. 자유당은 덴마크에서 3자 연립 정부의 일부를 구성하고 코펜하겐 근교의 연례 회의에서 보유하고 있는 내부 선거를 강화하기 위해 계속해서 블록체인을 사용하고 있다.

④ 두바이 [Dubai]

두바이는 2020년까지 블록체인을 사용하여 모든 거래를 수행하는 세계 최초의 정부가 되고 싶어 한다. 에미레이트 항공은 비자 신청, 청구서 지급, 면허 갱신, 기타 문서를 블록체인에 추가하면 문서 처리에만 연간 55억 다르함(1조 6,821억 원)을 절약할 수 있다고 추정한다. 또한 여행 감소로 인해 최대 114메가톤까지 이산화탄소 배출량을 줄이고 최대 2억 5,100만 시간의 경제적 생산성을 재분배할 수 있게 된다.

⑤ 스위스 [Switzerland]

스위스의 도시 주크(Zug)는 유럽의 주요 블록체인 밸리(valley) 중 하나다. 주크는 이미 공공 서비스 이용료를 암호화폐로 낼 수 있도록 허용하고, 블록체인에 구축된 ID 등록을 디지털화했으며 최근에 전자 투표 테스트를 마쳤다.

추크는 커스터마이징 가능한 블록체인 기반 전자 투표 시스템을 개발하기 위해 루체른응용과학대학(Lucerne University of Applied Sciences) 및 소프트웨어 업체인 룩소프트(Luxoft)와 제휴했다. 이 시스템은 추크의 이더리움 기반 디지털 ID 등록 애플리케이션과 통합돼 있다. 투표는 익명으로 할 수 있고 변조할 수 없도록 방지되며 시스템은 지리적으로 보안 및 데이터 손실 위험을 분산하도록 세 군데의 데이터센터에 배포된다.

룩소프트는 플랫폼을 오픈소스로 삼아 공공 기관에서 블록체인 사용 사례를 장려하고자 정부 얼라이언스를 위한 블록체인(Blockchain for Government Alliance)을 설립할 예정이다.

⑥ 맨섬 [Isle of Man]

영국 그레이트브리튼 섬과 아일랜드섬 사이에 있는 면적 572㎢의 영국령 맨섬은 e 게임의 사기를 방지하는 데 블록체인을 사용했다. 2017년 8월 맨섬은 이더리움 기술을 기반으로 하는 시스템을 운영하는 도박 회사인 콴타(Qanta)에 블록체인 복권에 관한 평판 라이선스를 세계 최초로 부여했다. 추첨은 분산된 숫자 생성기를 사용하여 이뤄진다. 표는 암호화폐로 지급한 스마트계약 및 상품을 통해 판매된다.

맨섬 정부의 e비즈니스 운영 책임자인 브라이언 도네간은 블록체인이 전자 복권에서 사기 위험을 줄여 줄 것이라고 말했다. 그는 "블록체인 기술이 제공하는 불변성과 검열에 대한 저항은 범죄를 막고 소비자를 보호하기 위해 블록체인을 사용할 수 있는 수준이다"라고 전했다.

⑦ 조지아 [Georgia]

조지아(옛 그루지아) 정부는 비트퓨리그룹(Bitfury Group)과 함께 개발한 토지 레지스트리 프로젝트 NAPR(National Public Agency of Public Registry)에서 블록체인을 실험했다. 비트퓨리그룹의 서유럽 블록체인 솔루션 담당 이사인 윌렘-잔 브루인은 "비트퓨리그룹과 NAPR은 NAPR의 디지털 기록 시스템에 통합 맞춤 설계된 블록체인 시스템"을 구현했다.

브루인은 "개인적으로 허가된 블록체인은 분산 디지털 타임 스탬프 서비스를 통해 비트코인 블록체인에 고정돼 있다. 분산 디지털 타임 스탬프 기능을 통해 NAPR은 시민의 필수 정보와 소유권 증명을 포함하는 문서를 확인하고 서명할 수 있다"라고 설명했다.

이어서 "프로젝트의 중요성과 파괴 가능성은 현재 토지 소유권 및 일반적으로 재산권을 법적으로 등록할 수 없는 수십억의 사람들에게 제공할 수 있는 능력에 달려 있다. 또한 블록체인 기술은 상당한 시간과 비용을 절감한다. 따라서 블록체인 토지 제작 프로젝트는 조지아를 넘어 세계에 큰 영향을 미칠 수 있다"고 덧붙였다.

⑧ 지브롤터 [Gibraltar]

지브롤터는 지브롤터 증권거래소(GSX)가 비트코인ETI라는 암호 해독 기능을 공개한 2016년에 유럽 최초의 비트코인 제품을 출시했다. 영국의 해외 영토는 블록체인을 사용하는 핀테크 회사의 맞춤형 라이선스를 도입했으며 증권거래소의 블록체인 자회사를 만들었다.

2018년 2월, GBX(Gibraltar Blockchain Exchange)는 록토큰(Rock Token, RKT) 암호화폐에서 발행된 첫 번째 토큰 판매가 완료됐다고 발표했다. 총 6,000만 RKT가 공개 토큰 판매에 분배됐는데 이는 45억 파운드에 해당한다.

⑥ 의료(Medical treatment)

(1) 의료혁신의 근원인 블록체인

블록체인은 승인된 사용자 그룹들 사이에서 공유할 수 있어 그룹의 모두가 실시간에 가깝게 최신 데이터를 확인할 수 있는 투명한 전자식 원장이기 때문에 환자 데이터 발견을 광범위하게 개선할 수 있다.

또한 다양한 EHR 제공자로부터 얻은 평생 임상 기록을 통합하기 위해 모든 주요 EHR에서 사용할 수 있는 일련의 표준인 개방된 API 호환 FHIR(Fast Healthcare Interoperability Resources) 인터페이스도 활용할 수 있다. 또한 FHIR 인터페이스는 환자가 여러 EHR 시스템에서 데이터를 뽑을 수 있는 모바일 애플리케이션인 애플의 새로운 헬스 레코드(Health Record)의 핵심이다.

IDC는 메시 네트워크로 기능한 블록체인은 임상 데이터 분산을 가속할 수 있으며 FHIR을 이용해 데이터 형식, 환자 프로필, 코딩 수준에서의 보안 인덱스를 표준화할 수 있다고 밝혔다. Mutaz Shegewi는 "데이터가 전달되는 방식 또는 데이터 규칙 또는 데이터를 다음 단계로 발전시킬 수 있는 것에는 실제로 영향을 끼치지 않는다. 이를 위한 격자 또는 뼈대 작업이다"고 말했다.

예를 들어, 블록체인은 다양한 영역에서 지원을 제공해 인구 보건, 임상 시험 연구, 의약품 공급망 무결성, 원격 감사, 청구 결정, 전문적인 자격인증에 대한 공유된 통계가 가능하다.

환자 진단이나 치료, 약물 처방, 시간 순서에 따른 보험료 지급 등의 모든 이벤트를 기록할 수 있을 뿐 아니라 이런 이벤트를 변경 불가능한 기록으로 저장할 수 있다. 블록체인을 통해 추가적인 데이터 포인트(Data Point)를 추가할 수 있지만 이전의 항목은 변경할 수 없다. Mutaz Shegewi는 "따라서 기본적으로 승인된 모두가 온라인 네트워크에서 데이터를 확인할 수 있는 단일한 '진실의 근원'을 제공한다"라고 말했다.

Mutaz Shegewi는 "블록체인은 언젠가 상호운용성이 실현될 수 있는 길을 닦는다. 더욱 잘 분산되어 있다. 더욱 분권화되어 있다. 더욱 영구적이고 투명하며 접근성이 높다"고 설명했다. 하지만 이런 일이 하룻밤 사이에 일어나지는 않을 것이며, 민감한 환자 데이터를 취급하는 방식에 대해 주의할 수밖에 없는 규제가 엄격한 산업에서는 더욱더 그렇다. Mutaz Shegewi는 "의료 부문에서 핵심 기술로 널리 도입되고 있는 블록체인의 측면에서 훨씬 긴 시간이 소요될 것이다. 필수적인 워크플로우의 핵심이라는 측면에서 5~7년은 족히 소요될 것이다"라고 말했다.

(2) 클라우드 도입, 블록체인에 대한 관심 촉발

PBM(Pharmacy Benefit Management) 클라우드 서비스업체인 Rx어드밴스(RxAdvance) CMO 존 스컬리는 "모두가 블록체인에 열광하고 있다고 생각한다. 도입은 기술적인 문제가 아니다. 규제가 엄격한 산업이기 때문에 기초를 마련하는 것이 중요하다"라고 말했다.

PBM과 의약품 산업은 8,400억 달러 규모의 시장이지만 대부분 35년 전에 개발된 같은 기술을 사용하고 있다. 스컬리는 "AS400s 같은 메인프레임을 아직도 사용하며 녹색 화면 명령줄 코볼(Cobol) 프로그래밍이 아직도 사용된다"라고 말했다.

Rx어드밴스는 제약업체, 의료계획 및 보험사들 사이에서 환급을 위한 결정 과정을 간소화하려 하고 있지만, 현재 블록체인에 기초하지 않고 있다. 하지만 스컬리는 이 분산형 원장 기술이 5년 안에 자리 잡을 것으로 보고 있다.

애플과 펩시콜라의 CEO를 역임한 바 있는 스컬리는 "규제 문제가 너무 많기 때문에 배치하지 않고 있다"며, "이는 쉽게 얻을 수 있는 부분이 아니다. 하지만 결국은 주류가 될 것이라는 사실은 알고 있다"고 말했다.

블록체인은 발생 지점부터 트랜잭션 완료 시까지 망가지지 않는 데이터 항목 체인을 생성할 수 있고 암호 기법을 통해 그 데이터를 보호할 수 있기 때문에 프라이버시 측면에서 엄청난 이점을 제공한다. 그리고 분명 더 효율적이다.

스컬리는 "의료 부문에서 점차 클라우드 기반의 시스템을 구축하기 때문에 블록체인이 더욱 필요할 것이다"라면서, 블록체인이 존재하는 온라인 P2P 아키텍처를 언급했다.

아마존, 애플, 구글, IBM, 마이크로소프트 같은 대형 IT업체와 심지어 월마트 같은 대형 소매기업들이 의료 산업에서 주로 블록체인을 적용할 수 있는 방법에 대해 공격적으로 개발에 나서고 있다.

(3) 스마트 계약, 수동 프로세스 자동화

스마트 계약(Smart Contract)를 통해 수동 프로세스를 자동화할 수 있다. 블록체인은 사전에 결정된 규칙에 기초해 자체 실행되는 스크립트인 스마트 컨트랙트로 기능함으로써 상호운용성 문제 해결을 넘어 지금의 침체하고 고립된 의료 데이터 저장소로부터 가치를 창조할 수 있다.

예를 들어, 환자가 한 병원에서 서류를 작성하고 수개월이 지난 후 다른 병원을 찾는 경우 스마트 컨트랙트는 환자가 통제할 수 있는 사전 설정 규칙에 기초해 환자 데이터 전송을 자동화할 수 있다.

Mutaz Shegewi는 "제공자와 보험사는 환자가 간호 옵션 또는 치료 또는 개입에 적합한지 확인하는 과정인 사전 승인 및 가용성 확인 때문에 어려움을 겪을 수 있다"라고 말했다. 미리 결정된 승인 규칙에 따라 스마트 컨트랙트는 환자의 기록을 확인해 해당 프로세스를 자동화할 수 있다. 블록체인 기반의 스마트 컨트랙트는 또한 의료 제공자, 환자, 보험사 모두가 치료가 수행되었음에 합의한 경우 치료비 결제를 자동화할 수 있다.

또한 표준 데이터 모델을 사용하는 투명한 플랫폼을 확보하면 EHR 시스템들 사이에서 가끔 발생하는 환자 데이터 차단 문제를 해결할 수 있다.

해당 산업이 이질적인 공급업체 플랫폼, 지리적으로 분산된 시설, 관련성이 없는 의료 기관들 사이에서의 데이터를 공유하는 EHR을 도입하도록 하는 하이테크법(HITECH Act of 2009)은 개선되었지만, 데이터 투명성은 그렇지 못하다.

EHR 공급업체는 여전히 전매특허 프로토콜을 사용해 각각의 시장을 고립시키고 있다. 즉, 모든 데이터가 동등하게 공유되지 않고 있다. 사실, 일부 공급업체는 데이터를 손쉽게 공유할 수 없도록 한 것에 대해 고발을 당했다.

Mutaz Shegewi는 "해당 산업은 개방성 그리고 정보와 데이터를 교환하려는 의지 측면에서 더 적합하다" 했지만 "하지만 때에 따라 정보 차단 문제가 존재한다"고 말했다. 또한 블록체인을 통해 환자는 자신의 의료 정보를 더욱 잘 통제할 수 있게 되지만 전매특허 시스템은 이를 억압하고 있다.

메디케어(Medicare) 및 메디케이드(Medicaid) 환급에 대한 현재의 미국 연방 지침에 따라 미국의 의료 제공자는 성과 목표 달성에 대한 보상을 받는다. IDC는 "하지만 의료 부문에서 가장 중요한 영향력을 행사하는 사람들(즉, 환자와 그 가족)이 대부분 데이터 수식에서 누락되어 있다"라고 밝혔다.

환자는 다른 이점을 누릴 수 있다. 블록체인은 암호 화폐를 생성할 수 있기 때문에 환자가 데이터 공유의 유인으로써 디지털 토큰(Token)을 받을 수 있다.

(4) 의료 데이터 공유에 대한 보상

현재 마요 클리닉(Mayo Clinic)과 런던에 위치한 스타트업 메디컬체인 (Medicalchain)이 블록체인을 심각하게 고려하고 있으며, 향후 다양한 서비스를 개발하기 위해 협력하고 있다.

메디컬체인은 환자, 의료 제공자, 보험사가 EHR 정보 공유에 사용할 수 있는 블록체인 기반의 EHR 원장을 개발했다. 메디컬체인 플랫폼의 첫 애플리케이션은 환자가 의료 제공자와 원격으로 상담할 수 있는 마이클리닉닷컴(myclinic.com)이라는 원격 의료 서비스였다. 또한 이 플랫폼을 통해 연구원과 익명의 의료 데이터를 공유하고 메디컬체인의 암호 화폐인 메드토큰(MedToken)을 보상으로 받을 수 있었다.

마이클리닉닷컴을 통해 환자는 의료 제공자와 원격으로 상담하고 익명의 의료 데이터를 연구원과 공유하며 그 대가로 메드토큰(MedToken)을 받을 수 있다.

3곳의 주요 캠퍼스를 보유하고 있고 70개 이상의 소형 병원을 소유한 마요 클리닉은 현재 EHR 보안을 위해 블록체인을 활용할 방안을 찾고 있지 않다. 현재 하나의 기념비적인 과업으로 하나의 통합된 의료기록 및 청구시스템을 출시하기 위해 상위 5개 EHR 제공자 가운데 하나인 에픽 시스템즈(Epic Systems)와 협력하고 있다.

마요의 대변인은 "우리는 의료 부문에서 블록체인 기술의 다양한 잠재적 이점을 연구해 데이터 트랜잭션의 효율성을 높이고 보안을 강화할 것이다. 최근 메디컬체인과 계약을 체결했기 때문에 연구는 아직 초기 단계이다"고 밝혔다.

마요 클리닉과의 협력 외에도 메디컬체인은 런던에 위치한 4곳의 병원에서 하이퍼레저(Hyperledger) 블록체인에 기초한 원격 의료 애플리케이션을 시범 운영하기 위해 준비하고 있다.

GMG(Groves Medical Group)가 첫 타자가 될 것이다. 이번 달, 그로브스에 등록된 환자들은 자신의 의료기록을 보존하고 이에 대한 액세스를 관리하는 무료 암호화폐 지갑(Crypto Wallet)을 생성할 수 있게 될 것이다. 해당 플랫폼을 통해 의사들은 환자와 상담할 수 있고 환자들은 메드토큰을 이용해 원격 의료 서비스 비용을 지불할 수 있는 옵션을 얻게 된다.

메디컬체인의 공동 설립자 겸 COO 모하메드 테이엡은 "또한 블록체인은 환자가 스스로 처방하는 등 의료기록을 범죄 목적으로 부당 변경하는 것을 방지할 것"이라고 말했다. 이와 동시에 이런 종류의 의료기록 보관시스템은 현재 일반적으로 통제 권한이 제일 적은 환자가 통제할 수 있다.

테이엡은 "우리는 이동할 때 많은 정보를 갖고 다닌다. 휴대전화에는 사진, 연락처, 은행 계좌 액세스, 이메일, 다양한 파일에 대한 액세스가 있다. 하지만 사람들은 일반적으로 의료기록을 휴대하지 않으며 이런 것들은 생명을 구할 수 있다. 특히, 누군가 만성 질병을 앓고 있을 때는 더욱더 그렇다. 현재 의료기록은 사일로에 보관되며 이런 의료기록의 여러 사본이 다양한 의료 시설에 존재한다"라고 설명했다.

메디컬체인과 함께 스타트업 민트헬스(MintHealth), 페이션토리(Patientory), 해시헬스(Hashhealth) 등도 토큰 제공 또는 블록체인 저장소의 환자 데이터와 연계된 ICO(Initial Cyptocurrency Offering)를 통한 새로운 수익 흐름 가능성을 통해 데이터 공유 네트워크를 개발하고 있다.

지난해, MIT는 메드렉(MedRec)이라는 이더리움(Ethereum) 블록체인 기반의 개념 증명(PoC)을 개발하고 보스턴에 있는 BIDMC(Beth Israel Deaconess Medical Center)에서 스마트 컨트랙트를 이용해 병원 데이터 저장소로부터 환자 데이터를 가져오는 수단으로 테스트했으며, 환자들은 해당 데이터를 자신이 선택한 의사와 안전하게 공유할 수 있는 권한을 받았다.

(5) 블록체인 네트워크, 연구용 데이터 통합

브레스트위캔(BreastWeCan)이라는 또 다른 블록체인 개념 증명을 통해 여성은 유방조영상 이미지와 관련된 임상 보고서를 의료 연구원과 안전하게 공유할 수 있다.

블록체인 기반 데이터 공유 시장을 창출하기 위해 협력한 두 기업은 샌프란시스코에 위치한 블록체인 스타트업 네뷸라 제노믹스(Nebula Genomics)와 홍콩에 위치한 론제네시스(Longenesis)이다. 론제네시스는 AI를 활용해 저장된 의료데이터를 분석하는 반면에 네뷸라는 환자의 DNA를 시퀀싱(Sequencing)한 후 해당 유전자 데이터를 블록체인 원장에 저장한다.

이 업체들이 밝힌 목적은 사람들이 자신의 익명 유전자 및 의료기록 데이터를 판매해 정기적인 이익을 얻을 수 있는 새로운 경제를 창출하는 것이다.

네뷸라 제노믹스는 "사용자는 자신의 유전자 데이터를 업로드하고 의료 연구원에게 대여하도록 선택할 수 있다. 새로운 약물 개발에 있어서 연구원과 제약기업에 엄청난 가치가 있기 때문에 해당 플랫폼에 시간을 두고 수집한 가장 많은 양의 생물학적 데이터를 업로드한 사람은 다른 사람들보다 재정적인 보상을 받을 가능성이 더 높다"고 밝혔다.

론제네시스의 CSO 알렉스 자포론코프는 "최근 과학과 기술이 발전하면서 이미 혈액시험 및 유전자 데이터 등의 인간 생체 데이터를 생명을 구하는 제품과 서비스로 탈바꿈할 수 있게 되었다"며, "생체 데이터는 생산적인 수명을 연장하고 생산성을 높이며 의료비용을 낮추고 경제 성장에 기여하는데 도움이 될 수 있다"고 말했다.

또 다른 기업 심플리바이탈 헬스(SimplyVital Health)는 블록체인에 기초해 2개의 제품을 개발했다. 하나는 환자를 치료한 후 추적하기 위한 것이고, 다른 하나는 데이터를 공유하고 보상 토큰을 받을 수 있도록 하기 위한 것이다.

심플리바이탈의 커넥팅케어(ConnectingCare)는 입원 후 환자 치료 추적을 위한 블록체인 네트워크로써 보험사와 연방 메디케어/메디케이드 환급을 위한 변경할 수 없는 감사 흔적을 생성한다.

해당 기업의 헬스 넥서스(Health Nexus)는 제공자들 사이에서 환자 EHR 데이터를 교환하고 환자가 자신의 익명 의료 데이터를 원하는 사람에게 판매하며 보상으로 토큰을 받을 수 있는 이더리움 기반의 블록체인 원장이다.

심플리바이탈의 CEO 캐트 커즈메스카스는 "헬스 넥서스는 환자가 자신의 의료정보를 의료 연구시설에 판매할 수 있는 가능성을 열어준다. 이미 보험사들이 그렇게 하고 있으며 여기에서 엄청난 이익을 얻고 있다"고 말했다.

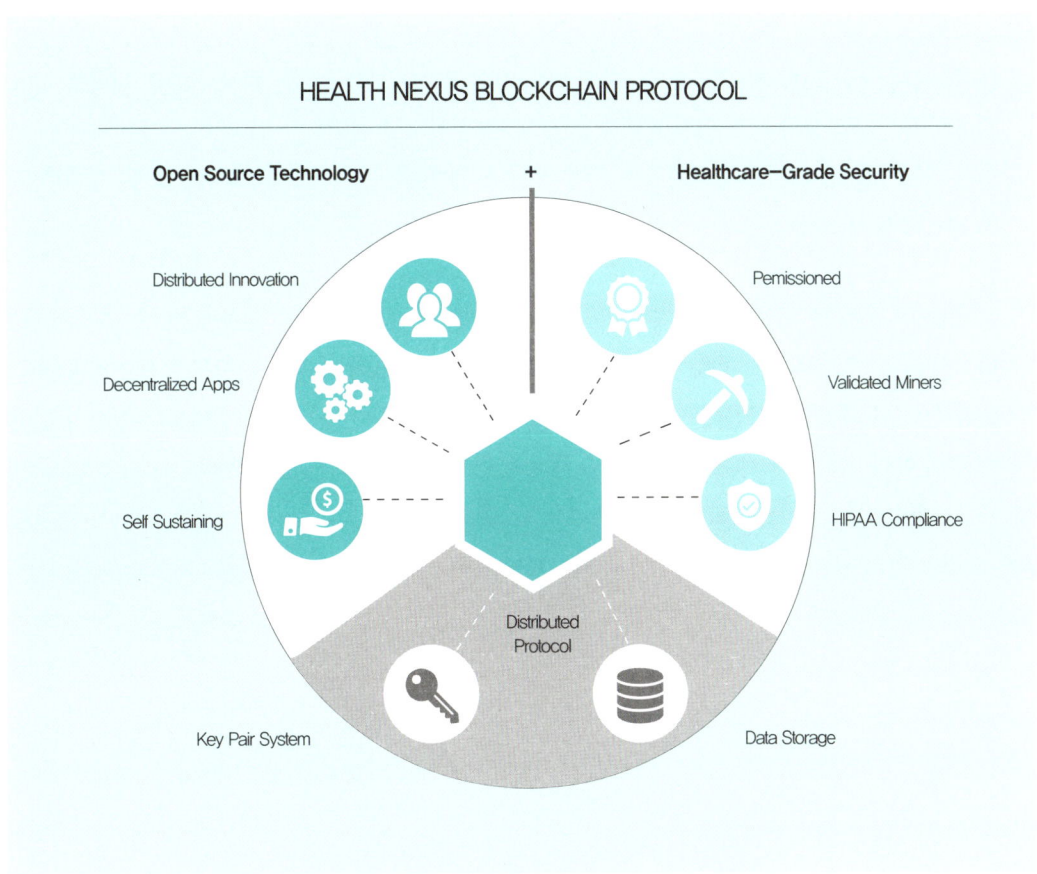

〈 그림 3-6 HEALTH NEXUS BLOCKCHAIN PROTOCOL 〉

커즈메스카스는 "HIPAA 규정에도 불구하고 익명화된 의료 데이터를 승인 없이 영리 목적으로 활용할 수 있다"고 말했다. 이름, 주소, 사회보장번호 등의 개인 식별 정보를 삭제해 익명화한다.

헬스 넥서스는 익명 의료정보를 위한 기본 인프라가 되어 개인, 의료 제공자, 연구원을 위한 실질적인 시장 및 중계 서비스를 하려 한다.

커즈메스카스는 "공유할 대상을 결정해야 한다. 시장에 따라 얻을 수 있는 것이 달라진다. 이런 관점에서 한 환자의 종양학 기록이 1,500달러에 판매되고 있다"라고 말했다. IDC의 Mutaz Shegewi는 현재 설립된 블록체인 의료 데이터 거래소가 없고 익명화된 환자 데이터라 하더라도 아직 보안 문제를 해결해야 한다고 경고했다.

데이터에서 개인 식별 정보를 삭제한다고 하더라도 데이터 시장에서는 여전히 일정 형태의 시퀀스를 사용해 데이터의 출처를 파악해야 한다. 시간에 따라 환자를 살펴보는 데 필요한 이런 시퀀스 패턴은 실제 개인 정보 없이 환자를 식별하는 것에 가깝다. 세게위는 "정말로 익명화된 기록은 실제로 존재하지 않는다"라고 말했다.

블록체인은 다양한 의료산업 문제를 완전하게는 아니더라도 어느 정도 해결할 것이라고 약속하고 있다. 세게위는 "묘책은 아니라고 생각한다"라며, "일반적인 의료업계의 블록체인은 상호운용성에 초점을 둘 뿐 아니라 특정 사용례도 뒷받침할 것이다"라고 설명했다. 하지만 데이터를 분산시키고 변경할 수 없게 하며 교환할 수 있게 해야 한다면 결국 블록체인을 활용하게 될 것이다.

1 유통(Distribution)

(1) 블록체인과 유통/물류의 만남

분산형 공공거래장부로 불리는 '블록체인(Blockchain)'을 물류 산업 현장에 적용하기 위한 움직임이 본격화되고 있다. 4차 산업혁명 시대에 들어서면서 인공지능, 핀테크, 사물인터넷 등과 같은 기술상품이 출시되고 있는데, 블록체인도 이 카테고리에 포함된 미래 유망 신기술 중 블록체인이 가져올 변화와 한계(물류/유통산업을 중심으로)의 하나다.

블록체인의 핵심은 정보 보안과 기록물 관리 안전성을 극대화하는데 맞춰져 있다. 다양한 이해관계자에 의해 재화 서비스가 발생하고, 여러 단계에 걸쳐 프로세스가 운영되는 물류 현장 상황과 블록체인은 절묘하게 맞아떨어진다.

블록체인은 계약당사자인 화주 기업과 물류 기업들 사이에서만 오픈됐던 거래명세를 물량과 차량을 중계하는 주선사와 일감을 할당받은 하청 운송업체를 포함한 모두가 공유하게 하는 가교역할을 하는 셈이다.

(2) 유통/물류 분야 활용 Model

분산형 공공거래장부로 불리는 신기술 '블록체인(Blockchain)'을 유통/물류 산업 현장에 적용하고자 하는 노력이 일각에서 진행되고 있다. 가능한 Model 몇 가지를 살펴보면 다음과 같다.

① SCM (Supply Chain Management : 공급사슬관리) 최적화 지원

블록체인은 이해 관계자 간 정보와 Process의 연결성과 신뢰도를 강화함으로써 SCM 전체의 최적화를 지원한다.

가. 이해관계자들 간의 Data(정보)의 연결성을 강화한다.
나. 제삼자 사업자와 프로세스의 신뢰성, 투명성, 경영 수준을 제고한다.
다. 기존 Legacy 시스템 활용 극대화(ERP, WMS, 생산관리 시스템 등) 자재수급, 생산, 출하, 품질관리, 유지보수/안전환경 영역을 포함한 SCM 전반에 걸친 최적화를 지원한다.

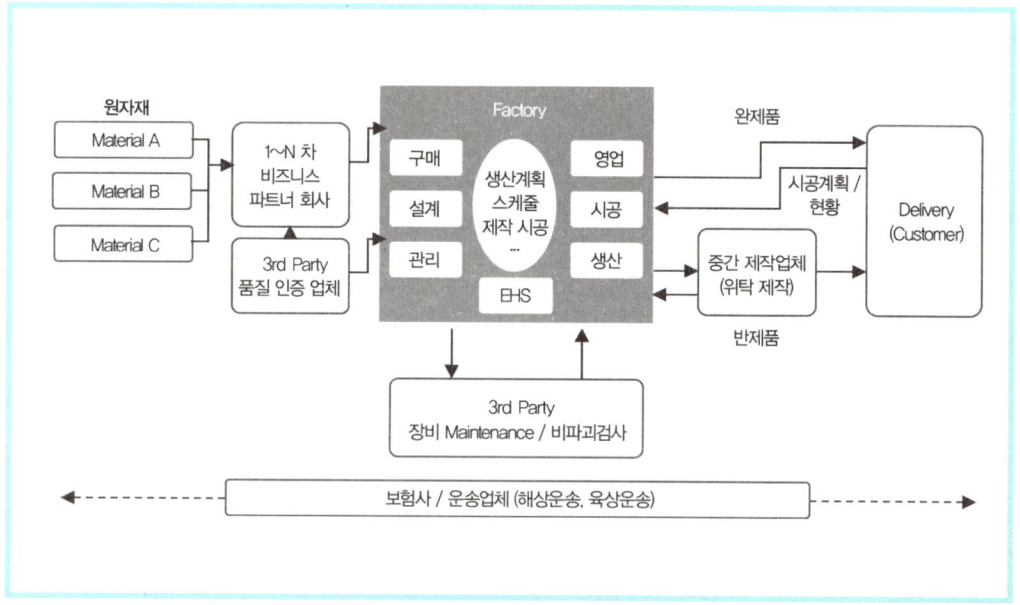

〈 출처 : SK C & C 〉

〈 그림 3-7 SCM 최적화 지원 〉

② 유통산업 활용

블록체인은 원산지 유통의 전 과정에 걸쳐 다양한 형태로 활용될 수 있다.

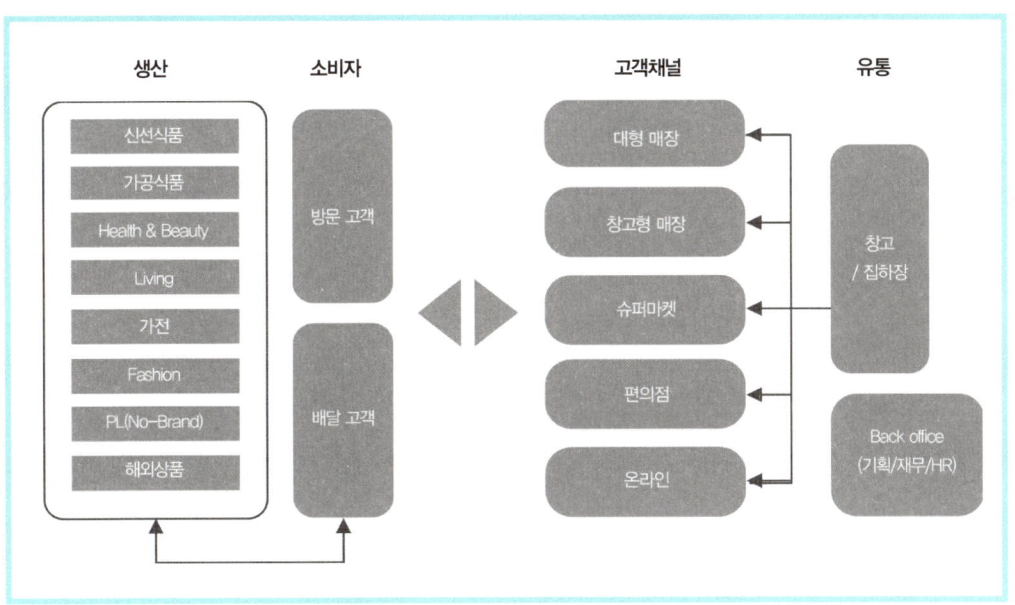

〈 그림 3-8 블록체인 유통산업 활용 〉

③ 농수축산 가공품 유통 추적 모델

식품 유통에 있어서 블록체인은 유통의 전 단계를 디지털화해서 연결하고 불변의 데이터로 영구 보존한다.

유통 추적 모델의 시작은 농장, 생산자, 운송자, 판매점, 소비자에 이르는 유통 과정에서 상품에 대한 농장정보, 식별번호, 공장 및 가공데이터, 만료날짜, 보관온도, 운송 정보 연결을 위한 가시성 확보가 가능하다. 또한 유통 과정에서의 문제를 즉각적으로 식별하고 사고 발생 시 빠른 추적을 통한 조치를 할 수 있고, 원산지와 유통기한의 투명한 관리를 통한 식품의 품질 보증이 가능하다.

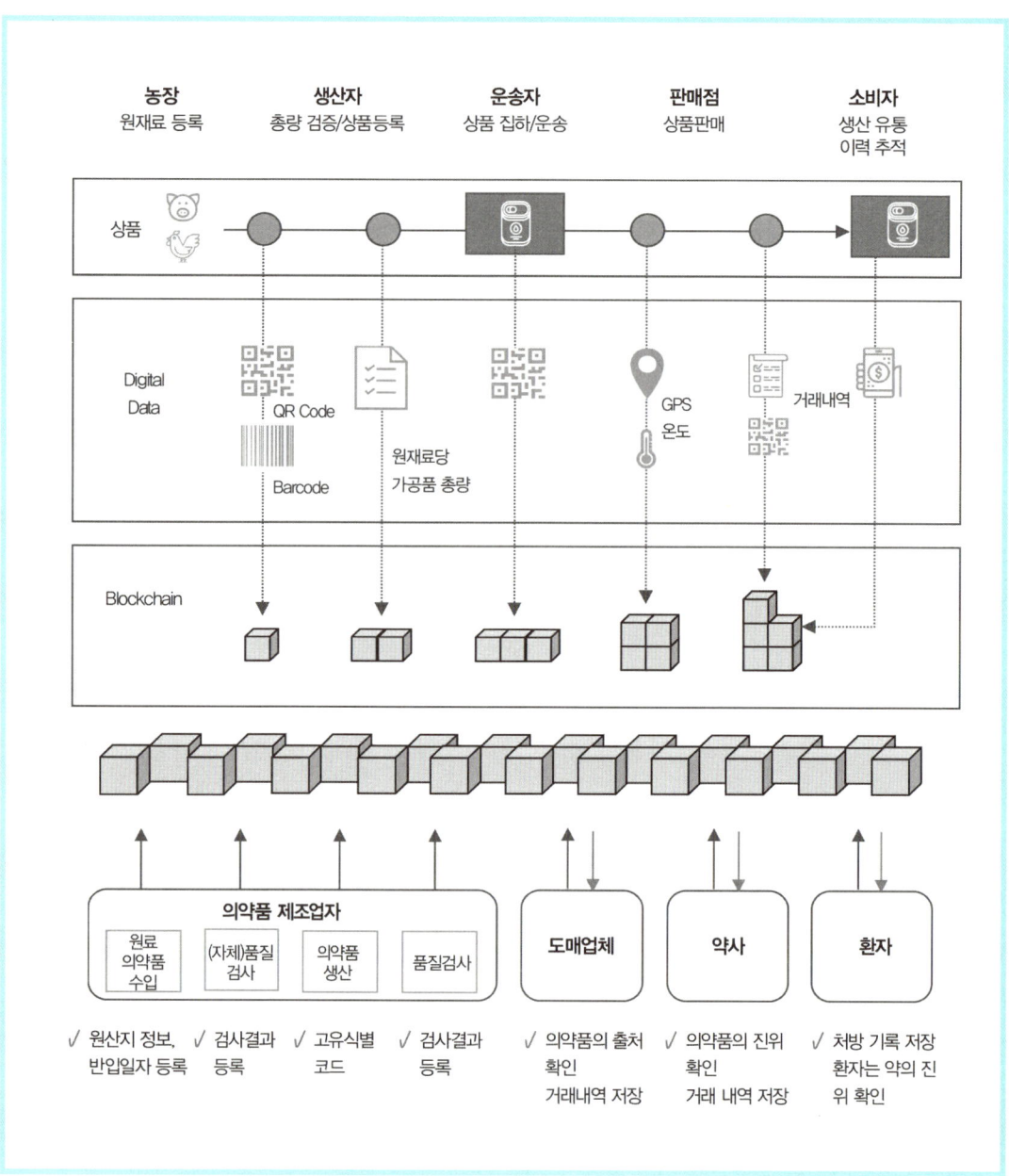

〈 그림 3-9 농수축산 가공품 유통 추적 모델 〉

(3) 국내외 유통/물류 분야 블록체인 서비스 사례

① 국내 사례

가. 삼성 SDS

삼성SDS를 비롯해 마이크로소프트, 인텔 등 글로벌 대기업은 글로벌 블록체인 연합체인 '엔터프라이즈 이더리움 얼라이언스(EEA)'에 참여해 다양한 활용 방안을 논의하고 있다. 삼성SDS는 항만, 해운선사, 세관, 화주, 은행, 보험사, 내륙운송사 등과 해운물류 블록체인 컨소시엄을 구성하고 블록체인 적용에 나섰다.

나. SK(주) C&C

국내 육상에서는 SK텔레콤의 사물인터넷(IoT) 전용망인 로라(LoRa) 망을 활용해 컨테이너 화물 위치 추적 및 관리 체제를 구현했으며, 해상에서는 해상 운송 중 상태 정보를 수집했다가 항구 도착 시 정보를 일괄 공유하는 방식으로 진행되었다.

특히 IoT 기술과 블록체인 기술을 연계해 원천 데이터의 신뢰성은 물론, 컨테이너 화물의 위치 정보를 비롯해 컨테이너의 온·습도 관리정보의 인위적 개입 가능성을 차단하면서 자동으로 수집되고 물류 관계자(선주-육송 업체-화주) 모두에게 실시간 공유된다. 이렇게 되면 화물이동에 따라 운송 수단이 바뀌더라도 적재물의 내용과 상태를 확인하고 새롭게 등록해야 했던 기존의 절차가 생략되며, 운송 시간 단축과 비용 절감 효과 외에도 운송 중 관리부실로 야기되는 과실에 대한 실시간 대응이 가능해진다.

관세청이 블록체인 기술을 수출 통관·물류 서비스 업무에 적용하였다. '민관 합동 해운물류 블록체인 컨소시엄'에 참여, 삼성SDS가 개발한 블록체인 기술을 기반으로 수출 통관·물류 서비스 시범 사업을 성공리에 진행했다. 수출 기업이 수출 통관 첨부 서류를 블록체인망에 공유하면 위·변조가 모두 차단될 뿐만 아니라 물류 주체의 모든 서류가 디지털 문서로 관리되어 물류 거래의 투명성을 확보할 수 있게 된다.

금융권에서는 화물의 수출 신고 수리사항과 선적 완료 정보를 실시간 공유할 수 있게 되고, 화주는 신고서 입력항목이 줄어들고 문서 제출 절차도 간소화된다.

특히 데이터를 재입력하지 않아도 돼 신고서 오류 정정이 사라지는 등 수출 통관·물류 절차의 일대 혁신이 가능해질 것으로 평가된다.

② 해외 사례

　가. 월마트 중국매장

　　월마트 중국 매장은 IBM과 협업해 블록체인 시스템을 도입했다. 식품의 원산지, 유통기한, 창고 온도, 배송과정 등의 세밀한 데이터를 블록에 기록하는 방식이다. 이 데이터들은 여러 중간 유통업체를 거치더라도 수정할 수 없기 때문에 식품의 안전성을 유지할 수 있다.

　나. 머스크 & IBM

　　2017년 3월, 머스크 그룹은 세계 굴지의 소프트웨어 개발업체인 IBM과 블록체인 기술을 활용한 컨테이너 화물 추적 솔루션 개발을 위한 '하이퍼레저(Hyperledger) 프로젝트'에 착수하기로 발표했다. 이는 글로벌 공급사슬 상의 전 계약을 디지털화함으로써 전 세계에 흩어진 천만 개 컨테이너의 이동 상황 추적이 가능한 블록체인 기반 솔루션을 활용, 선박, 컨테이너 기기 및 화물 등 자산의 이동과 SCM 전체의 운송거래 기록 및 추적을 보다 신속하고 안전하게 개선할 것으로 기대되고 있다.

　　영국의 에버러저는 명품이나 다이아몬드의 생산·유통 이력 추적을 통해 명품을 식별하고 있고, 미국 식품의약국(FDA)은 환자들의 병력관리에, 일본 소니(SONY)는 학생들의 교육 이력과 경력 관리에 블록체인을 적용 중이다.

(4) 블록체인에 대한 부정적 시각과 문제점 및 한계

① 블록체인의 기술적 문제점과 한계

비트코인이나 이더리움 같은 가상화폐의 기반 기술인 블록체인이 언제부터인가 차세대 IT 인프라를 상징하는 키워드로 등장하기 시작했다. 기존 중앙집중식 IT 구조보다 효율적이고 안전하다는 수식어가 블록체인을 따라다닌다. 블록체인 관련 기술이 이미 본격적으로 구현됐다고 생각하는 사람이 많은 것도 무리가 아니다.

분산형 장부(Ledger) 기술(블록체인)은 주요 비즈니스 프로세스를 혁신할 잠재력이 있다. 그러나 다른 첨단 기술이 그렇듯 위험을 초래할 가능성도 갖고 있다.

포레스터(Forrester)의 수석 애널리스트 마사 베넷은 최근 런던에서 열린 포레스터 디지털 변혁 유럽 서밋(Forrester Digital Transformation Europe Summit) 행사에서 블록체인에 내재한 7가지 가장 큰 위험과 이를 극복하는 방법을 설명했다.

〈 표 3-7 블록체인 기술의 한계 〉

한계요인	내용
불명확성	· 기본값의 경우 블록체인 콘텐츠, 트랜잭션, 기록데이터 그 자체는 암호화 하지 않음
보안과 위험이 상존	· 개인에 대한 정보가 너무 많으면 개인의 보안이 침해되는 문제 발생
정보의 공유로 범죄 노출 가능성 증대	· 블록체인에 사용하는 Key는 훔칠 수 있는 것으로 범죄를 더 효과적으로 추적할 수 있지만 이를 완벽하게 방지하는 것은 불가능
접근 권한과 승인절차로 거래 지연	· 컨센서스(Consensus) : 거래 승인에 필요한 참가자의 합의 과정이 거래 속도에 영향을 미침
최첨단 기술의 한계 (Bleeding Edge)	· 여러 분야에 적용하기에는 아직 기술적 성숙도가 낮음 · 엔터프라이즈급 배포를 하고 활용할 수 있는 시기에 아직 도달하지 못함
내재비용 (Inherently More Costly)	· 스토리지 문제 · 중앙집중화 시스템에 비해 높은 컴퓨팅 파워가 요구됨
활용 표준화 미비	· 합의된 공통 표준에 대한 논의가 부족

출처 : "블록체인이 주류 기술이 될 수 없는 7가지 이유", Scott Carey, 2015

② 블록체인에 대한 부정적 시각들

가. 세계 3대 버블 (튤립 버블, 남해 버블, 미시시피 버블)

블록체인 기술의 근간이 되는 비트코인의 가격 급등락을 세계 3대 버블이라 불리는 튤립 버블, 남해 버블, 미시시피 버블을 들어 설명하기도 한다. 17세기 네덜란드에서 벌어진 과열 투기 현상으로, 최초의 거품 경제 현상이기도 한 튤립 버블은 초기 자본주의 단계의 대표적인 공황 사례이다.

남해 버블은 18세기 초반 영국에서 일어난 일로, 편법을 이용한 주가 폭등과 급격한 하락에 따른 거품 경제 위기를 말한다. 마지막으로 남해 버블과 비슷한 시기의 프랑스는 미시시피 버블을 들 수 있는데 마찬가지로 주식과 국채 발행 등으로 위기를 겪은 사태 중 하나이다.

이 사태의 흐름과 비트코인의 맥락을 유사하다고 보는 많은 사람들의 부정적 시각은 여전하다.

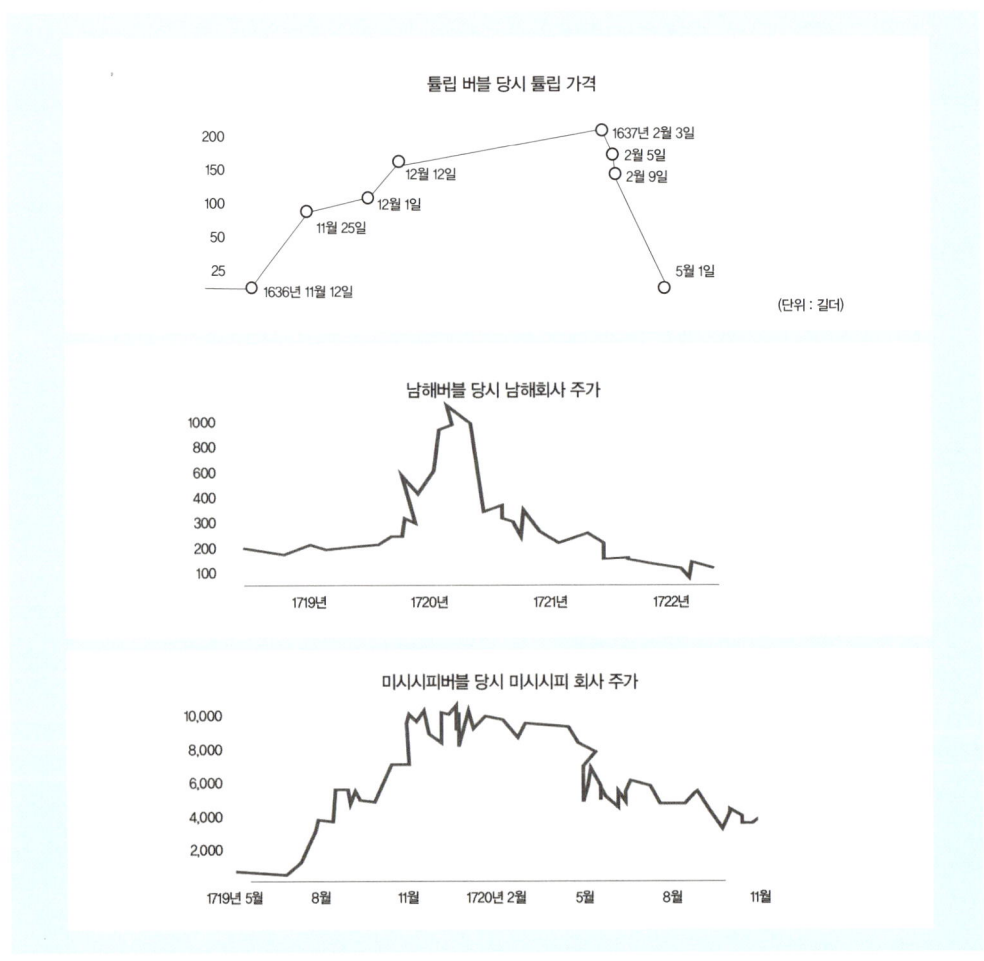

〈 그림 3-10 대공항 전 3대 버블〉   출처 : 매경프리미엄 2017. 12. 1.

③ 블록체인의 기술적 우려

그동안 블록체인을 적용하는 과정에서 나타난 다양한 문제점들을 살펴보면 블록체인 기술의 적용이 그렇게 간단한 이슈는 아니라는 것을 알 수 있다.

첫 번째 지적된 문제가 P2P 네트워크 기술은 매우 저렴할 것으로 기대하였는데 그렇지 않다는 것이다. 블록체인을 활용한 금융 인프라 구축이 개발자와 참가자 모두에게 상당한 비용으로 부담될 수 있다는 것이다.

두 번째 문제는 거래에 대한 상호 인증 과정에서 많은 참여자의 답변을 요구하게 되는데 인증에 대한 합의가 이루어지지 못하였을 경우 시장 운영지연에 대한 비용과 문제를 해결하고자 소요되는 비효율성에 대한 우려이다.

세 번째는 확장성에 대한 제약이다. 예를 들어, 현재의 비트코인은 초당 7건, 1일당 60만 건의 거래를 처리하게 되어 있는데 이를 확장하는 것이 어렵다는 것이다. 또한 모든 참여자가 과거의 모든 거래 명세를 보관하기 때문에 거래가 빈번히 발생하는 경우 저장 공간이 기하급수적으로 늘어나기 때문에 확장에 대한 제약요인으로 작용할 수 있다.

네 번째는 블록체인 자체에 대한 보안 문제는 의구심이 없지만, 블록이 형성되어 기록되기 이전단계인 프리-블록체인 단계에서의 보안 문제는 매우 취약할 수 있다는 것이다.

다섯 번째로 블록체인의 막강한 위변조방지 기능으로 인하여 이용자가 실수하거나 범죄에 따른 우발적 거래에 대하여 취소 불가능하다는 문제점을 가지고 있다.

마지막으로 채굴자가 블록에 포함된 거래 정보를 검증하기 위해 소위 채굴이라는 암호를 푸는 과정이 필요하다. 이를 위하여 상당량의 컴퓨팅 파워와 전기 에너지가 요구되는데 결국에는 이러한 부분이 상당한 비용으로 되돌아올 수 있다는 것이다.

④ 블록체인의 유통/물류 분야 적용에 따른 문제점과 한계성

가. 화물 운송 및 물류 시장의 성장통 예상

공공거래장부인 블록체인이 물류·유통업에 적용된다는 것은, 화물 운송시장에서의 성장통이 불가피하다는 것으로 받아들여지고 있다. 화주·물류 기업, 이들과 계약된 하청 운송·주선사와 최일선 화물 운전자까지 모두가 승인·동의해야 다음 단계로 진행되는 블록체인 구조상, 거래 형태와 참여자, 계약 내용에 대한 역학조사가 가능하다는 점이다.

무엇보다 거래에 참여하는 모든 사용자에게 거래명세가 공개되며, 거래 때마다 이를 대조해 데이터 위조를 막는 방식이 적용된다는 것은 시사하는 바가 크다.
계열사 일감 몰아주기를 비롯한 다단계 거래와 무허가 업체와의 계약 여부 등에 대한 판독은 물론이며, 법 제도에 명시된 기준을 충족한 업체에 한해 블록체인을 허용함으로써 비정상적인 거래를 원천봉쇄한다는 명분으로 추진될 여지가 있다는 것이다.

나. 무역 거래에 부적합

국제무역에 참여하는 기업 측에서 "블록체인의 가치가 실제보다 고평가됐다"고 주장해 주목된다. 이스라엘의 물류 스타트업 프레이토스(Freightos)의 즈비 슈라이버(Zvi Schreiber)는 "무역 거래에서 사용하는 유가증권인 선하증권(bill of lading)이 매초마다 익명으로 주인이 바뀐다면 블록체인이 이를 완벽하게 대체할 수 있을 것"이라며 "그러나 실제 글로벌 무역은 그렇지 않다"고 지적하고 있다.
무역 거래에서는 화주와 수하인이 사전에 계약을 맺어서 서로를 알고 있는 상태다. 반면 블록체인은 익명의 거래를 대규모로 처리할 수 있도록 설계된 분산 장부(distributed ledger) 시스템이다. 무역 거래와 블록체인 거래는 성격이 근본적으로 다르며, "무역 거래에서 송장(invoice)은 서로 아는 상대방을 대상으로 발행된다"라며 "송장 주인이 아예 바뀌는 것은 20일 기간으로 한 번 혹은 두 번밖에 발생하지 않기 때문에 블록체인은 불필요하다"라고 말한다.

슈라이버는 "IBM이나 삼성SDS처럼 공신력 있는 곳에서 전체 네트워크를 통제해 이러한 공격을 막아준다면, 그 네트워크는 더 이상 공개 분산 장부(open distributed ledger)라고 할 수 없다"라며 "실질적으로 블록체인이 아닌 셈"이라고 강조했다. 또한 "블록체인이 새로운 개념이 아니다"라고 주장했다. 디지털 문서와 서명 기술(signature technology)은 1980년대부터 있었으며, 블록체인은 쌍방의 디지털 계약에 새롭게 덧붙인 게 거의 없다고 분석한다.

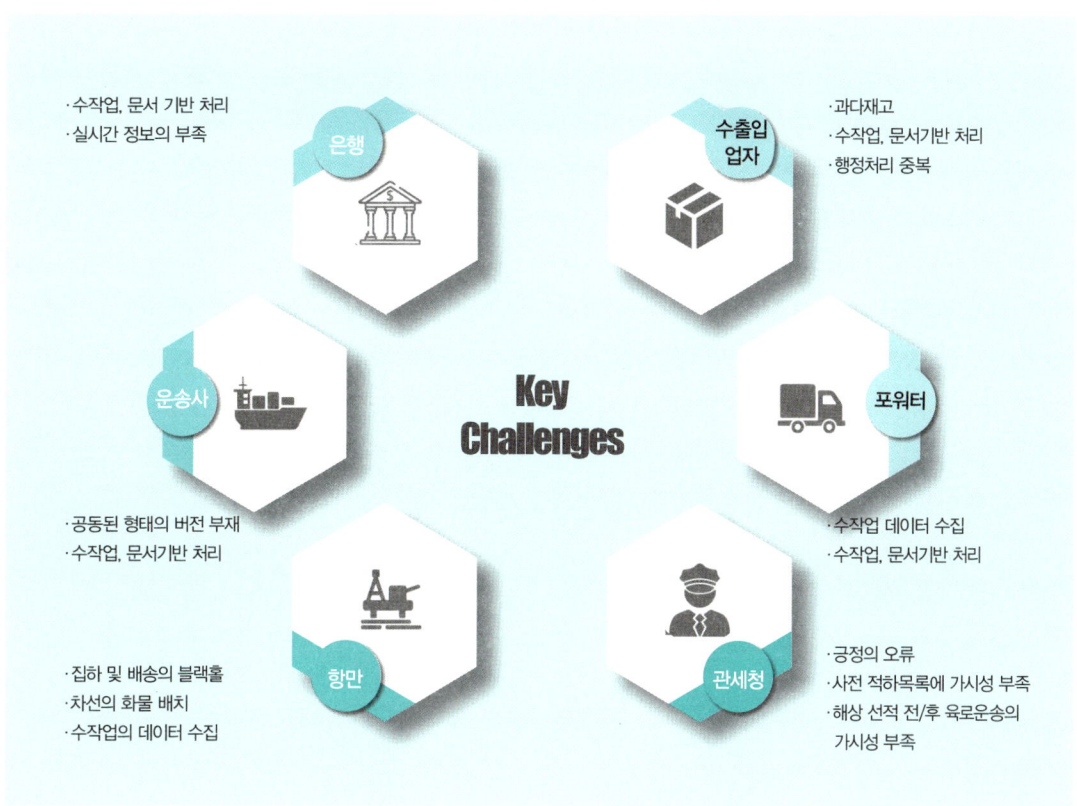

〈 그림 3-11 해상운송 및 무역관련 행위주체별 핵심 해결 과제 〉

⑤ 정리

분산 네트워크에서 신뢰 자원에 대한 분쟁 없이 자원을 거래하려는 시도는 비트코인(블록체인)이 처음은 아니다. '인증서 투명성(Certificate Transparency)'과 같은 노력을 통해 지속해서 문제 제기가 있었고, '이캐시(ECash)'나 '디지캐시(DigiCash)'와 같은 작은 성공도 있었다. 거의 10년이 넘는 시간에 걸쳐 진화한 산물이 비트코인이고, 그 명칭이 블록체인뿐이다.

물류 분야 특히 해운 무역 분야에 블록체인을 적용하고자 하는 노력이 전 세계적으로 붐을 이루고 있다. 냉철한 시각으로 바라보면, 무역 거래에서 화주와 수하인이 사전에 계약을 맺어서 서로를 알고 있는 반면 블록체인은 익명의 거래를 대규모로 처리할 수 있도록 설계된 분산 장부(distributed ledger) 시스템이다. 무역 거래와 블록체인 거래는 성격이 근본적으로 다르다. 이로 인해 블록체인의 필요성이 없다는 주장도 일각에서 제기되고 있기도 하다.

공급망 관리가 추구하는 CPFR(Collaborative Planning, Forecasting and Replenishment)는 유통과 제조업체가 정보교환과 협업을 통하여 "One-Number" 수요예측과 효율적 공급계획을 달성하기 위한 ICT를 통한 기업 간 Workflow이다. 이는 공급망의 참여자들과의 정보공유와 신뢰성이 밑바탕이 되어야 하며 블록체인이 추구하는 정보의 민주화와 그 궤를 같이한다. 다만, 현실적으로 구현되지 않고 있을 뿐이다.

블록체인은 완성된 기술이 아니다. 블록체인의 개념 정립과 표준화에 대한 논의가 활발히 진행되고 있는 시점이다. 블록체인이 추구하는 가치는 크게 두 가지로 구분 지을 수 있는데, 참여자(노드) 모두가 정보를 공유하는 "민주성"과 신뢰성을 바탕으로 한 "분산 장부"이다.
"블록체인은 2할이 기술이고 80%는 비즈니스이다."라고도 하고, "블록체인이 구현하는 내용의 90% 이상은 기존 시스템에서도 구현할 수 있다."라는 주장도 있다.

오늘날 기업들의 블록체인 프로젝트들을 살펴보면, 대부분이 기존 프로젝트를 최적화하는 형태를 띠고 있다. 그렇지만 퍼블릭 프로세스를 포함하여, 프로세스 운용 방식을 진정한 의미에서 재탄생시키는 작업은 기술이 더욱 정교하고 완성된 미래의 과제로 남아 있다.
새로운 비즈니스 프로세스를 만들어 내기 위해서는 개별 사용자들 간의 비즈니스 프로세스 조건에 대한 동의가 선행되어야 한다. 블록체인은 IT만큼이나 당사 간 합의나 신뢰가 중요한 분야이기 때문이다.

블록체인의 유용성에 대한 평가를 현시점에서 하기에는 이른 감이 있다. 기술적 문제점이나 부정적 시각에 대한 대안이 나오기까지 상당한 시간이 소요될 것으로 예측된다.

⑧ 행정(Administration)

(1) 개요

정부(중앙, 지방) 혹은 국가 차원에서 공공 행정 정보 및 국민 신원 관리, 자산거래 명세 공증, 복지서비스 제공 등에 적극적 도입을 진행하고 있다.

세계가 블록체인 기술이 갖는 불확실성과 도입 장벽 등을 제거하기 위해 국가 차원의 제도 개선, 성공 사례 확보, 기업 지원 및 협력 등을 다방면으로 진행하고 있고 가시적으로 성과가 나오고 있다.

① 응용 현황

신원 확인, 의료정보 제공, 투표, 치안, 공공서비스 제공, 자산 이력 추적, 교통 및 전력 등 공공 인프라 관리에 적극적 활용을 시도하고 있다.

예를 들어 국민의 신분증명 및 개인정보 관리에 블록체인 기술을 접목하고 있으며, 이를 공공복지 혜택 제공을 위해 활용하고 있다.
정부 지원 복지혜택의 수혜 현황을 실시간으로 확인하고, 이를 부처 간 통합 정보망에 연동하여 처리 과정의 투명성과 공정성 확보에 집중하고 있다.
일부 지방정부, 스마트 시티 사업 계획 등에 블록체인 기술 도입을 적극적으로 추진함으로써, 더욱 개선된 행정 서비스 제공 시스템 확보를 추진하고 있다.

② 시사점

공공부문의 투명성·효율성 확보, 행정 절차 간소화 등을 통한 비용 절감으로 행정 효율성 및 국민 편익 증대, 나아가 국민 삶의 질 제고를 위한 구체적인 결과를 기대하고 있다.

많은 나라에서 국가 차원의 적극적인 블록체인 도입을 결정하여, 규제 사전 정비 또는 규제 샌드박스 도입을 통한 혁신 기술 도입 장벽 완화, 정부와 민간 기업 협력 강화 등을 통해 기술 혁신 환경을 구축하고 있다.
우리나라는 지방정부가 중앙에 비해 더욱 블록체인 도입에 상대적으로 적극적인 것으로 파악되나, 블록체인 산업의 선도적 활성화를 위한 관련 법·제도 정비가 시급한 상황이다.

(2) 해외 블록체인 응용 행정 분야

① 에스토니아

가. 도입 배경 및 현황

2007년부터 사이버상에서 국가를 유지한다는 생각을 근간으로 블록체인 기반의 전자 정부 구축을 시작하고 있고, 2002년에는 전 국민에 ID 번호를 부여하였고, 2007년 이후 디지털 국가 및 전자 시민 모델인 'e-Estonia' 모델을 본격 도입하게 되었다.

또한 블록체인 기반의 ID를 발급하여 시민권, 교육, 재무 및 헬스케어 등 다양한 공공서비스를 제공하고 있으며 'e-Estonia'라는 가상 시민권 서비스를 제공하고 있으며, 2025년까지 1000만 명의 이용자 확보를 목표로 하고 있다.

나. 특징

정부가 직접 블록체인 기술을 개발하기보다 정부-기업 간 협력 네트워크를 구축하여 민간의 기술을 적극적으로 활용하며 생태계를 확장하고 있다.

도입 확산 초기에는 기술도입에 대한 정부의 적극적 의지를 표명하여 기술확산을 장려하였고 공공부문 활용을 통해 성공사례를 제시하려고 노력의 일한으로 생태계 구축에 필요한 법적 규제를 선제 정비하고, 정부 주도의 스타트업 엑셀러레이팅 시스템 및 기업과의 협력 네트워크 정비를 구축해 나갔다.

다. 응용 현황

'e-Prescription'을 통해 약을 처방하여 투약/처방 기록 일괄 관리가 가능하며 05년 이후 다양한 국가 투표 절차에 ID카드만으로 전자 투표를 통해 참여가 가능해졌다. 전자 투표 시 마감일 이전까지 투표하는 후보를 바꿀 수 있어 더욱 합리적인 의사결정 또한 가능해졌으며, 전자 투표로 실시한 2011년 국회의원 선거에서는 이전 대비 약 5배 투표율이 증가하는 등 국민 참여율이 향상되기도 하였다.

17년 8월에는 에스토니아 중앙은행에서 국가 지원 암호화폐인 Estcoin 발행 및 ICO 진행을 천명했다. Estcoin은 에스토니아의 공공 및 민간 서비스 이용 비용 지급에 활용될 수 있고 전 세계 어느 곳에서든 활용 가능한지에 대해 현재까지는 활용 가능성을 확인하고 있는 단계이며 도입을 고려 중이다.

② 미국

가. 도입 배경 및 현황
　블록체인 활용을 위한 제도적 기반을 확보하기 위한 연방 및 주 정부의 노력이 진행 중으로 '16년 이후 점진적 도입을 고려하고 있다.
　연방정부는 '제4차 개방형 정부를 위한 국가전략'에 블록체인 기반 리포팅 시스템 활용을 명시하였다.
　버몬트('16.6), 애리조나('17.3), 네바다('17.6) 등 다수 주에서 블록체인 기술 기반 계약의 법적 효력을 인정하는 법안을 통과시키는 등 다 부문 활용 기반 조성 중이다.

나. 특징
　현재 연방정부와 주 정부의 관할 공공서비스 영역이 달라 통합 포럼 등을 개최하며 통합적 활용 방안을 모색하고, 주별 다양한 유형의 공공서비스에 대한 블록체인 적용을 별도 논의 및 검토를 거치고 사례가 일관되게 적용되지는 않으나, 상호 통합 포털 운영 등을 통해 논의하며 도입 확산해가는 추세이다.

다. 응용 현황
　16년 5월, 미국 우정청(United States Postal Service, USPS)의 '블록체인 기술 : USPS의 활용 가능성 모색'이라는 보고서에서는 블록체인 기반 포스트 코인을 발표했다. 포스트 코인은 환전, 지급 결제뿐 아니라 더 빠르고 저렴한 비용으로 물류처리를 가능하게 할 것으로 기대되었으며 향후 글로벌 우편 사업자들의 물리적 네트워크를 중심으로 국가 간 우편 송금 및 지급 플랫폼으로 성장해 가고 있다.
　텍사스(Texas)주와 유타(Utah)주에서 공화당 대선후보 선정 시 전자 투표에도 블록체인 기술은 활용되었다. 16년 유타 주에서 시행한 선거가 미국 역사상 첫 인터넷 투표였으며, 편의성 및 프로세스의 간소화로 투표율이 증가하기도 하였다.
　델라웨어(Delaware)주는 '블록체인 이니셔티브(Blockchain Initiative)'를 출범하여 블록체인 주식거래를 허용하였는데 코인 거래 외 주식거래 체결시스템을 확대하는 법안이 16년 통과된 바 있다.
　버몬트(Vermont)주, 애리조나(Arizona)주가 블록체인 기반의 거래기록이 법률적 효력이 있음을 규정하였다. 버몬트 주는 블록체인상의 전자기록이 '버몬트주 증거법(Vermont Rules of Evidence)'상 거래기록으로 인정된다는 법률을 16년도에 제정하였고, 애리조나주는 '애리조나주

전자거래법(Arizona Electronic Transactions Act)'을 개정하여 블록체인 기반 서명·계약 및 거래기록의 법률적 효력을 17년도에 규정하였다.

미 헬스 IT 조정국(ONC:Office of the National Coordinator for Health Information Technology)은 의료정보 기록 및 보안 관리에 블록체인 기술을 도입할 예정임을 공표하였으며, 미국 국방성은 블록체인을 이용한 암호화 메신저 개발에 나섰다고 공표하였다.

또한, 다채널에서 전송된 정보 이력을 추적하고 더욱 보안이 확장된 환경에서 정보 전달이 가능한 대화 채널 또한 확보되었다.

③ 네덜란드

가. 도입 배경 및 현황

블록체인을 미래를 위한 핵심 기술로 판단하고, 관련 공공-민간 협력 프로젝트에 투자하는 등 응용 활성화에 매진 중이며, 이에 따른 공공의 이익 보장 및 투명성·신뢰성·안전성 제고가 주목적이다. 또한, 정부주도로 구성된 네덜란드 블록체인 연합(The Dutch Blockchain Coalition, Cutch Digital Delta)을 통해서 17년 1분기부터는 블록체인 아젠다를 시행하였다. 네덜란드는 블록체인 기술 도입에 적극적인 나라 중 하나로, 공공ㅇ민간 간 협력 프로젝트를 통한 생태계 확장 노력이 활발하다.

나. 응용 현황

국립개인정보당국(RvIG)은 델프트 공대, ING 은행 등과 협력하여 블록체인 기반 개인 정보 관리 시스템인 Identiteitsspoor를 개발하였다. 개인 정보 통합 및 사용 명세 관리로 개인정보 관리시스템의 안전성과 편리성을 동시에 높이였다. 14년에는 아른헴시 블록체인 프로젝트 'Amhem Bitcoin city'를 실시하여 상점 내 경제 적 수단으로 활용하였으며, 이는 지역 상점 내 비트코인 사용 활성화를 목적으로 시작하였고 현재 100여 개의 상점이 결제 수단으로 인정되고 있다. 호로닝언시는 의료보험, 주택 보조금, 기초생활수급자 대상 생활 보조금을 블록체인 기반 디지털 화폐 형태로 제공하여 행정 절차의 효율성을 향상시킬 목적으로 블록체인 프로젝트인 'Stadjerspas Groningen'을 통해 공공부문 서비스 제공에 활용하였다. 네덜란드 중앙은행은 16년 6월, 자체 개발한 디지털 통화인 DNBCoin을 여러 조건 하에 시뮬레이션 중이다. 블록체인 참여자는 상점 소유자, 지방정부, 경찰청, 보험기관 및 자전거 생산자로 구성되어 있으며 보험, 수리, 도난 등 모든 이력이 실시간으로 기록된다.

스마트인더스트리, 농식품 필드랩 등 부문에도 블록체인 기술을 도입하는 것을 고려 중이고 로테르담시는 '블록체인 에너지'필드랩 구축을 통한 스마트시티 조성 프로젝트를 시작하였다.

④ 두바이

가. 도입 배경 및 현황

블록체인 기반 전자정부 구현이 주목적이며 투명하고 간편한 행정서비스를 국민 및 관광객에 제공하기 위해 노력하고 있다. 2016년 이후 모든 문서 및 거래를 '20년까지 블록체인으로 전환하기 위해 '두바이 블록체인 전략(Dubai Blockchain Strategy)을 수립했다. 2018년까지 블록체인 응용 분야 탐색을 위해 글로벌 블록체인 협의회를 설립하고 다양한 블록체인 관련 사업을 추진 중이다.

나. 특징

블록체인 협의회를 통해, 공공 및 민간 47개 회원사가 건강기록, 다이아몬드거래, 소유권 이전, 사업자 등록, 디지털 유언, 관광 계약 및 운송 등을 다루는 개념 증명 사업을 추 중이다.

다. 응용 현황

두바이는 스마트시티 사업을 추진하며 지역 내 공공 문서를 블록체인 기반의 전자문서로 전환하는 작업을 시행하여 행정 시스템의 부처 간 협업 시 공유 및 검토 시간을 단축하고 관련 문서 관리비용 및 환경 개선에도 긍정적인 영향을 주게 하였다.

17년에는 두바이 국제공항에 블록체인 기반 디지털 여권도입을 계획하고 영국의 오브젝트테크와 계약을 체결하고 IBM과 협업하여 무역 및 물류 솔루션을 위한 블록체인 활용 또한 테스트 중이다. 또한, 두바이 세관과 무역기업 간 실시간 정보공유시스템을 구축하여 주요 이해 관계자가 상품 상태 및 선적 상태에 대한 즉각적인 정보 수신이 가능하도록 지원하였다.

18년부터는 암호화폐를 금융거래에 활용하는 사업을 본격적으로 시작하여 중앙은행이 직접 암호화폐 발행에 나설 가능성도 증대되고 아랍에미레이트 디르함 암호화폐(jAED)는 물론 달러, 원화, 유로화 등 다른 통화의 암호화폐도 발행하여 송금과 결제 등에 사용할 계획이다. 정부가 직접 발행하고 관리하는 자체 디지털 통화 'emCash' 또한 준비 중이다.

두바이 정부의 다른 프로젝트 중 하나는 블록체인 기반 의료정보시스템 도입으로써 진료 기록 또는 처방전, 환자의 병력 등을 블록체인에 저장하고 공유할 수 있도록 할 전망이다.

⑤ 중국

가. 도입 배경 및 현황

2016년, 개인정보 관리와 부동산, 의료 등 국가 산업 체계 개선을 위해 정부 주도 블록체인 인프라 구축이 시작되었다. '제13차 6개년 국가정보화계획(2015~2020)'에 블록체인을 명시한 바 있으며, 중국공업신식화부(CMIIT)는 '중국 블록체인 기술과 응용발전 백서'를 발간하였다.

이미 정부 차원에서 16년 이후부터 표준화위원회 설립 등 블록체인 기술 발전을 위해 적극적인 지원을 진행하고 있으며, 항저우(스마트시티), 충칭(산업도시) 등 지역을 블록체인 기반으로 체질 개선을 주도하고 있다.

나. 특징

2018년을 기준으로 블록체인 관련 특허 보유 1위국으로 관련 산업을 정부 주도의 국가 주력 사업으로 지정하고 산업 생태계 조성에 적극 투자하고 있다. 또한, 자국 내 블록체인 연합을 형성하여 블록체인 산업 활성화를 위한 정부와 기업 간 네트워크를 구축하고 산업 생태계 조성을 추진하고 있다.

다. 응용 현황

중국은 기업 간 협업을 통해 다수 도시를 스마트시티로 구현 중이며 블록체인을 핵심 기술로 활용하고 있고 항저우는 15년부터 계획된 항저우 스마트시티를 완샹 그룹이 주도하고 있으며 25년 완공을 목표로 하고 있다. 항저우 내에서는 IoT와 디지털 월렛을 접목한 금융 거래, 서류 발급, 전기차 배터리 관리 등에 시스템을 도입하여 페이퍼리스(paperless) 사회 구현을 전략적으로 설계하는 중이다. 또한 기존 농촌 지역의 호구 조사 미비 등으로 인해 정부 기관 및 공공서비스 이용 제약이 만연하였으나, 블록체인 도입을 통해 통합 관리하여 인구관리 및 신분 증명 용이성을 확보해 나가고 있다.

정부 부처별 분산된 정보를 통합하고 보다 간소화된 절차로 부처 간 신뢰 가능한 데이터 생성 및 공유를 위해 블록체인 기술을 도입하여 17년에는 알리바바 그룹의 알리헬스가 장쑤성 창저우시 의료기관과 협력하여 블록체인 기반 헬스 애플리케이션을 제공, 지역 의료서비스에 적용을 추진하였고 제약 유통 체인에 블록체인 기술을 도입하여 향정신성 약물 유통 및 사용량 추적 및 유통기관 관리에 활용하기도 하였다.

18년 3월에는 당국 기관 최초로 중국 지폐 신용카드 산업발전유한공사에서 정부 기관 블록체인 플랫폼을 구축하였고 부동산의 정보·거래 플랫폼이 중국 슝안신구에서 처음으로 도입되었다. 그로 인해 부동산 소유자·거래대상자·임대계약 등과 같은 부동산 관련 정보를 기록하고 검증이 가능하여 기존 부동산 거래의 비효율 제거가 가능해졌다. 허난성 란카오 현 정부는 공안부 및 발전개혁위원회와 협력하여 '렌신통'이라는 디지털 신분증을 제작한 것이 최초 도입 사례이기도 하다. 19년부터는 해당 지역 빈곤 구제 자금 지원 등에도 렌신통을 통한 신분증명서가 활용 예정이다.

⑥ 스위스

가. 도입 배경 및 현황

14년 주크시를 중심으로 블록체인 산업이 태동하여 16년에는 블록체인 실리콘밸리인 '크립토 밸리'를 선포하며 블록체인 기술을 적용하고 있다. 주크시는 비트코인을 보편적 결제 수단으로 활용하고 있으며, 스위스 국내 개인정보 관리, 교통 등 공공서비스 분야로의 적용 및 확대 중이다.

나. 특징

18년 세계 최초의 암호화폐 활용 자금 조달(ICO) 가이드라인을 작성하여 배포하는 등 국가 차원에서 주도적으로 산업을 육성하고 있다. 블록체인 산업 주도권 확보를 위해 ICO 관련 법률 자문 제공 및 세율 정비 등을 통해 스타트업 육성 또한 활성화되어있어 다국적 스타트업이 다수 진출하여 활동 중이며 산업 생태계가 견고해졌다. 특히 스위스 주크시는 비트코인 스위스(Bitcoin Swiss AG), 이더리움 재단(Ethereum Foundation) 등의 설립지이자 주요 채굴 기업인 비트메인(Bitmain)이 지사 설립을 진행하는 블록체인 산업 핵심 도시로 성장 중이다.

다. 응용 현황

비트코인을 공공서비스 이용에 적용한 이후, 상점 등 다양한 가게에서 결제할 수 있도록 확대하고 있으며, 16년에 주크시는 24만원(0.44BTC) 이하의 공공서비스 이용 시 비트코인 결제를 시범적으로 운영하였다. 상점, 시청, 와인가게 등 주크 시내 곳곳에서 비트코인 결제가 보편화되는 추세로 시의회는 결제 한도를 최대 200CHF(217천 원 정도)까지 확대되고 있다.

17년도에는 이더리움 블록체인 기반 디지털 신분증명을 도입하고 파일럿 테스트도 진행하였고 기존 신분증명을 이더리움 기반의 디지털 신분증명서로 대체하고 공공서비스 제공 시 활용하고 있다. 온라인 투표, 거주 증명서 발급, 도서관 대출, 자전거 대여 등 디지털 신분증명 기반의 공공서비스 제공을 점진적으로 확대할 예정이며, 스위스 철도회사 SBB와 주크시 간 협약 때문에 셀프 드라이빙 버스를 운영 중으로 블록체인 네트워크를 활용 통행량 및 최적 경로 분석과 파악에 블록체인 기술을 응용하기도 한다. 또한 교통정보를 실시간으로 공유하여 시민 이용 편의를 확보하고 있다.

⑦ 영국

가. 도입 배경 및 현황
14년, 세계 최초로 비트코인을 법정통화로 인정하고 비트코인 및 타 전자화폐의 편리한 거래를 위한 제도적 장치를 모색하고 정부 차원에서 'Distributed Ledger Technology: Beyond blockchain'을 16년 발표한바 있으며 블록체인 서비스를 공공서비스 전반에 확대하고 있다. 공공 영역에서 블록체인을 우선 적용하여 공공서비스 제공에 필요한 사항을 안전하고 투명하게 통합 관리할 예정이다.

나. 특징
중앙 정부가 블록체인 적용을 위한 보고서를 작성·제공함으로써, 공공서비스 제공의 투명성 확보를 위한 로드맵을 선도적으로 제시하고 있다.

다. 응용 현황
블록체인 기반의 공공 서비스 제공 용도의 코인을 개발하여 이를 통해 관련 복지 수당을 공정하고 투명하게 수당이 분배되므로 부정수급 방지가 가능해졌다. 16년, 노동 연금부는 노동 연금에 블록체인 기술을 접목하고 GovCoin이라는 새로운 공공서비스 시스템 개발을 진행하고 있으며, 실업연금 수령이 필요한 청구인은 모바일 애플리케이션을 통해 수당 수령 및 사용이 가능하고 거래기록은 분산 원장에 저장되고 있다. 법무부는 블록체인을 활용하여 온라인상에서 증거를 안전하게 보존하고 활용할 수 있도록 하는 시스템의 도입을 17년부터 계획·추진하고 있다. 각 디지털 증거·기록물을 블록체인 기반으로 작성하여 그 진위를 판별 가능케 하고 위변조의 위험성에서 벗어나 투명하게 보존·공유하게 함이다.

(3) 국내 블록체인 응용 행정 분야

① 개요

가. 현황
18년, 과학기술정보통신부는 블록체인 기술을 발전시켜야 한다는 기본적 입장을 표명하고 관련 정부 지원예산을 확대하여 산업 활성화를 촉진키로 계획하고 있다. 전자 투표, 전자화폐, 통관, 유통 등 다양한 분야에서 블록체인을 접목한 공공서비스가 시범 운영 중이다.

나. 특징

범정부 차원의 대응보다 지역 정부 차원에서 실시되는 공공서비스가 다수나 향후 적용 범위를 확대할 것으로 예상되며, 미국이나 중국, 유럽보다 관련 법/제도 및 산업 육성 정책 수립이 다소 늦은 편으로 최근 사회 각 층이 관련 논의를 진행 중이다.

다. 응용 현황

지역 공동체를 중심으로 투표 참여율 제고 및 투표의 투명성, 객관성, 신뢰성 확보 및 정책 수용성 효과 증진을 위해 블록체인 기술을 도입하고 있다. 17년, 경기도 따복 공동체에서 주민 제안 공모사업 심사 투표에 블록체인 기술을 활용하였는데 이는 703개 공동체의 1만 2,000여 명의 주민 중 공동체별 대표 1인만 현장에 참여하여 투표하고 나머지는 온라인 생중계를 통해 전자 투표하는 시스템이다. 지역정부 차원에서 공공복지 프로그램이나 공공 계약에서 활용할 예정이며 서울시를 중심으로 도입 활성화에 기여하고 있다. 이 외에도 관세청의 수출통관업무(수출 신고 및 적하목록 제출 절차)와 경기도 인증 우수 농·특산물 인증 마크(G마크) 발급에도 활용할 예정이며, 한국전력에서는 블록체인 기반 이웃 간 전력 거래 및 충전 시범 서비스도 시작했다. 농가현황, 소비자 의견 등 정보 제공 범위를 확대하고 QR코드로 출력해 제공하여 소비자가 실시간으로 정보를 확인할 수 있도록 지원하고, 실시간으로 잉여전력 판매자와 소비자를 연결하고 전기차 충전소 데이터, 충전 서비스 대외업무처리, 충전이용지원 서비스 등이 통합 관리되는 시스템을 말한다.

18년에는 서울시 고유의 암호화폐 Scoin 론칭을 예정하고 있으며, 이를 공공복지 프로그램이나 민간하청업체 대금 지급에 활용할 것이다. 국토부 또한 블록체인 기술 기반으로 스마트 거래를 제공하는 부동산종합 공부시스템(KRAS) 개발 계획을 추진 중이다. 부동산 거래 정보의 보안 강화를 위해 블록체인 기술을 계획하였으며, 향후 스마트 거래가 가능한 종합 시스템을 개발 활용할 예정이다. 서울시 노원구는 자원봉사, 기부 등에 지폐나 상품권 형태로 제공되던 지역 화폐를 대신하는 노원(NW)코인을 발급·운용하여 지역 내 사회적 가치를 선순환 시키는 구조를 확보하고 있다. 또한 수출 기업이 서류를 블록체인 망에 공유하여 서류의 신뢰성을 담보하고 절차를 간소화하여 통관업무 효율 증진에도 활용이 가능하다.

❾ 금융(Finance)

⑴ 금융 활용 가능 분야

금융권에서도 블록체인을 활용하여 비즈니스 모델 및 응용 가능하며 최근 금융권에서 활발히 활용되는 주요 분야는 아래 〈그림 3-12〉과 같다.

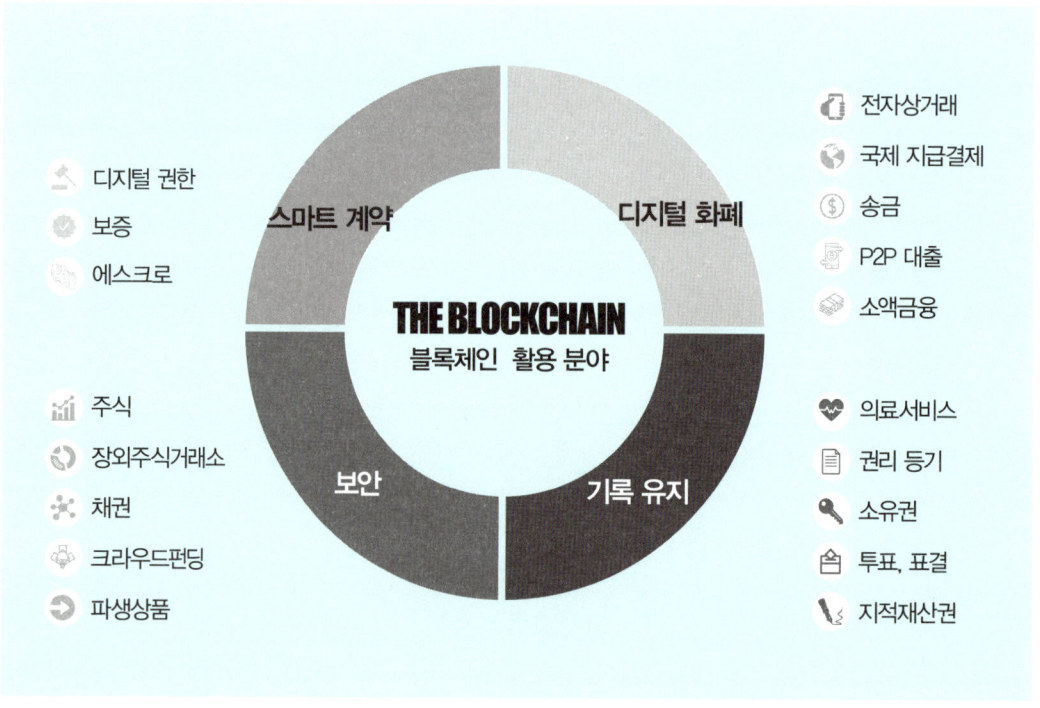

〈 그림 3-12 블록체인의 금융 활용 가능 분야 〉

① 기존 금융 인프라를 보완하는 기술로 발달

해외글로벌 금융회사는 블록체인을 이용 편의성 제고 및 영역 확대에 초점을 두고 있으며, 국내는 해외보다 활발하지 않지만 금융 인프라를 보완하는 방식으로 발달할 것으로 예상된다.

② 신기술 적용한 새로운 디지털 금융서비스 탐색

금융기관들이 기존에 보유하고 있던 고객 데이터를 기반으로 전통적인 금융서비스 모델과 신기술을 적용한 디지털 금융서비스를 통해 금융 경쟁 시장에서 돌파구 탐색이 필요하다.

③ 금융 비즈니스 목적과 규모 고려

블록체인의 활용 분야 및 기술 수용의 방법론(독자적인 블록체인 기술 실험 참여 또는 스타트업과 파트너십 등) 선택에 있어 금융회사의 비즈니스 목적과 규모에 맞추어 도입이 필요하다.

④ 경제적 측면

불필요한 수수료 등을 절감하여 금융회사의 수익성을 강화하고 저렴한 수수료를 바탕으로 신규 고객 유입 효과가 있다.

블록체인의 신뢰성을 담보할 중앙집중적 조직이나 구조가 필요 없어, 시스템 구축·유지보수 비용 및 금융 거래 수수료 절감 효과 기대가 크다.

⑤ 법규제 변화에 대한 예의주시

국내외를 비롯하여 아직 블록체인 기술에 대한 특별한 규제 동향은 아직 없으나, 새로운 기술 수용을 위한 규제 개편에 대한 주시할 필요가 있다.

2014년 11월 일본은 비트코인을 상품(commodity)으로, 미국 재무부의 가이드라인은 비트코인을 재산(property)으로, 독일은 사적 화폐(private money)로 인식하는 등 비트코인의 법적 성격에 대한 각국의 입장차이가 크다.

⑥ 기술 선도기업으로의 이미지 제고

핀테크 기업의 성장일로에 있는 환경에서 금융회사는 금융시장에서의 입지 확보를 위해 블록체인 등 신기술을 선제적으로 수용하여 선도기업으로서의 이미지 제고가 필요하다.

(2) 국내 블록체인 활용 동향

최근 금융권에서 블록체인 기술에 대한 관심 증가하고 있으며, 선도적 이미지 구축을 위해 금융회사, PG사, 핀테크 스타트업 등에서 다양한 실험적 시도하고 있다.

〈 표 3-8 국내 주요 블록체인을 활용 현황 〉

구분		블록체인 연구 및 활용을 위한 주요 활동
금융	신한은행	·외환 송금서비스에 블록체인 기술을 적용한 스타트업과 협업
	KB 국민은행	·외환송금서비스, 개인인증서, 문서보안서비스 등에 국내 스타트업과 제휴를 추진하고 서비스 개발에 15억원 투자
	NH 농협은행	·NH핀테크 오픈플랫폼 사업 추진의 일환으로 서비스 모델링을 위해 핀테크 기업 20곳과 양해각서를 체결, 이중 국내 최초 비트코인 거래소 코빗 포함
	KEB 하나은행	·핀테크 기업 육성센터를 통해 블록체인 기술 업체와의 협업을 준비 중
비금융	삼성전자	·IBM과 함께 블록체인을 이용하여 사물인터넷(IoT) 기기가 서로 소통하는 P2P네트워크에 활용* *국제전자제품박람회에서 IBM이 사물인터넷 플랫폼 어뎁트 (ADEPT, Autonomous Decentralized Peer-to-Peer Telemetry)에서 발표
	LG CNS	·국내 스타트업 기업과 금융 상품 유통플랫폼 파일럿시스템 구축을 위한 사업 협력 MOU(업무협약)를 체결
	페이게이트	·입금, 정산, 에스크로 등을 처리하는 블록체인 플랫폼을 핀테크 업체에 공개하고 블록체인 데이터베이스 및 정산소로 활용
	스마일스토리	·지역(암호)화폐 개발 및 결제 플랫폼 구축 및 지원 ·스타트업 프로젝트 아이디어 검토 및 블록체인 기술 개발 및 제공 ·2021년 4월 벤처창업혁신제품 '크립토피아' 전자지갑 선정

(3) 해외 블록체인 활용 현황

① 글로벌 은행 기관의 블록체인 전문 업체와 파트너십

글로벌 22개 주요 은행 기관에서 블록체인 기술 전문 업체인 R3 CEV와 파트너십 체결을 통해 블록체인 시스템 구축 및 국제표준 개발에 착수하고 있다. 또한 설계, 기술, 규제 등의 분야 연구에 공동으로 참여해 향후 1~2년 내 시스템 개발, 글로벌 금융시장에 효율적인 시스템을 도입할 계획이다.

〈 표 3-9 블록체인 공동 시스템 개발 참여 은행 〉

권역 및 국가		참여 은행
북미	미국	뱅크오브아메리카(Bank of America), BNY멜른(BNY Mellon), 시티그룹(City Group), 골드만삭스(Goldman Sachs), JP모건(JP Morgan), 모건스탠리(Morgan Stanley), 스테이트스트리트(State Street)
	캐나다	캐나다 왕립은행(Royal Bank of Canada), 토론토 도미니언 은행(Toronto-Dominion Bank)
유럽	영국	바클레이스(Barclays), HSBC, 스코틀랜드 왕립은행(Royal Bank of Scotland)
	스페인	BBVA(Banco Bilbao Vizaya Argentaria)
	독일	코메르츠뱅크(Commerzbank), 도이치뱅크(Deutsche Bank)
	스웨덴	SEB(Skandinaviska Enskilda Banken)
	프랑스	소시에테제너럴(Societe Generale)
	스위스	UBS(Union Bank Switzerland), 크레딧 스위스(Credit Suisse)
아시아	일본	미츠비시 UFJ 파이낸셜 그룹(Mitsubishi UFJ Financial Group)
오세아니아	호주	커먼웰스 호주은행(Commonwealth Bank of Australia), 국립 호주은행(National Australia Bank)

출처 : Nikkei(2015. 9)의 kisa 자료 재인용

② 해외은행별 블록체인 연구 및 활용을 위한 활동

〈 표 3-10 해외 은행별 블록체인 연구 및 활용을 위한 주요 활동 〉

은 행	블록체인 연구 및 활용을 위한 주요 활동
독일 도이치 (Deutsche) 은행	·블록체인 기술을 활용한 시스템 구축 및 표준 추진을 위해 글로벌 은행과 R3간 파트너십 체결에 참여 ·신용화폐 지급결제, 자산동기, 파생상품, 규제보고, KYC제도, 자금세탁방지, 주식매매 시스템 서비스 개선 등 다양한 사용 사례를 연구하고 있으며 런던, 베를린, 실리콘 밸리의 연구소에서 실험(2015년 7월)
미국 나스닥 (NASDAQ)	·장외 주식거래소인 나스닥과 유럽 증권거래소 8곳을 운영하는 나스닥 OMX그룹은 나스닥 프라이빗 마켓에 블록체인 기술 적용(변호사에게 의뢰하던 거래 승인 절차를 자동으로 검증하는데 블록체인 기술 이용)계획 (2015년 5월) ·비상장 주식 거래를 할 수 있는 플랫폼 제공 및 블록체인 인스라 관련 기업들과 파트너십 발표(2015년 6월)
싱가포르 개발은행 (DBS, Development Bank of Singapore)	·Startupbootcamp 및 Coin Republic과 함께 싱가포르에서 블록체인 해커톤 대회 개최 (2015년 5월)
유럽 은행연합 (EBA, Euro Banking Association)	·거래은행과 결제 전문가 관점에서 "크립토 테크놀로지(Crypto-techonology)" 보고서 발표(2015년 5월) ·블록체인 기술은 비용절감 및 은행 거래속도를 높이며, 기존 금융시스템에 블록체인의 통합 가능함을 예측
미국 연방 준비 은행 (US Federal Reserve)	·IBM과 함께 블록체인과 결합한 새로운 지급결제시스템을 개발 중에 있다고 보고 (2015년 3월)
영국 스탠다드차타드 (Standard Chartered) 은행	·블록체인은 비용 절감, 금융 거래의 투명성을 개선하기 위해 DTCC(미국증권예탁결제원), EuroCCP 등과 같은 예탁결제분야에 블록체인 기술이 활용될 수 있다고 발표 (2015년 7월)
독일 피도르 (Fidor) 은행	·피도르 은행은 가상화폐와 블록체인 관련한 주요 은행 ·가상통화환전을 제공하기 위해 유럽에서는 카르겐, 독일에서는 bitcoin Deutschland GmbH와 파트너십을 계약(2013년 10월) ·출금 계좌 이체 서비스를 제공하는 리플 연구소와 제휴(2014년 5월)
에스토니아 LHV 은행	·블록체인 기술 관련 작업 시작 발표(2014년 6월) ·컬러코인(colored coins, 블록체인 기반 코인 위에 레이어를 추가한 개념)에 기반한 Cuber Wallet 앱 개발(2015년 6월) ·Coinbase, Coinfloor와 파트너십을 맺고 블록체인을 적용한 디지털 보안 개발
미국 CBW (Cross River) 은행	·리스크 관리 시스템을 구축하고 저비용 송금 서비스를 제공하는 리플(Ripple) 연구소와 제휴
네덜란드 Rabobank, ABN Amro, ING 은행	·다양한 금융 서비스를 위한 블록체인 연구 ·리플(Ripple) 연구소와 제휴
미국 골드만 삭스 (Goldman Sachs)	·골드만 삭스는 비트코인 스타트업 Circle Internet Financial Ltd에 5천만 달러 투자
BBVA Ventures	·Coinbase에 투자, 블록체인 기술 연구 보고서 발표

은 행	블록체인 연구 및 활용을 위한 주요 활동
스페인 산탄데르 (Santander) 은행	· 블록체인에 대해 20~25건의 사용 사례 보유 · 금융에서 블록체인 사용 연구를 위해 "Crypto 20" 팀 구성
뉴질랜드 웨스트팩 (Westpac) 은행	· 저렴한 비용으로, 크로스보더(해외 직구) 플랫폼을 개발하기 위해 리플과 제휴 · 자사의 VC(Venture Capital) arm을 통해 Coinbase에 투자
UBS 은행	· 런던에서 cryptocurrency 실험실을 가지고 있으며, 거래 및 결제, 스마트 채권의 분야를 실험 · Cleamatics와 협력 "유틸리티 결제 동전"이라는 전사적인 제품을 구축할 계획 · 금융권 블록체인 활용의 20~25가지 사용 사례 가짐
미국 뉴욕 멜론 (BNY Mellon) 은행	· 선물 및 보상과 맞바꿀 수 있는 통화화폐인 "BK Coins"를 만듦
영국 바클레이 (Barclays) 은행	· 다양한 비트코인과 블록체인 관련 기업을 위해 런던에 2개의 비트코인 연구실 마련 및 기업 육성, 은행 서비스에 블록체인 활용을 위한 파일럿 진행 · 블록체인 관련 스타트업인 사펠로(Safello), 아틀라스(Atlas Card&Blocktree)와 파트너십 체결
호주 CBA 은행	· 자회사 간 지급 결제에 대한 블록체인 원장 시스템을 구현하기 위해 리플(Ripple) 연구소와 제휴
미국 USAA 은행	· 비트코인의 사용에 대한 스터디를 위한 연구팀 창설
호주 ANZ 은행	· 블록체인의 잠재적인 활용 사례를 탐색하기 위해 리플(Ripple)과 제휴
프랑스 BNP Pariba (Banque Nationale de Paris) 은행	· 블록체인을 활용하여 빠른 거래에 대한 탐색 연구
프랑스 소시에테제너럴 (Societe Generale)	· 비트코인(BTC), 블록체인과 암호화폐(blockchain & cryptocurrency) 관련 전문 직원 고용 계획
미국 시티 (Citibank) 은행	· 블록체인 기술 활용을 자체 사이드체인 생태계인 '시티코인(Citicoin)' 시스템을 금융권 최초로 개발 · 사이드 체인은 기존 비트코인 블록체인의 메인 체인에서 분기하여 별도의 원장을 구축한 시스템

〈출처 : LTP(Let's payments) 자료 재구성〉

적중 예상 문제
블록체인 서비스 기획

01 다음 중 블록체인의 특징으로 옳지 않은 것을 고르시오?

① 프라이버시 보호 ② 보안성
③ 탈중앙성 ④ 투명성

 블록체인의 특징은 탈중앙성(De-centralization), 보안성(Security), 투명성(Transparency) 등이다.

02 다음 중 위험분석 플랫폼의 설명으로 옳지 않은 것은?

① 정보자산에 대한 위협/취약성을 상세 분석할 수 있다.
② 정보보안 현황분석 및 정보자산의 중요도를 평가할 수 있다.
③ 관리되어야 할 위험에 대한 통제 선택 및 후보 대응책을 제시할 수 있다.
④ 보호되어야 할 조직의 중요 정보자산을 고려하여 범위를 선정할 수 없다.

 위험분석 플랫폼은 보호되어야 할 조직의 중요 정보 자산을 고려하여 범위를 선정할 수 있다.

03 다음 중 블록체인 보안을 위협하는 요소로 가장 거리가 먼 것은 무엇인가?

① 블록체인 구현 오류
② 블록체인 암호화 프로토콜
③ 51% 공격
④ 블록체인 트랜잭션을 입력할 때 사람의 실수

 블록체인 암호화 프로토콜은 보안을 강화하는 요소이다.

정답 1① 2④ 3②

04 다음 중 4차 산업혁명에 대한 설명으로 가장 적절한 것은 무엇인가?

① 다품종 대량생산 방식에서 소품종 대량생산 방식으로의 변화 초래
② 빅데이터, 인공지능 등 생산 최적화 기술이 제조업 방식의 큰 변화 초래
③ 모바일 시대에서 PC 시대로의 심화 및 확장
④ 소품종 소량생산 방식에서 소품종 대량생산 방식으로의 변화 초래

4차 산업혁명은 빅데이터, 인공지능, 블록체인 등 생산 최적화 기술이 제조업의 방식을 통째로 변화시키고, PC 시대에서 모바일 시대로의 심화 및 확장을 초래하며, 유통업자의 개입 없이 생산자와 소비자 사이의 직거래를 확장하고 소품종 대량생산 방식에서 다품종 대량생산 방식의 대량 맞춤형 생산방식으로의 변화를 초래한다.

05 다음 중 블록체인을 금융권에 활용할 시 발생하는 이슈 사항으로 가장 거리가 먼 것은 무엇인가?

① P2P 분산 네트워크 구조에 대한 사이버 공격이 증가하고 있다.
② 범죄에 악용될 경우 추적이 어렵다.
③ 사고 발생 시 법적 책임을 질 주체가 명확해졌다.
④ 디지털 통화 및 블록체인에 대한 명확한 해석 및 규제가 미비한 상태이다.

블록체인 금융권 활용 시 이슈 사항은 크게 관리적 이슈, 제도적 이슈 그리고 기술적 이슈로 분류될 수 있다.
관리적 이슈에는 전문가 부족, 사고 발생 시 법적 책임을 질 주체가 모호해지고 범죄에 악용될 경우 추적이 어렵다는 점이 있다. 법·제도적 이슈로는 디지털 통화 및 블록체인에 대한 명확한 해석 및 규제가 미비하고 이에 따라 법 적용의 사각지대가 발생할 가능성이 존재하게 된다.
기술적 이슈로는 거래 취소가 불가능하고, 거래 내용이 공개될 수 있으며, 개인 키 도난 등에 의한 위험이 존재하고 P2P 분산 네트워크 구조에 대한 사이버 공격의 증가 등이 있다.

06 다음 중 간편 지급결제 보안 고려사항으로 가장 거리가 먼 것은 무엇인가?

① 비인가자의 접근   ② 정보 유출
③ 서비스 거부   ④ 기기보안 설정

간편 지급결제 서비스에서 이용되고 있는 주요 무선통신 기술의 위험은 다양하게 존재하며, 특히 정보 유출, 비인가자 접근, 서비스 거부 등에 대한 보안에 대한 고려가 필요하다고 할 수 있다.
일부 기기 보안 기능 미설정, 초기 설정 정보 이용, 개발상 문제 등에 대한 관리 미흡으로 인해 위협이 발생할 수 있으므로 정기적인 점검을 통해 위협을 제거 및 관리해야 한다.

정답 4② 5③ 6④

07 다음 중 핀테크의 특징에 대한 설명으로 가장 거리가 먼 것은 무엇인가?

① 핀테크는 모바일(mobile) 기반으로 이루어진다.
② IT 기업이 핀테크 기술로 금융기업으로 변신하고 있다.
③ 은행이 하는 금융서비스는 핀테크로도 가능하다.
④ 핀테크는 기존 금융업무 자동화 및 효율화가 특징이다.

 핀테크는 Finance(금융)와 Technology(기술)의 합성어로, 금융과 IT의 융합을 통한 금융서비스 및 산업의 변화를 통칭한다.

08 다음 중 블록체인의 특징에 해당하지 않는 것은?

① 합의 알고리즘을 통한 개인정보의 비밀성이 유지된다.
② 분산 원장(Distributed Leger) 구조를 사용한다.
③ P2P(Peer to Peer) 네트워크를 통하여, 탈중앙화 분산 시스템으로 이루어진다.
④ 2세대 블록체인의 대표적인 활용은 나스닥 장외주식거래이다.

 블록체인은 합의 알고리즘을 통해 발생하는 모든 거래 정보들을 모든 참여자가 복제하여 공유, 동기화되는 원장을 검증 및 보존하므로 개인정보 비밀성 유지와는 거리가 있다.

09 다음 중 블록체인 개념을 정의한 것으로 바르지 않는 것은?

① 디지털 분산원장(분산 처리 기술)이다.
② 네트워크에 참여하는 사용자의 P2P 거래를 보유할 수 없다.
③ 블록들을 체인 형태로 묶은 형태이다.
④ 공공거래장부 또는 분산 거래 장부라고 한다.

 네트워크 참여자가 나가더라도 각자 장부를 가지고 있으므로 잔고나 거래내역을 등을 모두 확인 할수 있다.

정답 7 ④ 8 ① 9 ②

10 다음 중 블록체인 특징으로 해당하지 않는 것은?

① 디지털 분산 원장이다.
② 기존 거래 방식처럼 해킹의 위협이 존재한다.
③ 중앙관리자가 불필요하다.
④ 위·변조가 불가능하다.

 블록체인 네트워크를 위·변조하기 위해서는 참여자의 거래 데이터를 모두 공격해야 하므로 사실상 해킹은 불가능하다고 여겨진다.

11 다음 중 블록체인의 장점을 설명한 것 중 아닌 것은?

① 블록체인은 중앙 관리자가 따로 필요가 없기 때문에 유지 보수, 보안 유지, 거래 중계자 등에 필요한 비용이 절감되어 매우 경제적이다.
② 모든 거래내역을 공개하기 때문에 기존 금융 서비스보다 확실하고 거래내역이 투명하게 보관된다.
③ 모든 거래내역을 비공개이기 때문에 기존 금융 서비스보다 확실하고 거래내역이 투명하게 보관된다.
④ 모든 사용자가 장부를 가지고 있기 때문에 신뢰성을 보장할 제3자가 필요 없다는 점이다.

 모든 거래내역을 공개하기 때문에 기존 금융 서비스보다 확실하고 거래내역이 투명하게 보관된다.

12 다음 중 블록체인의 단점을 설명한 것 중 맞는 것은?

① 중앙관리자가 필요 없음으로 보안이 취약하다.
② 속도가 빨라서 개인과 개인의 진행이 빠르다.
③ 모든 거래내역을 공개하므로 기존 금융서비스보다 거래가 감소할 것이다.
④ 기술적 오류나 업그레이드 진행 시 사용자의 과반수가 동의해야 하고 의사결정을 지연할 수 있기 때문에 신속한 업데이트가 어렵다.

 기술적 오류나 업그레이드 진행 시 사용자의 과반수가 동의해야 하고 의사결정을 지연할 수 있기 때문에 신속한 업데이트가 어렵다.

 정답 10 ② 11 ③ 12 ④

13 다음 중 암호화폐를 설명한 것 중 틀린 것은?

① 암호화폐는 블록체인이나 DAG (Directed Acyclic Graph)을 기반으로 한 분산 원장 (Distributed Ledger) 위에서 동작한다.
② 해시 함수를 이용해 쉽게 소유권을 증명해 낼 수 있는 디지털 자산이다.
③ 분산 장부(Distributed Ledger)에서 공개키 암호화를 통하기 때문에 거래내역이 비공개이다.
④ 암호화폐(Cryptocurrency)는 '암호화'라는 뜻을 가진 'crypto'와 통화, 화폐란 뜻을 가진 'currency'의 합성어이다.

 분산 장부(Distributed Ledger)에서 공개키 암호화를 통해 안전하게 전송하고, 해시 함수를 이용해 쉽게 소유권을 증명해 낼 수 있는 디지털 자산이다.

14 다음 중 해외각국의 암호화폐 정의로 틀린 것은?

① 2012년 유럽중앙은행(European Central Bank)은 가상화폐란 "중앙은행에 보장되고 지급수단으로 가능한 디지털화폐의 한 유형"이라고 하였다.
② 유럽중앙은행(ECB)은 2012년에 가상화폐를 "개발자에 의하여 발행되고 통상 관리되며, 특정한 가상커뮤니티의 회원들 간에 사용되고 수령되는 규제되지 않은 디지털화폐의 한 유형"이라고 정의하였다.
③ 유럽중앙은행(ECB), 유럽은행 감독청(EBA), 미국 재무부에서 내린 정의에 따르면, 가상화폐란 정부에 의해 통제받지 않는 디지털화폐의 일종으로 개발자가 발행·관리하며 특정한 가상 커뮤니티에서만 통용되는 결제수단이다.
④ 2013년 미국 재무부 금융 범죄규제 망(FinCEN)은 화폐(currency)를 "법화(法貨, legal tender)로 지정되어 발행국가의 교환수단으로 유통되고 통상 사용·수령되는 동전과 지폐"라고 정의하였다.

 2012년 유럽중앙은행(European Central Bank)은 가상화폐란 "중앙은행에 의하여 발행되거나 보장되지 않고 지급 수단으로 기능하는 규제되지 않은 디지털화폐의 한 유형"이라고 하였다.

정답 13 ③ 14 ①

15 다음 중 계약 조건을 블록체인에 기록하고 조건이 충족됐을 경우 자동으로 계약이 실행되게 하는 프로그램은?

① 스마트 계약
② 해시 함수
③ 합의 알고리즘
④ P2P(Peer-to-Peer) 네트워크

 스마트 컨트랙트(Smart Contract)는 계약 조건을 블록체인에 기록하고 조건이 충족됐을 경우 자동으로 계약이 실행되게 하는 프로그램이다. 금융 거래 등 다양한 계약에 활용할 수 있다.

16 다음 중 암호화폐의 현재 상황을 설명 중 잘못된 것은?

① 비트코인은 기존 화폐와는 달리 익명성을 갖고 있어서, 상속세, 증여세 등의 과세가 불가능하다.
② 영국은 비트코인을 디지털 화폐로 인정해 제도권으로 끌어들임과 동시에 런던을 디지털 금융의 중심지로 키우는 정책을 채택했다.
③ 일본, 노르웨이, 독일, 미국 등 여러 선진국에서 비트코인을 법인세로 과세하는 것을 봐서는 당분간 비트코인이 각국 정부로부터 화폐로 인정받기는 어려워 보인다.
④ 비트코인으로 동산이나 부동산 등 물건을 판매할 경우, 거래 내역을 추적하기가 간편하다.

 비트코인으로 동산이나 부동산 등 물건을 판매할 경우, 거래 내역을 추적하기가 거의 불가능하다.

17 다음 중 합의 알고리즘을 설명 중 틀린 것은?

① 분산화된 시스템의 무결성과 보안을 유지하는 역할을 한다.
② P2P 네트워크와 같은 분산 네트워크에서 합의 형성을 수행하기 위한 알고리즘이다.
③ 작업 증명 알고리즘은 마이닝 과정에 필수적인 부분이다.
④ 알고리즘은 블록체인의 기본 규칙이다.

 프로토콜은 블록체인의 기본 규칙이며, 알고리즘은 이러한 규칙을 따르는 메커니즘으로 정의해볼 수 있다.

 정답 15 ① 16 ④ 17 ④

18 다음 중 대표적인 블록체인 기반 기술에 해당하지 않는 것은?

① 비트코인 레퍼런스 구현
② 분산형 응용프로그램
③ 컴퓨터 정보화
④ 합의 알고리즘과 멤버십 관리기능을 가짐

 Bitcoin Foundation : 비트코인 레퍼런스 구현
Ethereum Foundation : 분산형 응용프로그램
Hyperledger Project : 고유의 합의 알고리즘과 멤버십 관리 기능을 가짐

19 다음 중 블록체인 기반 기술의 서술한 것 중 틀린 것은?

① 비트코인은 누구나 참가 가능한 형태이기에 공용 형으로 분류된다.
② 블록체인은 용도와 적용되는 네트워크 종류에 따라 몇 개의 패턴이 존재한다.
③ 블록체인 기반은 각각 어떤 패턴을 지향하고 있느냐에 따라 대략적인 분류가 가능하다.
④ 공급망과 같이 여러 기업이 운영하고 신뢰하는 멤버로만 구성하는 컨소시엄형은 엔터프라이즈 영역에서 분산 원장의 단점이다.

 공급망과 같이 여러 기업이 운영하고 신뢰하는 멤버로만 구성하는 컨소시엄형은 엔터프라이즈 영역에서 분산 원장의 강점을 살릴 수 있다.

20 다음 중 이더리움 기반 기술 비교 중 틀린 것은?

① 최소구성 – 1대부터 작동. 장애 복구를 위해서는 최소 5대가 필요하다.
② 참가자(계정)는 각 노드에서 관리되고 공유되지 않음. 따라서 참가자 유입을 제한하는 기능은 존재하지 않는다.
③ 분류 – 공용, 컨소시엄, 개인
④ 성능 – 블록 생성 간격은 12초 단위지만 '확장됐다'고 판단하기 위해서는 어느 정도 블록을 이어 나가야 하므로 몇 분 정도 소요.

 1대부터 작동. 장애 복구를 위해서는 최소 2대 필요하다.

정답 18 ③ 19 ④ 20 ①

21 다음 중 분산원장의 이점으로 틀린 것은?

① 분산 원장에 기록하고 공유함으로써 관계자에게 같은 정보가 전달되고, 중계자 없이도 직접 정보를 조회하거나 수정할 수 있다.
② 추적성의 실현이 어려웠거나 비용이 소요되던 영역을 간단하게 분산 원장 형태로 실현해줄 가능성을 가진 것이 블록체인이라는 기술이다.
③ 어떤 부정이 있어도 과거 이력을 통해 검증할 수 있게 된다.
④ 원래 1개의 시스템에 있던 것을 분산 원장이라는 형태로 외부에 두게 되는 것이므로 속도가 빠르다.

 원래 1개의 시스템에 있던 것을 분산 원장이라는 형태로 외부에 두게 되는 것이기 때문에 지연 등의 단점이 발생하게 된다. 이것은 네트워크를 통해 상태를 공유하거나 합의하는 과정이 필요하기 때문에 이를 줄일 수는 있어도 원칙적으로 제거할 수는 없다.

22 다음 중 블록체인의 특징 중 확장성에 대한 설명으로 다른 하나는?

① 블록체인은 '스마트 계약(Smart Contract)'의 등장으로 암호화폐를 넘어 모든 종류의 거래가 가능한 온라인 플랫폼으로 성장하고 있다.
② IoT 기기와 연계해 자동 계약 집행, 관리 인프라로 블록체인을 활용한다.
③ 분산 네트워크 방식에 기반한 블록체인은 처리속도가 빠르고 검증할 거래가 필요 없다.
④ 비트코인이나 Ripple 같은 해외 송금 시스템에 사용

 분산 네트워크 방식에 기반한 블록체인은 상대적으로 느린 거래처리 속도와 확장성 문제가 주요 한계점으로 지적된다. 네트워크 참여자가 많아질수록 검증해야 할 거래가 많아지면서 그만큼 네트워크 참여자들 간 합의에 도달하는 소요 시간이 증가하게 된다.

23 다음 중 단일 시스템과 비교하였을 때 분산 시스템의 장점이 아닌 것은 무엇인가?

① 단일 시스템보다 정보 관리 측면에서 안전하다.
② 빠른 계산이 가능하다.
③ 네트워크에 노출되는 노드 수가 많음으로 보안성이 뛰어나다.
④ 시스템의 확장이 용이하다.

 단일 시스템보다 정보 관리 측면에서 안전하다. 일반적으로 단일 시스템과 비교하여 분산 시스템은 여러 대의 계산 장비가 유동적으로 활용 가능한 시스템이므로 빠르고, 안정적이고, 확장이 용이하다. 그러나 네트워크에 노출되는 노드 수가 많음으로 안전성은 더 취약하다고 볼 수 있다.

 정답 21 ④ 22 ③ 23 ③

24 다음 중 서울시가 추진하는 행정 서비스 중 아닌 것은?

① 서류 없는 온라인 자격검증
② 마일리지 통합관리
③ 금융권의 블록체인 기술 도입을 적극적으로 지원할 계획
④ 시간제 노동자 권익 보호

서울시는 서류 없는 온라인 자격검증, 마일리지 통합 관리, 서울시민 카드 서비스 확대, 시간제 노동자 권익 보호, 하도급 대금 자동지급, 민주주의 서울 등 6가지의 다양한 분야의 블록체인 행정서비스를 개발, 제공키로 했다.

25 다음 중 서비스형 블록체인과 관련 없는 내용은?

① 서비스형 소프트웨어(SaaS)나 서비스형 인프라(IaaS)처럼 블록체인 플랫폼 자체가 서비스화 되는 것을 말한다.
② 블록체인 관리 서비스인 '아마존 매니지드 블록체인'이 대표적인 예다.
③ 아마존 매니지드 블록체인은 분산 원장 네트워크 구축을 단순화한 관리형 서비스다.
④ IBM과 마이크로소프트(MS)는 블록체인 서비스에 미흡하다.

서비스형 소프트웨어(SaaS)나 서비스형 인프라(IaaS)처럼 블록체인 플랫폼 자체가 서비스화되는 것을 말한다. 아마존 웹서비스(AWS)가 2018년 11월 내놓은 블록체인 관리 서비스 인 '아마존 매니지드 블록체인'이 대표적인 예다. IBM과 마이크로소프트(MS)도 블록체인 서비스를 속속 내놓고 있다.

26 다음 중 블록체인 서비스 기업과 맞지 않는 것은?

① 최근 랭건은 BaaS 바람을 가장 잘 활용할 위치에 있는 9개 기업을 선정했다.
② 마이크로소프트사는 BaaS 제공업체인 아마존, 마이크로소프트, 오라클 외에 IBM, 세일즈포스닷컴, VM웨어를 이 분야의 리더기업으로 분류했다.
③ 레드핀(Redfin), 질로우(Zillow), 렌딩트리(LendingTree)와 같은 블록체인 기반 온라인 서비스를 운영 중이다.
④ 아마존, 마이크로소프트, 오라클과 같은 기업이 이 시장에서 막대한 이익을 거두게 될 전망이다.

랭건은 BaaS 바람을 가장 잘 활용할 위치에 있는 9개 기업을 선정했다. 랭건은 BaaS 제공업체인 아마존, 마이크로소프트, 오라클 외에 IBM, 세일즈포스닷컴, VM웨어를 이 분야의 리더 기업으로 분류했다.

정답 24 ③ 25 ④ 26 ②

27 다음 보기에 들어갈 기업으로 알맞은 것은?

> • 2016년 블록체인 서비스를 출범했으며 이후 머스크(Maersk), 월마트를 포함해 블록체인 분야에서 가장 큰 규모의 여러 엔터프라이즈 공급망 추적을 구현했다.

① 아마존
② 뱅크 오브 아메리카(BOA)
③ IBM
④ 마이크로소프트

 IBM은 2016년 블록체인 서비스를 출범했으며 이후 머스크(Maersk), 월마트를 포함해 블록체인 분야에서 가장 큰 규모의 여러 엔터프라이즈 공급망 추적을 구현했다.

28 다음 중 블록체인을 분석하는 기법 중 아닌 것은?

① 기업보안
② P2P 환경
③ 데이터수집
④ 세부기술 분석

 블록체인을 분석하는 기법에는 P2P 환경, 제안한 분석 방법, 데이터 수집, 주요 플레이어 분석, 세부기술 분석 등이 있다.

29 다음 중 블록체인 산업특화 응용 현황으로 적합하지 않은 것은?

① 분산저장, 스마트 계약 기반으로 다양한 유형의 비즈니스 모델이 등장했다.
② 헬스케어, 유통 등은 연관 산업체 간 협업을 기반으로 하는 비즈니스 모델이 있다.
③ 공동 인증형 비즈니스 모델
④ 산업생태계 비즈니스 모델

 분산저장, 스마트 계약 기반으로 다양한 유형의 비즈니스 모델, 산업 mesh-up형' 비즈니스 모델탈중개형 비즈니스 모델, 공동 인증형 비즈니스 모델, 헬스케어(의료기관사), 유통(농수 축산, 물류, 유통) 등은 연관 산업체 간 협업을 기반으로 하는 비즈니스 모델이 있다.

 정답 27 ③ 28 ① 29 ④

30 다음 중 블록체인 비즈니스 모델 시사점으로 해당하지 않는 것은?

① 각 기업은 블록체인 기술을 활용하여 신사업을 추진하기보다, 기존 제공 사업에 접목하여 서비스 품질을 제고하고, 용도를 확대하는 데 주력한다.
② 블록체인을 업체별 사업 추진전략 내 적극적으로 도입하는 추세로 기존 사업에서 확보하고 있던 영향력을 확장 또는 공고히 하는 전략 기술로 활용한다.
③ 공급자와 수요자 간 제품·서비스 정보 흐름의 불확실성은 존재하나 정보 탐색 및 거래 비용의 최소화가 가능하여 산업 효율성 제고가 기대된다.
④ 연결 신뢰성 확보로 산업생태계 참여자들을 확대할 수 있어 시장 활성화 및 혁신적 비즈니스 창출에 기여할 것으로 기대된다.

 공급자와 수요자 간 제품·서비스 정보 흐름의 불확실성을 해소함으로써 정보 탐색 및 거래 비용의 최소화가 가능하여 산업 효율성 제고가 기대된다.

31 다음 중 구글의 블록체인 도입 현황으로 맞지 않는 것은?

① 2016년부터 클라우드 보안 향상 및 다양한 블록체인 기반 서비스를 호스팅할 수 있는 자체 블록체인 시스템을 개발 중이다.
② 블록체인 기술을 응용할 사업 영역을 명시하고 기존 클라우드 사업과 연계한 서비스 개발 및 헬스케어 등 미래 유망사업 진출이 가시화되고 있다.
③ 구글 VC는 유망기술을 확보한 신생기업에 투자하거나 적극적 M&A를 추진하여 공격적 기술 확보 추진 중이다.
④ 구글은 세계 최대 데이터 보유 기업으로, 데이터를 분산 저장하는 블록체인 기술을 응용한 신생 기업의 경쟁적 비즈니스 활동에 대응할 필요가 있다.

 블록체인 기술을 응용할 사업 영역을 명시하고 있지는 않으나, 기존 클라우드 사업과 연계한 서비스 개발 및 헬스케어 등 미래 유망사업 진출이 가시화되고 있다.

정답 30 ③ 31 ②

32 다음 중 페이스북 암호화 화폐 관련으로 맞지 않는 것은?

① 국채 등 저변동성 자산에 투자한다.
② 이베이 등 엄청난 소비시장을 가진 쟁쟁한 기업 28곳이 발행에 참여할 것으로 본다.
③ 리브라는 개방형(Public Chain) 블록체인(Private Chain)으로 시작하며 향후 폐쇄형 블록체인(Private Chain)으로 전환이 목표이다
④ 메신저와 와츠앱에 리브라를 저장할 수 있는 전자지갑인 캘리브라(Calibra) 기능을 추가한다.

 리브라는 안전하고 확장 가능하며 신뢰성 있는 블록체인(Libra Blockchain)을 기반으로 구축한다.
리브라는 허가형 블록체인(Private Chain)으로 시작하며 향후 개방형(Public Chain)으로 전환이 목표이다.

33 다음 중 구글이 블록체인과 연계하여 클라우드 컴퓨팅을 활용할 경우 장점이 아닌 것은?

① 자체 클라우드 컴퓨팅 서버를 보유하고 있는 고객 기업도 구글의 블록체인 서비스를 이용할 수 있는 환경을 제공 할 수 있다.
② 기존 클라우드 사업과 블록체인 기술을 연계하여 데이터 저장 센터의 보안을 강화할 수 있다.
③ 보안 강화, 거래 기록 확인 등 다양한 클라우드 서비스 제공을 위해 블록체인 기술을 활용한다.
④ SMP 참여자들은 PoW 방식을 통해 DNA와 RNA 핵염기 서열을 규명하는 연구를 수행 중이다.

 Intel 헬스케어의 SMP 참여자들은 PoW 방식을 통해 DNA와 RNA 핵염기 서열을 규명하는 연구를 수행 중이다.

34 다음 중 국제 블록체인관리사(CBM) 자격증의 글로벌 활성화를 위하여 탄생한 코인은?

① BTC
② ETH
③ CBM
④ EOS

 국제 블록체인관리사(CBM) 자격증의 글로벌 활성화를 위하여 탄생한 코인은 CBM 코인이다.

 정답 32 ③ 33 ④ 34 ③

35 다음 중 블록체인에 적합한 결제 수단이 갖추어야 할 조건으로 맞지 않는 것은?

① 특정 기관의 통제를 받아서는 안 됨
② 불량 국가로의 이동이 제한됨
③ 안정적 가치 유지
④ 실생활에서 결제 수단으로 인정

 블록체인에 적합한 결제 수단은 모든 국가에서 결제수단이 인정되어야 한다. 이는 이 결제수단을 인정하지 않는 국가에서는 사용자의 참여가 불가능하기 때문이다.

36 블록체인이 적용된 후 금융 송금 서비스의 기대되는 장점이 아닌 것은?

① 초기 설치비용이 거의 필요 없다.
② 은행권의 보안 위협 감소
③ 자금 이체가 거의 실시간으로 이루어짐
④ 사용자의 수수료 감소

 블록체인 금융서비스에도 역시 초기 설치 및 기회비용이 필요하다.

37 블록체인의 각국의 산업 동향 중 가장 사실과 다른 것은?

① 미국에서는 우정청의 포스트코인을 통해 결제와 환전 지원
② 영국은 비욘드 블록체인을 발표하고 모든 공공서비스에 스마트계약 적용 추진
③ 한국과 일본은 블록체인 공문서 관리를 위한 디지털 에코시스템 추진
④ 스웨덴은 토지 등기부 등본 시스템에 스마트 계약을 도입하여 시범 운행

 디지털 에코시스템은 러시아에서 추진되는 내용이다.

정답 35 ② 36 ① 37 ③

38 대한민국 블록체인 관련 비전 및 추진 전략과 거리가 먼 것은?

① 블록체인 기술의 장점을 활용하여 공공 민간 업무 효율화
② 블록체인 전문 인력은 충분하여 인력 유출 관리에 집중
③ 핵심기술 확보로 기술 경쟁력 확보
④ 초기 단계인 글로벌 시장 선점을 위해 블록체인 산업 발전 생태계조성

 블록체인 전문인력은 17년 약 6백여 명으로 추산 되며 22년에는 1만 명 규모로 확대 예정이다.

39 다음 중 국내외 블록체인 시장 동향 중 잘못된 것은?

① 우리은행, 한국거래소 등 금융 분야에서 블록체인 적용 시장이 확대되고 있다.
② 해외 MAERSK, Alibaba 등 비금융 분야에서 블록체인 적용 시장이 확대되고 있다.
③ 해외 J.P. Morgan, NASDAQ 등 블록체인 적용 시장이 확대되고 있다.
④ 국내는 비금융 분야는 아직 시장 동향이 없다.

 국내에서도 비 금융분야에서도 SK, 현대상선 등 블록체인 적용 시장이 확대 되고 있다.

40 다음 중 현재 (블록체인이 적용되지 않은 경우) 국내 송금 처리 과정의 취약점이 아닌 것은?

① 송금인과 수취인에 대한 정보가 수작업과 반복적 과정을 거쳐 수집됨
② 송금인 정보나 관련 서류의 진실성에 대한 통제가 제한적임
③ 데이터 원천과 경로의 다양성으로 인해 규제기관에 제출하는 보고서 작성에 드는 비용이 크고 절차가 복잡함
④ 전달 경로에 따라 지급 결제 관련 비용과 시간이 적게 소요됨

 전달 경로에 따라 지급 결제 관련 비용과 시간이 많이 소요되며, 은행별 또는 거래별로 정보의 승인이나 거절의 경우가 많은 등 여러 가지 취약점이 있는 상태이다.

 정답 38 ② 39 ④ 40 ④

41 현재 (블록체인이 적용되지 않은 경우) 국내 주식매매 처리 과정의 취약점이 아닌 것은?

① 투자자는 주문을 낸 후 거래 내역을 확인하지만 실제 결제는 t+2 또는 t+3일이 걸림
② 거래상대방 은행이 거래 상세내역을 변경시킴으로써 중앙예탁기관은 청산 이전에 수작업으로 확인해야 함
③ 주식 관련 서비스를 수행하는데 비용이 적게 소요됨
④ 보관은행은 이행 일에 결제가 되지 않을 가능성을 부담함

 주식관련 서비스를 수행하는 데 비용이 많이 소요 되고, 중앙거래당사자는 결제에서 기술적 혹은 수작업의 오류 가능성을 부담하는 등 여러 가지 취약점이 존재한다.

42 다음 중 블록체인에서 블록을 연결하는데 이용되는 것은 무엇인가?

① 난수 발생기
② 전자서명
③ 블록 암호
④ 해시 함수

 블록체인은 해시 함수를 이용하여 블록을 순차적으로 연결한다.

43 블록체인이 필요한 밸류체인(value chain) 플레이어와의 가능성이 잘못 연결된 것은?

① 포워딩 컴퍼니 - 진본성의 보장
② 트럭킹 컴퍼니 - 제 3자 운송 (내륙운송)
③ 화주 - 빠른 통관과 결제
④ 선사 - Booking

 진본성의 보장은 세관 당국과 연관성이 있다.

정답 41 ③ 42 ④ 43 ①

44 다음 중 우리나라 블록체인 관련 동향 사항이 아닌 것은?

① 비트코인이 화폐로 통용되는 경우에는 부가가치세 과세대상이 아니나, 재산적 가치가 있는 재화로서 거래되는 경우는 과세 대상(국세청)
② 가상화폐 거래소 마운트곡스(Mt. Gox) 파산 사태 이후 금융당국의 가상화폐 거래소 규제 강화
③ 외국환 업무 취급기관이 아닌 업체가 가상화폐를 이용해 해외에 송금을 하기 위해서는 소액해외 송금업자로 등록필요(개정 외국환거래법 2017)
④ 해외송금업으로 등록하지 아니하고, 핀테크 업체들이 비트코인을 매개로 하여 해외 송금하는 행위는 외국환거래법 위반(기획재정부)

 일본의 가상화폐 거래소 마운트곡스(Mt. Gox)는 2014년 해킹사건으로 파산되었다.

45 현재 금융권에서만 한정되어 이용되고 있는 블록체인 기술과 IoT 기기를 안정적으로 접목할 수 있게 하기 위한 블록체인 기반의 IoT 보안 취약점의 대응 방안으로 가장 적절한 것은 무엇인가?

① 블록 크기의 확장
② 데이터의 신뢰성 보장
③ 기술의 표준화
④ 블록 암호화

 IoT와 블록체인 영역에서 표준이 명확하게 정해진다면 현재 금융권에서만 한정되게 이용되고 있는 블록체인 기술과 생활 곳곳의 IoT 기기를 안정적으로 접목할 수 있게 된다.

46 다음 중 블록체인 구조 관련 용어로 틀린 것은?

① 블록 – 데이터를 저장하는 단위
② 해시 함수 – 어떤 데이터를 입력해도 같은 길이의 결과를 도출하는 함수이다.
③ 노드 – 개개인의 서버, 즉 참여자를 노드라고 한다.
④ 하드포크 – 블록의 거래 내용을 모두 담고 있는 것으로 해시값들을 두 개씩 짝지어 트리 모양으로 나타내는 것이다.

 머클트리는 블록의 거래 내용을 모두 담고 있는 것으로 해시값들을 두 개씩 짝지어 트리 모양으로 나타내는 것이다.

 정답 44 ② 45 ③ 46 ④

47 다음 중 블록체인 설명 중 틀린 것은?

① 블록체인 기술이 쓰인 가장 유명한 사례는 가상화폐인 비트코인이다. 비트코인은 블록체인 기반 기술이다.
② 블록체인에 저장하는 정보는 분야가 정해져 있어서 블록체인을 활용할 수 있는 분야도 매우 제한적이다.
③ 블록에 데이터를 담아 체인 형태로 연결, 수많은 컴퓨터에 동시에 이를 복제해 저장하는 분산형 데이터 저장 기술이다.
④ 블록체인은 크게 퍼블릭 블록체인과 프라이빗 블록체인으로 나뉜다.

 블록체인에 저장하는 정보는 다양하기 때문에 블록체인을 활용할 수 있는 분야도 매우 광범위하다.

48 국가직무능력표준(NCS)에서 블록체인은 어느 분야에 해당이 되는가?

① 금융·보험
② 전기·전자
③ 정보통신
④ 사업관리

 국가직무능력표준(NCS)에서 블록체인은 정보 통신분야에 해당한다.

49 국가직무능력표준(NCS)에서 블록체인 세분류가 아닌 것은?

① 블록체인 분석·설계
② 블록체인 구축·운영
③ 블록체인 서비스 기획
④ 블록체인 사업관리

 국가직무능력표준(NCS)에서 블록체인 세분류는 블록체인 분석·설계, 블록체인 구축·운영, 블록체인 서비스 기획이다.

정답 47 ② 48 ③ 49 ④

50 다음 빈칸에 들어갈 알맞은 단어는 무엇인가?

> • 공공부문의 블록체인 기술도입이 공공서비스의 질적 수준 향상과 비용 절감 및 업무처리 시간 단축, 투명성과 (   ) 확보 등의 효과가 발생할 것으로 기대되면서 다양한 부문에 적용하기 위한 시도들이 이루어지고 있다.

① 무결성
② 일치성
③ 신뢰성
④ 가독성

 공공부문의 블록체인 기술 도입이 공공서비스의 질적 수준 향상과 비용 절감 및 업무처리 시간 단축, 투명성과 신뢰성 확보 등의 효과가 발생할 것으로 기대되면서 다양한 부문에 적용하기 위한 시도들이 이루어지고 있다.

51 2014년도에 블록체인 기술을 사용하여 전자 투표를 진행한 나라들로 짝지어진 것을 고르시오.

① 일본, 에스토니아
② 미국, 벨기에
③ 스웨덴, 캐나다
④ 덴마크, 스페인

 2014년 덴마크 정당인 자유당은 내부 합의를 위해 블록체인 기술을 활용한 전자 투표 시스템을 사용했다. 스페인 또한 2014년 돌풍을 일으킨 신생 정당 포데모스가 당내 의사결정 시스템에 블록체인을 활용한 전자 투표를 도입했다.

52 다음 빈칸에 들어갈 알맞은 단어는 무엇인가?

> • 서울시를 비롯한 지방자치단체들이 블록체인을 행정 시스템에 도입하면서 각종 거래와 공공서비스의 (   )을 높이는 것은 물론 관련 산업의 마중물 역할을 하는 것으로 나타났다.

① 투명성과 효율성
② 자율성과 보장성
③ 효율성과 지속성
④ 사업성과 자율성

 각종 거래와 공공서비스의 투명성과 효율성을 높이는 것은 물론 관련 산업의 마중물 역할을 하는 것으로 나타났다.

 정답 50 ③ 51 ④ 52 ①

53 KSI(Keyless Signature Infrastructure) 시스템 기술을 개발한 나라는?

① 미국　　　　　　　　　　② 영국
③ 덴마크　　　　　　　　　④ 에스토니아

 유럽 발트해에 있는 작은 나라 에스토니아는 국가의 네트워크, 시스템 및 데이터를 보호하는 KSI라는 블록체인 기술을 개발했다. KSI 시스템은 정식으로 검증할 수 있는 보안 시스템을 정부에 제공하여 지속적인 사이버 공격에서도 작동할 수 있으며 현재 180개국 이상에서 사용할 수 있다.

54 다음 중 공공 서비스 이용료를 암호화폐로 결제할 수 있도록 허용한 나라와 도시 이름은?

① 스페인, 마드리드　　　　② 스웨덴, 스톡홀름
③ 스페인, 바르셀로나　　　④ 스위스, 주크

 스위스[Switzerland]의 도시 주크(Zug)는 유럽의 주요 블록체인 밸리(valley) 중 하나다. 주크는 이미 공공 서비스 이용료를 암호화폐로 낼 수 있도록 허용하고, 블록체인에 구축된 ID 등록을 디지털화했으며 최근에 전자 투표 테스트를 마쳤다.

55 다음 설명 중 틀린 것은?

① 스마트 계약을 통해 수동 프로세스를 자동화할 수 있다.
② 스마트 계약은 환자가 사전 설정 규칙이 없어도 자동화 할 수 있다.
③ 스마트 계약은 환자의 기록을 확인해 해당 프로세스를 자동화할 수 있다.
④ 스마트 계약은 의료 제공자, 환자, 보험사 모두가 치료가 수행되었음에 합의한 경우 치료비 결제를 자동화할 수 있다.

 블록체인은 사전에 결정된 규칙에 기초해 자체 실행되는 스크립트인 스마트 계약으로 기능함으로써 상호운용성 문제 해결을 넘어 지금의 침체하고 고립된 의료 데이터 저장소로부터 가치를 창조할 수 있다.
예를 들어, 환자가 한 병원에서 서류를 작성하고 수개월이 지난 후 다른 병원을 찾는 경우 스마트 계약은 환자가 통제할 수 있는 사전 설정 규칙에 기초해 환자 데이터 전송을 자동화할 수 있다.

정답　53 ④　54 ④　55 ②

56. 정보보안과 기록물 관리 안정성을 극대화하는데 맞춰져 있는 4차 산업혁명 기술은?

① 블록체인(Blockchain)   ② 인공지능(Artifical Intelligence)
③ 핀테크(Fintech)   ④ 사물인터넷(Internet of Things)

 블록체인의 핵심은 정보 보안과 기록물 관리 안전성을 극대화하는데 맞춰져 있다. 다양한 이해관계자에 의해 재화 서비스가 발생하고, 여러 단계에 걸쳐 프로세스가 운영되는 물류 현장 상황과 블록체인은 절묘하게 맞아떨어진다.

57. 다음 SCM(Supply Chain Management : 공급사슬 관리) 최적화 지원으로 맞지 않는 것은?

① 이해관계자들 간의 Data(정보)의 연결성을 강화한다.
② 제삼자 사업자와 프로세스의 신뢰성, 투명성, 경영 수준을 제고한다.
③ 기존 Legacy 시스템 활용 극대화(ERP, WMS, 생산관리 시스템 등) SCM 전반에 걸친 최적화를 지원한다.
④ 여러 단계에 걸쳐 프로세스가 운영되는 물류 현장 상황과 맞지 않아도 최적화가 가능하다.

 블록체인은 이해 관계자 간 정보와 Process의 연결성과 신뢰도를 강화함으로써 SCM 전체의 최적화를 지원한다. 이해관계자들 간의 Data(정보)의 연결성을 강화한다. 제삼자 사업자와 프로세스의 신뢰성, 투명성, 경영 수준을 제고한다. 기존 Legacy 시스템 활용 극대화(ERP, WMS, 생산관리 시스템 등) e 자재수급, 생산, 출하, 품질관리, 유지보수/안전환경 영역을 포함한 SCM 전반에 걸친 최적화를 지원한다.

58. 다음 블록체인을 활용하여 농수축산 가공품 유통추적 모델을 설명하는 내용 중 맞는 것은?

① 원산지와 유통기한의 투명한 관리를 통한 식품의 품질 보증이 불가능하다.
② 유통 과정에서의 문제를 즉각적으로 식별하고 사고 발생 시 빠른 추적을 통한 조치를 할 수 없다
③ 식품 유통에 있어서 블록체인은 유통의 전 단계를 디지털화해서 연결하고 불변의 데이터로 영구 보존한다.
④ 상품에 대한 농장정보, 식별번호, 공장 및 가공데이터, 만료날짜, 보관온도, 운송 정보 연결을 위한 가시성 확보가 불가능하다.

 식품 유통에 있어서 블록체인은 유통의 전 단계를 디지털화해서 연결하고 불변의 데이터로 영구 보존한다.

 정답 56 ① 57 ④ 58 ③

59 블록체인의 기술적 한계요인에 해당하지 않는 것은 ?

① 명확성
② 보안과 위험이 상존
③ 정보의 공유로 범죄 노출 가능성 증대
④ 접근 권한과 승인 절차로 거래 지연

 블록체인 기술의 한계 중 불명확성은 기본값의 경우 블록체인 콘텐츠, 트랜잭션, 기록데이터 그 자체는 암호화 하지 않는다.

60 블록체인을 활용하여 적용할 수 있는 설명 중 바르지 않는 것은?

① 분산형 공공거래장부로 불리는 '블록체인(Block Chain)'을 물류 산업 현장에 적용하기 위한 움직임이 본격화되고 있다.
② 메디컬체인은 환자, 의료 제공자, 보험사가 EHR 정보 공유에 사용할 수 있는 블록체인 기반의 EHR 원장을 개발했다.
③ 론제네시스는 AI를 활용해 저장된 의료데이터를 분석하는 반면에 네뷸라는 환자의 DNA를 시퀀싱(Sequencing) 한 후 해당 유전자 데이터를 블록체인 원장에 저장한다.
④ 식품 유통에 있어서 블록체인은 원산지와 유통기한의 투명한 관리가 힘들어 식품의 품질 보증이 어렵다.

 식품 유통에 있어서 블록체인은 유통의 전 단계를 디지털화해서 연결하고 불변의 데이터로 영구 보존한다. 농장, 생산자, 운송자, 판매점, 소비자에 이르는 유통 과정에서 상품에 대한 농장정보, 식별번호, 공장 및 가공데이터, 만료날짜, 보관온도, 운송 정보 연결을 위한 가시성 확보가 가능하다.

61 세계블록체인산업협회(WBCIA)는 어느 국가에 있나?

① 미국
② 중국
③ 대한민국
④ 에스토니아

 세계블록체인산업협회(WBCIA)는 에스토니아 탈린에 위치하고 있다.

정답정답 59 ① 60 ④ 61 ④

62 유통 물류 블록체인 사례 중 바르지 않게 설명된 것은?

① 월마트 중국 매장은 IBM과 협업해 블록체인 시스템을 도입했다.
② 2017년 3월, LG그룹은 세계 굴지의 소프트웨어 개발업체인 IBM과 블록체인 기술을 활용한 컨테이너 화물 추적 솔루션 개발을 위한 '하이퍼레저(Hyperledger) 프로젝트'에 착수하기로 발표했다.
③ SK텔레콤 사물인터넷(IoT) 전용망인 로라(LoRa) 망을 활용해 컨테이너 화물 위치 추적 LC 관리체제를 구현
④ 삼성 SDS는 항만, 해운선사, 세관, 화주, 은행, 보험사, 내륙운송사 등과 해운물류 블록체인 컨소시엄을 구성하고 블록체인 적용에 나섰다.

 2017년 3월, 머스크 그룹은 세계 굴지의 소프트웨어 개발업체인 IBM과 블록체인 기술을 활용한 컨테이너 화물 추적 솔루션 개발을 위한 '하이퍼레저(Hyperledger) 프로젝트'에 착수하기로 발표했다.

63 다음 중 블록체인 기술의 한계요인 중 아닌 것은?

① 불명확성
② 접근 권한과 승인 절차로 거래 지연
③ 활용 표준화 미비
④ 보안과 위험은 배제

 블록체인 기술의 한계요인으로는 불명확성, 보안과 위험이 상존, 정보의 공유로 범죄 노출 가능성 증대, 접근 권한과 승인절차로 거래 지연, 최첨단 기술의 한계 내재비용, 활용 표준화 미비이다.

64 블록체인에 대한 부정적 시각들 중 세계 3대 버블(Bubble)이라 할 수 없는 것은?

① 리얼 에스테이트 버블   ② 튤립 버블
③ 남해 버블   ④ 미시시피 버블

 블록체인에 대한 부정적 시각들 – 세계 3대 버블 튤립 버블, 남해 버블, 미시시피 버블 등이 있다.

 정답 62 ② 63 ④ 64 ①

65 블록체인의 기술적 우려에 대한 내용 중 맞지 않은 것은?

① 블록체인을 활용한 금융 인프라 구축이 개발자와 참가자 모두에게 상당한 비용으로 부담될 수 있다는 것이다.
② 인증에 대한 합의가 이루어지지 못하였을 경우 시장 운영지연에 대한 비용과 문제를 해결하고자 소요되는 비효율성에 대한 우려이다.
③ 확장성에 대한 제약이다.
④ 블록체인의 막강한 위변조방지 기능으로 인하여 이용자가 실수하거나 범죄에 따른 우발적 거래에 대하여 취소 가능하다는 문제점을 가지고 있다.

블록체인 자체에 대한 보안 문제는 의구심이 없지만, 블록이 형성되어 기록되기 이전단계인 프리-블록체인 단계에서의 보안 문제는 매우 취약할 수 있다는 것이다. 또한 블록체인의 막강한 위변조방지 기능으로 인하여 이용자가 실수하거나 범죄에 따른 우발적 거래에 대하여 취소 불가능하다는 문제점을 가지고 있다.

66 최근 금융권에서 블록체인을 활용하여 비즈니스 모델 및 응용이 활발하다 가능한 업무가 아닌 것은?

① 스마트 계약 ② 기록 유지
③ 자산거래 명세 공증 ④ 디지털 화폐

행정에 관련된 블록체인 분야는 정부(중앙, 지방) 혹은 국가 차원에서 공공 행정 정보 및 국민 신원 관리, 자산거래 명세 공증, 복지서비스 제공 등에 적극적 도입을 진행하고 있다.

67 중국에서의 블록체인 응용 현황으로 맞지 않는 것은?

① 기업 간 협업을 통해 다수 도시를 스마트시티로 구현 중이다.
② 알리헬스가 장쑤성 창저우시 의료기관과 협력하여 블록체인 기반 헬스 애플리케이션을 제공, 지역 의료서비스에 적용을 추진하다.
③ '18년, 세계 최초의 암호화폐 활용 자금 조달(ICO) 가이드라인을 작성하여 배포하였다.
④ 중국 지폐 신용카드 산업발전 유한공사에서 정부 기관 블록체인 플랫폼을 구축하였다.

스위스는 '18년, 세계 최초의 암호화폐 활용 자금 조달(ICO) 가이드라인을 작성하여 배포하는 등 국가 차원에서 주도적으로 산업을 육성하고 있다.

정답 65 ④ 66 ③ 67 ③

참고문헌 (References) · 관련사이트

[블록체인관리사(CBM) 3급 한 권으로 끝내기] 도서의 참고문헌인 정부자료, 국회자료, 보도자료, 학술자료, 단행본, 학위논문, 세미나·토론회 자료 등은 아래의 사이트에서 확인이 가능합니다.

(사)한국블록체인산업협회(http://kbcia.or.kr/) > 블록체인관리사(CBM) > 참고문헌 확인이 가능합니다.

참고문헌 바로 보기

관련 사이트

과학기술정보통신부	https://www.msit.go.kr	인공지능(AI) 융합연구소	http://www.smilestory.io
국회 의안정보시스템	http://likms.assembly.go.kr	스위스 크립토 밸리	http://cryptovalley.swiss
금융감독원	http://www.fss.or.kr	영국 정부사이트	http://www.gov.uk
금융보안원	http://www.fsec.or.kr/fsec/index.do	일본 경제산업성	https://www.meti.go.jp
기술보증기금	https://www.kibo.or.kr:444	일본 금융청	http://www.fsa.go.jp
깃허브	http://github.com	중소벤처기업부	http://www.mss.go.kr
대외경제정책연구원(KEIP) CSF 중국전문가포럼	http://csf.kiep.go.kr	크립토피아	http://cryptopia.shop
		세계블록체인산업협회	http://wbcia.io
미국 국립표준기술연구소	http://www.nist.gov	(사)한국블록체인산업협회	http://www.kbcia.io
미국 애리조나 주 법령사이트	http://www.azleg.gov	인공지능(AI)융합학회	http://kbcis.io
미국 증권거래위원회	http://www.investor.gov	행정안전부	https://www.mois.go.kr
코어닥스	https://www.coredax.com	스마일스토리	http://www.smilestory.io
산업통상자원부	http://www.motie.go.kr	글로벌사이버평생교육원	www.globalcyberedu.com
소프트웨어정책연구소	https://spri.kr	코리안투데이	www.koreantoday.orkr

CBM 결제 방법 [PC를 이용한 CBM 응시수수료 결제 절차]

① 현재 이용 거래소에서 원화 충전 후 CBM 매수

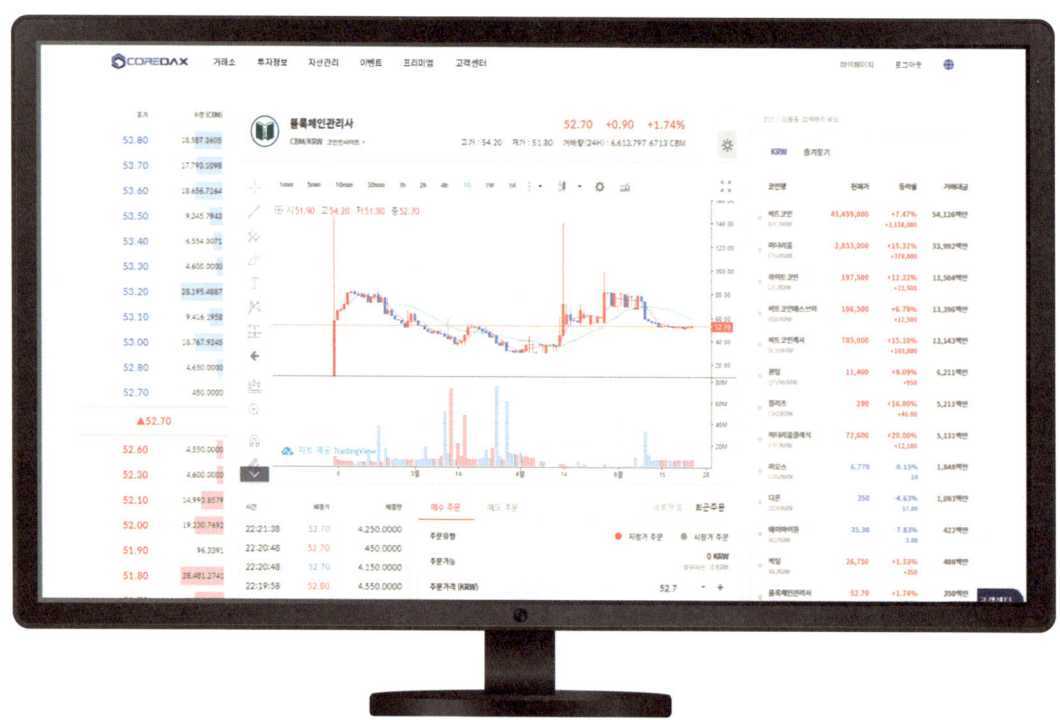

코어닥스 거래소에 본인 원화(KRW)를 충전

▼

원화 충전 후 CBM 매수를 위해 메뉴(거래소)를 클릭

▼

메뉴(거래소) 화면에서 CBM을 클릭

② 본인 응시 급수에 따른 수수료 CBM 로 매수

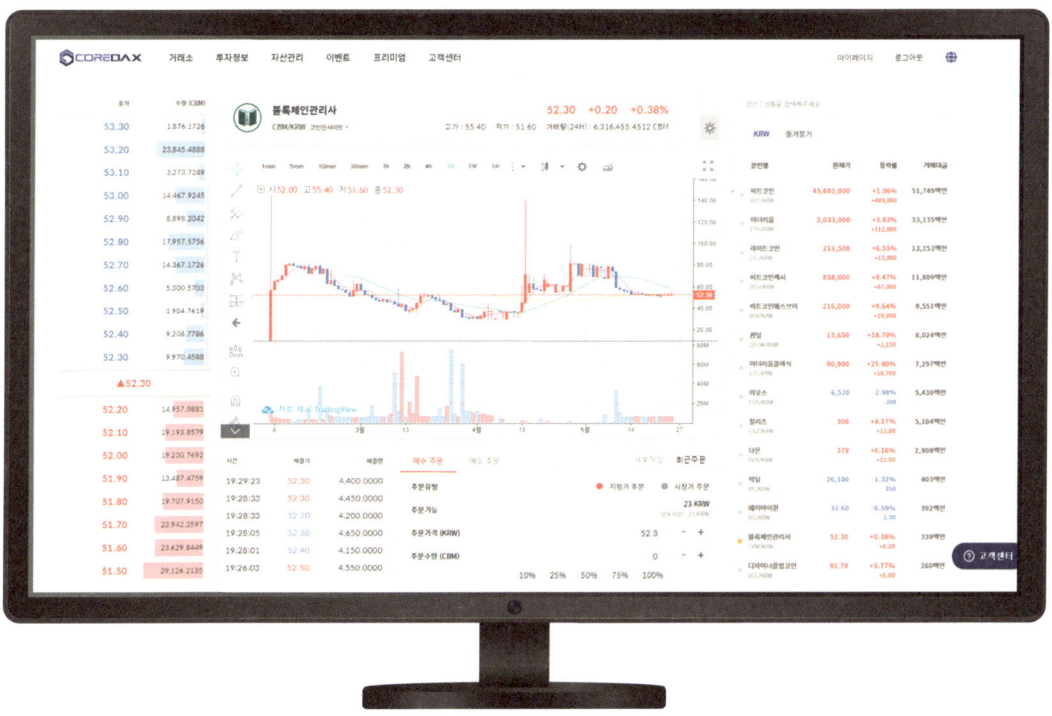

CBM 거래를 위해 매수 부분으로 이동

▼

수량은 %(퍼센티지)를 클릭하여 조정가능하며,
주문 금액과 매수 수량을 체크하여 입력

▼

주문 금액은 본인의 시험 응시 급수에 따른 응시수수료를 확인하여 조정

▼

응시 수수료만큼의 CBM 매수

EX) 응시수수료가 원화로 50,000원인경우 CBM을 52.6원에 구입하게 된다면
59.6928CBM과 출금 수수료530CBM을 합한CBM 1489.6928CBM을 구매하셔야 합니다.

＊대한민국 기준 코로나19 집단 면역 형성시까지CBM 응시료 50% 할인 적용(10만원에서 5만원)

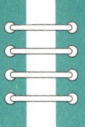

[PC를 이용한 CBM 응시수수료 결제 절차]

③ 매수한 CBM를 CBM 검정관리본부로 출금

본인 자산에서 입출금 메뉴로 이동하여
출금을 클릭 CBM을 선택

▼

출금 수량 또한 응시수수료에 맞추어 자동계산

▼

출금 주소는 CBM 검정관리본부 지갑 주소를 입력
0x629e4b140bdd1c24892d1d5b32e02d8f9760744c

출금주소는
글로벌사이버평생교육원
사이트에서도 확인가능

④ 검정관리본부로 출금 후 입출금 내역 캡쳐

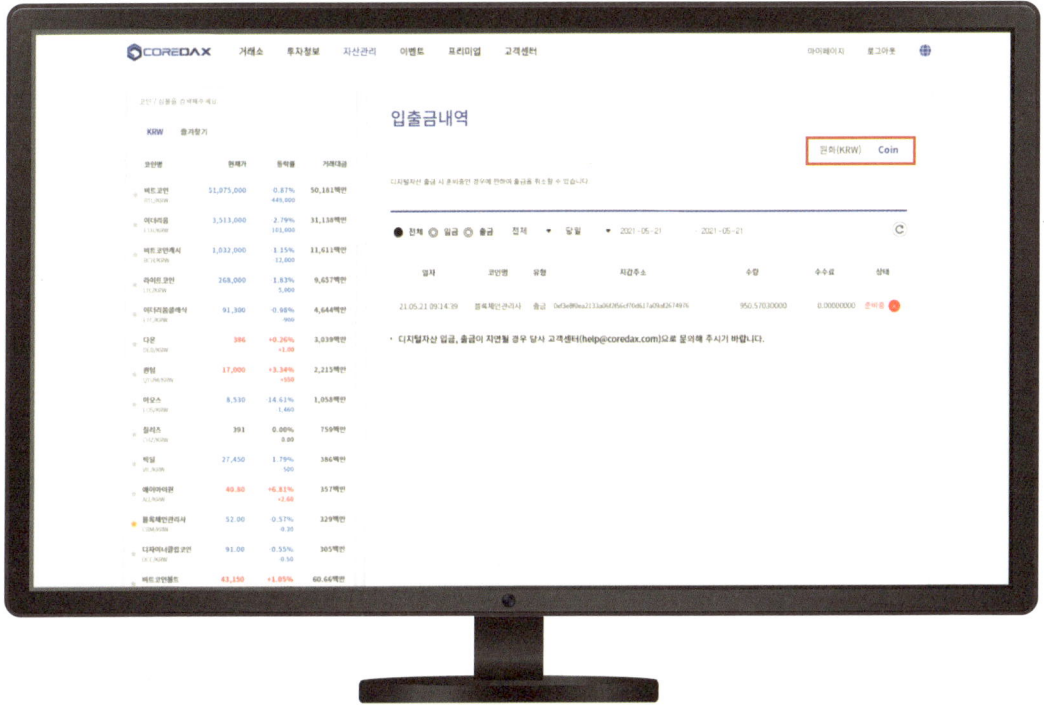

본인 자산에서 입출금 메뉴로 이동하여 Coin 클릭

▼

검정관리본부로 출금한 CBM 거래내역을 캡쳐

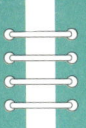

[PC를 이용한 CBM 응시수수료 결제 절차]

⑤ 글로벌사이버평생교육원 사이트 이동

글로벌사이버평생교육원 사이트 이동
(www.globalcyberedu.com)

글로벌사이버평생교육원 본인 아이디 로그인

학습커뮤니티 메뉴로 이동

⑥ 검정관리본부로 출금 후 입출금 내역 캡쳐

학습커뮤니티 메뉴에서 CBM 응시료 결제 내역 작성

▼

제목란에 응시하고자하는 급수를 넣어 제목 작성

▼

캡쳐해 놓은 이미지를 사진을 눌러 첨부하고 내용에
성명, 이메일, 휴대전화, TXID, 전송한CBM수량, 응시회차를 작성

▼

이미지에 캡쳐해 놓은 이미지를 ⑤번에 같이 첨부

▼

썸네일에는 캡쳐해 놓은 이미지를 첨부하여도 되나 안해도 무관

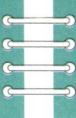

CBM 결제 방법 [모바일을 이용한 CBM 응시수수료 결제 절차]

① 현재 이용거래소에서 원화 충전 후 CBM 매수

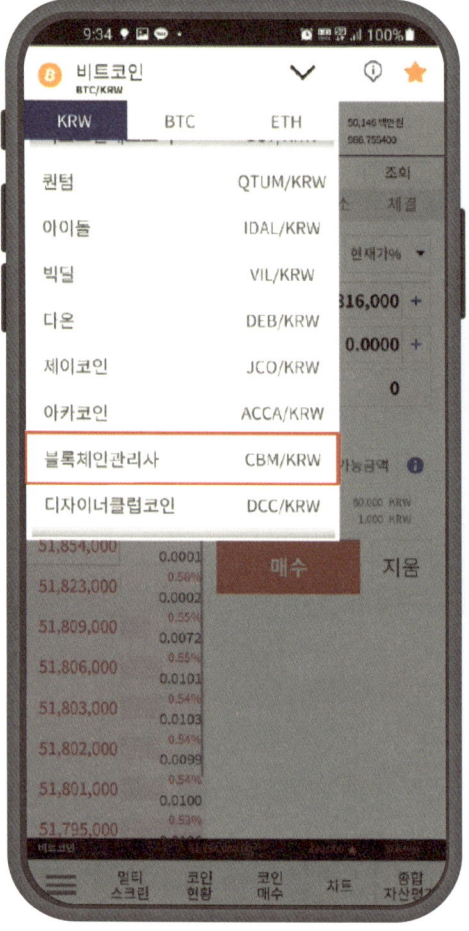

코어닥스 거래소에 본인 원화(KRW)를 충전
▼
원화 충전 후 CBM 매수를 위해 메뉴(거래소)를 클릭
▼
메뉴(거래소) 화면에서 CBM을 클릭

② 본인 응시 급수에 따른 수수료 CBM 로 매수

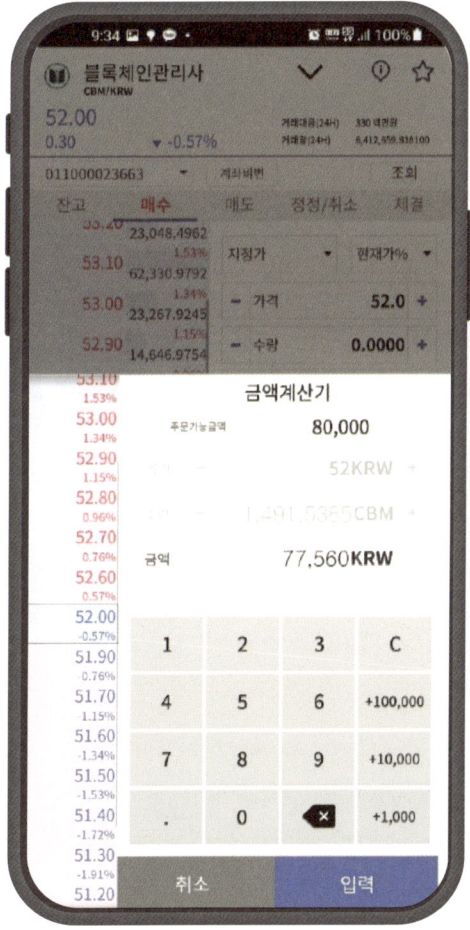

CBM 거래를 위해 매수 부분으로 이동
▼
수량은 퍼센티지를 클릭하여 조정가능하며, 주문 금액과 매수 수량을 체크하여 입력
▼
여기서 주문 금액은 본인의 시험 응시 급수에 따른 수수료를 확인하여 조정
▼
응시 수수료만큼의 CBM 매수
EX) 응시수수료가 50,000원인경우CBM을 52원에 구입하게 된다면 961.5385CBM과 출금 수수료530CBM을 합한CBM 1491.5385CBM을 구매하셔야 합니다.

＊대한민국 기준 코로나19 집단 면역 형성시까지CBM 응시료 50% 할인 적용(10만원에서 5만원)

[모바일을 이용한 CBM 응시수수료 결제 절차]

③ 매수한 CBM를 CBM 검정관리본부로 출금

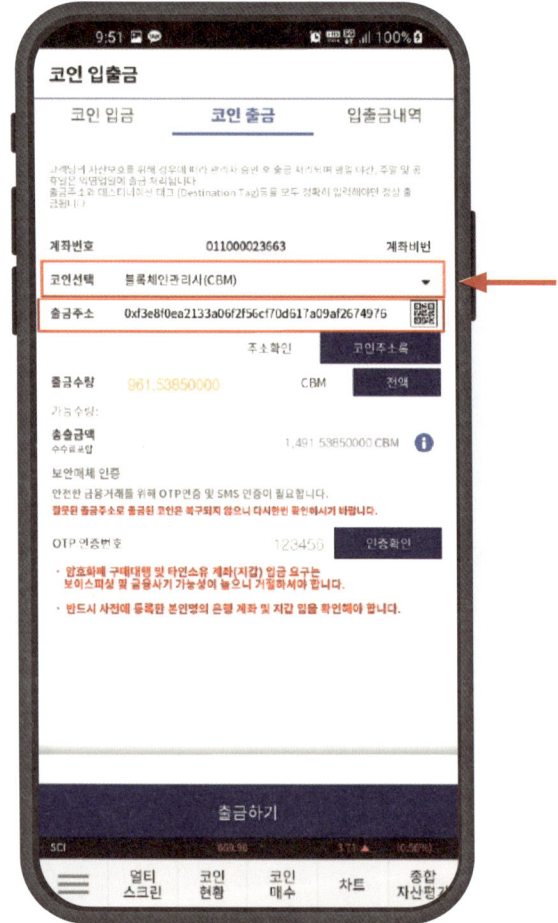

본인 자산에서 입출금 메뉴로 이동하여 출금을 클릭 CBM을 선택

출금 수량 또한 응시수수료에 맞추어 자동계산

출금 주소는 CBM 검정관리본부 지갑 주소를 입력
0x629e4b140bdd1c24892d1d5b32e02d8f9760744c

출금주소는
글로벌사이버평생교육원
사이트에서 확인가능

④ CBM 검정관리본부로 출금 후 입출금 내역 캡쳐

본인 자산에서 입출금 메뉴로 이동하여 Coin 클릭
▼
검정관리본부로 출금한 CBM 거래내역을 캡쳐

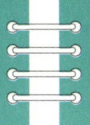

[모바일을 이용한 CBM 응시수수료 결제 절차]

⑤ 글로벌사이버평생교육원 사이트 이동

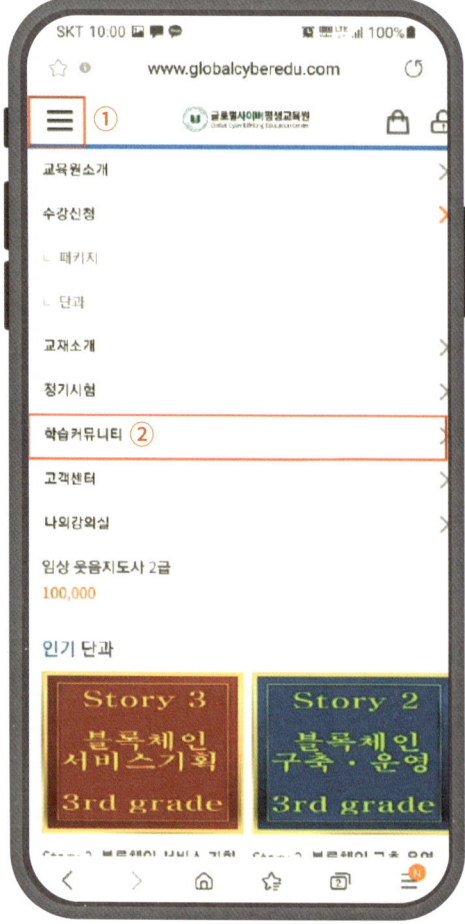

글로벌사이버평생교육원 사이트 이동

▼

글로벌사이버평생교육원 본인 아이디 로그인

▼

학습커뮤니티 메뉴로 이동

⑥ 학습커뮤니티 메뉴에서 CBM 응시료 결제 내역 작성

학습커뮤니티 메뉴에서 CBM 응시료 결제 내역 작성

▼

제목란에 응시하고자 하는 급수를 넣어 제목 작성

▼

내용에 성명, 이메일, 휴대전화, TXID, 전송한 CBM수량, 응시회차를 작성

▼

이미지에 캡쳐해 놓은 이미지를 ⑤번에 같이 첨부

▼

썸네일에는 캡쳐해 놓은 이미지를 첨부하여도 되나 안해도 무관

유망 직업 CBM

블록체인관리사(CBM)

"공개 원장 또는 분산 원장이라고하는 블록체인 기술을 살펴보세요."

CBM (Certified Blockchain Manager) 한 눈에 보기

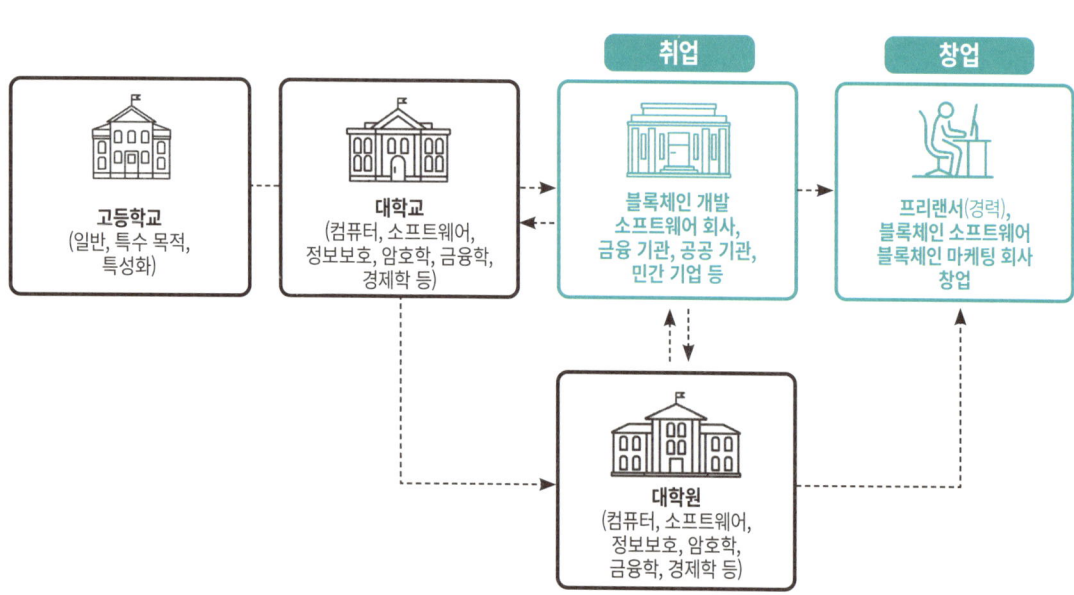

블록체인관리사(CBM) 직무내용

① 블록체인관리사(CBM) 자격증은 블록체인에 대한 지식 및 활용능력 보유자로서 다차원적인 블록체인 교육 프로그램 개발 사업의 수행과 연구업무를 수행하는 최고급 수준과 블록체인이 적용되는 산업현장에서 다양하게 적용되는 프로그램의 보급 및 평가 업무를 수행하여 블록체인분야의 사무·교육·경영·컨설팅· 홍보·마케팅·영업 등의 업무를 수행하는 것을 직무내용으로 한다.

② 자격 등급별 직무내용은 다음과 같다.

등급	직무 내용
CBM 1급	블록체인관리사(CBM) 1급 직무는 국가 경쟁력 향상과 블록체인 전문인력 양성을 위한 다차원적인 블록체인 교육 프로그램 개발 사업의 수행과 기술 표준화 연구업무를 수행하고 블록체인 전문인력을 대상으로 교육할 수 있는 업무를 수행하는 것을 직무내용으로 한다.
CBM 2급	블록체인관리사(CBM) 2급 직무는 블록체인과 관련 산업 현장에서 다양하게 적용되는 프로그램의 보급 및 평가 업무를 주로 수행하고 블록체인과 관련 산업 분야의 교육·사무·경영·컨설팅·홍보·마케팅·정보보호 및 프로그램 개발 등의 업무를 수행하는 것을 직무내용으로 한다.
CBM 3급	블록체인관리사(CBM) 3급 직무는 블록체인과 관련 산업 현장에서 다양하게 적용되는 교육 프로그램의 보급 및 평가 업무를 주로 수행하고 블록체인과 관련 산업 분야의 교육·사무·홍보· 마케팅·영업 등의 업무를 수행하는 것을 직무내용으로 한다.

CBM은 어떤 일을 하나요?

블록체인관리사(CBM)는 블록체인*기술을 활용할 수 있는 분야나 산업을 찾고 이를 적용하기 위한 소프트웨어를 설계하고 개발합니다.
- ▶ 블록체인 기반의 암호화폐* 를 개발합니다.
- ▶ 블록체인 기술이나 암호화폐가 실생활에서 사용될 수 있도록 지속적으로 소프트웨어를 개선하고 보완합니다.
  ※ 블록체인: 누구나 열람할 수 있는 장부에 거래 내역을 공개적으로 기록하고 여러 대의 컴퓨터에 이를 복제하여 저장하는 기술이다. 다수의 합의로 결정된 장부를 여러 대의 컴퓨터가 동시에 저장하기 때문에 해킹을 막을 수 있고 조작이나 변경이 불가능하다.
  ※ 암호화폐: 실물 없이 사이버 상에서 전자 정보의 형태로 거래되는 전자화폐로, 복제나 위변조를 막기 위해 암호 기술을 통해 만들기 때문에 암호화폐라고 부르기도 하며, 블록체인 기반암호화폐는 각국 정부나 중앙은행이 발행하는 일반 화폐와 달리 처음 개발한 사람이 정한 규칙에 따라 가치가 매겨지기도 한다.

〈 출처 : 【블록체인관리사(CBM) 민간자격의 관리·운영에 관한 규정】 제9조(자격소지자의 직무내용) 〉

CBM은 어느 분야에서 활동하나요?

관련직업

블록체인관리사(CBM)와 관련이 높은 직업으로는 블록체인 소프트웨어 개발자, 암호학자, 정보 보호 전문가, 블록체인 마케팅 전문가 등이 있습니다.

활동 분야

주로 금융, 보안, 의료, 물류 등의 분야에서 활동하고 있으며 앞으로 블록체인 기술을 접목할 수 있는 거의 모든 산업 분야에서 활동할 수 있을 것입니다.

CBM은 어떤 적성과 관심을 필요로 합니까?

적성

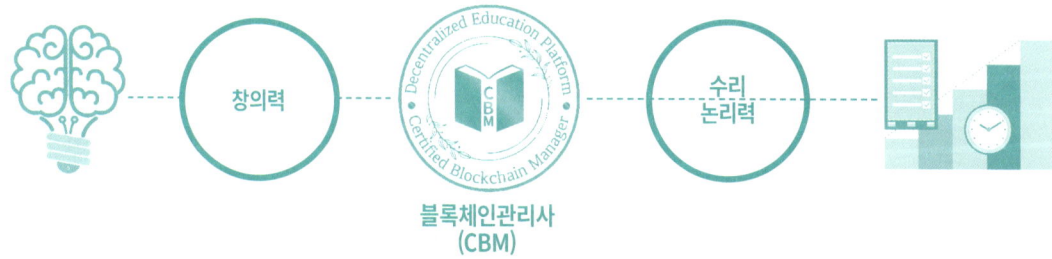

▶ 블록체인관리사(CBM)는 프로그래밍에 대한 이해를 바탕으로 블록체인 소프트웨어를 설계하고 개발하는 일을 하므로 체계적이고 논리적으로 사고하는 능력이 필요합니다.

▶ 우리 일상생활을 더욱 편리하게 만들기 위하여 블록체인 기술을 어떻게 활용할지에 대한 분석이 필요하므로 독특하고 새롭게 생각하는 능력이 중요합니다.

CBM은 어느 분야에서 활동하나요?

관심

유형 (탐구형)
- 내용을 이해하기 위해 자료 수집 등의 노력을 기울이고 깊게 탐구하는 과정을 즐긴다.
- 새로운 것에 호기심이 많으며 논리적이고 합리적인 사고를 한다.

유형 (기업형)
- 다른 사람들의 생각이나 관점에 영향을 주고 싶어 한다.
- 모험을 시도하고 경쟁적인 활동에 참여한다.

CBM은 어디에서 일할 수 있나요?

▶ 블록체인관리사(CBM)는 주로 블록체인 기술을 개발하는 소프트웨어 회사에 취업해서 일을 합니다.
▶ 은행과 같은 금융 기관에서도 일을 할 수 있으며, 블록체인 기술을 활용하는 민간 기업, 공공 기관에도 취업해서 일할 수 있습니다.

CBM의 미래는 어떤가요?

▶ 블록체인 기술은 앞으로 금융이나 거래 서비스 분야만이 아니라 정보산업, 제조, 유통, 사회, 문화 등 다양한 분야에 활용될 수 있습니다. 이에 따라 주요 선진국에서는 블록체인 기술에 대한 많은 투자를 하고 있으며 이를 위한 전문 인력을 키우는 데에도 힘쓰고 있습니다.

2009년 비트코인의 등장과 함께 처음 등장한 블록체인 기술은 아직 발전 초기 단계이기 때문에 기술의 완성도가 높지 않고 해결해야 할 문제들이 많습니다. 따라서 앞으로 이를 해결하기 위한 기술 개발과 연구, 각국 정부의 투자는 더욱 더 커질 것으로 예상되며 관련 일자리 수요도 크게 늘어날 것입니다.

〈 출처: https://www.career.go.kr/cnet/front/base/guidebook/guideBookDetail.do?GUIDEBOOK_SEQ=10583 〉

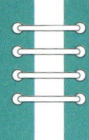

온라인 시험 방법

자격시험 Zoom 사전 테스트

① 시험 전날 금요일 12:00~13:00 사이에 사전 테스트가 진행됩니다.
② 자격시험 Zoom 사전 테스트 초대링크가 문자와 메일로 발송될 예정입니다.
③ 문자나 메일로 Zoom 링크를 확인하고, 링크를 클릭하여 접속하면 됩니다.
④ 휴대폰 또는 컴퓨터/노트북으로 Zoom 링크에 접속하시어 시험답안을 작성하는 모습과 작성중인 모습이 화면에 잘 나오는지 등 원활하게 되는지 확인해 보시고, 시험 응시에 관한 궁금한 점을 채팅으로 질문해 주시면 답변 드리겠습니다.

응시자 본인 확인

① 필기시험 시작 20분전, 응시자는 웹캠이 있는 PC또는 휴대폰을 이용 접속하여 본인의 이메일로 받은 "ZOOM 회의참가 링크"에 접속하여 출석체크를 한다. (링크는 CBM 응시자가 글로벌사이버평생교육원 응시하기(회원가입)에 기재한 본인의 이메일로 시험시간 20분전에 발송됨)
② 회의참가시 응시자의 이름과 생년월일로 이름을 작성한다. <이름작성 예: 홍길동(830401)>
③ 회의에 들어온 후 본인확인을 위해 좌측하단에 있는 [비디오 화면 보이기]를 설정한다.
④ 신분증을 들고 시험 감독관이 확인할 수 있도록 캠에 5초 이상 보여준다.
   (응시자 본인 확인용 신분증 촬영 샘플 이미지 참조)
⑤ ZOOM 고사장 화면을 켜둔채로, 응시자는 PC로 글로벌사이버평생교육원 로그인>자격시험>응시 자격 시험명 클릭
⑥ 온라인상으로 시험시간에 맞춰 시험문제에 정답을 모두 체크한 뒤 시험 종료시간 이전에 문제풀이를 완료한다.
⑦ 정답 기입은 온라인상으로 체크 및 작성이 가능하므로 시험지를 출력하거나 할 필요가 없다.
⑧ 시험지는 한번 제출하고 나면 다시 수정할 수 없으니 종료시 신중히 문제풀이 완료(제출) 버튼을 누른다.
⑨ 시험응시가 완료되면 ZOOM 고사장 화면을 로그아웃한다.

유의사항

가. 신분증(주민등록증, 운전면허증, 여권)을 사진 식별이 가능하도록 미리 준비하시기 바랍니다.
  ※ 개인정보 보호를 위해 주민등록번호 7자리, 운전면허 번호, 여권번호는 모두 가린 신분증
나. 시험 장소는 개인 공간에서 마스크를 벗고 응시하시기 바랍니다. (외부 장소는 불가)
다. ZOOM으로 시험 감독을 진행합니다.
라. ZOOM으로 시험 감독 중에 나가거나 화면이 꺼지면 부정행위 처리됩니다. (핸드폰 배터리 충전사항 확인, 에어플레인모드 전환)
  ※ 시험 응시(답안 작성)는 데스크탑, 노트북 PC만 허용하며 모바일 등 타기기의 사용은 권장하지 않음.
    (카메라 용도의 모바일 기기 사용은 가능)
  ※ 스마트폰(Zoom 접속 후 캠을 켜서 자신의 시험치는 모습과 시험응시화면이 다 보이도록 촬영)
- 답안은 반드시 시험시간 내에 제출하여야 합니다. (시험시간 초과 제출시 미제출 처리)
- 시간내에 제출했어도 최초로 제출된 답안만 인정하며 그 이후에 제출한 답안은 인정하지 않습니다.
- 시험 시작후 20분 후부터 시험지를 제출할 수 있습니다.
- Zoom 고사장 입장 시에는 다음과 같이 상반신 위로 캠을 고정하고 시험을 진행해 주십시오.

응시자 본인 확인용 신분증 촬영 샘플 이미지

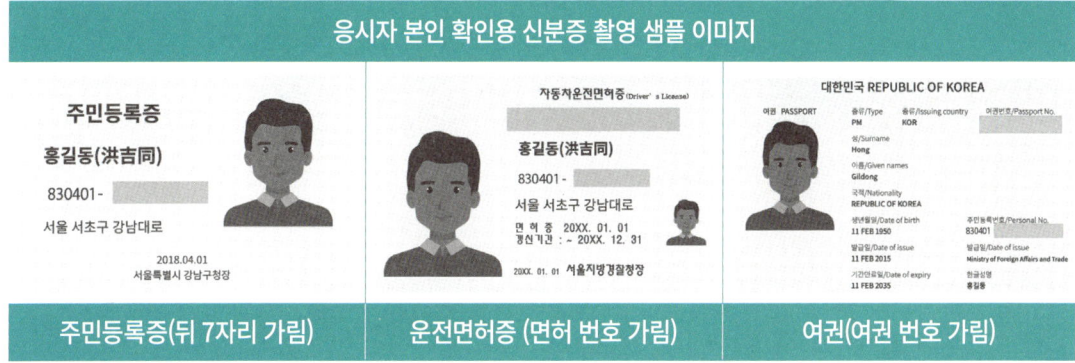

| 주민등록증(뒤 7자리 가림) | 운전면허증 (면허 번호 가림) | 여권(여권 번호 가림) |

※ Zoom 응시 시간 동안 화면은 녹화되어 향후 부정행위 의심 시 확인용으로 사용되며 그 외의 용도로 사용되지 않습니다.

올바른 예 : 모니터와 얼굴 일부(혹은 전체)가 나오는 경우 - 마스크 착용 금지 (오픈북 아님)

잘못된 예 : 모니터를 가리는 경우, 얼굴이 전혀 나오지 않는 경우

※ 문의 : 블록체인관리사(CBM) 검정관리본부 (☎ 02-2658-5119)로 연락바랍니다.

International Qualification Test

블록체인관리사(CBM) 1급, 2급 필기시험, 3급 OMR 답안지

(총   권 중   번째)

1교시 (블록체인 정보보호)

블록체인관리사(CBM) 논술형 답안지

| 성 명 | | 수험 번호 | | 감독관 확인란 | |

답안지 작성 시 유의사항

1. 답안지는 표지 및 연습지를 제외하고 6쪽(양면 사용)이며, 교부받는 즉시 쪽 번호 등 정상 여부를 반드시 확인하고 연습지를 포함하여 1매라도 분리하거나 훼손해서는 안됩니다.
2. 답안지 표지 앞면에는 시행년도·자격종목을, 연습지 첫 장 좌측상단에는 수험번호와 성명을 정확하게 기재하여야 합니다.
3. 수험자 인적사항·연습지·답안지 등 작성은 반드시 검정색 또는 청색 필기구 중 한 가지 필기구만을 계속 사용하여야 하며, 연필·유색필기구·굵은 사인펜 등으로 작성한 답항은 0점 처리됩니다.
4. 연습지에 기재한 내용은 채점하지 않으며, 답안지(연습지 포함)에 답안과 관련 없는 특수한 표시를 하거나 특정인임을 암시하는 경우 답안지 전체를 0점 처리 합니다.
5. 답안은 가로쓰기로 괘선 안에만 기재하고 답안지 양면의 쪽 순서에 따라 작성하여야 합니다.
6. 답안 작성 시 문제번호 순서에 관계없이 답안을 작성하여도 되나, 반드시 문제번호 및 문제를 기재(긴 경우 요약기재 가능)하고 해당 답안을 기재하여야 합니다.
7. 계산문제는 반드시 계산과정과 답, 단위를 정확히 기재하여야 합니다.
8. 답란을 잘못 표기하였을 경우에는 OMR 답안카드를 교체하여 작성하거나, 수정테이프를 사용하여 답란을 수정할 수 있습니다.
9. 기 작성한 문항 전체를 삭제하고자 할 경우 반드시 해당 문항의 답안 전체에 대하여 명확하게 X표시(X표시 한 답안은 채점대상에서 제외) 하시기 바랍니다.
10. 각 문제의 답안작성이 끝나면 바로 옆에 "끝"이라고 쓰고 다음 문제는 두 줄을 띄어 기재하여야 하며, 최종 답안작성이 끝나면 줄을 바꾸어 중앙에 "이하여백"이라고 써야 합니다.
11. 수험자는 시험시간이 종료되면 즉시 답안작성을 멈춰야 하며, 종료시간 이후 계속 답안을 작성하거나 감독 위원의 답안지 제출지시에 불응할 대에는 당회 시험을 무효로 처리합니다.
12. 답안지가 부족할 경우 추가 지급하며, 이 경우 먼저 작성한 답안지의 5쪽 우측하단[ ]에 "계속"이라고 쓰고, 답안지 표지의 우측 상단(총 권 중 번째)에는 총 권수, 현재 권수를 기재하여야 합니다.(예시: 총 2권중 1번째)

부정행위 처리규정

다음과 같은 행위를 한 수험자는 부정행위자 응시자격 제한 법률 및 규정 등에 의거, 당회 시험을 정지 또는 무효로 하며, 그 시험 시행일로부터 일정 기간 동안 응시자격을 정지합니다.

1. 시험 중 다른 수험자와 시험과 관련한 대화를 하는 행위
2. 시험문제지 및 답안지를 교환하는 행위
3. 시험 중에 다른 수험자의 문제지 및 답안지를 엿보고 자신의 답안지를 작성하는 행위
4. 다른 수험자를 위하여 답안을 알려주거나 엿보게 하는 행위
5. 시험 중 시험문제 내용을 책상 등에 기재하거나 관련된 물건(메모지 등)을 휴대하여 사용 또는 이를 주고 받는 행위
6. 시험장 내·외의 자로부터 도움을 받고 답안지를 작성하는 행위
7. 사전에 시험문제를 알고 시험을 치른 행위
8. 다른 수험자와 성명 또는 수험번호를 바꾸어 제출하는 행위
9. 대리시험을 치르거나 치르게 하는 행위
10. 수험자가 시험시간 중에 통신기기 및 전자기기(휴대용 전화기, 휴대용 개인정보단말기(PDA), 휴대용 멀티미디어 재생장치(PMP), 휴대용 컴퓨터, 휴대용 카세트, 디지털 카메라, 음성파일 변환기(MP3), 휴대용 게임기, 전자사전, 카메라 펜, 시각표시 이외의 기능이 부탁된 시계)를 몸에 휴대하거나 사용하는 행위
    단, 휴렛패커드사 10B, 10BⅡ, 12C, 12C Platinum, 17BⅡ, 텍사스인스투루먼트사 BAⅡPLUS, 텍사스인스투루먼트사 BAⅡPLUS, Professional, 일반계산기 지참 가능
11. 응시자격을 증명하는 제출서류 등에 허위사실을 기재하는 행위
12. 그 밖에 부정 또는 불공정한 방법으로 시험을 치르는 행위

CBM® 자격표장 사용안내 CBM® Marks Use Guide

1. CBM® 자격표장에 대한 일반 규칙

1. CBM® 자격표장인 CBM, CERTIFIED BLOCKCHAIN MANAGER™, CBM®는 본 안내서에 따라 사용하여야 합니다.

2. CBM 자격자는 WBCIA(World Blockchain Industry Association:세계 블록체인 산업협회)가 에스토니아 이외의 지역에서 CBM 자격표장에 대한 독점적이고 절대적이며 배타적인 권리를 갖고 있으며, WBCIA와의 협약에 따라 KBCIA가 대한민국내 CBM 자격표장 전용사용권자임을 인정합니다.

3. CBM 자격자는 KBCIA가 소유한 CBM 자격표장과 비슷하여 혼동을 야기할 수있는 어떠한 표장도 사용 또는 홍보하지 않습니다.

4. CBM 자격자는 자격표장 및 관련 영업권에 관하여 WBCIA 및 KBCIA의 권리를 저해하려하거나 또는 저해하는 어떠한 행위도 직접 행하거나 시도하거나 또는 조장하지 않습니다.

5. CBM 자격자는 또한 KBCIA의 보수교육, 갱신신청서 상의 자격표장에 관한 요건을 준수하여야 합니다.

2. CBM® 자격표장 기본 사용규칙

1. CBM® 기본 사용규칙
(1) 항상 대문자로 사용하여야 합니다.
(2) 글자 사이에 생략점을 표시하여서는 안됩니다.
(3) 항상 "®" 심볼을 위첨자로 사용하여야 합니다.
(4) 항상 "자격자(certificant, professional, practitioner)", "자격인증(certification)", "자격표장(mark, certification mark, marks, certification marks)" 등 KBCIA가 승인하는 적절한 명사의 형용사형으로 사용하여야 합니다.

2. CERTIFIED BLOCKCHAIN MANAGER™ 기본 사용규칙
(1) 항상 대문자(큰 대문자와 작은 대문자 혼용 가능)로 사용하여야 합니다.
(2) 항상 "TM"심볼을 위첨자로 사용하여야 합니다.

CBM® 자격표장 사용안내 CBM® Marks Use Guide

(3) 항상 "자격자(certificant, professional, practitioner)", "자격인증(certification)", "자격표장(mark, certification mark, marks, certification marks)" 등 KBCIA가 승인하는 적절한 명사의 형용사형으로 사용하여야 합니다.

3. 기본사용규칙

(1) 항상 로고를 구성하는 세가지 요소를 같이 사용하여야 합니다.
　　(도서모양 마크, "CBM" 및 "®")
(2) 로고는 항상 아트워크 원본으로부터 복제하여야 합니다.
(3) 로고를 변형하거나 수정하여서는 안됩니다.

3. CBM® 자격표장 기본 사용법

1. CBM® 자격상표는 모두 대문자로 표기하고, 글자 사이에 생략점을 표시하지 아니한다.

바른 용법:
연삼흠, CBM®　　　　　　　　　　Eugene Sam, CBM®

틀린 용법:
연삼흠, C.B.M.®　　　　　　　　　Eugene Sam, C.B.M.®
연삼흠, cbm®　　　　　　　　　　Eugene Sam, cbm®

2. 인쇄물에 처음 나타나는 CBM® 자격상표에는 ® 심볼을 위첨자로 사용하여야 한다.

바른 용법:
연삼흠은 블록체인 전문 CBM® 자격자이다. 그는 다른 5명의 CBM 자격자들과 근무한다. Eugene Sam is a CBM® professional specializing in Blockchain. There are five other CBM professionals working in his office.

틀린 용법:
연삼흠은 블록체인 전문 CBM 자격자이다.

그는 다른 7명의 CBM 자격자들과 근무한다.
Eugene is a CBM professional specializing in Blockchain.
There are seven other CBM professionals working in his office.

3. CBM® 자격상표를 CERTIFIED BLOCKCHAIN MANAGER™ 자격상표의 삽입형 약자로 사용하여서는 아니 된다.

바른 용법:
연삼흠은 CBM® 자격자, 즉 CERTIFIED BLOCKCHAIN MANAGER™ 자격자이다.
Sam is a CBM® practitioner or CERTIFIED BLOCKCHAIN MANAGER™ practitioner.

틀린 용법:
연삼흠은 CERTIFIED BLOCKCHAIN MANAGER™ (CBM®) 자격자이다.
Eugene is a CERTIFIED BLOCKCHAIN MANAGER™ (CBM®) practitioner.

4. CBM® 자격상표를 항상 승인된 적절한 명사의 형용사형으로 사용하여야 한다.

CBM® 자격상표를 항상 "자격자(certificant, professional, practitioner)", "자격인증(certification)", "자격표장(mark, certification mark, marks, certification marks)" 등 KBCIA가 승인하는 적절한 명사의 형용사형으로 사용하여야 합니다.

바른 용법:
연삼흠은 CBM® 자격자이다.
Eugene is a CBM® practitioner.

연삼흠은 CBM® 자격인증을 취득하였다.
Eugene has obtained his CBM® certification.

틀린 용법:
연삼흠은 CBM®이다.
(위의 바른용법에서 허용되는 경우를 제외하고는 모두 틀린 표현임)
Eugene is a CBM®.

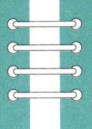

CBM® 자격표장 사용안내 CBM® Marks Use Guide

5. CBM® 자격상표를 복수형이나 소유형으로 사용하여서는 아니 된다. (영문에만 해당)

바른 용법:
Eugene Sam and Eugenia Sam are CBM® certificants.
The CBM® professionals' seminar was sold out.

틀린 용법:
Eugene Sam and Eugenia Sam are CBMs®
The CBMs' seminar was sold out.

6. CBM® 자격표장을 도메인 이름이나 이메일 주소의 일부로 사용하여서는 아니 된다.

바른 용법:
eugenesam@gmail.com
www.eugenesamblockchain.com

틀린 용법:
eugenesamcbm@gmail.com
www.eugenesamcbm.com

4. CERTIFIED BLOCKCHAIN MANAGER™ 자격표장 사용법

1. CERTIFIED BLOCKCHAIN MANAGER™ 자격상표는 항상 대문자(큰 대문자와 작은 대문자 혼용 가능)로 사용하여야 한다.

바른 용법:
연삼흠은 CERTIFIED BLOCKCHAIN MANAGER™ 자격자이다.
Sam is a CERTIFIED BLOCKCHAIN MANAGER™ practitioner.

연삼흠은 CERTIFIED BLOCKCHAIN MANAGER™ 자격자이다.

Sam is a CERTIFIED BLOCKCHAIN MANAGER™ professional.

틀린 용법:
홍길동은 certified blockchain manager™ 자격자이다.
Eugene is a certified blockchain manager™ practitioner.

연삼흠은 Certified Blockchain Manager™ 자격자이다.
Eugene is a Certified Blockchain Manager™ professional.

2. CERTIFIED BLOCKCHAIN MANAGER™ 자격상표를 CBM® 자격상표의 삽입형 풀이말로 사용하여서는 아니 된다.

바른 용법:
연삼흠은 CERTIFIED BLOCKCHAIN MANAGER™ 자격자, 즉 CBM® 자격자이다.
SAM is a CERTIFIED BLOCKCHAIN MANAGER™ professional or CBM® professional.

틀린 용법:
연삼흠은 CBM® (CERTIFIED BLOCKCHAIN MANAGER™) 자격자이다.
SAM is a CBM® (CERTIFIED BLOCKCHAIN MANAGER™) professional.

3. CERTIFIED BLOCKCHAIN MANAGER™ 자격상표를 항상 승인된 적절한 명사의 형용사형으로 사용하여야 한다.

CERTIFIED BLOCKCHAIN MANAGER™ 자격상표를 항상 "자격자(certificant, professional, practitioner)", "자격인증(certification)", "자격표장(mark, certification mark, marks, certification marks)" 등 승인된 적절한 명사의 형용사형으로 사용하여야 합니다.

바른 용법:
연삼흠은 CERTIFIED BLOCKCHAIN MANAGER™ 자격자이다.
Eugene, CERTIFIED BLOCKCHAIN MANAGER™ professional.

연삼흠은 CERTIFIED BLOCKCHAIN MANAGER™ 자격인증을 취득하였다.
Eugene has obtained his CERTIFIED BLOCKCHAIN MANAGER™ certification.

CBM® 자격표장 사용안내 CBM® Marks Use Guide

틀린 용법:
(한글표현은 위의 바른용법에서 허용되는 경우를 제외하고는 모두 틀린 표현임)

Eugene, CERTIFIED BLOCKCHAIN MANAGER™ blokchain advisor.
Eugene, CERTIFIED BLOCKCHAIN MANAGER™ advisor.
Eugene, CERTIFIED BLOCKCHAIN MANAGER™ licensee.

4. CERTIFIED BLOCKCHAIN MANAGER™ 자격상표를 복수형이나 소유형으로 사용하여서는 아니된다. (영문에만 해당)

바른 용법:
Jane Doe and John Doe are CERTIFIED BLOCKCHAIN MANAGER™ certificants.
The CERTIFIED BLOCKCHAIN MANAGER professionals' seminar was sold out.

틀린 용법:
Jane Doe and John Doe are CERTIFIED BLOCKCHAIN MANAGERS™.
The CERTIFIED BLOCKCHAIN MANAGER'S TM seminar was sold out.

5. CERTIFIED BLOCKCHAIN MANAGER™ 자격표장을 도메인 이름이나 이메일 주소의 일부로 사용하여서는 아니 된다.

바른 용법:
johndoe@gmail.com
www.johndoeblockchain.com

틀린 용법:
idcertifiedblockchainmanager@gmail.com
jdoe@certifiedblockchainmanager.com
www.jdcertifiedblockchainmanager.com

5. CBM 자격표장 사용법

1. CBM 자격상표는 도서모양 마크, "CBM"문자 및 "®"심볼의 세가지 요소로 구성되어 있다. 이 세가지 구성요소는 상표의 시각적 완성도를 보존하기 위하여 항상 하나의 단위로써 함께 사용되어야 한다.

바른 용법:

틀린 용법:

®없이 사용하여서는 아니 된다.

책모양마크 없이 사용하여서는 아니 된다.

책모양마크만 단독으로 사용하여서는 아니 된다.

그래픽 요소를 분리하여서는 아니 된다.

2. CBM 자격상표를 복제할 때는 KBCIA가 제공하는 원본 아트워크로부터 복제하여야 한다. 어떠한 경우에도 CBM 자격상표를 변경하거나 수정하거나 손으로 그리거나 조판(typeset)하여서는 아니 되며, 또한 형태를 왜곡하거나 변경하는 등 저급한 수준의 품질로 복제하거나 전자스캔하여서는 아니 된다.

틀린 용법:

각 요소 별 크기 비율을 변경하여서는 아니 된다.

승인되지 아니한 색상으로 복제하여서는 아니 된다.

저급한 수준의 복제기술을 사용하여서는 아니 된다.

자격상표를 수정하여서는 아니 된다.

CBM® 자격표장 사용안내 CBM® Marks Use Guide

3. 자격상표는 KBCIA로부터 자격인증을 받은 개인과 분명하게 연결될 수 있도록 하여야 한다.

바른 용법:

연삼흠, CBM®, CAM, CEM
연삼흠, CBM®
연삼흠, CBM®, CAM

John A. Doe, CBM®, CAM, CEM
John A. Doe, CBM®
John A. Doe, CBM®, CAM

틀린 용법:

자격인증을 받은 개인과 연결되지 않았음

6. 편지지 및 명함에서 사용방법

편지지 및 명함 (실제 크기가 아님)

바른 용법:

Ⓐ 특정 개인의 이름 다음의 가까운 위치에 CBM 자격표장(CBM®, CERTIFIED BLOCKCHAIN MANAGER™ 및 CBM₀)을 사용하고 있다.

Ⓑ 특정 개인의 이름 바로 다음에 CBM 자격표장(CBM®, CERTIFIED BLOCKCHAIN MANAGER™)을 사용하고 있다.

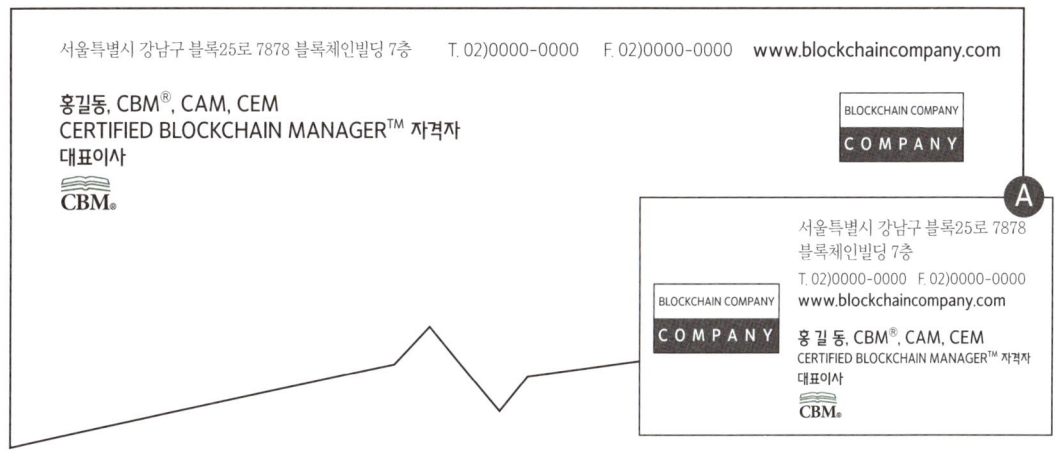

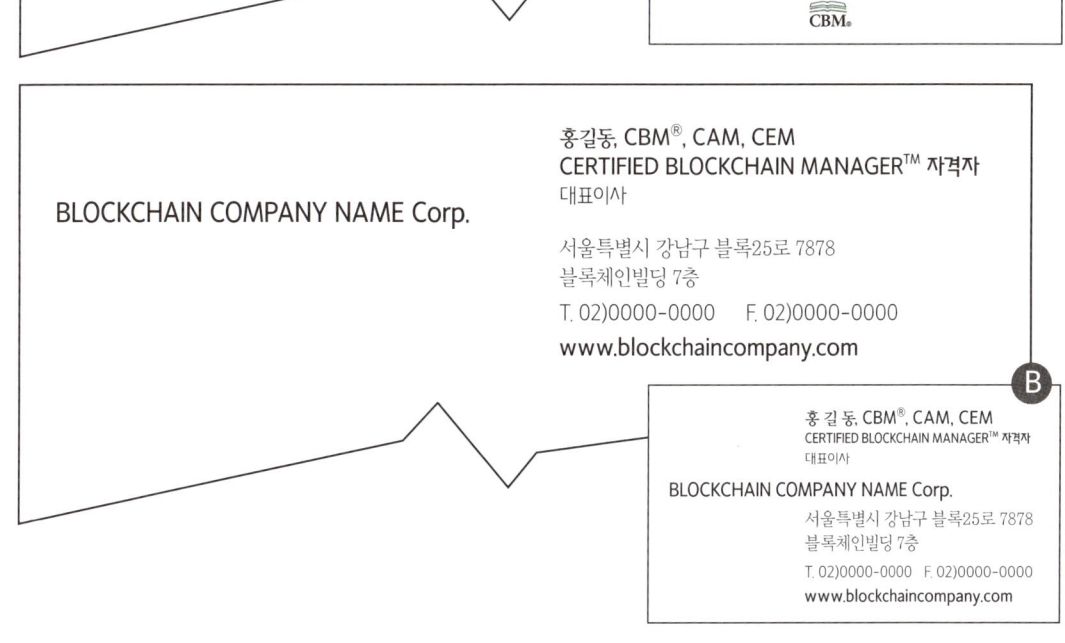

CBM® 자격표장 사용안내 CBM® Marks Use Guide

틀린 용법:

A CBM®의 경우 위첨자 ®이 없으며 CERTIFIED BLOCKCHAIN MANAGER™ 뒤에 명사가 없거나 부적절한 명사를 사용하고 있으며, CBM 자격상표가 회사 이름과는 가까운 반면 개인 자격자의 이름과는 먼 위치에 있다.

B CBM®의 경우 위첨자 ®이 없으며, CERTIFIED BLOCKCHAIN MANAGER™ 뒤에 명사가 없거나 부적절한 명사를 사용하고 있다.

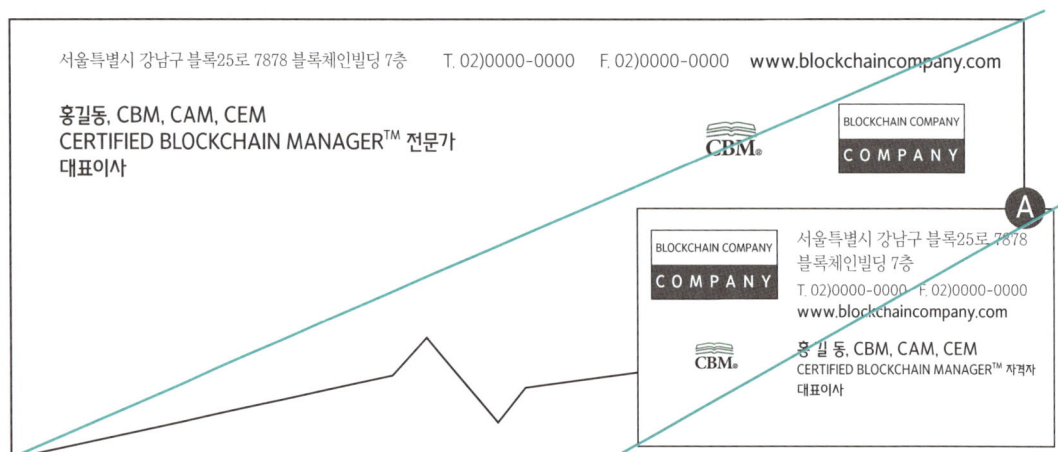

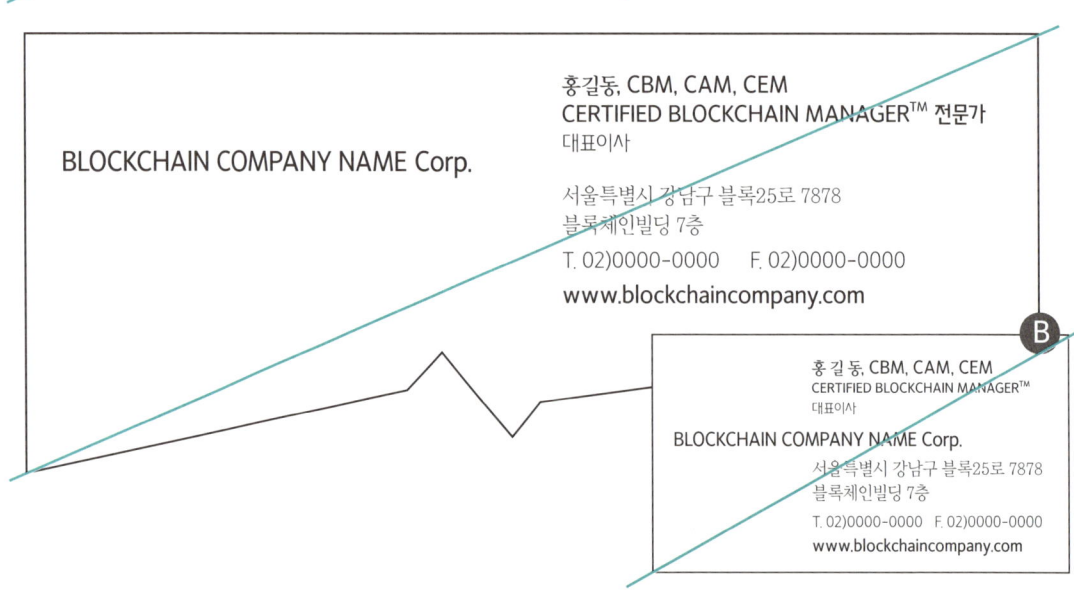

7. SNS, 교육, 책자 등에서의 CBM 자격표장 사용법

1. SNS, 브로셔(Brochures), 신문 및 잡지 기사, 책자 및 회보(Newsletters) 등 교육 및 미디어용 자료의 경우에는 이 장에서 정하는 방법으로 CBM 자격표장을 사용하여야 한다.

2. 문장 내에서 자격상표가 처음으로 사용되는 경우에만 적절한 자격상표의 심볼을 사용하여야 한다.

바른 용법:

연삼흠은 블록체인 전문 CBM® 자격자이다. 그는 다른 5명의 CBM자격인증자들과 근무한다.
Sam is a CBM® professional specializing in blockchain. There are two other CBM professionals working in his office.

연삼흠은 최근 CERTIFIED BLOCKCHAIN MANAGER™ 자격을 취득하였다. 그는 다른 CBM® 자격자와 함께 에스토니아에서 근무한다. 그들은 CBM 자격인증이 블록체인 분야에서 최고 수준이라 생각한다.
Sam recently attained CERTIFIED BLOCKCHAIN MANAGER™ certification. He works with another CBM® professional in Estonia. They consider the CBM certification to be Blockchain's highest standard.

3. 태그라인을 삽입하여야 한다.

CBM 자격표장을 사용하는 경우에는 태그라인의 국문을 삽입하여야 하며, 필요한 경우에는 영문을 국문 다음에 함께 삽입할 수 있다. CBM® 자격자는 KBCIA의 홈페이지(http://www.kbcia.or.kr)에 방문하여 아트워크를 다운로드 받을 수 있다.

(1) 국문 태그라인

"CBM®, CERTIFIED BLOCKCHAIN MANAGER™ 및 CBM® 자격상표(CBM 자격표장)는 World Blockchain Industry Association(WBCIA)가 에스토니아 이외의 모든 나라에서 소유하고 있음. (사)한국블록체인산업협회(KBCIA)는 WBCIA와의 협약에 의한 대한민국 CBM 자격표장의 전용사용권자임."

CBM® 자격표장 사용안내 CBM® Marks Use Guide

(2) 영문 태그라인

"CBM®, CERTIFIED BLOCKCHAIN MANAGER™, and 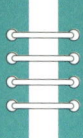 trademarks (CBM marks) are owned by World Blockchain Industry Association (WBCIA) in countries outside the Estonia. The Korea Blockchain Industry Association (KBCIA) is the sole marks licensing authority for the CBM marks in the Republic of Korea through agreement with WBCIA."

4. WBCIA가 에스토니아 이외의 모든 나라에서 CBM 자격표장을 소유하고 있으며 KBCIA는 WBCIA와의 협약에 의한 대한민국내 CBM 자격표장의 전용사용권자임을 확인하여야 한다.

에스토니아 이외의 모든 나라에서 CBM 자격표장에 대한 권리의 소유자가 WBCIA를 인식하기 어려운 방법으로 CBM 자격표장을 사용하여서는 아니 된다. 또한 KBCIA가 대한민국내의 특정 개인이나 또는 회사 (한 명 이상의 구성원이 CBM 자격표장을 사용할 수 있는 자격이 있는 경우라 할지라도)를 추천하는 것을 의미하거나 암시하는 방법으로 사용하여서는 아니 된다.

5. CBM 자격표장의 형태를 변형하거나 수정하여서는 아니 된다.

CBM 자격표장을 문장의 형태로 변경한다든지, 애니메이션화 한다든지, 삼차원화 한다든지, 혹은 CBM 자격표장을 패턴화 된 배경을 바탕으로 사용한다든지, 워터마크로 사용한다든지, 혹은 배경의 일부분으로 사용하는 등의 방법으로 그 모양이나 형식을 변경하여서는 아니 된다.

8. CBM 자격표장 복제사용법

자격상표의 품질을 유지하기 위하여 이 자격상표를 복제하는 경우에는 KBCIA 제공하는 원본 아트워크를 사용하여야 하며, 복제된 자격상표는 문자가 판독 가능하고, 모양이 식별 가능하여야 하며, 또한 승인된 배경색조를 바탕으로 일관된 색상을 사용하여야 한다. 인쇄물 제작 시 자격상표를 올바르게 복제하는데 필요한 정보는 다음과 같다.

1. 원본 아트워크

CBM 자격상표를 복제하는 경우에는 KBCIA가 제공하는 원본 아트워크를 사용하여야 한다. 복제에 필요한 양화(positive) 이미지와 음화(reverse) 이미지는 KBCIA로부터 제공받거나 또는 KBCIA의 웹사이트(http://www.kbcia.or.kr) 방문하여 다운로드 받을 수 있다.

2. 판독성(Readability)

심볼의 판독성을 유지하기 위하여 CBM 자격상표와 R 심볼 간의 표시 기준을 세가지 그래픽 도형으로 표시하였다.

자격상표의 크기가 1/2인치(1.27cm) 이상인 경우에는 기준 A, 자격상표의 크기가 1/2인치(1.27cm)에서 9/32인치(0.71cm) 사이인 경우에는 기준 B, 자격상표의 크기가 1/4인치(0.63cm) 이하인 경우 기준 C를 사용한다.

3. 식별성(Legibility)

인쇄된 CBM 자격상표가 다른 시각적 요소와 함께 몰려서 인쇄되면 그 효과와 식별성이 저하된다. 따라서 다른 그래픽 이미지 혹은 시각적 요소를 첨가해서는 아니 되는 여백(clear zone)을 자격상표의 주위에 설정하여야 한다. 아래의 기준 D에 표시된 바와 같이, 이 여백(clear zone)의 크기는 CBM 자격상표의 문자 요소인 "CBM" 대문자의 높이를 기준으로 결정된다.

다만, 이 자격상표가 문장 내에서 사용되는 경우에는 예외가 인정된다.

자격상표의 식별성을 최적화하기 위해서는 복제의 크기를 최소 1/4인치(0.63cm) 이상으로 할 것을 권장한다(기준 E 참조). 더 작은 크기로 축소하게 되면 자격상표 전체의 식별성 및 시각효과가 손상될 수 있다. 1/4인치(0.63cm) 크기로 복제한 CBM 자격상표의 복제 품질이 우수하지 아니할 경우에는 더 큰 크기로 복제 하여야 한다.

CBM® 자격표장 사용안내 CBM® Marks Use Guide

그래픽 표준 또는 올바른 사용기준에 위배되는 사례의 보기는 제4조를 참조한다.

4. 지정된 배경색조

양화(positive) 자격상표의 배경색조는 흰색으로부터 검정색 음영이 40%를 초과하지 아니하는 밝은 색을 사용하여야 한다. 검정색 음영이 50%~100%에 달하는 어두운 배경색조의 경우에는 음화(reverse) 자격상표를 사용하여야 한다. 배경색조의 음영의 정도는 아래의 보기를 참조한다.

10%

20%

30%

40%

50%

60%

70%

80%

90%

100%

5. 색상의 선택

CBM 자격자가 즉시 인식될 수 있도록 하기 위하여서는 CBM® 자격상표의 색상을 일관성 있게 사용하여야 한다.

아래의 보기 A는 CBM® 자격상표를 유일하게 공인된 두 가지 색상으로 표시한 것이며, 도서모양에는 PANTONE® 4182 GREEN 색상을, "CBM"와 "TM"은 검정색을 사용한다. 아래의 다른 보기들은 공인된 한가지 색상을 사용하는 경우를 나타낸다. CBM® 자격상표의 인쇄시에는 정확한 색깔과 농도를 맞출 수 있도록 PANTONE® Color Formula Guide를 참조하여야 한다.

A 두 가지 공인색상:
도서모양은
PANTONE® 4182
GREEN 색상으로,
CBM®은 검정색으로 인쇄

B 한가지 공인색상:
검정색으로
자격상표 인쇄

C 한 가지 공인색상:
도서모양은
PANTONE® 4182
GREEN 색상 인쇄

D 한가지 공인색상:
검정색 음영 50%
보다 더 짙은
색상으로
자격상표 인쇄

E 제시된 CBM® 자격상표는 짙은 색상 배경에 사용된 음화(reverse)의 보기이다.

한가지 공인색상의
음화(reverse):
검정색 배경에
흰색 자격상표

한가지 공인색상의
음화(reverse):
PANTONE® 4182
GREEN 배경에
흰색 자격상표

한가지 공인색상의
음화(reverse):
검정색 음영 50%보다
더 짙은 색상 배경에
흰색 자격상표

CBM SNS 스텝 모집

Facebook
Telegram
You Tube

Instagram
Kakao Channel
Cafe

CBM 자격증 활성화를 위하여 위의 CBM 커뮤니티(그 외 활동 가능한 SNS)를 함께 운영하고 관리할 글로벌 스텝을 아래와 같이 모집합니다.

- 자격 : CBM 자격증에 관심 있는 누구나
- 국적 : 해당 없음.
- 성별 : 해당 없음.
- 나이 : 해당 없음.
- 인원 : 국가별 10명 이하
- 인터뷰 : 'Zoom'을 통한 최종 인터뷰(1차 합격자에 한함)

- 지원방법 : http://wbcia.io > CBM > CBM SNS 스텝 지원
- 인터뷰 날짜 : 지원 후 1주일 이내 상호 협의
  (인터뷰 언어는 영어를 기본으로 함. 필요시 지원자의 자국어로 가능함)

- 혜택 :
  1. CBM 1급 합격 시까지 발생하는 응시수수료 전액 무료
  2. 관련 기업 취업 시 WBCIA 추천서 제공
  3. WBCIA로 CBM 구인 요청 시 우선 추천
  4. 지원 국가의 CBM 교육기관 협약 후 우선 채용 추천

여명 : 黎明

매 순간 최선을 다했냐고 누군가 물어온다면 나는 자신 있게 대답을 하지는 못할 것 같다. 나름 묵묵히 내 길을 지금의 동료들과 지내왔지만, 최선의 정답은 없을지 모르기 때문이다. 나는 다만 돈을 따라다니지 않은 결과로 조금은 당당할 수 있었다. '배워서 남 주자!'를 삶의 모토(motto)로 살아온 결과 나와 인연이 된 사람들이 한 계단씩 성장하는 모습들을 최근 들어 자주 본다. 이 얼마나 멋진 일인가? 다행한 것은 뒷거래나, 타협, 리베이트 등의 유혹과 최대한 거리를 두었고 빨리 가지는 않았지만, 같이 가는 사람들이 늘어나고 있다는 든든함과 나름의 정도(正度)를 걸어왔다고 자부하고 있다. 앞으로도 주어진 나의 시간에 그렇게 살고 싶다. 인생은 매 순간 자신만의 삶의 데이터가 쌓여서 그 삶을 사람들과 공유하고 살아가는 것이라고 내가 느꼈을 때 블록체인은 나에게 다가왔다.

지금의 나를 만들어준 ㈜스마일스토리는 12주년이 되었다. 벤처 기업 인증을 시작으로 앞으로 120년 기업을 준비할 것이다. 지금까지 나와 함께 지내온 임직원들과 앞으로 나와 함께 인연을 맺게 되는 블록체인관리사(CBM)들과 그 작은 발걸음을 함께 디디고 싶다.

인디언은 황야를 달릴 때 한참을 가다가 말에서 잠시 내려 좀 전에 오던 길을 바라보다 다시 가려던 목적지를 향해 달린다고 한다. 행여 자신이 빨리 달려 영혼이 따라오지 못하였을까 봐, 잠시 영혼을 기다린다고 하는데... 지금은 말에서 내려 내 영혼을 기다리다가 본 수험서를 손에 들고 있는 미래의 블록체인관리사(CBM)들과 함께 이제는 다시 말에 올라타고 지금까지 달려온 여명(黎明)의 길을 함께 가려 한다.

당신이 상상하는 모든 것은 혁신이 된다.

미래 유망 직업

블록체인 관리사 3급
한권으로 끝내기!

제1판 1쇄 인쇄 | 2021년 2월 25일
제1판 1쇄 발행 | 2021년 2월 25일
제2판 2쇄 인쇄 | 2021년 6월 1일
제2판 2쇄 발행 | 2021년 6월 1일

지은이	연삼흠
발행인	연삼흠
교정 교열	블록체인관리사(CBM) 검정관리본부
디자인	홍소영
감수	블록체인관리사(CBM) 검정관리본부
펴 낸 곳	(주)스마일스토리
주 소	서울시 강서구 마곡중앙6로 21, 5층 511호 D01(마곡동, 이너매스마곡1차)
전 화	1599-1045(대표), 070-7101-7878(기획/편집)
팩 스	02-2606-1045
이메일	ceosmilestory@nate.com
홈페이지	www.smilestory.io

단체 자격 검정 및 도서 구입 문의 (카톡 ID : smilestory)

© 2009 – 2021 SmileStory Corp. All rights reserved.
이 책의 일부나 전체 내용을 무단으로 복사, 복제, 전재하는 것은 저작권법에 저촉됩니다. 저자와의 협의에 의해 인지는 붙이지 않습니다.